LA RÉINVENTION DE L'HUMANITÉ

Charles King

LA RÉINVENTION DE L'HUMANITÉ

Traduit de l'anglais (États-Unis)
par Odile Demange

Albin Michel

Ce livre est publié sous la direction
de Francis Geffard

Édition originale américaine parue sous le titre :
GODS OF THE UPPER AIR. HOW A CIRCLE OF RENEGADE ANTHROPOLOGISTS
REINVENTED RACE, SEX, AND GENDER IN THE TWENTIETH CENTURY
Publiée par Doubleday, une division de Penguin Random House LLC,
New York, États-Unis

Pour Maggie,

qui d'autre ?

« Je ne prétends pas que mes conclusions valent pour l'univers entier, mais j'ai connu plusieurs existences, douces et amères, et moi, je les trouve toutes valables… J'ai traversé des tempêtes, la tête couronnée de nuages, les éclairs zigzaguant entre mes doigts. Les dieux de l'éther ont découvert leur visage devant moi. »

Zora Neale Hurston, anthropologue, 1942*

« Une nouvelle vérité scientifique ne triomphe pas simplement parce qu'elle convainc ses adversaires et leur fait voir la lumière, mais parce que ceux-ci finissent par mourir, et que la nouvelle génération qui leur succède a une plus grande familiarité avec elle. »

Max Planck, physicien, 1948**

---

* Zora Neale Hurston, *Des pas dans la poussière*, trad. F. Brodsky, La Tour d'Aigues, L'Aube, 1999, p. 320. (*Toutes les notes de bas de page sont de la traductrice.*)

** Max Planck, *Autobiographie scientifique et derniers écrits*, trad. André George, Paris, Flammarion, 1991, p. 33-34.

1

PARTIR

Le dernier jour du mois d'août 1925, à mi-parcours de sa traversée régulière de San Francisco à Sydney, le *Sonoma*, un vapeur à trois ponts, se glissa dans un port formé par un volcan éteint. L'île de Tutuila avait été roussie par la sécheresse, mais un enchevêtrement d'avocatiers et de gingembre en fleur couvrait toujours ses coteaux. Des falaises noires surplombaient une plage de sable blanc. Derrière une rangée de palmiers chétifs se dressait un ensemble de maisons à toit de chaume ouvertes sur les côtés, un style de construction courant dans les îles du Pacifique qu'on appelle les Samoa américaines.

Le *Sonoma* comptait parmi ses passagers une Pennsylvanienne de vingt-trois ans, menue mais carrée, qui ne savait pas nager, était sujette à la conjonctivite et souffrait d'une fracture de la cheville ainsi que d'une affection chronique qui la privait parfois de l'usage de son bras droit. Elle avait laissé un mari à New York et un amant à Chicago, et avait traversé le continent en train dans les bras d'une femme. Elle transportait dans sa malle de voyage des carnets de notes, une machine à écrire, quelques robes du soir et la photographie d'un vieil homme ébouriffé qu'elle appelait Papa Franz, au visage tailladé par des estafilades de sabre et aux traits affaissés à la suite de lésions nerveuses dues à une opération chirurgicale bâclée. Il était la raison du voyage de Margaret Mead*[1].

Celle-ci avait, peu de temps auparavant, rédigé sa thèse de doctorat sous sa direction. Elle avait été l'une des premières femmes à achever l'exigeant programme d'études du département d'anthropologie de la Columbia University. Jusqu'à présent, ses écrits s'étaient davantage inspirés du contenu de la bibliothèque universitaire que de la vie réelle. Mais Papa Franz – surnom que ses étudiants donnaient au professeur Franz Boas, directeur du département – lui avait vivement conseillé de partir sur le terrain et de trouver un lieu où faire ses preuves d'anthropologue. Moyennant une bonne organisation et un peu de chance, ses recherches pourraient constituer « la première tentative sérieuse pour s'insinuer dans l'attitude mentale d'un groupe au sein d'une société primitive, lui écrirait-il quelques mois plus tard. Je pense que votre succès inaugurerait une nouvelle ère d'étude méthodologique sur des tribus indigènes[2] ».

En cet instant, alors qu'elle portait le regard par-delà le bastingage, son cœur se serra.

Le port était encombré de navires gris : croiseurs, contre-torpilleurs et bâtiments de soutien. Un arc-en-ciel huileux recouvrait la surface de l'eau. Les Samoa américaines et leur port d'entrée sur l'île de Tutuila – Pago Pago – étaient sous contrôle des États-Unis depuis les années 1890. Trois ans seulement avant l'arrivée de Mead, la Marine avait transféré la plupart de ses bateaux de haute mer de l'Atlantique au Pacifique, une réorientation stratégique qui reflétait les intérêts croissants de l'Amérique en Asie. Les îles s'étaient rapidement transformées en dépôts de charbon et en centres de réparation de la flotte réorganisée – qui, par le plus grand des hasards, s'engagea dans le port de Pago Pago exactement le même jour que Mead. C'était le plus vaste déploiement naval depuis que Theodore Roosevelt avait envoyé la Grande Flotte blanche autour du monde pour faire la démonstration de la puissance maritime américaine.

* Les notes de l'auteur, numérotées par chapitre, sont de nature bibliographique et à retrouver en fin d'ouvrage.

Des avions hurlaient dans le ciel. À terre, une dizaine de Ford crachotaient sur une étroite route de béton. Sur le *malae*, l'espace en plein air situé au centre de Pago Pago qui servait aux activités communautaires, des Samoans avaient disposé tout un bazar improvisé de bols en bois, colliers de perles, paniers tressés, pagnes et pirogues à balancier miniatures. Des familles s'étaient dispersées autour de la place pour déjeuner de bonne heure. « La fanfare d'un bateau ne cesse de jouer des airs de ragtime[3] », se plaignit Mead. Tout cela ne se prêtait guère à l'étude de tribus primitives, et elle se promit de s'éloigner le plus possible de Pago Pago dès qu'elle le pourrait.

C'était Papa Franz qui lui avait suggéré son sujet de recherche. La transition entre l'enfance et l'âge adulte, marquée par la révolte des jeunes filles et des jeunes garçons contre leurs parents étouffants, était-elle le produit d'une transformation purement biologique, le début de la puberté ? Ou l'adolescence existait-elle uniquement parce qu'une société en particulier décidait de la considérer comme telle ? Pour en avoir le cœur net, Mead passa les mois suivants à randonner dans les montagnes, à explorer des villages reculés, à retracer par écrit la vie d'enfants et d'adolescents locaux et à interroger des adultes sur leurs expériences les plus intimes en matière d'amour et de sexe.

Il ne lui fallut pas longtemps pour constater que les adolescents rebelles étaient rares à Samoa. Cela tenait largement au fait qu'ils n'avaient pas grand-chose contre quoi se rebeller. Les règles sexuelles étaient souples. Si la virginité était théoriquement prisée, on n'en faisait pas grand cas dans les faits. Une fidélité stricte dans les relations était une notion inconnue. Les mœurs samoanes, rapporta Mead, étaient moins primitives et arriérées que remarquablement modernes. Les Samoans semblaient avoir déjà assimilé un grand nombre des valeurs de sa propre génération : la jeunesse américaine des années 1920 qui allait à des soirées pour se peloter, siffler du gin de contrebande et danser le charleston. Mead se donna alors pour objectif de comprendre comment faisaient les Samoans pour éviter les portes claquées, la délinquance juvénile et cette crainte d'un effondrement de la civilisation qui obsédait les commentateurs de son propre pays.

Comment avaient-ils réussi à produire des adolescents affranchis de l'angoisse typiquement américaine ?

Mais était-ce bien la réalité ? « Et puis j'en ai plus qu'assez de parler de sexe, de sexe, de sexe[4] », écrivit-elle à sa meilleure amie, Ruth Benedict, au bout de quelques mois de séjour. Elle avait rempli des carnets de notes, rédigé des fiches et tapé des ramettes entières de rapports de terrain, qu'elle avait expédiés par canoë à travers les brisants et par-delà les récifs jusqu'au bateau postal. Elle le suivait des yeux, l'estomac noué, craignant que la pirogue ne chavire, détruisant ainsi l'unique motif qui l'avait conduite à l'autre bout du monde – et qui était, au demeurant, la seule preuve de ce qu'elle pouvait plus ou moins qualifier de carrière. « J'ai tout un tas de jolis faits significatifs[5] », poursuivait-elle, des bouffées de sarcasme s'élevant de sa page, mais elle doutait de leur valeur. « J'ai l'impression que mon temps, mes pensées sont parfaitement pathologiques... L'emploi que je trouverai à mon retour sera de rendre la monnaie dans le métro[6]. »

Elle ne pouvait pas le savoir alors, mais là-bas, au milieu des festins de bienvenue et des parties de pêche récifale, par les après-midi moites et sous les vents cinglants d'une tempête tropicale, Mead était au cœur d'une révolution. Tout avait commencé par une série de questions épineuses qui occupaient une place centrale dans la philosophie, la religion et les sciences humaines : quelles sont les divisions naturelles de la société humaine ? La moralité est-elle universelle ? Comment convient-il de traiter des gens dont les croyances et les habitudes sont différentes des nôtres ? Ces interrogations conduiraient à un réexamen complet de ce que signifie être un animal social, et à l'abandon d'une confiance trop facile dans la supériorité de notre propre civilisation. Et cette remise en question avait pour enjeu les conséquences d'une découverte stupéfiante : à un moment de leur évolution, nos lointains ancêtres avaient inventé ce que nous appelons la « culture ».

Ce livre parle de femmes et d'hommes qui ont été en première ligne de la plus grande bataille morale de notre temps : prouver que, quelles que soient les différences de couleur de peau, de genre, d'aptitudes ou de coutumes, l'humanité est une et indivisible. Il retrace l'histoire de mondialistes à une époque de nationalisme et de division sociale, et les origines de conceptions que nous qualifions aujourd'hui de modernes et sans préjugés. C'est une préhistoire des profonds bouleversements sociaux des cent dernières années, depuis le droit de vote des femmes et le mouvement des droits civiques jusqu'à la révolution sexuelle et le mariage pour tous, mais aussi des forces qui poussent en sens inverse, vers le chauvinisme et le sectarisme.

Ce livre ne parle cependant pas de politique, ni d'éthique ou de théologie. Ce n'est pas une leçon de tolérance, mais une histoire de science et de scientifiques.

Il y a un peu plus d'un siècle, toute personne cultivée savait que le monde fonctionnait de manière prévisible. Les êtres humains étaient des individus, mais chacun était également représentatif d'un type spécifique, lequel était lui-même la somme d'un ensemble précis de caractéristiques raciales, nationales et sexuelles. Chaque type était voué à être plus ou moins intelligent, paresseux, respectueux des règles ou belliqueux. La politique était le domaine des hommes, alors que les femmes, lorsqu'elles avaient accès à la vie publique, voyaient leur utilité reconnue essentiellement dans les associations caritatives, le travail missionnaire et l'instruction des enfants. L'immigration tendait à diluer la vigueur naturelle d'un pays et à engendrer l'extrémisme politique. Les animaux méritaient qu'on les traite avec bonté, et les peuples arriérés, qui occupaient des échelons légèrement supérieurs aux animaux, avaient droit à notre aide mais non à notre respect. Bien que nés pour mener une vie de hors-la-loi, les criminels pouvaient s'amender. En revanche, les tribades et les sodomites faisaient le choix de leur dépravation et étaient probablement incorrigibles. C'était un temps de progrès : une époque qui avait renoncé à justifier l'esclavage, qui avait commencé à rejeter les barrières de classes et qui finirait par se passer des empires. Quant aux êtres incarnant les imperfections de l'humanité que celle-ci aurait préféré oublier – ceux que l'on désignait sous les noms d'aveugles, sourds-muets, infirmes, idiots, crétins, fous et mongoliens –, la meilleure solution était de les laisser mener une existence paisible entre quatre murs.

L'expérience confirmait ces vérités naturelles. Aucun pays souverain n'autorisait alors les femmes à voter ni à exercer de fonction politique. Aux États-Unis, les recensements répartissaient la société en catégories raciales claires et exclusives, parmi lesquelles les Blancs, les Nègres, les Chinois et les Amérindiens. Le recensement de 1890 y ajouta les qualificatifs de *mulâtre, quarteron* et *octavon* pour distinguer différentes nuances de gens de couleur. Le type auquel vous apparteniez était tellement évident que ce n'était pas à *vous* de le définir mais à *quelqu'un d'autre*, à savoir le recenseur – généralement blanc.

Il suffisait de mettre les pieds dans une grande bibliothèque, de Paris à Londres et à Washington, pour trouver quantité d'ouvrages savants confirmant tous ces points. La première édition intégrale du XXe siècle de l'*Encyclopædia Britannica*, achevée en 1911, définissait la « race » comme un groupe d'individus « descendant d'un ancêtre commun », ce qui sous-entendait que les Blancs et les Noirs, entre autres, possédaient des origines tout à fait distinctes remontant aux premiers temps de l'évolution. La *civilisation* était définie comme la période qui avait débuté lorsque « les races d'hommes les plus développées commencèrent à recourir à des systèmes d'écriture ». Et la première version du siècle de l'*Oxford English Dictionary*, l'édition abrégée publiée en 1911, ne contenait pas d'entrées pour les mots *racisme, colonialisme* ou *homosexualité.*

On considérait habituellement que les différences de croyances et de pratiques de la société humaine étaient des questions de développement et de déviance. Une ligne plus ou moins droite menait des sociétés primitives aux sociétés avancées. À New York, il suffisait, pour retracer cette odyssée naturelle, de se rendre d'un côté de Central Park à l'autre. Des objets d'exposition sur les Africains, les Polynésiens et les Amérindiens étaient conservés (et le sont toujours) sous le même toit que des dioramas de wapitis et de grizzlis à l'American Museum of Natural History. En traversant le parc, vous pouviez rejoindre le Metropolitan Museum of Art et y découvrir le visage de la réussite humaine. Certes, la société contemporaine présentait encore quelques défauts : les pauvres, les anormaux sexuels, les demeurés, les femmes excessivement ambitieuses. Mais ce n'était là que les illustrations du travail qui restait à accomplir dans le perfectionnement d'une civilisation déjà avancée.

L'idée d'une hiérarchie naturelle des types humains façonnait tout : les programmes scolaires et universitaires, les décisions judiciaires et les stratégies de maintien de l'ordre, la politique de santé et la culture populaire, le travail du Bureau of Indian Affairs et celui des administrateurs coloniaux américains envoyés aux Philippines, ainsi que leurs équivalents en Grande-Bretagne, en France, en Allemagne et dans bien d'autres empires, pays et territoires. Les pauvres étaient pauvres à cause de leurs propres insuffisances. La nature favorisait le colon robuste par rapport à l'autochtone ignare. Les différences d'aspect physique, de coutumes et de langue étaient les reflets d'une altérité plus profonde, innée. Les progressistes eux-mêmes acceptaient ces idées, se contentant d'ajouter qu'il était possible, moyennant un nombre suffisant de missionnaires, professeurs et médecins, d'éradiquer les pratiques primitives et contre-nature, et de les remplacer par des mœurs éclairées. Voilà pourquoi le principal périodique américain consacré à la politique mondiale et aux affaires internationales, fondé en 1922 et devenu aujourd'hui l'influent *Foreign Affairs*, portait à l'origine le titre de *Journal of Race Development* – la « Revue du développement racial ». Les races primitives étaient simplement celles qui n'avaient pas encore découvert les bienfaits du christianisme musclé, de la chasse d'eau et de la Ford Motor Company.

Pourtant, depuis cette époque, nous avons commencé à revenir sur toutes ces idées reçues.

Des concepts tels que la race, l'ethnicité, la nationalité, le genre, la sexualité et le handicap font toujours partie des catégories fondamentales nous permettant d'appréhender le monde social. Les demandeurs d'emploi sont invités à donner des renseignements sur certaines d'entre elles. D'autres sont enregistrées sur les formulaires de recensement. Et toutes sont évoquées – de façon incessante dans l'Amérique du XXIe siècle – dans les salles de cours des facultés de lettres et de sciences sociales et humaines ainsi que sur les réseaux sociaux. Mais le sens que nous leur donnons n'est plus le même que par le passé.

Le recensement de l'an 2000 a permis pour la première fois aux Américains de cocher plusieurs cases pour répondre aux questions sur leur identité raciale ou ethnique. La Common Application, le formulaire d'inscription utilisé par plus de six cents universités et établissements d'enseignement supérieur aux États-Unis, exige que le sexe d'un postulant corresponde à la description officielle figurant sur son acte de naissance, mais lui permet aujourd'hui d'ajouter des précisions sur l'image qu'il se fait ou souhaite donner de lui. En 2015, une majorité des juges de la Cour suprême des États-Unis a établi que la protection fédérale de l'institution du mariage n'exige pas qu'un couple soit formé d'un homme et d'une femme au sens chromosomique. Dans les écoles, les bâtiments publics, les universités et sur les lieux de travail, des particularités qui étaient considérées comme des tares il n'y a encore pas si longtemps – de la surdité à l'obligation de se déplacer en fauteuil roulant ou de bénéficier d'un type particulier d'enseignement – sont désormais traitées comme des différences dont il faut tenir compte, afin de veiller à ce qu'aucune idée, aucune compétence ou aucun talent ne restent inexprimés simplement à cause d'une onde sonore ou d'un escalier.

Nous présentons d'ordinaire ces changements comme une expansion ou une contraction de notre univers moral. Aux États-Unis, la gauche politique a tendance à tracer une courbe longue et nécessaire allant du renversement de l'autoritarisme racial de la période Jim Crow à la première candidature féminine majeure à la présidence des États-Unis, en passant par les émeutes de Stonewall et l'Americans with Disabilities Act, la loi qui s'oppose aux discriminations à l'encontre des handicapés. Il s'agit d'un récit de progrès, de concrétisation croissante des droits inscrits dans les textes fondateurs de la nation. Sur la droite de l'échiquier politique, on présente au contraire certains de ces changements comme une restriction de la possibilité pour une communauté de définir ses propres mœurs sociales. Une nouvelle forme d'intolérance approuvée par l'État, protégée dans des espaces sûrs et contrôlée par la police du langage qui s'est imposée dans les écoles publiques aussi bien que sur les lieux de travail, voudrait nous obliger à nous entendre unanimement sur la définition du mariage, d'une bonne blague ou d'une société prospère. C'est un récit d'abus de pouvoir et de déraison, d'un État présomptueux qui porte atteinte au discours de l'individu, à sa pensée et à ses valeurs les plus chères. On retrouve des lignes de bataille comparables dans d'autres pays – opposant célébration de certains types de différences et préservation des valeurs consacrées par les générations précédentes.

Pourtant, une transformation plus fondamentale précéda tous ces débats. Elle était le fruit d'un ensemble de découvertes réalisées par une équipe de chercheurs anticonformistes que Franz Boas appelait modestement « notre petit groupe[7] ». Ces derniers étaient convaincus qu'une analyse sérieuse, fondée sur des preuves, renverserait l'un des principes les plus fermement enracinés de l'époque moderne, à savoir qu'il revient à la science d'établir quels individus et groupes sont naturellement plus intelligents, plus compétents, plus intègres et plus aptes à gouverner. Selon eux, la science indiquait exactement le contraire et défendait une théorie de l'humanité englobant les innombrables façons de vivre que nous, humains, avons imaginées. Les catégories sociales entre lesquelles nous nous répartissons habituellement, y compris les étiquettes de race et de genre, sont fondamentalement artificielles – produits de l'artifice humain ancrés dans les systèmes mentaux et les habitudes inconscientes d'une société donnée. Nous sommes des animaux culturels, affirmaient-ils, liés par des règles dont nous sommes nous-mêmes les auteurs, même si elles sont souvent invisibles ou considérées comme évidentes par les sociétés qui les définissent.

Si l'histoire du cercle de Boas vaut la peine d'être connue, ce n'est pas parce que ses membres ont été les seuls à contester ces systèmes de pensée faux et éculés. L'unicité de l'humanité est une idée qui parcourt les religions, les systèmes éthiques, l'art et la littérature du monde. Mais si Boas et ses élèves furent particulièrement habiles à sentir la distance entre ce qui est réel et ce que nous prétendons tel, c'est parce qu'ils vivaient à l'intérieur même d'une étude de cas. Les États-Unis de la première moitié du XXe siècle se flattaient de reposer sur des valeurs éclairées tout en mettant au point un vaste système de privation raciale du droit de vote. Les Américains étaient convaincus que leur nation était exceptionnellement favorisée mais insistaient sur la validité universelle de l'idée qu'ils se faisaient d'une bonne société. Leur gouvernement ne ménageait pas sa peine pour maintenir certains types d'étrangers à l'écart du pays alors même qu'il faisait usage d'une richesse et d'une puissance militaire sans précédent pour remodeler les pays qui les envoyaient. La science du cercle de Boas était le produit d'un temps et d'un lieu qui semblaient en avoir particulièrement besoin.

Ils se présentaient eux-mêmes comme des anthropologues culturels – une désignation de leur cru – et avaient baptisé la théorie qui les animait « relativité culturelle », ce que nous appelons souvent aujourd'hui « relativisme culturel ». Pendant près d'un siècle, leurs détracteurs les ont accusés de tous les maux, leur reprochant aussi bien de justifier l'immoralité que de saper les fondements de la civilisation elle-même. Aujourd'hui, le relativisme culturel figure généralement parmi les ennemis de la tradition et de la bonne conduite, en compagnie de termes tels que postmodernisme et multiculturalisme. Les travaux du cercle de Boas font des apparitions sous les traits de bêtes noires et d'objets de dérision dans les médias conservateurs et sur les sites Internet de l'alt-right, dans les milieux hostiles aux programmes en faveur de la diversité et au politiquement correct, et sur des listes comme « Les dix livres qui ont fait foirer le monde* ». Comment pouvons-nous porter le moindre jugement sur le bien et le mal, interrogent ces critiques, si tout dépend du moment, du lieu ou du contexte dans lequel nous formulons nos jugements ?

La conviction que nos façons d'être et de faire sont les seules sensées et les seules morales possède un puissant attrait, surtout quand elle

* *Ten Books That Screwed Up the World*, de Benjamin Wiker, Washington D. C., Regnery Publishing, 2008 (non traduit en français).

recourt au langage de la science, de la rationalité, de la religion ou de la tradition. Toutes les sociétés sont prédisposées à traiter leurs propres caractéristiques comme des qualités et celles des autres comme des défauts. Mais le message central du cercle de Boas était que, pour vivre intelligemment dans le monde, nous devrions considérer la vie d'autrui à travers un prisme d'empathie. Nous devrions suspendre notre jugement sur d'autres visions de la réalité sociale aussi longtemps que nous ne les comprenons pas parfaitement, et à l'inverse nous devrions porter sur notre propre société le même regard impartial et sceptique que lorsque nous étudions des peuples lointains.

La culture, telle que Boas et ses élèves l'entendaient, est la source ultime de ce que nous considérons comme le bon sens. Elle définit ce qui est évident ou incontestable. Elle nous dit comment élever nos enfants, choisir un leader, trouver des aliments comestibles ou faire un bon mariage. Tout cela évolue au fil du temps, tantôt lentement, tantôt rapidement. Pourtant, il n'est pas de réalité plus fondamentale dans le monde social que celle que les humains eux-mêmes créent dans une certaine mesure.

L'idée que nous sommes les auteurs de nos propres vérités consensuelles a eu d'importantes conséquences. Elle a ébranlé la théorie de la linéarité du développement social, allant de sociétés prétendument primitives à celles dites civilisées. Elle a remis en question certaines pierres de soutènement de l'ordre politique et social, de la conviction de l'existence de la race à la certitude que genre et sexe ne sont qu'une seule et même chose. Le concept de race, selon Boas, devait être vu comme une réalité sociale et non comme une réalité biologique – comparable aux autres lignes de séparation créées par l'homme et profondément ressenties, de la caste à la tribu et à la secte, qui parcourent les sociétés du monde entier. Dans le domaine du sexe, aussi, la vie des hommes et des femmes n'est pas façonnée par une sexualité figée, exclusive, mais par des idées flexibles de genre, d'attirance et d'érotisme qui diffèrent selon les lieux. L'importance accordée à la pureté – une race exempte de toute souillure, un corps chaste, une nation ayant surgi intégralement formée de sa terre ancestrale – devrait céder la place à la notion, validée par l'observation, que le mélange constitue l'état naturel du monde.

Avec le temps, ces changements influenceraient le regard que les sociologues portent sur l'intégration ou l'exclusion des immigrés, la manière dont les autorités de santé publique abordent les maladies endémiques, du diabète à la toxicomanie, celle dont la police et les criminologues recherchent les causes premières du crime et celle dont les économistes modélisent les comportements apparemment irrationnels des acheteurs et des vendeurs. La conviction qu'une identité de « race mêlée » n'a rien que de parfaitement normal, l'idée que le genre n'est pas exclusivement binaire, que la sexualité humaine présente une grande diversité, que les normes sociales conditionnent notre sens du bien et du mal – tout cela a dû être imaginé et, en un sens, *prouvé* avant de pouvoir commencer à infléchir la loi, la gouvernance et la politique publique. Vous pouvez voir les effets de cette révolution intellectuelle chaque fois que vous visitez un musée, que vous remplissez un formulaire de recensement, ou que votre enfant suit des cours d'éducation à la sexualité en classe de quatrième. S'il est aujourd'hui banal qu'un couple gay échange un baiser sur le quai d'une gare, qu'un étudiant lise la *Bhagavad Gita* en cours de littérature, que le racisme soit condamné à la fois pour son immoralité et sa stupidité flagrante, et que chacun, quelle que soit son expression de genre, puisse revendiquer le droit d'accès à toutes les professions et toutes les responsabilités – si tout cela ne relève pas de l'innovation ou de l'aspiration mais constitue le fonctionnement habituel, établi, d'une société, nous le devons aux idées que défendit le cercle de Boas.

Avec sa tignasse indisciplinée et son robuste accent germanique, Papa Franz était la personnification du savant fou. Dans les années 1930, il eut l'honneur de figurer en couverture du magazine *Time*, photographié comme toujours de profil droit pour dissimuler l'avachissement de la moitié gauche de son visage, et de recevoir les vœux d'anniversaire de personnalités telles que Franklin Roosevelt et

Orson Welles. Après l'accession d'Adolf Hitler au pouvoir dans son Allemagne natale, les ouvrages de Boas firent partie des premiers à être brûlés par les fanatiques nazis, en même temps que ceux d'Einstein, Freud et Lénine. À sa mort en 1942, le *New York Times* publia un article spécial à sa mémoire. Il incombait désormais à ses anciens étudiants, écrivait le quotidien, de poursuivre « l'œuvre d'édification dont il fut un pionnier audacieux ».

Ses disciples finiraient par s'imposer comme des stars ou des quasi-stars intellectuelles de leur siècle : Margaret Mead, la chercheuse de terrain au franc-parler qui compte parmi les scientifiques américains les plus connus du grand public ; Ruth Benedict, la principale assistante de Boas et le grand amour de Mead, dont les recherches entreprises pour le compte du gouvernement américain ont contribué à façonner l'avenir du Japon après la Seconde Guerre mondiale ; Ella Cara Deloria, qui a sauvé de l'oubli les traditions des Indiens des Plaines, mais a passé l'essentiel de sa vie dans la pauvreté et l'obscurité ; Zora Neale Hurston, l'éminente anticonformiste du mouvement de la Renaissance de Harlem dont les études ethnographiques réalisées sous la direction de Boas ont directement nourri son roman *Mais leurs yeux dardaient sur Dieu**, devenu aujourd'hui un classique ; et une poignée d'autres universitaires et chercheurs qui ont fondé certains des instituts d'anthropologie les plus en vue, de Yale à Chicago en passant par Berkeley.

Ces scientifiques et ces intellectuels étaient mus par la volonté passionnée de comprendre les autres êtres humains. À leurs yeux, la science la plus profonde de l'humanité n'était pas celle qui nous enseignait ce que la nature humaine avait d'ancré et d'immuable. C'était plutôt celle qui révélait l'immense variabilité des sociétés humaines – le vocabulaire vaste et bigarré des convenances, de la coutume, de la morale et de la rectitude. Nos plus précieuses traditions, insistaient-ils,

* Ce roman a été traduit une première fois en français en 1998 par Françoise Brodsky aux éditions de l'Aube sous le titre *Une femme noire*. Une nouvelle traduction, par Sika Fakambi, a été publiée en 2018 aux éditions Zulma sous le titre *Mais leurs yeux dardaient sur Dieu*.

ne représentent qu'une infime fraction des multiples solutions que les humains ont inventées pour résoudre des problèmes fondamentaux, de l'organisation de la société à la ritualisation du passage de l'enfance à l'âge adulte. De même que le remède à une maladie mortelle peut être caché dans une plante encore inconnue qui pousse dans une jungle lointaine, la clé de certains problèmes sociaux peut se trouver dans la réponse que d'autres humains, en d'autres lieux, ont apportée aux défis communs de l'humanité. Et il y a une certaine urgence à réaliser ce travail : en effet, la transformation des pays et la connexion croissante du monde rendent inévitablement de plus en plus mince le catalogue des solutions humaines.

Partir permet en outre de découvrir une vérité profonde sur ce qui se trouve littéralement sous notre nez – à savoir que rien n'oblige les choses à être telles qu'elles sont. Ruth Benedict parlait de l'« illumination qui se produit quand on envisage des possibilités très différentes d'aborder des problèmes invariables[8] ». C'était l'objectif même du travail quotidien que Boas poussait ses élèves à entreprendre – les voyages à l'étranger, les expositions de musées et les articles techniques sur les langues autochtones et les mœurs sexuelles : montrer que nous ne sommes pas le premier peuple à nous marier, à élever un enfant, à pleurer la perte d'un parent ou à décider qui édicte les règles.

Boas et ses étudiants n'éprouvaient aucun scepticisme quant à la possibilité d'accéder à la vérité et à notre capacité d'appréhender la réalité. Ils estimaient que la méthode scientifique – l'hypothèse que toute conclusion est provisoire et passible d'être réfutée par de nouvelles données – était en fait l'une des plus grandes avancées de l'histoire humaine. Qu'elle avait refaçonné notre compréhension du monde naturel et pouvait également, selon eux, révolutionner nos conceptions du monde social.

Une science de la société devait être une sorte d'opération de sauvetage, pensaient-ils. Nous sommes devenus qui nous sommes par le biais d'un monumental effort d'oubli : comment nommer cette espèce d'arbre, quand planter cette graine, comment les dieux préfèrent que l'on s'adresse à eux. Nous avons beau vénérer nos ancêtres, aucun de nous ne les reconnaîtrait réellement. Connaître la société humaine, passée et présente, est une course contre l'amnésie. Il faut engranger le trésor des cultures différentes avant que les hommes oublient les caractéristiques de ceux qu'ils ont été un jour – ou, pire, qu'ils en gardent un souvenir erroné.

Les anciennes façons de faire ont disparu. Les nôtres suivront un jour le même chemin. Nos arrière-petits-enfants se demanderont comment nous avons pu penser ceci ou cela, comment nous avons pu agir de telle ou telle manière. Ils s'étonneront de notre ignorance et attaqueront notre jugement moral. Voilà pourquoi la « culture » n'a de sens qu'au pluriel – un usage popularisé par Boas. Van Gogh et Dostoïevski font partie d'une culture, mais les tatouages faciaux, la construction de pirogues et la définition des liens de parenté aussi.

« La courtoisie, la modestie, les bonnes manières [et] le respect de normes morales bien définies sont universels », écrivit un jour Boas, « mais ce qui ne l'est pas, c'est ce qui constitue cette courtoisie, cette modestie, ces bonnes manières et ce respect des normes morales[9]. » Ses élèves et lui savaient que la foi en une nature humaine intemporelle sanctifie certains comportements et en sanctionne d'autres. Même en un temps de découvertes scientifiques, il est difficile d'ébranler la certitude que Dieu et la tradition défendent un type de famille ou une sorte d'amour – toujours ceux qui nous sont les plus familiers. Mais le principal message du cercle de Boas était que nous sommes tous, à notre façon, des pièces de musée. Nous avons nos tabous et nos totems personnels, nos dieux et nos démons à nous. Comme il s'agit essentiellement de nos propres créations, nous sommes libres de choisir de les vénérer ou de les exorciser.

Boas comprenait mieux que tous ses contemporains que les préjugés les plus solidement ancrés de sa société ne reposaient pas sur des arguments moraux mais plutôt sur des arguments prétendument scientifiques. Les Afro-Américains privés du droit de vote étaient intellectuellement inférieurs, parce que les recherches les plus récentes l'affirmaient. Les femmes étaient incapables d'occuper des postes d'influence, parce que leurs faiblesses et leur tempérament singulier étaient parfaitement prouvés. Les faibles d'esprit devaient être tenus à l'écart de la société, parce que l'amélioration de celle-ci passait par la réduction de leur nombre au sein de la population générale. Les immigrés apportaient avec eux les malheurs de leurs patries ignorantes, de la maladie au crime en passant par le désordre social.

Une science qui semblait prouver l'insurmontabilité des divisions de l'humanité devait se voir opposer une science qui prouvait le contraire. En incitant les Américains notamment à se considérer comme vaguement étranges – leur foi tenace dans ce qu'ils appellent la race, leur aveuglement face à la violence quotidienne, leurs attitudes en dents de scie à l'égard du sexe, leur relatif retard sur la place des femmes dans la gouvernance –, Boas et son cercle ont accompli un gigantesque pas en avant vers une conception du reste du monde comme un lieu un peu plus familier. Telle est la découverte des penseurs que nous rencontrerons dans ces pages. Ils nous ont appris qu'aucune société, la nôtre comprise, n'est l'aboutissement de l'évolution sociale de l'humanité. Nous ne représentons même pas une étape distincte du développement humain. L'histoire n'avance pas en ligne droite mais en boucles et en cercles, et elle ne se dirige vers aucune fin précise. Nos propres vices et faiblesses sont aussi manifestes que ceux de n'importe quelle société, où que ce soit.

Les membres du cercle de Boas luttèrent et discutèrent, écrivirent des milliers de pages de courriers, passèrent d'innombrables nuits sous des moustiquaires et dans des huttes inondées par la pluie, et s'éprirent puis s'éloignèrent les uns des autres. Pour chacun d'eux, la gloire, quand gloire il y eut, eut l'opprobre pour revers – leurs carrières devinrent synonymes de débauche et de grossièreté, ou de l'idée insensée que les Américains n'avaient peut-être pas créé le plus grand pays de l'Histoire. Ils furent révoqués de leurs fonctions, surveillés par le FBI et harcelés par la presse, simplement pour avoir suggéré que la seule approche scientifique des sociétés humaines consistait à les traiter toutes comme les éléments constitutifs d'une humanité unique.

Il y a un siècle, dans les jungles et sur les banquises, au cœur des pueblos et dans les patios des zones pavillonnaires, ce groupe de marginaux entreprit de mettre au jour une vérité étourdissante qui continue de façonner nos existences publiques et privées.

Ils ont découvert que, contrairement à l'adage, les manières ne font pas l'homme.

C'est l'inverse.

2

L'ÎLE DE BAFFIN

Un demi-siècle avant le départ de Margaret Mead pour Samoa, Franz Boas avait rêvé d'aventure dans son propre pays natal, les collines et les marais de ce qui serait plus tard l'Allemagne du Nord. Il avait toujours eu horreur de rester chez lui[1]. Son livre préféré était *Robinson Crusoé*, déclara-t-il dans un devoir d'écolier, une lecture qui l'avait incité à préparer une future expédition en Afrique, « ou en tout cas sous les tropiques[2] ». Il s'entraînait à supporter les privations en se forçant à manger de grandes quantités d'aliments qu'il détestait. Et quand un camarade de classe se noya dans une rivière voisine, il passa des journées dans une barque à rechercher le corps, en vain[3].

Il était né le 9 juillet 1858 dans une famille juive assimilée de Minden, une petite ville de Westphalie qui appartenait alors au royaume de Prusse. Tous les écoliers d'Europe connaissaient la province natale de Boas. Elle avait en effet donné son nom aux plus importants accords de paix de l'Histoire, les Traités de Westphalie de 1648, qui avaient mis fin à la guerre de Trente Ans et posé les bases de la diplomatie moderne. Ces textes avaient établi les fondements du droit international et organisé le monde sous la forme d'un système d'États-nations souverains. L'ordre, la limitation du pouvoir et la rationalité furent salués comme les piliers des affaires mondiales, tandis que les philosophes présentaient ces mêmes qualités comme l'essence de la vie civilisée en général.

Même dans un lieu relativement rétrograde comme Minden, les membres de la génération de Boas pouvaient encore apercevoir les dernières lueurs des Lumières qui s'estompaient. Schiller et Goethe n'étaient morts que quelques décennies plus tôt. Malgré l'accident vasculaire cérébral qui l'avait laissé infirme, Alexander von Humboldt, naturaliste, voyageur et philosophe prussien – « le plus grand homme depuis le Déluge[4] », à en croire un observateur –, constituait toujours un lien vivant avec les philosophes du XVIIIe siècle. Les idées que ces hommes avaient défendues – un débat raisonné, une gouvernance sensible, une vie animée par des recherches objectives – avaient inspiré la plus grande vague de révolutions libérales que l'Europe eût jamais connue.

En 1848, dix ans avant la naissance de Boas, des révoltes armées avaient balayé le continent, défiant les souverains autocratiques de l'Atlantique aux Balkans. Étudiants, ouvriers, intellectuels et petits propriétaires agricoles réclamaient justice et réformes. De grandes manifestations publiques en faveur de la liberté de la presse, du droit de réunion et de l'unification nationale se propagèrent à travers les multiples royaumes et principautés germaniques. Les Parisiens dressèrent des barricades, provoquant la chute de la monarchie constitutionnelle de Louis-Philippe. Des patriotes hongrois et croates s'élevèrent contre leur souverain, l'empereur Habsbourg. On désignerait plus tard ces mois de désordre, de violence et d'espoir sous le nom de « Printemps des peuples ». Mais l'hiver ne tarda pas à reprendre ses droits. Pays après pays, les monarques réaffirmèrent leur pouvoir. Ceux qui avaient défendu les vieux « quarante-huitards », sur le pavé comme en esprit, battirent en retraite dans les universités et les professions libérales ou furent poussés à l'exil. La politique fut laissée à des hommes du genre d'Otto von Bismarck, l'implacable chancelier de Prusse.

Le choix de se replier sur la vie locale fut particulièrement fréquent chez les juifs. La Prusse était alors un « royaume de bric et de broc[5] », pour reprendre les termes d'un voyageur de l'époque, un pays régi par un ensemble complexe de codes juridiques, de restrictions religieuses, de privilèges corporatifs et de juridictions municipales et provinciales.

À Minden comme dans de nombreuses bourgades d'Allemagne du Nord, la communauté juive était très modeste par rapport au nombre de protestants. L'antisémitisme quotidien, comme presque partout en Europe, était une réalité. Pourtant, même en un temps de réaffirmation de l'autocratie, les juifs qui jouissaient d'une bonne situation pouvaient être relativement confiants dans leur statut au sein de la société locale. Pour la famille de Meier et Sophie Boas, les parents de Franz, être *bürgerlich* – citadins, éduqués, libres-penseurs, bourgeois – était un élément tout aussi déterminant de la vie que leur appartenance à une confession minoritaire.

Les juifs étaient, au sens propre comme au sens figuré, au cœur des affaires municipales, habitant des maisons en plein centre-ville et tenant des commerces sur les rues principales. Ils étaient les petits commerçants et les banquiers de Minden, ses artisans et ses professions libérales, et ils se gouvernaient eux-mêmes en tant que communauté distincte avant même que la Prusse n'accorde enfin aux juifs l'intégralité des droits civiques et de citoyenneté en 1869. Ils payaient des taxes communautaires pour l'entretien des synagogues et respectaient les fêtes juives, ce qui ne les empêchait pas – à l'image de la famille Boas – d'échanger des cadeaux à Noël[6]. Ils étaient intégrés dans un réseau transnational de commerce, de voyages et de cosmopolitisme assumé. Meier, qui avait modestement commencé comme marchand de céréales, avait fait un assez beau mariage pour s'introduire plus profondément dans ce monde. Il s'était ensuite consacré à l'entreprise commerciale familiale que Sophie, née Meyer, avait apportée en dot : l'exportation de linge fin, de vaisselle et de mobilier pour la société Jacob Meyer de New York[7].

Seul garçon entouré de plusieurs sœurs, le jeune Franz était une source d'exaspération pour son père pragmatique et d'inquiétude pour sa mère, qui était folle de lui. Il avait tendance à vivre dans sa tête. Il lui arrivait d'être dépressif et de souffrir de migraines, mais il pouvait également se montrer hardi et courageux quand quelque chose lui tenait à cœur[8]. Étant issu d'une famille relativement aisée, il fut inscrit au lycée local, ou *Gymnasium*, qui mettait à l'honneur les lettres classiques et la philosophie. Il obtint de bonnes notes en latin, en français et en arithmétique, et même de très bonnes en géographie[9]. C'était cependant le genre d'enfant que les professeurs seraient enclins à décrire comme bon élève mais manquant d'assiduité, un garçon qui passait d'une passion à une autre, se fixant rarement sur quoi que ce soit de façon durable.

S'il avait une tendance maîtresse, déclara-t-il en récapitulant ses années de scolarité, c'était d'établir des comparaisons systématiques entre des éléments qu'il observait dans la nature[10]. Un été, alors que la famille rentrait de vacances passées à Heligoland, un archipel de la mer du Nord alors sous domination britannique, Franz indisposa le douanier allemand en essayant d'importer toute une malle de cailloux qu'il avait ramassés pour ses recherches géologiques[11]. Il récupérait aussi les carcasses de petits animaux trouvés dans la forêt. Sa mère lui donnait une casserole pour qu'il puisse les faire bouillir et mettre leurs os de côté afin de les étudier plus tard[12].

Quand le moment fut venu de songer à l'université – que les garçons de sa classe sociale étaient censés fréquenter s'ils refusaient de rejoindre l'entreprise familiale –, il hésita et atermoya. Il repoussa l'idée de la carrière médicale que lui suggérait son père. Il envisageait plutôt les mathématiques ou la physique, sans très bien savoir sur quel type d'emploi ces études pourraient déboucher. Son principe directeur était celui de nombreux jeunes gens talentueux : tout faire pour ne pas rester « inconnu et invisible[13] », comme il l'écrivit à l'une de ses sœurs. Il finit par s'inscrire en 1877 à l'université de Heidelberg, l'Oxford des établissements allemands, une bourgade médiévale que dominaient des flèches rêveuses. Il célébra somptueusement sa première soirée en ville, louant une voiture pour aller de la gare à l'hôtel local, où il commanda un dîner complet[14].

Unifiée seulement quelques années plus tôt à la suite de la guerre franco-prussienne, l'Allemagne était désormais un empire. Petit garçon, Boas avait vu une fanfare militaire accompagner des soldats en uniforme vers les lointaines lignes de front en France[15]. À présent, des jeunes gens abreuvés de récits à la gloire des combats transformaient les cours intérieures de l'université en champs d'honneur improvisés. Les étudiants rejoignaient presque instantanément les rangs d'associations d'amis et de proches, dont la seule véritable mission était de surveiller les frontières des clans qu'ils avaient eux-mêmes fondés. Lubrifiés à l'alcool, coiffés d'élégantes casquettes et occasionnellement armés de sabres affûtés, ils vivaient dans une société où un affront personnel ne pouvait être réparé que par un duel soigneusement mis en scène.

Un jour, alors que des voisins se plaignaient haut et fort du bruit que faisait un de ses amis pianiste, Boas s'emporta, la discussion se transforma en querelle et il accepta de se battre. Il entailla la joue de son adversaire – un coup de chance, car ses seules connaissances en escrime lui venaient de quelques leçons improvisées que lui avaient données deux camarades – et s'en sortit avec un petit fragment de cuir chevelu en moins. Mais on le proclama vainqueur[16]. Les deux bretteurs se séparèrent en ayant obtenu ce que les jeunes Allemands venaient chercher à l'université : un *Schmiss*, ou balafre de duel, qu'ils arboraient aussi fièrement qu'une tunique de hussard en brocart. Ce fut le premier d'au moins cinq affrontements de ce genre que vivrait Boas au cours de sa carrière universitaire, des bagarres au couteau ennoblies par un vague code de chevalerie. Les cicatrices qu'il en garderait pour la vie seraient plus tard comme des gravures sur une vieille défense de morse, avec des *Schmisse* sur le front, le nez et la joue, une entaille dentelée courant de sa bouche à son oreille[17].

Il n'était pas inhabituel que les étudiants fassent le tour des grandes universités allemandes en nomades, assistant ici à des cours magistraux, suivant ailleurs les travaux dirigés d'un célèbre professeur, avant de passer enfin les examens qui leur permettraient d'obtenir un diplôme. Boas se rendit ainsi de Heidelberg à Bonn puis, en 1879, à Kiel, un établissement correct sans rien d'exceptionnel situé dans les plaines du Nord, au bord de la Baltique. Ce choix était essentiellement contingent. L'une de ses sœurs, Toni, se remettait d'une maladie et était soignée par un médecin de cette ville ; Boas s'y installa pour pouvoir s'occuper d'elle[18]. Il poursuivit ses études de mathématiques et de physique et se mit peu à peu à espérer qu'un projet de recherche indépendant pourrait déboucher sur un doctorat, porte d'accès à une carrière de savant et, s'il se débrouillait bien, à un certain renom.

Tous les établissements où Boas étudia – et ferrailla – étaient les héritiers de la ligne de pensée que le philosophe Immanuel Kant avait appelée l'*Aufklärung*, version allemande des Lumières. Des penseurs français comme Descartes, Montesquieu et Diderot s'étaient interrogés sur la structure de la loi naturelle et le pouvoir de la raison pour façonner le droit et le gouvernement. Ils avaient découvert l'élégance mathématique sous-jacente au chaos apparent du monde naturel. Leurs homologues anglais et écossais, comme John Locke et David Hume, firent remarquer que la vraie connaissance s'acquiert par l'expérience directe, et non par la spéculation abstraite. Mais si ces auteurs s'intéressaient à l'Homme et à sa capacité de connaître le monde, les Allemands s'intéressaient souvent aux hommes et à leur capacité imparfaite de l'imaginer.

Pour Kant en particulier, les limites humaines à la raison abstraite devaient constituer l'un des principaux sujets de réflexion des philosophes, éthiciens et spécialistes du monde naturel. Nous pouvons vivre dans un univers gouverné par la loi, estimait-il. L'ensemble de la Création peut parfaitement s'intégrer dans un plan divin d'ordre et de perfection. Mais ses secrets les plus profonds restent à jamais voilés par la faiblesse de notre propre esprit. Les idées que nous nous faisons de la réalité nous sont transmises par nos sens, lesquels doivent être traités comme des informateurs peu fiables. Néanmoins, au lieu de considérer avec scepticisme tout ce que nous prétendons percevoir, la voie la plus sûre pour accéder à la vraie connaissance était selon lui de porter notre attention sur nos perceptions elles-mêmes.

Après tout, si nous pouvons de bien des manières nous faire des idées fausses sur ce que nous prétendons voir – un mirage, par exemple, ou quelqu'un dans la rue que nous prenons par erreur pour un vieil ami –, nous ne pouvons pas nous tromper sur notre propre sens de la réalité. Nous sommes tous, par définition, experts de notre propre expérience. Les philosophes devraient se consacrer à l'étude de l'écart séparant les perceptions sensorielles qui nous assaillent et les images mentales que nous nous faisons des choses telles que nous les croyons être. Pour commencer à comprendre le monde, il convenait de définir une trajectoire entre une foi dans le pouvoir universel de la raison et un scepticisme inflexible quant à notre capacité à connaître quoi que ce soit. Un des disciples de Kant, Johann Gottfried Herder, allait jusqu'à suggérer que des peuples entiers pouvaient posséder leurs propres systèmes pour donner un sens aux choses – un « génie » particulier à la *Kultur* spécifique qui lui donnait naissance. La civilisation humaine constituait un puzzle de toutes ces différentes manières d'être, chacune ajoutant sa propre pièce, certaines aux bords plus irréguliers que d'autres, au tableau d'ensemble des réalisations humaines.

Aucun étudiant allemand ne pouvait échapper à ces idées grisantes, libératrices. Boas lut Kant, acheta quarante volumes d'œuvres choisies de Herder et lut attentivement les écrits d'Alexander von Humboldt, lequel avait proposé de considérer toute la nature comme un seul et unique système interconnecté[19]. Or l'université de Kiel s'intéressait tout spécialement à l'application pratique de ces idées. Le corps enseignant insistait sur la rigueur scientifique, l'observation empirique et la question des apparences mouvantes des choses dans le monde. Certains jeunes professeurs commençaient à envisager des expériences explorant la relation entre réalité physique et perception humaine. Leur emboîtant le pas, Boas soumit un sujet de thèse sur les propriétés photométriques des liquides. Il souhaitait étudier la manière dont la lumière est polarisée par l'eau et change d'apparence lorsqu'elle traverse une matière. Cette étude, se disait-il, lui permettrait d'effectuer des observations réelles et d'utiliser le matériel de laboratoire de Kiel pour mener des recherches originales, indispensables à l'obtention d'un diplôme de troisième cycle.

Il passa ainsi bientôt tout son temps à exposer à un rayon lumineux des tubes à essai contenant différents types d'eau et à analyser les propriétés observées à l'autre extrémité. Depuis un bateau de location qui dansait dans le port animé de Kiel, il faisait descendre dans l'eau trouble des assiettes en porcelaine et des miroirs à différentes profondeurs pour essayer de repérer le point où la lumière que ces objets réfléchissaient changeait[20]. Malgré l'improvisation et le manque de rigueur de ce travail, les examinateurs le validèrent avec quelque réticence et, en juin 1881, Boas décrocha le titre de docteur en physique[21].

C'est alors qu'il décida de changer de trajectoire. Ces recherches l'avaient ennuyé, comme cela arrive à la plupart des thésards, et les résultats moyens de ses expériences aquatiques – qui lui avaient valu un diplôme avec mention bien, mais pas très bien – ne suffiraient pas à impressionner favorablement une commission d'attribution de bourse ni une commission de recrutement. En outre, pour pouvoir enseigner dans une université allemande, il devrait obtenir un titre plus élevé, l'*Habilitation*, qui exigerait un nouveau projet de recherche original. Boas prenait peu à peu conscience que ce qui l'intéressait vraiment n'était pas de percer à jour les lois intemporelles de la physique ni d'établir des démonstrations mathématiques rigoureuses, mais plutôt d'arriver à comprendre le gouffre qui séparait son propre regard des assiettes en porcelaine qu'il avait immergées dans le port.

Comme le savait Boas, il existe un spectre chromatique objectif qui change en fonction de lois prévisibles quand la lumière traverse une matière telle que l'eau. Mais essayer de comprendre comment notre esprit interprète de subtiles modifications des fréquences lumineuses – le point auquel nous estimons que quelque chose n'est plus bleu, mettons, mais bleu-vert – est une tout autre affaire. Il s'agissait en réalité de sujets de recherche complètement différents, comprit-il. L'un s'intéressait au domaine de la réalité concrète alors que l'autre relevait de la perception sensorielle, c'est-à-dire, pour reprendre le langage enseigné aux étudiants allemands, du monde « nouménal » pour l'un et du monde « phénoménal » pour l'autre. Boas voulait se plonger dans le second, ne pas chercher à comprendre ce que le monde naturel *fait* mais comment nous déterminons par nous-mêmes ce que nous *pensons* qu'il fait. Une méthode pour ce faire consistait à essayer de comprendre comment des gens très différents de vous voyaient les choses. Et cela exigeait de se rendre aussi loin que possible de lieux familiers comme Minden et Kiel.

À l'image de celle de nombreux jeunes gens de sa génération, l'enfance de Boas avait été nourrie de récits d'aventures arctiques. Partir pour le Grand Nord était la version climat froid de la ruée des États européens vers l'Afrique. En raison des conditions inhospitalières et de la faible densité de population de l'Arctique, la course vers les pôles n'attirait généralement pas des soldats et des commerçants mais plutôt des scientifiques et des patriotes. Au lieu d'accaparer les terres et d'exploiter les peuples qui y vivaient, ils avaient pour objectif l'exploration au sens le plus pur du terme. Boas avait assimilé l'appel au devoir, inculqué à tous les écoliers allemands issus d'une famille aisée, d'ajouter à la grandeur nationale en atteignant les confins de la planète avant les autres nations.

Quarante ans plus tôt, une expédition britannique avait été victime de débris de banquise flottants, du scorbut et de la faim. Au cours des décennies suivantes, d'autres explorateurs britanniques et américains avaient dressé la carte de l'océan Arctique, recueilli des informations sur les peuples de la région et testé les limites de l'endurance humaine sous des climats extrêmes. À la fin des années 1860 et au début des années 1870, des aventuriers et des universitaires allemands participèrent aussi à ces campagnes. Deux expéditions polaires luttèrent contre la banquise, tracèrent les contours du Groenland et prélevèrent des échantillons botaniques à étudier de plus près dans les laboratoires des universités. Ces explorateurs n'arrivèrent jamais au pôle Nord, mais leur échec ne fit qu'attiser l'envie de retenter l'aventure. Désormais unifiée, l'Allemagne pouvait se lancer dans le grand jeu de l'exploration planétaire.

Peu après avoir soutenu sa thèse, Boas rédigea soigneusement un projet personnel d'expédition : l'étude des modèles migratoires des populations autochtones de l'île de Baffin, la cinquième plus grande île du monde[22]. C'était un lieu déjà relativement familier aux chercheurs scientifiques allemands et aux chasseurs de baleine écossais et américains qui fréquentaient le littoral. Boas passa des mois à parcourir la littérature scientifique, apprit quelques bribes d'inuktitut, la langue des Inuits, et se mit en relation avec des géographes et des explorateurs susceptibles d'aider un jeune scientifique désireux de s'engager dans un nouveau domaine de recherche[23]. Il persuada un quotidien, le *Berliner Tageblatt*, de lui confier la rédaction d'une série d'articles sur ses aventures, affirmant au rédacteur en chef qu'il pourrait fort bien devenir l'équivalent allemand de Henry Morton Stanley, ce journaliste devenu célèbre pour avoir retrouvé l'explorateur David Livingstone en Afrique centrale. Les articles que Stanley avait publiés dans le *New York Herald* avaient fait sensation et Boas pensait pouvoir rivaliser avec lui – surtout s'il parvenait, comme Stanley, à écrire « en appliquant la couleur en couche épaisse[24] ».

Boas s'était attelé à ses préparatifs sans en informer sa famille[25]. Quand il fit enfin part de ses intentions à son père, il en profita pour lui glisser une modeste requête : que celui-ci assume la majeure partie des frais. Tout cela n'était que folie, dut penser Meier Boas, un nouveau coup de tête d'enfant gâté. Cependant, conscient que cela pourrait permettre à son fils d'obtenir au moins son *Habilitation* puis un véritable emploi, il finit par accepter, avec réticence et à une condition : qu'un domestique de la famille, Wilhelm Weike, accompagne Franz pour lui servir d'assistant et de chaperon.

De retour à Minden, Boas retrouva Weike et fit ses adieux à sa famille. Il s'entraîna à affronter le danger en tirant au revolver, ce qui lui valut des bourdonnements d'oreilles[26]. À la mi-juin 1883, Boas et Weike arrivèrent à Hambourg, l'un des centres marchands les plus animés de l'empire, où les navires à vapeur venus de la lointaine Amérique latine, de l'Inde et d'Extrême-Orient remontaient l'Elbe. Sur les quais, les deux hommes se dirigèrent vers le *Germania*, un vieux bateau à voile équipé par la Commission polaire allemande, le principal organisme impérial de coordination des expéditions arctiques. Sa mission était d'aller recueillir une autre équipe de chercheurs qui venait de passer un an sur l'île de Baffin. La Commission avait autorisé deux voyageurs indépendants à se faire transporter gratuitement.

Les hommes transbahutèrent tout leur équipement à bord : instruments scientifiques, vêtements d'hiver, cartes géographiques, médicaments, tentes et autant de nourriture qu'ils avaient pu en rassembler, sans oublier du tabac, des couteaux, des aiguilles et d'autres articles destinés au troc, fruits des dons de la Commission polaire et de la générosité paternelle. Puis ils entamèrent la lente remontée de l'Elbe en direction de la mer du Nord. « Adieu, ma chère patrie ! Chère patrie, adieu[27] ! » nota pompeusement Boas dans son journal intime. Le *Germania*, un bâtiment à deux mâts attaché par un câble à un remorqueur, leva bientôt l'ancre et tourna sa proue en direction de la haute mer. Les badauds le saluèrent au passage[28]. En ce temps de la marine à vapeur, voir un bateau à l'ancienne larguer les amarres restait un spectacle captivant, même voiles ferlées. Depuis le quai, Meier suivit des yeux le *Germania* jusqu'à ce qu'il disparaisse.

Au printemps précédent, Boas avait déjà commencé à appeler la population de l'île de Baffin « *mes* Esquimaux[29] ». Au cours du siècle passé, les communautés inuites de la région avaient noué de solides contacts avec les baleiniers européens et nord-américains. Elles étaient désormais des actrices indispensables de la vague d'explorations polaires. Comme le savait Boas, aucun voyage dans l'Arctique ne pouvait se passer de l'assistance des Inuits, même si ceux-ci figuraient rarement dans les récits qu'écrivaient les Européens à leur retour. Il n'y avait guère de découvertes à faire que les Inuits n'aient déjà faites. « J'engagerai aussi des Esquimaux pour m'aider dans mes entreprises[30] », avait-il écrit, plein d'assurance, dans ses deux pages de présentation.

Les Inuits étaient bien connus des Européens au moins depuis le XVIe siècle, époque à laquelle le corsaire anglais Martin Frobisher était parti à la recherche du fameux passage du Nord-Ouest entre l'Atlantique et le Pacifique. Certains des premiers récits décrivaient les Inuits comme féroces et ingénieux, vivant au milieu de meutes de chiens semblables à des loups. « Ils mangent leurs viandes tant chair que poisson toutes crues et quelque fois bouillies avec le sang, et un peu d'eau, qui leur sert après de breuvage. Par faute d'eau, ils usent de la glace, qui est aussi dure qu'une pierre, et la trouvent d'aussi bon goût que si c'était sucre candi[31] », relata un des hommes de Frobisher, Dionyse Settle, en 1577. L'équipage s'empara de spécimens susceptibles de prouver ses observations. « Mais il y eut deux femmes qui, n'ayant le moyen de se sauver si hâtivement que les autres, demeurèrent pour le péage, l'une à cause de la vieillesse, l'autre pour être chargée d'un enfant qu'elle portait », écrivit-il. Nous « retimmes la jeune avec son enfant[32] ». Quatre Inuits – un homme, Kalicho, une femme, Arnaq, et son enfant Nutaaq, ainsi qu'un autre homme demeuré anonyme – furent finalement expédiés en Angleterre. Ils devinrent des objets de curiosité pour les badauds élisabéthains avant de mourir de maladie et des blessures infligées lors de leur capture. Ce furent les premiers captifs aborigènes d'Amérique du Nord à figurer dans des sources européennes par leurs noms, et non pas simplement comme « un Esquimau », ou « un Indien[33] ».

Au XIXe siècle, les voyageurs européens trouvèrent les Inuits moins intéressants que l'environnement dans lequel ils vivaient. Les scientifiques que le *Germania* était parti rechercher – membres d'une grande entreprise d'exploration polaire impliquant onze pays qui avait été lancée en 1882 – se consacraient à l'enregistrement de modèles météorologiques et à la compréhension des champs magnétiques terrestres. Mais Boas s'était pris de fascination pour les Inuits eux-mêmes – leurs déplacements sur de vastes distances, leur capacité à survivre dans un milieu hostile et leur aptitude à se repérer dans un paysage qui pouvait paraître morne et informe à un regard extérieur.

Il avait formulé quelques hypothèses préalables sur les relations entre ressources alimentaires, modèles migratoires et environnement. Mais celles-ci restaient nébuleuses, exclusivement fondées sur la lecture des rapports scientifiques disponibles et la fréquentation de quelques rares séminaires universitaires sur le sujet. Effectuer une recherche originale, noircir des carnets de ses propres observations glanées auprès de sources locales, imaginait-il, le propulserait bien au-delà des expériences maladroites qu'il avait pu faire pour son doctorat. « Je serais immédiatement admis dans les cercles géographiques[34] », avait-il écrit à son oncle, le célèbre médecin new-yorkais et quarante-huitard exilé, Abraham Jacobi, plusieurs mois avant son départ.

À présent, alors que Boas et Weike se préparaient à une longue traversée, les vents de la mer du Nord hurlaient tandis que le *Germania* virait en direction d'Heligoland, un archipel au large de l'embouchure de l'Elbe. Au bout de deux jours de voyage à peine, Boas souffrait déjà du mal de mer. Le capitaine et l'équipage, composé de quatre hommes, tracèrent une vaste courbe au-delà des îles Shetland et Féroé puis contournèrent l'Islande et le Groenland, avant de faire cap vers la baie de Baffin, porte d'entrée de l'Arctique canadien.

Le froid se faisait chaque jour plus vif et la mer semblait changer de couleur entre le matin et l'après-midi, un phénomène que Boas consigna méticuleusement dans son journal. Il passait le temps en essayant d'enseigner un peu d'anglais à Weike – « mais il a la tête effroyablement dure[35] », griffonna-t-il – et prenait note de l'évolution de son pied marin : « malade » de nombreux jours, « très malade » les autres. Il parcourut ainsi, pendant de longues semaines, près de cinq mille kilomètres, entouré à bâbord et à tribord d'un paysage vide que n'interrompaient que les icebergs se détachant ici et là dans un fracas de tonnerre[36]. Des mirages naissaient sur la mer glacée, trompant le regard et faisant croire aux deux passagers qu'une superbe église avait été déposée comme par miracle au milieu de l'océan[37]. Le sens de la réalité tendait à s'estomper.

À la mi-juillet, l'île de Baffin apparut enfin, mais il fallut renoncer à accoster. Six semaines supplémentaires s'écoulèrent avant que le capitaine et les marins ne réussissent à passer, en manœuvrant au milieu des vents changeants et du danger mortel des icebergs à la dérive. Le 26 août, le *Germania* put enfin se glisser dans la baie Cumberland, juste au sud du cercle arctique, et se diriger vers la petite station de l'île Kekerten.

Les chiens du village se mirent à hurler en apercevant le navire. Des femmes inuites, vêtues de vestes en peau de phoque et de jupons en coton, montèrent dans des chaloupes et apportèrent un câble au *Germania* pour pouvoir le remorquer jusqu'à une profondeur où il lui serait possible de jeter l'ancre[38]. Les hommes de la station baleinière hissèrent des drapeaux britannique et américain pour les accueillir.

Dès qu'ils mirent pied à terre, Boas et Weike sirotèrent une chope de rhum de bienvenue et observèrent des chiens qui traînaient un cadavre de morse au milieu des quelques tentes composant la colonie inuite. « Elles ne sont pas aussi sales que je l'aurais cru », écrivit Boas à propos de celles-ci, après avoir été invité à y entrer. « Sur la berge, j'ai vu les premières fleurs ; quel bonheur[39]. » Il cueillit des herbes sauvages et les pressa soigneusement dans son carnet, rassemblant des spécimens comme il l'avait fait dans son enfance[40]. « Au bout de quelques jours, le navire nous a quittés, raconta-t-il plus tard, et je me suis retrouvé seul avec mon domestique au milieu des Esquimaux[41]. »

Le projet initial de Boas avait été de recueillir des données sur les déplacements des Inuits à travers l'île et de cartographier les fragments de banquise flottante, les congères et les habitudes des groupes de phoques. Il ne tarda toutefois pas à prendre conscience des difficultés pratiques d'une telle opération. La glace et les conditions météorologiques éprouvantes les obligèrent, Weike et lui, à passer plusieurs mois dans les environs de la baie Cumberland, principalement basés à Kekerten. Ils ne perdirent cependant pas leur temps. Boas avait emporté toute une provision de carnets reliés en cuir et aux tranches marbrées, accessoires indispensables à ses yeux pour tout explorateur professionnel ; au cours de la traversée, il avait couvert les pages de chiffres, consignant scrupuleusement la direction du vent, la latitude et la longitude. À présent, ayant déjà rempli la moitié de son deuxième carnet, il griffonnait également des mots inuits – une liste de vocabulaire de son cru qu'il avait constituée à partir de longues conversations dans les tentes et les maisons indigènes.

Il vivait entouré de ces gens. Leurs effectifs étaient largement supérieurs à ceux de la petite communauté de baleiniers augmentée des deux aventuriers amateurs, et il constata au fil des semaines qu'il était impossible de faire quoi que ce soit sans eux. Il passa de longues nuits d'hiver à converser avec Signa, un Inuit de la région, dans un mélange de langues étrangères tout en apprenant de plus en plus de mots de l'idiome de son interlocuteur[42]. Il découvrit avec un certain étonnement que celui-ci avait une histoire personnelle. Il était né sur la côte du détroit de Davis et était arrivé à Kekerten quand il était petit. Il avait passé son enfance à chasser le cerf sur les grands lacs, à l'ouest du bras de mer. Sa femme, que les baleiniers appelaient Betty, était généralement enjouée et conciliante, mais exigeait de Signa qu'il rapporte de la viande et de la graisse de phoque quand il partait en exploration avec les visiteurs allemands, un peu comme une ménagère de Minden aurait demandé à son mari de passer prendre un paquet chez le boucher[43]. Signa n'était pas un autochtone hors du temps qui ne faisait que lutter pour sa survie sur un rivage immuable. Il avait un passé, jalonné d'errances et de déplacements, une lignée familiale et des souvenirs de difficultés et de joies.

Boas entendit de sa bouche et de celle d'autres membres de cette communauté des histoires inuites qu'il entreprit de consigner, de la même manière qu'il avait relevé la vitesse du vent et la couleur de l'eau de la mer pendant la traversée. Ses compétences linguistiques étaient rudimentaires, mais il parvenait à s'en sortir avec un mélange d'inuktitut et de pidgin, la langue véhiculaire des stations baleinières. Il nota des commentaires sur les jeux auxquels les Inuits jouaient dans leurs tentes, la structure de leurs traîneaux à chiens, la manière de porter correctement un costume en peau de caribou, la construction d'un igloo et les tactiques pour supporter les frustrations inattendues qui accompagnaient l'existence dans un milieu hostile. Ses listes de vocabulaire se transformèrent rapidement en textes plus longs écrits en inuktitut. Il traça un arbre généalogique, raturant ses premières tentatives au crayon tandis qu'il cherchait à comprendre qui était apparenté avec qui. Il utilisa la notation musicale, fruit des leçons de piano de son enfance à Minden, pour consigner des chansons, transcrivant les mélodies note par note dans les tons de *do* ou de *sol*[44].

Il recueillit des éléments de savoir local, demandant à ses interlocuteurs de dessiner au trait les cartes des lieux qu'ils connaissaient, et releva des informations sur les trajets qu'empruntaient les traîneaux et les passages sûrs. Il réalisa au crayon des croquis d'insectes – un moustique, une fourmi, une araignée au centre de sa toile – et indiqua leurs noms inuits en légende. Puis il écrivit des histoires entières, dans une version phonétique d'inuktitut[45], et effectua un recensement approximatif, tente par tente, de tous les habitants établis autour de la baie Cumberland[46]. Personne à Minden et seulement quelques-uns de ses vénérables professeurs de Heidelberg ou de Kiel auraient pu imaginer une chose pareille : que toute sa vie tournerait à compter de ce jour autour de la dureté relative d'un fragment de banquise, ou du nombre suffisant de chiens pour tirer un traîneau. Il savait désormais combien il était difficile de rassembler un équipage de bateliers si tout le monde était parti chasser le caribou, et ce qu'on ressentait quand les courants marins entraînaient une carcasse de phoque au fond d'un trou de glace, emportant par là même votre dîner.

Fin octobre, une femme inuite de Kekerten vint trouver Boas avec une forte fièvre, de la toux et les poumons encombrés. Fouillant dans ses réserves, il lui offrit une pommade à la térébenthine pour se frictionner la poitrine, de la quinine et de l'opium pour faire baisser la température et apaiser sa toux, et de l'ammoniaque à inhaler pour lutter contre la congestion pulmonaire[47]. Cherchant désespérément à respirer plus librement, elle retira sa chemise et Boas posa son propre châle autour de ses épaules pour la protéger du froid. Les villageois lui demandèrent de lui rendre régulièrement visite pour voir comment elle allait. Weike ne l'appelait-il pas toujours, en public et en privé, « Herr Doktor » ? Pour les Inuits, il était *Doktoraluk* – le grand docteur – , celui à qui tout le monde s'adressait naturellement pour obtenir un conseil médical et un traitement rapide, bien qu'il eût suivi des études de physique et non de médecine.

Deux jours plus tard, la femme était morte. Le mois suivant, un jeune garçon succomba lui aussi. Boas l'avait veillé et avait constaté que sa respiration devenait de plus en plus difficile. Les victimes d'hypothermie ou d'accidents de chasse au phoque n'étaient pas rares et il arrivait que des baleiniers disparaissent en mer. En revanche, on n'avait encore jamais observé ce genre de mort. Par quel mystère des femmes, des hommes et des enfants en bonne santé se noyaient-ils sur la terre ferme ?

Boas n'était pas médecin, mais ces symptômes lui étaient familiers. C'était la diphtérie, inconnue jusqu'alors dans la baie Cumberland, et qui se transmettait à présent de village en village, laissant dans son sillage un chapelet de familles brisées[48]. Il vit des Inuits arracher leurs vêtements et courir comme des fous au milieu des huttes et des tentes, se mettant à hurler quand ils découvraient un parent mort. Il les vit détruire intégralement une tente dans laquelle quelqu'un était décédé, de crainte que l'esprit du défunt ne contamine le monde des vivants. « Je ne cesse de me dire que je n'étais pour rien dans la mort de l'enfant », écrivit-il à propos d'une victime le 18 novembre, « mais avoir été impuissant à l'aider pèse sur moi comme un reproche[49]. » Toutes les familles inuites comptaient désormais des enfants malades, et, au cours des semaines suivantes, la nouvelle de morts survenues bien plus loin se répandit jusqu'à Kekerten[50].

L'épidémie ayant coïncidé avec l'arrivée de Boas et Weike, il y eut évidemment des gens pour faire le lien. Au mieux, Boas était un faux docteur. Au pire, chuchotait-on, il était, d'une manière ou d'une autre, responsable de ces décès. Un guérisseur autochtone appelé Napekin, qui vivait sur la rive occidentale de la baie, fit savoir qu'aucun Inuit ne devait recevoir cet homme chez lui, accepter de lui servir de guide ou mettre ses chiens de traîneau à sa disposition pour qu'il puisse se déplacer. En janvier, Boas traversa la baie pour rendre personnellement visite à Napekin et demanda à être invité dans son igloo. Il lui rappela qu'il était son principal fournisseur de munitions et d'autres articles et l'avertit qu'il ne lui en donnerait plus s'il ne le laissait pas franchir son seuil. Napekin céda et, dans le courant du printemps, il lui rendit visite à son tour, apportant des peaux de phoque en présent et lui offrant son concours pour d'autres expéditions sur l'île[51].

Il y eut de nombreuses rencontres de ce type – négociations et flatteries, excuses et réparations, présents offerts et refusés, blessures intimes et erreurs accumulées ou moments de rémission et de pardon puis, enfin, un peu de paix. Pour Boas, les habitants de l'île de Baffin avaient dans un premier temps été des objets de recherche, un élément du paysage à répertorier et à étudier. Ils n'avaient pas été tout à fait des gens. Pourtant, en vivant parmi eux, il put constater une évolution de sa propre logique, de sa propre conception de la vie. « Savez-vous, j'ai pensé un jour que je n'avais pas de cœur parce qu'il y avait beaucoup de choses que je ne ressentais et ne ressens d'ailleurs toujours pas très profondément », écrivit-il en décembre de cette année-là à Marie Krackowizer, une amie particulièrement chère – et même davantage, comme certains le soupçonnaient peut-être[52].

> Je me demande souvent quels sont les avantages de notre « bonne » société comparée à celle des « sauvages », et plus j'observe leurs coutumes, plus j'éprouve que nous n'avons en réalité aucun droit de les regarder de haut avec mépris. Où, parmi nous, rencontre-t-on une hospitalité semblable à la leur ? Où trouve-t-on des gens qui exécutent toutes les tâches qu'on leur demande aussi volontiers et sans protester ? Nous ne devrions pas leur reprocher leurs usages et leurs superstitions, car nous, individus « hautement éduqués », sommes bien pires par comparaison[53].

Il avait eu pour objectif de mettre au jour les principes généraux qui sous-tendaient l'interaction entre paysage, climat rigoureux et économie de chasse. Il parvint de fait à dresser la carte de certains déplacements des chasseurs inuits et à atteindre des régions de l'île de Baffin où nul étranger n'avait encore jamais mis les pieds. Mais cela s'accompagna de prises de conscience sur lui-même. Celles-ci ne furent pas seulement le fruit des histoires des Inuits qu'il écouta et des repas qu'il partagea avec eux, mais du sérieux avec lequel il s'étudia lui-même dans ses interactions avec eux – percevant ses propres perceptions, pourrait-on dire. L'éveil spirituel, commençait-il à comprendre, passait par la reconnaissance de ses faiblesses et de ses échecs, par l'aveu de son incompétence et de son impuissance, avec le vent qui hurlait à l'extérieur d'une petite hutte ou un chamane qui l'accusait d'être porteur de mal et de mort. L'environnement semblait réclamer l'introspection. La seule façon d'éviter d'avoir le nez gelé était, il l'apprenait maintenant, d'avoir quelqu'un qui vous gardait à l'œil et vous prévenait dès que votre peau prenait une nuance de blanc peu naturelle[54]. Lors des longues sorties en traîneau avec Signa, il devait, pour survivre, utiliser son guide inuit comme un miroir humain – le regarder face à face – et lui rendre la pareille. « Je crois que chez toute personne et tout peuple, renoncer à la tradition pour suivre la piste de la vérité exige une lutte très âpre », écrivit-il à Marie depuis Anarnitung, un campement inuit à l'extrémité de la baie Cumberland[55]. La plus grande leçon qui lui était inculquée ici, poursuivait-il, était la « notion de la relativité de toute éducation[56] ».

Ici, parmi les Inuits, un être qui portait le titre de « docteur » était incapable de guérir un enfant malade. Un diplômé de l'université ignorait tout de la neige et du vent. Un explorateur dépendait des caprices d'une meute de chiens. Il l'avait constatée lui-même, la confusion que l'on éprouve à contempler sa propre ignorance, aussi visible qu'un phoque brun sur la glace immaculée. L'intelligence était fonction de la situation et de l'environnement dans lesquels on se trouvait. La langue allemande possédait même un mot fort utile pour désigner la considération que lui manifestaient ses hôtes, ainsi que l'éducation réciproque que lui-même en retirait. Boas avait rencontré ce terme dans les écrits d'Alexander von Humboldt et d'autres philosophes qu'il avait lus pendant ses pérégrinations à travers les grandes universités allemandes, et celui-ci semblait parfaitement décrire le changement d'attitude qu'il avait observé en lui dans le Nord : *Herzensbildung*, c'est-à-dire apprendre à son cœur à distinguer l'humanité d'autrui. Changer de lieu de vie avait changé son point de vue sur le monde.

Cet hiver-là à Anarnitung, puis à son retour à Kekerten, et encore plus tard au cours du printemps, il cartographia les régions situées à l'ouest de la baie et randonna par voie de terre, gelé et brûlé par le soleil, jusqu'aux eaux cristallines du lac Nettiling[57]. Il passait la plupart de ses nuits dans une tente ou un igloo, avec peut-être Weike à sa droite, une Inuite faisant sécher ses affaires à sa gauche, Signa et d'autres hommes inuits discutant, la bouche pleine de viande de phoque gelée[58]. Et au milieu de tout cela se trouvait Boas lui-même, qui mettait son encre à fondre et griffonnait des mots dans un carnet de son écriture minuscule qu'il appelait ses *Krackelfüsse* – ses pattes de mouche[59].

S'il eut besoin plus tard d'une preuve de la réalité de ces instants de révélation, il n'eut qu'à se replonger dans les pages où il les avait consignés pour la première fois. Aujourd'hui encore, on peut distinguer la trace de sang d'un foie de phoque cru sur le papier[60]. Boas et Weike restèrent sur l'île de Baffin jusqu'aux derniers mois de 1884. Alors que débutait leur second hiver arctique, ils passèrent de bateau à voiles en bateau à voiles jusqu'à Halifax, en Nouvelle-Écosse, où ils prirent un navire rapide qui les conduisit aux États-Unis. Leurs malles étaient bourrées de carnets et de cartes dessinées à la main, dont un certain nombre réalisées par les Inuits eux-mêmes, accompagnés de listes de vocabulaire, textes, croquis et autres documents. Boas avait déjà envoyé chez lui des plaques photographiques et expédié au *Berliner Tageblatt,* comme il s'y était engagé, des articles qui avaient séduit de nombreux lecteurs à travers toute l'Europe centrale.

Quand le vapeur *Ardandhu* accosta à New York le 21 septembre, cela faisait une quinzaine de mois que Boas n'avait pas mis les pieds dans un lieu qui ressemblait de près ou de loin à une ville ; Weike et lui n'avaient plus que leurs costumes en peau de caribou, et Boas dut donc emprunter des vêtements au capitaine du navire pour être à peu près présentable aux yeux des membres de sa famille venus le chercher au débarcadère – parmi lesquels Jacob Meyer, propriétaire du commerce familial qui avait indirectement financé une bonne partie de ses voyages[61].

Ils ne tardèrent pas à être informés de la plus grande nouvelle de toutes. Durant son long séjour dans le grand Nord, Boas avait été secrètement fiancé à Marie, une jeune Autrichienne des États-Unis, fille d'un éminent médecin new-yorkais, celle à qui il avait confié ses pensées les plus intimes. La cabine de Boas à bord du *Germania* avait été décorée d'un drapeau brodé à son nom et il avait laissé sur l'île de Baffin un bateau baptisé *Marie* en son honneur. Les deux jeunes gens s'étaient rencontrés quelques années auparavant dans une station de montagne en Allemagne. Le jour de l'arrivée de Boas, Marie était cependant absente de la foule qui se massait sur le quai. Elle se trouvait en fait à Lake George, dans le nord de l'État de New York, un lieu de vacances très prisé, et Boas ne tarda pas à sauter dans un train pour la rejoindre. Il reçut peu après l'autorisation des deux familles d'officialiser leurs fiançailles[62].

Cette permission fut toutefois probablement donnée à contrecœur. Les origines de Marie étaient irréprochables – bien plus proches de celles de Sophie, la mère de Boas, que de celles de son père moins aisé – et Boas était loin d'avoir les moyens d'entretenir une famille. Sa vie professionnelle n'avait pas dépassé le stade du projet. Il n'avait aucune assurance d'obtenir un poste de professeur en Allemagne, et encore moins un emploi du même genre aux États-Unis. Et voilà qu'il se proposait d'épouser une jeune fille qui vivait à un océan de distance de sa proche famille. Son escapade dans le journalisme elle-même avait été, une fois de plus, subventionnée par son père : Meier avait en effet accordé au *Berliner Tageblatt* la garantie financière que son fils enverrait les articles promis et ne disparaîtrait pas avec l'avance en liquide que le journal lui avait versée[63].

En revanche, Boas avait de l'énergie à revendre. C'était un beau parleur qui n'éprouvait guère de scrupules à prendre contact avec des inconnus ou à se présenter dans leur bureau avec une longue liste de projets d'expéditions ou une hypothèse révolutionnaire qu'il brûlait de décrire. Il pouvait commencer par raconter que les cicatrices qui lui barraient le visage étaient le souvenir de l'agression d'un ours blanc, laissant son auditeur se demander s'il plaisantait ou non[64]. Après avoir rendu visite à Marie dans le nord de l'État, il entreprit donc de rassembler les résultats scientifiques de son expédition arctique à l'intention des revues savantes tout en rédigeant en allemand de courts articles pour la presse américaine. Il savait qu'il existait à Washington une collection particulièrement riche en matériaux sur l'Arctique, conservée dans un nouveau musée que l'on était en train de créer non loin de la colline du Capitole. Abandonnant Marie une fois de plus, il prit le train en direction du sud pour se rendre à un rendez-vous dont il espérait qu'il lancerait la phase suivante de sa carrière languissante.

À l'automne 1884, la capitale fédérale était en pleine ébullition politique et sociale. Depuis la Maison-Blanche, Chester A. Arthur, le président républicain en exercice, regardait son parti soutenir un autre candidat, James G. Blaine, aux élections présidentielles de l'année. Son adversaire, Grover Cleveland, espérait bien être le premier démocrate à accéder à la présidence depuis les années qui avaient précédé la guerre de Sécession. Cleveland était un coureur de jupons invétéré qui avait apparemment engendré un enfant hors mariage. « *Ma, Ma, where's my Pa ?* » (« Maman, maman, où est mon papa ? ») devint le slogan favori des meetings républicains. La suffragette Belva Ann Lockwood se présenta de son côté sous l'étiquette de l'Equal Rights Party, le Parti pour l'égalité des droits, alors même que la plupart des femmes n'étaient pas autorisées à voter. Un gigantesque obélisque blanc à la mémoire de George Washington était presque achevé sur le National Mall, à mi-chemin entre le Capitole et la grande courbe du Potomac qui passait devant la vieille plantation d'Arlington en Virginie. Lorsque la pointe de granite serait installée à son sommet en décembre de la même année, ce monument s'imposerait comme l'un des repères caractéristiques de la capitale.

Les passagers en provenance de New York pouvaient l'apercevoir en descendant du train au terminus, près du versant ouest de la colline du Capitole. De là, Boas parcourut à pied une courte distance, traversant le Mall pour rejoindre deux bâtiments de grès et de brique rouge. Une cinquantaine d'années plus tôt, James Smithson, chimiste amateur et fils illégitime d'un duc anglais, avait légué sa fortune considérable au peuple des États-Unis à des fins de recherche scientifique et d'éducation. Après des années de querelles sur le règlement de la succession, le Congrès avait fini par autoriser la création en 1846 d'une institution qui prit le nom de Smithsonian.

Pour l'abriter, les architectes avaient conçu deux bâtiments étranges : une sorte de château fantaisiste pour l'un, un hybride entre une gare européenne et un manège de Coney Island pour l'autre. Les collections conservées à l'intérieur de ces édifices comprenaient une série tout aussi singulière de donations affublées d'étiquettes douteuses, telles que « Coiffure portée par Atahualpa, le dernier des Incas », ou « Fragment du sycomore sous lequel la tradition affirme que "Marie et Joseph se sont assis[65]" ». Mais du temps de Boas, quiconque s'intéressait à l'exploration et aux arts appliqués ne pouvait résister à l'attrait magnétique des constructions jumelles de l'établissement. Elles formaient le cœur de ce qu'on appelait déjà l'America's National Museum, nom que l'on peut aujourd'hui encore voir gravé dans la pierre sur le plus grand des deux édifices.

Smithson avait précisé que son argent devait servir à l'« accroissement et [à] la diffusion du savoir ». Aucun pays n'affichait de symbole plus visible du lien entre l'éducation et un bon gouvernement : les États-Unis avaient en effet décidé de construire ce nouvel ensemble de musées à proximité des grandes institutions de gouvernance de la république, au cœur même de la capitale. Et aucun pays ne possédait de porte-parole plus pittoresque et plus convaincant pour défendre une telle entreprise : le soldat, explorateur et savant John Wesley Powell – l'homme que Boas était précisément venu rencontrer.

Avec sa manche droite remontée et maintenue par une épingle pour dissimuler un bras manquant, et sa barbe fournie reposant sur un torse puissant, Powell avait mené une vie digne d'un roman d'aventures pour enfants. Il avait presque un quart de siècle de plus que Boas, et n'importe quel voyageur ou géographe ambitieux aurait eu de bonnes raisons de croire que tous les grands exploits en matière de découvertes avaient déjà été réalisés par des représentants de la génération de Powell – sinon par Powell lui-même.

Né dans l'État de New York, ce dernier avait grandi sur la frontière de l'Ouest en un temps où les colons blancs vivaient regroupés dans ce qu'ils considéraient comme une étendue sauvage de forêts encore intactes et d'ennemis encore insoumis. Il fréquenta l'université par intermittence, intellectuel rural doté d'un appétit vorace pour la lecture et d'un vague désir d'exploration. Il traversa le Wisconsin à pied, puis descendit l'Illinois, l'Ohio et le Mississippi à la rame, tout seul, jusqu'au golfe du Mexique.

En 1861, lorsque la guerre de Sécession éclata, Powell s'engagea comme simple soldat dans l'infanterie de l'Union. Il constitua bientôt sa propre compagnie d'artillerie, où il put mettre à profit certaines des études informelles qu'il avait faites sur les trajectoires des boulets de canon, les lignes de visée et les fusillades. Devenu officier, il participa en 1862 à la sanglante bataille de Shiloh, dans le sud-ouest du Tennessee. Alors qu'il levait le bras droit pour donner l'ordre de tirer, une balle Minié lui traversa le poignet. Un chirurgien lui amputa plus tard le bras au-dessous du coude. Une fois rétabli, il retourna sur le champ de bataille et aida à traîner ses hommes et leurs canons vers de nouveaux engagements le long du Mississippi et à travers tout le théâtre d'opérations de l'Ouest. Entre les batailles, il cherchait des fossiles dans les tranchées[66].

À la fin de la guerre, Powell se reposa à peine avant de reprendre les voyages qu'il avait effectués sans grande rigueur dans sa jeunesse, cette fois dans l'intention d'en publier les comptes rendus. En 1869, engagé par la Smithsonian Institution, il entreprit la première descente répertoriée de la Green River et du Colorado, traversant même le Grand Canyon. Il refit un parcours similaire en 1871 et 1872, une expédition qui produisit certaines des premières cartes, des premiers journaux intimes et des premières photographies des merveilles du Sud-Ouest américain.

En 1875, quand Powell publia son *Exploration of the Colorado River of the West and Its Tributaries* – dicté à un scribe, car il était à peine capable de griffonner sa signature de la main gauche –, il devint du jour au lendemain l'explorateur le plus célèbre du pays. Le titre plutôt rébarbatif de l'ouvrage masquait la décision littéraire qui scella la gloire de Powell : il avait rédigé tout son récit au présent. « Les braves gens de Green River City viennent assister à notre départ », commençait-il sans préambule. « Nous hissons notre petit drapeau, écartons les bateaux de la rive, et le courant rapide nous entraîne vers l'aval[67]. » Ce style direct inspirait un sentiment d'urgence et d'incertitude aux lecteurs qui avaient ainsi l'impression de triompher eux-mêmes des rapides, surplombés par les parois du Grand Canyon qui se dessinaient en clair-obscur au-dessus de leurs têtes. Des gravures de l'époque montrent Powell en train de manier la barre d'une main, les embruns du fleuve submergeant son petit bateau et menaçant de l'envoyer par le fond.

Au moment où Boas arriva à Washington, Powell était le chef de file reconnu des naturalistes et des aventuriers du pays. Explorateurs amateurs et anciens soldats, bureaucrates et ecclésiastiques : le cercle qui entourait Powell fusionna pour former peu à peu une nouvelle pléiade sans formation mais d'une immense curiosité intellectuelle, bien décidée à découvrir la richesse naturelle des États-Unis et à la rendre intelligible aux planificateurs du gouvernement. Les conversations de salon informelles que Powell organisait chez lui, dans M Street NW à Washington, finiraient par donner naissance au Cosmos Club, un lieu de rendez-vous pour les plus éminents érudits du pays. Ses rapports et ses conseils pratiques au Congrès sur la gestion dans l'Ouest des ressources en terre et en eau lui valurent de nombreux amis et partisans. En 1879, il organisa le premier « Geological Survey », un relevé géologique des États-Unis destiné à fournir aux décideurs politiques des informations sur la géographie physique, la géologie et l'hydrographie.

Au même moment, Powell fut nommé à la direction du nouveau Bureau of Ethnology. Alors même que le Geological Survey se penchait sur la richesse physique des territoires occidentaux, la tâche du Bureau consistait à en faire autant parmi les populations qui y vivaient. Dans les années qui suivirent, une grande partie de ce que les Américains pensaient savoir sur leur propre Frontière – sa topographie et ses systèmes fluviaux, ses chaînes de montagnes et ses prairies, ses habitants indigènes et leurs langues – serait refaçonnée par l'entreprise énergique de recherche et de collecte de données de Powell. Au milieu des années 1880, le Geological Survey et le Bureau of Ethnology disposaient d'un personnel plus nombreux, de davantage d'argent et de projets plus ambitieux que n'importe quelle autre organisation savante du monde, éclipsant tout ce que Boas avait pu voir en Allemagne[68]. Ses rapports annuels étaient des pavés de plusieurs milliers de pages de découvertes originales, méticuleusement corrigées et illustrées, et chaque volume s'ouvrait sur un résumé rédigé par Powell lui-même des découvertes de l'année sur les populations amérindiennes et leurs mœurs. Ces rapports étaient d'une telle importance qu'ils étaient tous reportés, page à page, dans les dossiers de l'organe directement responsable de la Smithsonian Institution : la Chambre des représentants des États-Unis.

D'autres pays possédaient des académies royales et des musées privés, mais aux États-Unis la science fondamentale bénéficiait désormais de l'approbation du plus éminent organe représentatif – comme si le peuple lui-même passait en revue la terre que la Providence lui avait accordée. Tout cela était éminemment grisant, et tout jeune explorateur ambitieux qui évoluait dans l'orbite de Powell avait le sentiment d'être au cœur même d'une entreprise grandiose et merveilleuse. Un continent entier fournissait la matière première d'une recherche originale, et un gouvernement national avait affecté les fonds et le personnel nécessaires pour l'entreprendre. Il n'existait aucun individu au monde que Boas aurait pu souhaiter rencontrer – ou, à vrai dire, *être* – plus volontiers que Powell.

Cela explique aussi pourquoi leur entrevue fut une telle déception pour Boas. Il n'y avait pas de postes vacants au Bureau of Ethnology, lui annonça Powell. Et la Smithsonian Institution, de plus grande envergure, n'embauchait pas non plus. Malgré le budget généreux attribué à ces deux établissements – et en dépit de leurs plans de fusion dans un nouveau muséum d'histoire naturelle –, Boas arrivait, de toute évidence, quelques années trop tard. Tous les emplois de collaborateurs étaient déjà pourvus. Les plans de nouvelles explorations et expéditions de cartographie avaient déjà été dressés[69]. Au moment même où il parlait, les chercheurs du Bureau achevaient d'importantes études sur les relations de traités avec les Cherokees, les chants traditionnels et les cérémonies des Navajos d'Arizona, les coutumes des Séminoles de Floride, l'éducation des enfants chez les Zunis du Nouveau-Mexique et bien d'autres sujets[70].

Boas n'avait pas grand-chose à porter à son crédit, sinon son expérience récente sur le terrain, acquise loin des États-Unis. Powell accepta tout de même de publier dans le prochain volume du rapport annuel du Bureau une partie de son travail sur l'île de Baffin lorsque celui-ci serait rédigé. Au moins, il ne se serait pas rendu à Washington pour rien, mais Boas s'inquiétait à l'idée que l'argent proposé par Powell ne suffise pas à couvrir intégralement les coûts du projet[71]. Il faudrait tracer des cartes et graver des illustrations. Il aurait également besoin d'aide en anglais, car si sa maîtrise de la langue avait impressionné Weike ou Signa, elle n'en imposa guère à ses hôtes américains. Il fut incapable de suivre les débats lors d'une réunion organisée par l'une des sociétés savantes de Washington, et un secrétaire dut lire l'article de Boas à haute voix pendant qu'il observait l'assemblée en silence. Il regagna rapidement New York après ça, déprimé et penaud. Et deux cours magistraux qu'il fut invité à donner au Columbia College, grâce à l'entremise de l'oncle Jacobi, aboutirent à un nouveau désastre linguistique.

Toutes ses candidatures à New York ou à Washington furent rejetées. Apparemment, aucun musée et aucune université n'embauchaient[72]. Il n'avait pas vraiment le choix : il allait devoir rentrer en Allemagne. La nouvelle ne pouvait que ravir ses parents, mais pour Boas c'était une défaite. Marie resterait en Amérique, leur mariage serait repoussé jusqu'au jour où il obtiendrait les qualifications nécessaires pour pouvoir décrocher un emploi sérieux. Il embarqua en mars 1885 pour retraverser l'Atlantique, ne sachant pas vraiment quand, ni si, il reviendrait[73].

Son unique consolation était que ses progrès en anglais lui permettaient désormais de donner un nom à ses sentiments. Il se trouvait dans un état d'esprit que Marie lui avait appris à appeler « le blues[74] ».

3

« TOUT EST INDIVIDUALITÉ »

« À son arrivée », écrivit Sophie Boas depuis Minden à Abraham Jacobi à New York, « il était tellement abattu et si découragé par tous les échecs qu'il avait subis là-bas que j'en ai eu le cœur brisé[1]. » Boas n'aurait pu choisir plus mauvais moment pour quitter les États-Unis. Le domaine scientifique autour duquel il gravitait depuis son voyage sur l'île de Baffin était à la veille d'une déflagration, à laquelle il risquait fort de ne pas assister.

Le mot *anthropologie* existait, sous une forme ou une autre, depuis Aristote, mais au XIXe siècle ce terme désignait le plus souvent l'étude de l'évolution des êtres humains en tant qu'espèce : l'exhumation d'os et de crânes susceptibles d'éclairer les origines ultimes d'une créature appelée *Homo sapiens*. Les scientifiques commençaient à peine à considérer que ce sujet méritait une désignation particulière, voire un département universitaire à part entière. L'un des premiers professeurs à porter officiellement le titre d'« anthropologue », Edward Burnett Tylor, de l'université d'Oxford, définissait ce domaine simplement comme « la science de l'Homme ». Dans le manuel qu'il consacra à ce sujet en 1881, il invitait tout d'abord les lecteurs à l'accompagner sur les quais de Liverpool ou de Londres pour observer l'infinie diversité des représentants de l'humanité qui défilaient devant eux : « le Nègre d'Afrique » avec « un nez plat, des narines épatées, d'épaisses lèvres protubérantes, et… les mâchoires remarquablement saillantes », ou « le Chinois… [avec] sa peau jaune, et ses cheveux noirs rêches et raides[2] ». Certains des premiers corps savants à employer ce terme – le Royal Anthropological Institute britannique ou la chaire d'anthropologie du Muséum national d'histoire naturelle de Paris – considéraient également ce domaine comme une branche de l'anatomie ou de l'histoire naturelle, c'est-à-dire de l'étude des transformations physiques des végétaux et des animaux au cours des temps géologiques.

Le terme désignant la sphère d'intérêt de John Wesley Powell – *ethnologie* – était nettement plus récent puisqu'il n'avait été forgé que dans les années 1840. Si l'anthropologie était l'étude de l'*anthropos* grec, littéralement de l'« humain » en tant qu'être, l'ethnologie étudiait les humains dans le contexte de leur *ethnos*, c'est-à-dire les sociétés ou communautés spécifiques – nations, groupes ethniques, tribus, races – entre lesquelles ils semblaient se répartir. Cette « science de la Culture », ainsi que l'appelait Tylor, devait révéler comment « une pointe de flèche en pierre, une massue sculptée, une idole, un tumulus… ce qu'on raconte du pouvoir des sorciers… la conjugaison des verbes » représentaient le mode de vie d'un peuple primitif de la même manière que les tableaux d'importations et d'exportations décrivaient celui d'un peuple civilisé[3]. De quelle manière ces groupes sociaux s'étaient-ils constitués ? En quoi différaient-ils les uns des autres en matière de langages et d'habitudes ? Par quelle vision du monde étaient-ils animés, et comment avaient-ils élaboré leurs modes de pensée singuliers sur tous les sujets, depuis la définition des liens de parenté jusqu'à la manière appropriée d'invoquer les dieux ?

Deux conditions étaient indispensables pour accéder à la renommée en répondant à ces questions : occuper une chaire universitaire et avoir accès à un service postal. Si Tylor obtint son poste à Oxford, ce fut en partie en passant au crible les écrits de collecteurs et d'aventuriers prétendant décrire ce qu'une population lointaine et exotique faisait, disait et croyait. Un de ses contemporains, le juriste et doyen de Cambridge James G. Frazer, compila sa propre étude comparative de textes classiques et de descriptions de pratiques religieuses dans un ouvrage qu'il intitula *Le Rameau d'or* (1890). Ayant passé en revue les sources écrites classiques sur les origines de la magie et de la mythologie – sur la « religion primitive des Aryens », comme il l'écrivait –, Frazer était convaincu que l'on pouvait encore en relever des traces à deux pas de chez soi. « C'est qu'en effet, l'Aryen primitif, en tout ce qui concerne la fibre et la trame de son esprit, n'est pas mort », commentait-il dans les premières pages de ce livre. « Il existe encore parmi nous », au sein des « croyances et pratiques superstitieuses des paysans[4] ». Pour des érudits comme lui, les secrets des sociétés humaines résidaient avant tout dans les textes qu'elles produisaient : littérature sacrée, inscriptions, hiéroglyphes ou épopées consignées par des scribes du Moyen Âge ou par des traducteurs modernes. Les traditions orales et la religion contemporaine du « bûcheron et du fermier », comme disait Frazer, étaient précieuses par l'éclairage qu'elles apportaient sur ces pratiques antiques[5].

Le Bureau of Ethnology de Powell avait cependant pour mission d'être plus systématique, plus professionnel, plus ancré dans les données : dépasser ce qui était écrit et antique pour se consacrer à ce qui était observable et vivant à l'instant présent. Sa tâche, étayée par toute la puissance et le budget du gouvernement américain, consistait à décrire et cataloguer les origines, les langues et les coutumes des différents groupes qui avaient habité les étendues américaines avant l'arrivée des Européens. Cette entreprise devait aussi permettre de comprendre leurs vestiges vivants – les populations autochtones que tout voyageur pouvait encore rencontrer en prenant le train en direction de l'Ouest américain. C'était d'autant plus important que le gouvernement était désormais chargé d'administrer ces hommes et ces femmes.

En adoptant l'Indian Appropriation Act de 1871, la loi sur l'appropriation des terres indiennes, le Congrès avait rejeté l'ancien système de négociation avec les tribus indiennes. Washington ne considérait plus principalement les groupes indigènes comme des collectivités, des nations natives avec lesquelles il concluait des traités en bonne et due forme, ainsi qu'il le faisait avec les puissances étrangères. À partir de maintenant, les Indiens seraient traités individuellement comme les

« pupilles » du gouvernement fédéral. Ils occupaient désormais un vide juridique, entre étrangers et citoyens à part entière, statut qu'ils n'obtiendraient que plusieurs décennies plus tard. Leurs identités tribales n'étaient plus l'affaire des agents de l'État, mais celle de collecteurs d'artéfacts et de conservateurs de musée.

L'homme à l'origine du modèle philosophique traçant les grandes lignes de la manière dont les « ethnologues » du Bureau étaient censés aborder leur tâche de description et d'explication des sociétés amérindiennes était le mentor intellectuel de Powell. Homme d'affaires et chercheur à temps partiel originaire de Rochester, dans l'État de New York, Lewis Henry Morgan était, à l'instar de Powell et de Boas, un enthousiaste qui avait trouvé sa vocation par hasard. Il était né en 1818 dans une famille de propriétaires fonciers et de citadins instruits. Le nord de son État natal était alors en plein essor, grâce au développement de l'industrie manufacturière locale et à l'afflux de marchandises qui descendaient le canal Érié, inauguré en 1825. Peut-être était-ce la rapidité du changement qui incitait les habitants à rechercher leurs racines avec une telle ferveur. Pendant l'enfance de Morgan, tout son entourage paraissait obsédé par l'idée que l'Amérique était secrètement plus ancienne qu'il ne semblait.

De ville en ville, les gens s'éveillaient à des réalités cachées que révélaient soudain une kyrielle de prophètes, de mystiques et de guides spirituels. Près de Rochester, un fermier appelé Joseph Smith prétendit ainsi avoir découvert des tablettes de métal sur lesquelles figuraient les écrits d'un prophète d'un temps reculé appelé Mormon. Celui-ci décrivait une civilisation américaine disparue qui avait reçu la visite de Jésus-Christ. Les disciples de Smith prirent le nom de « Saints du dernier jour » pour se distinguer de ceux qui avaient habité les mêmes collines et les mêmes forêts en des temps plus simples, moins corrompus. Plus à l'est, les membres de la communauté Oneida étaient convaincus que la perfection humaine pourrait venir de la prise de conscience que la seconde venue du Christ était depuis longtemps une réalité. La recette du bonheur consistait à ressusciter les anciennes coutumes abandonnées par la société moderne, de l'amour libre à la propriété collective.

Pour Morgan, le passé recouvrable était enchâssé dans le présent visible ; il existait dans les communautés indiennes disséminées au sud et à l'est du lac Ontario. Morgan s'était pris d'une passion singulière pour l'ancienne Confédération iroquoise, une alliance qui avait jadis rassemblé les Mohawks, Onondagas, Oneidas, Cayugas, Senecas et Tuscaroras en une entité politique et économique complexe. Cette confédération avait subi un déclin progressif après l'arrivée de colons français et britanniques, mais dans les années 1840 Morgan et plusieurs associés conçurent le projet chimérique de la recréer. La renaissance de cette union, espéraient-ils, ferait redécouvrir aux Indiens ainsi qu'aux Européens un mode de vie plus pur, plus authentique, en ressuscitant la civilisation qui avait existé autrefois sur le sol américain.

On inventa des rituels d'« indieninitiation » de recrues blanches, avec de nouveaux noms iroquois transcrits phonétiquement et des divisions en tribus et en groupes[6]. On emprunta des lieux aux francs-maçons pour organiser des réunions secrètes. On rédigea des programmes d'enseignement des langues autochtones. Mais à l'image de nombreux projets du même genre qui virent le jour pendant ce qu'on appela le Second Grand Réveil – le vaste mouvement de renouveau spirituel américain du milieu du XIXe siècle –, toute cette initiative finit par tomber à l'eau. Les effectifs de la nouvelle confédération ne dépassèrent jamais quelque quatre cents membres[7]. Morgan décida alors de créer des entreprises et de fonder une famille, sans toutefois renoncer à chercher des documents sur l'histoire passée et présente de ses voisins iroquois.

Voyageant dans la région des Finger Lakes, dans le nord de l'État de New York, il rencontra de plus en plus d'hommes et de femmes autochtones, avec lesquels il noua même d'authentiques amitiés. Il fut scandalisé par le nombre de familles indiennes qui s'étaient fait escroquer dans des transactions foncières et avaient été chassées de leurs territoires ancestraux. En 1851, il réunit tout ce qu'il avait appris dans un livre intitulé *The League of the Ho-de'-no-sau-nee or Iroquois*. Cet ouvrage ne tarda pas à être considéré comme l'étude définitive de l'histoire, de la langue et des coutumes de la plus grande alliance indienne à avoir jamais existé sur le continent, particulièrement remarquable pour sa politique singulière qui confiait aux femmes le rôle de chefs de clan et de décisionnaires. « Encourager une plus grande bienveillance à l'égard de l'Indien, fondée sur une connaissance plus exacte de ses institutions civiles et domestiques et de ses capacités d'élévation future : tel est le motif qui a été à l'origine de cet ouvrage[8] », écrivait Morgan dans sa préface. Le « résidu » de ces anciennes coutumes, comme il disait, était encore visible pour tous ceux qui s'y intéressaient ; bien compris, il pourrait permettre la « récupération » des Indiens en tant que citoyens à part entière des États-Unis. Il dédia son ouvrage à Ely Parker, traducteur et avocat seneca, qui était devenu son principal informateur et associé de recherche.

The League of the Ho-de'-no-sau-nee fut suivi en 1877 par *Ancient Society*, un ouvrage plus général dans lequel Morgan cherchait à créer un modèle global d'organisation des sociétés humaines et de leur propriété, fondé sur sa connaissance des Iroquois mais s'inspirant également d'exemples de la Grèce antique, de l'Empire romain et du monde entier. Selon Morgan, l'évolution de toutes les sociétés suivait les mêmes étapes. Il était possible de distinguer tant dans l'Antiquité qu'à l'instant présent les lois gouvernant la transition pour passer de formes d'organisation simples – familles, fraternités, tribus – aux États-nations complexes des temps modernes. Cet ouvrage fut considéré comme si révolutionnaire que d'autres théoriciens reconnurent l'autorité de Morgan dans la compréhension du changement social. Charles Darwin le cita dans *La Descendance de l'homme* (1871) à propos du développement des modèles de mariage et des systèmes de parenté, et Karl Marx prit des notes de lecture sur *Ancient Society*, notamment sur ce que Morgan avait identifié comme les trois étapes majeures de l'évolution sociale, qu'il désigna comme l'état sauvage, la barbarie et la civilisation. Friedrich Engels s'inspira quant à lui largement de Morgan dans son propre livre sur *L'Origine de la famille, de la propriété privée et de l'État*, publié en 1884, et John Wesley Powell leur emboîta le pas. Quand ce dernier entreprit de définir les méthodes de travail du Bureau of Ethnology, il fit de la lecture d'*Ancient Society* de Morgan une obligation pour l'ensemble du personnel[9].

En mars 1886, Powell s'exprima devant un grand aréopage rassemblant l'élite scientifique de Washington, à laquelle il exposa une vision de l'avenir enracinée dans la pensée de Morgan. « Le cours des événements humains n'est pas un cercle perpétuel[10] », commença-t-il. Il suffisait de regarder autour de nous pour observer une progression, et non la simple réitération des mêmes événements se reproduisant encore et encore. L'Histoire suivait, disait-il, une direction. L'anthropologie devait être la science du changement, que ce soit celui de l'apparence physique des humains ou de toute la panoplie des comportements, institutions et coutumes qui définissaient l'*ethnos* que les ethnologues prenaient pour objet d'étude.

Pour Powell, l'apparition de ces changements suivait un plan manifeste. « La culture humaine procède par étapes », affirma-t-il sans ambages, faisant écho à Morgan. Les sociétés humaines passent naturellement de l'état sauvage à la barbarie puis à la civilisation, chaque étape présentant ses caractéristiques propres dans « toutes les grandes catégories d'activité », c'est-à-dire une « culture » spécifique à telle ou telle phase de développement. Certains individus pouvaient ne pas manifester l'intégralité des caractéristiques de l'étape dans laquelle ils étaient ancrés ; ils représentaient alors des versions « dégradées », « délabrées » ou « parasites » de la culture humaine – « comme les gitans », précisait Powell. (S'il avait voulu un exemple – de la sauvagerie potentielle de la civilisation, mettons –, il lui aurait suffi de baisser les yeux vers son bras droit amputé, témoignage des horreurs modernes de la bataille de Shiloh.) Mais « le progrès général de la culture » la menait vers des réalisations constamment supérieures.

Les différentes étapes du progrès se fondaient fréquemment les unes dans les autres. « Pour le scientifique, on ne trouve jamais la lumière absolue ni l'obscurité absolue, mais les phénomènes de lumière et d'obscurité recouvrent des degrés infinis de clair-obscur, avec la lumière absolue d'un côté et l'obscurité absolue de l'autre, au-delà des limites des phénomènes observés et qui n'existent qu'en théorie.» L'ethnologue était contraint de vivre dans ce demi-jour, d'étudier les frontières entre les étapes du progrès humain et de décrire comment différentes populations passaient d'une époque de culture humaine à la suivante. Il devait retracer le développement des langues et des autres caractéristiques spécifiques qui définissaient chacune d'elles, rendre compte des différentes institutions – des tribus aux États – qui leur permettaient de rester des entités cohérentes, et décrire leurs opinions changeantes sur la vie et l'univers, leurs processus mentaux, leurs «*mentations*» pour reprendre le terme de Powell.

Ce phénomène pouvait se faire avec une extrême lenteur ; dans d'autres circonstances – par exemple quand des communautés sauvages entraient en contact avec des communautés civilisées, comme cela se produisait précisément à ce moment-là dans l'Ouest américain –, il pouvait être remarquablement rapide. Mais avant tout, il fallait comprendre que les gens qui étaient différents de nous n'incarnaient pas de simples versions dégradées ou inférieures de quelque idéal évident. Ils se trouvaient en réalité à d'autres étapes d'une trajectoire commune de progrès humain, dont chacune présentait ses traits particuliers et sa logique interne.

«L'âge de la sauvagerie constitue l'âge de pierre», affirmait ainsi Powell ; «l'âge de la barbarie est l'âge d'argile ; l'âge de la civilisation est l'âge du fer.» Les sauvages se cramponnaient à des groupes de parenté primaires, de petites familles formées de descendants du même ancêtre tandis que les barbares se rassemblaient en unités plus grandes de type tribu, et les peuples civilisés avaient inventé l'État-nation doté d'un système de gouvernement formel et des frontières territoriales tracées avec précision, solidement défendues contre l'agression. Les sauvages ne maîtrisaient que quelques mots et quelques concepts rudimentaires, alors que les barbares s'exprimaient en phrases complexes ; les peuples civilisés avaient mis au point des langages permettant de traiter de concepts complexes, abstraits. La musique différait, elle aussi, d'une étape à la suivante. Les sauvages pouvaient battre la mesure sur un rondin ou une pierre, les barbares chanter une ligne mélodique, alors que la civilisation y ajoutait le contrepoint et l'harmonie. Les dieux des sauvages étaient multiples, souvent représentés sous l'aspect d'une bête ou d'un volatile. Les barbares transformaient les forces de la nature en dieux. Les hommes civilisés avaient compris, enfin, que le divin était une force unique, dotée d'un seul nom et d'une seule identité.

L'essence de l'humanité était ce que Powell appelait ses « humanités », à savoir la faculté de façonner une langue, de créer des institutions et d'appliquer la raison à la compréhension du monde. La tautologie grammaticale de Powell était en réalité une œuvre de philosophie audacieuse, car il s'emparait du modèle de Morgan pour le transformer en arme. Celle-ci visait directement ceux qui étaient convaincus que l'évolution des sociétés humaines opérait selon les mêmes lois que celles qui commandaient la différenciation des espèces dans le monde naturel. Le biologiste anglais Herbert Spencer venait de forger l'expression de « survie du plus apte » pour désigner la lutte pour la supériorité biologique esquissée par Darwin dans *L'Origine des espèces* (1859). Pour Spencer et d'autres théoriciens, les sociétés étaient elles aussi engagées dans une lutte pour la survie, et la nature elle-même déterminait quels peuples finiraient, grâce à la supériorité de leurs réalisations et de leurs visions du monde, par dominer ceux qui n'avaient pas la chance d'être aussi bien dotés. Au contraire, affirmait Powell, l'évolution sociale n'a rien à voir avec l'évolution biologique. Aucun peuple n'est naturellement incapable de suivre la même trajectoire de transformation que celle que d'autres ont déjà parcourue. L'ethnologie n'est donc que le dialogue de l'homme civilisé avec ceux qui doivent encore emprunter le chemin que lui-même a déjà foulé.

La réaction au discours de Powell ne nous est pas parvenue, mais il est à parier qu'elle fut électrisante. L'organisme qui chapeautait cet événement, l'Anthropological Society of Washington, comptait parmi ses membres les plus éminents conservateurs de musée et professeurs de la ville, et même la Women's Anthropological Society, une institution distincte, avait été autorisée à y participer. Powell avait fermement établi le schéma tripartite de Morgan comme les trois cases dans lesquelles on pouvait immédiatement ranger n'importe quelle société. Il avait séparé le sujet d'intérêt des ethnologues – la culture – des objets d'étude des biologistes. Ce recadrage ouvrit à son bureau tout un univers de possibilités. On pouvait désormais étudier les Sioux sauvages qui se promenaient en tribus disloquées à travers les plaines de l'Ouest, ou les Iroquois simplement barbares dont Morgan avait lui-même décrit avec éloquence la politique fédérale élaborée, ou même les Anglais civilisés qui avaient apporté l'industrie et le commerce dans le Nouveau Monde. Au lieu d'une masse de peuples indifférenciés, le monde apparaissait désormais comme une série finie de types, chacun situé à une étape différente de la même route humaine.

Quelques années plus tard, on entreprit, juste en face de la demeure de Powell à Washington, la construction d'un superbe bâtiment destiné à abriter la bibliothèque du Congrès. Quand il fut achevé, en 1897, les lecteurs qui gravissaient le grandiose escalier extérieur se trouvaient presque nez-à-nez avec la hiérarchie schématique du monde humain présentée par Powell. Une série de trente-trois têtes de granite, réalisées d'après les modèles contenus dans les collections de ce dernier, servaient de grotesques au-dessus des fenêtres du deuxième niveau. Les peuples européens civilisés étaient disposés près de la porte d'entrée, face au Capitole. Les Chinois et les Arabes barbares se regroupaient sur les côtés. Les Africains et les habitants des îles du Pacifique sauvages se cachaient sur l'arrière. Aujourd'hui encore, en faisant le tour des murs extérieurs du Jefferson Building, le bâtiment principal de la bibliothèque, les visiteurs peuvent accomplir un voyage visuel sur le chemin tracé par Morgan et Powell.

Boas avait déjà pressenti que les chercheurs américains visaient à développer un cadre scientifique qui pourrait l'aider à organiser les observations décousues qu'il avait faites sur l'île de Baffin. Il lui suffit de quelques mois à Minden pour comprendre que la décision de regagner l'Allemagne avait été une terrible erreur.

Il réussit toutefois à publier un petit livre en allemand consacré à son expédition sur l'île de Baffin, lequel lui permit d'obtenir l'*Habilitation* tant convoitée, nécessaire pour décrocher une chaire d'enseignement. Il ne lui restait plus qu'à attendre qu'un des membres du petit groupe de professeurs de l'empire ait l'amabilité de rendre l'âme et de libérer ainsi un poste. On lui proposa quelques vacations et il fut embauché comme assistant de recherche par le prestigieux Königlisches Museum für Völkerkunde, le musée royal d'Ethnologie de Berlin. Il y travailla un moment dans l'ombre de deux des plus grandes figures des sciences humaines du pays, Rudolf Virchow et Adolf Bastian, qui encourageaient exactement le type de travail sur le terrain auquel Boas s'était livré. Cependant, les possibilités d'avancement étaient minces, et il risquait de devoir se contenter de cataloguer des artéfacts. Cette perspective ne pouvait que lui paraître terriblement ennuyeuse, alors que tout l'attirait de l'autre côté de l'Atlantique. Il y avait peu de chance, en premier lieu, que Marie accepte de quitter sa famille à Manhattan pour un avenir incertain en Allemagne. Il ne mit finalement pas longtemps à sauter le pas. En juillet 1886, alors qu'il n'était rentré chez lui à contrecœur que depuis un peu plus d'un an, Boas monta à bord d'un paquebot en partance pour New York. Il ne pouvait pas en être absolument certain sur le moment, mais il regagnait l'Amérique définitivement.

Boas était l'un des nombreux germanophones (1,8 million au total) qui s'installèrent aux États-Unis entre 1880 et 1900, point culminant de l'immigration allemande[11]. La famille de Marie, les Krackowizer, ainsi que l'oncle de Boas, Abraham Jacobi, faisaient partie des membres des professions libérales et des activistes politiques qui avaient fui l'Europe centrale au lendemain des révolutions manquées de 1848. Ils avaient été des pionniers dans leur genre, impatients de se distinguer des fermiers et des boutiquiers qui se massaient sur les entreponts des mêmes navires. Mais à présent, pour Boas et ses compagnons de voyage – plus urbains et plus compétents que leurs prédécesseurs, souvent protestants et juifs plutôt que catholiques, et, comme Boas, généralement de sexe masculin et célibataires –, l'arrivée en Amérique n'avait plus rien d'un nouveau départ dans un pays étrange. New York ressemblait autant à une ville allemande qu'à une ville américaine.

Seules deux villes du monde d'alors, Vienne et Berlin, abritaient des populations allemandes plus importantes. Si l'on avait reconduit par magie les habitants d'un seul quartier de Manhattan surnommé Kleindeutschland, ou Dutchtown – connu plus tard sous le nom de Lower East Side –, dans le Reich de l'empereur Guillaume, ils auraient instantanément constitué la cinquième plus grande ville de l'empire[12]. Les Allemands étaient si prospères et si nombreux à New York que même à l'extérieur de la Kleindeutschland il n'était pas rare d'entendre votre médecin, votre professeur d'université, votre libraire, votre barman et votre professeur de piano – qui jouait peut-être sur un Steinway germano-américain – parler tous anglais avec le même accent étranger.

L'ascension sociale s'accompagnait d'une ascension géographique, ce qui explique que la première étape de Boas à son arrivée n'ait pas été les petites boutiques et les ateliers d'artisans de la Kleindeutschland mais la demeure des Krackowizer, sur la 60e Rue Ouest[13]. Ses retrouvailles avec Marie durent être repoussées, car elle était repartie en visite chez des parents dans le nord de l'État, et Boas mit à profit les semaines suivantes pour se créer un nouveau réseau de contacts universitaires. Il s'adressa à des membres de sa famille et à des membres de la communauté allemande qu'il connaissait, leur demandant des lettres de recommandation et, dans certains cas, un prêt. Il était sans emploi et, malgré son *Habilitation* toute fraîche, n'avait aucune perspective d'en décrocher un. Son anglais était encore si hésitant qu'il renonça à donner lecture d'un article devant la prestigieuse American Association for the Advancement of Science, craignant que ses fautes grammaticales ne le fassent passer pour un béotien[14]. Il était toutefois optimiste pour la première fois depuis plus d'un an. « Je vois s'ouvrir sous mes yeux un champ de travail si vaste et si dégagé que cette simple idée m'enthousiasme[15] », écrivit-il à ses parents en août.

En attendant, il s'engagea sans plus attendre dans l'exploration d'un nouveau site pour la prochaine phase de ses recherches. Pendant qu'il travaillait au musée de Berlin, il avait fait la connaissance d'un groupe d'Indiens Bella Coolas, ou Nuxalks, venus de Colombie-Britannique, et avait été fasciné par leur langue et leurs danses rituelles, exécutées avec des masques de bois minutieusement sculptés. Les peuples du Nord-Ouest Pacifique étaient connus pour leurs grandes maisons en planches, leurs mâts héraldiques monumentaux de conception complexe, et aussi pour l'institution du potlatch, une sorte de compétition entre les chefs de famille qui rivalisaient pour donner le plus de nourriture et de richesses au reste de la communauté, au point, parfois, de se ruiner eux-mêmes. Cette région pouvait offrir un bon complément à son travail sur l'île de Baffin, estima Boas, notamment parce qu'elle lui permettrait d'acquérir des compétences sur un sujet nord-américain. Ce travail le mettrait peut-être aussi en meilleure position pour trouver un emploi permanent à New York ou Washington. À l'automne 1886, encouragé par un prêt de son oncle Abraham et espérant gagner un peu d'argent en rassemblant quelques artéfacts qu'il pourrait vendre à un musée, il prit la route de l'Ouest.

Le Northern Pacific Railway n'avait atteint l'océan que tout récemment, déposant ses passagers dans une jeune ville portuaire nommée Tacoma, dans l'État de Washington. De là, Boas put embarquer sur un vapeur à charbon qui remontait la mer des Salish pour gagner la province canadienne de Colombie-Britannique. Des criques et des fjords découpaient la côte, tandis que de grands bosquets de pins de Douglas et de cèdres d'Alaska enveloppés d'un brouillard épais dissimulaient des camps de bûcherons et des pêcheries. Plus loin, les sommets enneigés des Olympic Mountains se découpaient sur le ciel. « Vancouver fait une très singulière impression », écrivit-il.

> Cela fait à peine un an que la ville a surgi des étendues sauvages, à l'instant où l'on a su que le Canadian Pacific Railway y aurait son terminus. Là où il n'y a pas de maisons, même au centre de la ville, on voit des souches d'arbres calcinées ou fumantes. Des gens de tous pays, dont aucun ne paraît vraiment chez lui, grouillent dans les rues, qui sont couvertes de planches de bois. Les rues ne sont pas encore complètement terminées, et là où il n'y a pas de ruelles de bois, tout comme dans d'autres voies qui ne sont pas couvertes de planches, ce ne sont que

marécages infranchissables. Un col blanc est encore un événement à Vancouver, mais tout cela semble en voie de disparition rapide[16].

« L'étranger qui arrive à Victoria pour la première fois est étonné par le grand nombre d'Indiens qui vivent dans cette ville[17] », relata Boas à propos de la capitale provinciale. Il estimait à trente-huit mille individus la population indienne totale de Colombie-Britannique. Établis pour la plupart le long du littoral, ils éclipsaient largement les habitants d'ascendance européenne[18]. Ils étaient vêtus, constata-t-il avec étonnement, à la mode européenne et travaillaient comme dockers, poissonniers et lavandières, leurs huttes et leurs tentes légères parsemant les faubourgs. Ils parlaient une multitude de langues sans lien entre elles, et leur organisation sociale semblait disparate, elle aussi : certaines tribus, comme les Tlingits, se divisaient en puissants clans, alors que d'autres, comme le peuple que Boas connaissait sous le nom de Kwakiutls, privilégiaient un système complexe de sociétés secrètes profondément vénérées, et même redoutées, par les gens ordinaires. Un point commun entre tous les Indiens, cependant, était « leur goût artistique extrêmement développé », relevait Boas, notamment leurs étonnantes sculptures en bois et les remarquables peintures d'animaux stylisés qui ornaient leurs habitations[19].

La pluie pouvait transformer les rares routes en bourbiers impraticables, mais le climat était tout de même plus supportable que la banquise et les températures glaciales de l'île de Baffin. Boas se mit au travail avec ardeur. « Je vais voir des gens et j'écoute des histoires », écrivit-il à ses parents, « puis j'écris jusqu'à en avoir mal aux doigts[20]. » À la fin de chaque journée de conversations et d'expéditions, il se hâtait de consigner tout ce qu'il avait entendu. Au cours des quelques mois suivants, il noircit plus de trois cents pages de ses carnets à reliure de cuir, dont il tenait le compte dans les missives qu'il envoyait à Meier et Sophie en Allemagne[21].

Il décida de rassembler en priorité les mythes et les contes populaires le long du littoral, se concentrant essentiellement sur l'île de Vancouver. Il avait déjà appris quelques mots de bella coola grâce aux Indiens en visite à Berlin et pouvait se débrouiller en chinook, un jargon commercial simplifié. Mais il s'appuya principalement sur une technique qu'il avait déjà fréquemment utilisée chez lui : accoster quelqu'un qu'il connaissait à peine, un missionnaire chrétien, par exemple, ou un habitant qui parlait anglais, et lui demander poliment de l'accompagner à un rendez-vous important. George Hunt, un homme mi-tlingit mi-anglais qui s'était marié dans la société kwakiutl, lui servit de guide et de point d'entrée, un peu comme Signa l'avait fait sur l'île de Baffin[22].

Certaines journées étaient plus fructueuses que d'autres. Il lui arriva ainsi de consacrer deux heures à coucher sur le papier un texte compliqué, que lui dicta minutieusement une habitante du village littoral de Comox, pour apprendre ensuite par un interprète que la longue conversation qu'elle lui avait rapportée était pure invention. Elle avait pensé qu'il ne cherchait qu'à s'exercer à l'usage de sa langue[23].

Restait bel et bien à démêler le sens de ce qu'on lui racontait. Un vieil homme et une vieille femme faillirent en venir aux mains en essayant de répondre aux questions de Boas, rapporta-t-il alors qu'il se trouvait à Somenos, un village de Cowichan Valley.

> Il a dit qu'un homme était mort depuis neuf jours et elle a dit dix, ce qui l'a mis tellement en colère que je n'ai plus pu en tirer un seul mot… Toutes les cinq minutes, il m'assure qu'il est le meilleur de tous les hommes d'ici et qu'il sait tout. Entre-temps, des enfants crasseux et hurlants courent dans tous les sens ; parfois, on prend un repas. Les chiens et les poules se faufilent entre les gens ; le feu fume tellement qu'on y voit à peine. Le vieux vérifie que je note tous les mots qu'il dit, et si ce n'est pas le cas, il y voit un affront personnel et me tient un long discours auquel je ne comprends pas un traître mot[24].

S'y ajoutait le fait que les mythes regorgeaient parfois de grossièretés et de grivoiseries à tel point qu'il n'était pas sûr de pouvoir les publier un jour[25]. « Ils cherchent toujours à baratiner les étrangers[26] », se plaignait Boas. C'était un problème pour la science, mais aussi pour l'Histoire. Les récits qu'il ne réussissait pas à consigner risquaient d'être perdus à jamais.

Un jour où il se promenait près du littoral rocheux du côté de Comox, sur l'île de Vancouver, il découvrit que tout le secteur était jonché d'ossements humains. C'étaient les seuls vestiges d'un ancien site funéraire qu'un agriculteur local avait labouré[27]. Le nouveau Canadian Pacific Railway couperait bientôt ces terres, apportant des wagons pleins de marchandises industrielles et de colons blancs. On pouvait s'attendre à d'autres évolutions du même genre : les huttes de planches seraient démolies pour faire place à des maisons modernes, un cimetière serait recouvert par une nouvelle route, de vieux ossements blanchiraient sur une plage de galets. Comme lors de son séjour chez les Inuits, le travail de Boas était une course contre la montre. Que ce fût à cause de la diphtérie ou des moteurs à vapeur, les anciennes coutumes, du moins ce qu'il en restait, auraient bientôt disparu. Il s'étonnait de constater que personne, pas plus les colons locaux que les Indiens eux-mêmes, ne semblait y voir une tragédie. La nouvelle de son arrivée et de son départ – un docteur allemand qui avait entrepris des recherches ethnologiques sur la Frontière –, voilà ce qui faisait les gros titres. Lorsqu'il prit le chemin du retour, il était devenu une petite célébrité[28].

Lorsqu'il regagna New York en décembre de cette année-là, Boas espérait avoir le temps de mettre toutes ses découvertes au propre pour pouvoir les présenter à un éditeur américain. Un ouvrage en anglais établirait certainement sa réputation de scientifique sérieux. Au lieu de quoi, un mois plus tard, un poste lui fut littéralement offert sur un plateau. Un emploi d'assistant à la revue *Science* était vacant, et à l'issue d'un dîner avec le rédacteur en chef, Nathaniel D. C. Hodges, l'affaire fut conclue. Il télégraphia à sa famille qu'il s'installait officiellement en Amérique et annonça à Marie qu'ils pouvaient désormais faire des projets pour se marier au printemps[29].

Fondée en 1880 pour assurer un « compte rendu hebdomadaire du progrès scientifique », ainsi que l'annonçait sa page de titre, *Science* était une jeune revue qui tirait le diable par la queue. Boas était chargé de diriger la publication d'articles de géographie – matière qu'il avait présentée comme sa principale sphère d'intérêt – et de préparer des cartes et des notes non signées sur l'évolution de cette discipline. Mieux encore, ce poste lui offrait également ce dont il n'avait encore jamais vraiment disposé : une tribune relativement assurée lui permettant de présenter non seulement ses observations de terrain et ses descriptions géographiques, mais aussi quelques-unes des idées plus générales qu'il avait commencé à formuler sur les sciences sociales naissantes.

Géographes et ethnologues devaient cesser de prendre modèle sur les physiciens et autres spécialistes du monde naturel, affirmait ainsi l'une de ses premières incursions dans les pages de *Science*, au début de l'année 1887. Il était impossible de se livrer à des généralisations à propos de ce qui dépendait fondamentalement du contexte, par exemple les raisons pour lesquelles un mythe concernant un corbeau semblait posséder une signification à Comox et une autre sur la côte de la mer des Salish. Par sa nature même, l'ethnologie se rattachait à un temps et à un lieu précis. Elle était animée par la volonté de comprendre « la vie de l'homme, dans la mesure où celle-ci dépend du pays où il vit[30] ».

Une institution avait abordé la question complètement de travers, selon lui : le National Museum de Washington et la communauté d'éminents chercheurs rassemblée autour de John Wesley Powell.

Peu après son retour de Colombie-Britannique, Boas s'était rendu à Washington pour étudier les collections de la Smithsonian sur les peuples de la côte Nord-Ouest. Cette institution présentait encore à maints égards les caractéristiques d'un type d'établissement appelé *Kunstkammer* en allemand, une sorte de proto-musée héritier des cabinets de curiosités que les rois et princes de la Renaissance et des débuts des temps modernes avaient jadis constitués pour leur ravissement et celui de leurs amis. C'étaient des fatras de bizarreries : les costumes d'une tribu lointaine, peut-être imaginaire, le squelette d'un animal difforme, une tumeur d'une taille exceptionnelle ou, merveille qui faisait la célébrité de l'Ashmolean Museum d'Oxford, les restes fragmentaires d'un dodo qui inspirerait plus tard un personnage d'*Alice au pays des merveilles*, de Lewis Carroll.

À la différence de ce genre d'établissements, les musées modernes d'histoire naturelle et d'ethnologie qui s'étaient progressivement développés au cours du XIXe siècle se souciaient de classification. Ils étaient destinés non seulement à étonner et divertir le public, mais aussi à l'instruire. Les objets devaient être présentés selon un plan logique, au lieu d'être remisés au petit bonheur la chance dans des vitrines ou empilés sur des tables. Les nouveaux bâtiments du British Museum (qui ouvrit ses portes dans les années 1850), le vieux musée royal d'Ethnologie de Berlin où avait travaillé Boas (fondé dans les années 1870) et le Pitt Rivers Museum d'Oxford (créé dans les années 1880) firent un grand ménage dans ce qui était jusque-là un fouillis de plumes, de pierres et de bois et exposèrent tout cela plus soigneusement. Leurs galeries ouvertes et aérées invitaient à une déambulation dans un monde rationnel et compréhensible, qui permettait de découvrir la logique interne de la nature – flore, faune, fossiles et empreintes de pas.

Boas fut frappé de constater que le National Museum de la Smithsonian racontait une histoire similaire. Le conservateur du département d'ethnologie de l'établissement, Otis Tufton Mason, était un associé de Powell et avait supervisé le transfert des collections du Bureau dans le nouveau bâtiment, juste à l'est du Smithsonian Castle. Il avait participé à la fondation de l'Anthropological Society de Washington, devant laquelle Powell avait prononcé son allocution sur les étapes du développement humain, et il avait conçu le nouveau musée comme l'illustration de ces idées. Puisque l'évolution des rituels, outils, armes, styles vestimentaires et autres habitudes et pratiques de l'homme suivait des étapes bien définies – ainsi que le soutenaient Morgan et Powell –, il était judicieux de regrouper dans un même lieu tous les hochets en os ou tous les tambours, quelle que fût leur origine géographique. Ne s'agissait-il pas, après tout, des expressions communes d'une étape définie de l'évolution ? À l'image des différents wagons d'un train, ils traversaient tous à une vitesse plus ou moins identique des gares portant l'écriteau « Sauvagerie » et « Barbarie » en direction du terminus, la « Civilisation ».

Plus Boas se promenait parmi les vitrines, plus cet agencement lui paraissait incongru. Il avait constaté à Vancouver et à Victoria combien la pratique de l'ethnologie était brouillonne. La réalité du travail de terrain était à cent lieues de la clarté présentée aux visiteurs de musées. L'organisation des collections semblait refléter l'idée que se faisait le *collecteur* de la destination d'un objet, au lieu de représenter la vision du monde de l'artisan qui l'avait fabriqué. Le visiteur n'avait aucun moyen de deviner l'utilisation que son créateur avait envisagée, ni la manière dont cet objet était employé dans son contexte d'origine.

À son retour à New York, Boas consigna certaines de ces réflexions. Et en juin, il écrivit au « major Powell », comme on avait l'habitude d'appeler le grand homme, afin de lui expliquer qu'il se posait une « question fondamentale » pour l'ethnologie et souhaitait diriger ses propres recherches en ce sens : « Jusqu'à quel point existe-t-il une influence de l'environnement[31] ? » C'était le premier énoncé clair – malgré un anglais encore imparfait – de la question qui avait animé Boas depuis son départ pour l'île de Baffin. « Plus j'ai étudié, plus j'ai acquis la certitude que les phénomènes tels que les coutumes, les traditions et les migrations sont beaucoup trop complexes dans leur origine… pour que nous puissions étudier leurs causes psychologiques sans connaissance approfondie de leur histoire[32]. » Il n'avait ainsi abouti à aucune conclusion évidente concernant les effets de la géographie sur les modèles migratoires de « ses Esquimaux ». De même, sur la côte Nord-Ouest, il avait pu constater que chansons, histoires et mythes ne suivaient aucun modèle apparent, même parmi des peuples vivant au voisinage les uns des autres. Aussi envisageait-il la possibilité que « des faits historiques exercent une plus grande influence que l'environnement[33] ». Le numéro suivant de *Science*, annonçait-il, contiendrait quelques réflexions en ce sens – ainsi qu'une critique au vitriol d'un des collègues de Powell, le vénérable conservateur de la Smithsonian Institution, Otis Tufton Mason.

« Nous ne pouvons pas approuver les principes directeurs des recherches ethnologiques du professeur Mason[34] », avait-il clairement énoncé dans le numéro de mai de la revue. Dans ses propres écrits comme dans l'organisation du musée, Mason avait négligé une éventualité pourtant évidente. S'il n'était pas exclu que des conditions similaires produisent des effets similaires, on relevait de nombreux cas dans lesquels des conditions similaires produisaient des effets extrêmement différents. Sur la côte Nord-Ouest, Boas avait observé une grande diversité parmi les communautés amérindiennes aussi bien que des similitudes frappantes, sans que rien ne suggère que les Bella Coolas et les Salishs, par exemple, avaient tous atteint le même stade de développement. Un environnement identique – forêts de pins et pratique de la pêche, hivers pluvieux et vagues écumantes – avait engendré une pléthore de pratiques et d'artéfacts dont certains se recouvraient partiellement, tandis que d'autres étaient identiques ou encore complètement différents. Pourtant, un visiteur pouvait parcourir toutes les galeries du National Museum sans jamais prendre conscience de cette réalité fondamentale. Au contraire, au lieu d'être regroupés, des artéfacts originaires du Nord-Ouest étaient dispersés à travers toutes les salles d'exposition, présentés au côté d'objets prétendument similaires provenant de lieux complètement différents, censés incarner la même phase d'évolution culturelle. « Si nous considérons un unique outil en le dissociant de son environnement, des autres inventions du peuple auquel il appartient et d'autres phénomènes affectant ce peuple et ses productions, écrivait Boas, il nous est impossible de comprendre sa signification[35]. » C'était un peu comme de ranger un grenier en mettant les gros objets par-ci, les petits par-là, les décorations de Noël disputant l'espace à de vieux souliers et une malle poussiéreuse. Il ne s'agissait évidemment pas de science.

Mason lui répondit plus tard dans l'été, dans les pages de la même revue. « Il me semble que l'on admet de plus en plus », écrivait-il, « que les coutumes ainsi que les objets sont issus d'inventions précédentes, tout comme la vie est issue de la vie, et que plus vite nous reconnaîtrons qu'il convient d'appliquer les méthodes et les instruments du biologiste à l'étude des arts, des institutions, de la langue, du savoir, des coutumes, de la religion et des races d'hommes, plus vite notre science bien-aimée se tiendra sur des fondements inébranlables[36]. » La classification constituait le premier pas vers une véritable compréhension scientifique, affirmait Mason. En rejetant le fait pourtant évident que des traits similaires ne pouvaient provenir que de causes similaires, Boas semblait rendre toute comparaison impossible. « L'explorateur qui se rend auprès d'un peuple pour étudier toutes ses croyances et activités accomplira mieux sa tâche si son esprit est déterminé à établir une comparaison entre chaque industrie et les mêmes activités, observées en d'autres temps et d'autres lieux[37]. »

Boas poursuivit ce débat tout au long de mois de juin, concluant par ce qu'il considérait manifestement comme une déclaration solennelle et synthétique. Si sa critique s'adressait tout particulièrement à Mason, écrivait-il, c'était à cause du rôle majeur de cet ethnologue réputé dans son domaine, et des effets nécessairement considérables du musée dont il supervisait les collections. Voilà pourquoi la disposition incorrecte d'objets de la part de Mason constituait une aussi grave erreur. Il affirmait en réalité que les peuples dont les objets étaient exposés vivaient dans une sorte d'éternel présent, leurs créations manuelles étant prétendument figées dans le temps. Pourtant, ces gens avaient une histoire. Ils migraient. Ils étaient soumis à l'influence d'autres peuples, d'autres idées. Boas avait pu le constater lui-même sur l'île de Baffin, quand il avait reconstitué la vie de son guide, Signa. Ainsi qu'en Colombie-Britannique, où des gens qui parlaient des langues très différentes n'en racontaient pas moins les mêmes histoires et n'en répétaient pas moins les mêmes mythes.

La seule manière d'aborder ces questions était de recourir à ce que Boas connaissait sous le nom de méthode inductive, c'est-à-dire d'entreprendre l'étude approfondie d'une série de groupes et de suspendre toute théorisation jusqu'à ce que des données issues d'un nombre de sources aussi large que possible aient été rassemblées. L'autre méthode, le raisonnement déductif, commençait par exposer une série de principes généraux appliqués ensuite au cas étudié. Cela revenait, estimait Boas, à fureter dans tous les sens jusqu'à dénicher une preuve susceptible de confirmer ses propres préjugés. La science réclamait que les chercheurs laissent leurs idées préconçues dans leur laboratoire. Leurs théories sur la société humaine devaient émerger peu à peu de l'étude de l'environnement dans lequel vivaient les gens. Peut-être l'évolution sociale reposait-elle sur des lois, mais la découverte de celles-ci exigeait qu'un chercheur passe un certain temps à combattre sa propre ignorance. « Tout ce fourbi commence à me donner l'impression d'être vraiment stupide », avait écrit Boas depuis la côte Nord-Ouest[38]. Mais à présent, il commençait à transformer ce sentiment – l'impression d'être perdu au milieu d'un déluge de données – en une méthode scientifique.

« En ethnologie, tout est individualité », affirmait-il de façon quelque peu énigmatique. « Je suis d'avis que le principal objectif des collections ethnologiques devrait être de diffuser la conviction que la civilisation n'est pas quelque chose d'absolu, mais qu'elle est relative et que nos idées et conceptions ne sont vraies que dans le cadre de notre civilisation[39]. » Telle était la conclusion vers laquelle il se dirigeait depuis qu'il avait écrit à Marie lors de son séjour sur l'île de Baffin pour lui faire part de ses révélations. Les seuls individus réellement en mesure d'affirmer si un objet en forme d'arc était une arme, un jouet d'enfant ou un outil pour faire du feu étaient les vrais experts – autrement dit ceux qui l'utilisaient concrètement en un lieu donné, à un moment donné. Telle crécelle en os pouvait faire de la musique. Telle autre pouvait chasser les mauvais esprits. Une autre encore pouvait distraire un enfant en larmes. Tout dépendait du *lieu* où l'on se trouvait dans le monde, et non du *moment* auquel on se situait sur une voie linéaire d'évolution sociale. Pour bien aménager un musée, il ne fallait pas suivre la formule de Morgan et Powell sur la sauvagerie, la barbarie et la civilisation, mais regrouper les objets exposés en fonction des peuples qui les avaient créés.

Boas avait certainement de bonnes raisons de croire qu'il était sorti vainqueur de cette joute... jusqu'au jour où les bureaux de la rédaction de *Science* reçurent une longue lettre du major Powell en personne. Ce texte fut publié dans le numéro suivant de la revue. Powell y rejetait les propositions de Boas en les jugeant irréalisables dans la pratique et scientifiquement suspectes. Boas n'avait manifestement aucune notion des multiples fonctions d'un musée, avançait le major, et sa volonté de regrouper les objets selon les sociétés qui les avaient produits n'offrirait ni instruction aux masses, ni éclaircissements aux savants. Mieux valait donc s'en tenir aux universelles « activités humaines qui caractérisent l'humanité[40] », concluait Powell – « les arts, les institutions, les langues et les opinions ou philosophies » –, et tout musée digne de ce nom devait être organisé selon des méthodes tout aussi claires.

Boas n'eut guère d'autre choix que de répondre, penaud, dans une note brève que le major et lui se rejoignaient sur de nombreux points fondamentaux[41]. Toute cette affaire, écrivit-il à ses parents, lui avait donné la migraine[42]. Depuis son poste précaire d'assistant de rédaction, il s'en était pris à deux des personnalités majeures de la discipline, et l'opinion dominante semblait conclure à sa défaite. Son contrat avec *Science* touchait à sa fin, et il se retrouvait au même point que deux ans auparavant, quoique jouissant d'une plus grande réputation. Il avait été élu membre de l'American Association for the Advancement of Science et avait même commencé à faire des interventions orales improvisées en anglais[43]. Le plus long texte qu'il ait écrit à cette date dans sa seconde langue – *The Central Eskimo*, fruit de ses recherches sur l'île de Baffin – devait être publié dans les rapports annuels du Bureau of Ethnology. Néanmoins, la fin de son contrat avec *Science* tombait très mal. Marie et lui avaient accueilli leur premier bébé, Helene, à l'automne 1888, et voilà qu'il redevenait un savant itinérant.

4

SCIENCE ET CIRQUES

Le départ de Boas pour les États-Unis coïncida avec les débuts de l'ère de l'anthropologie – un terme que de plus en plus de gens employaient pour désigner la combinaison d'expéditions, de collectes d'artéfacts, d'apprentissage de langues et de recherches d'ossements que Boas avait entreprise sur l'île de Baffin et dans le Nord-Ouest Pacifique. Se donner le nom d'anthropologue, c'était sentir qu'on se tenait sur une frontière. Des domaines inexplorés s'étendaient devant vous et, en vous retournant vers le passé, vous pouviez contempler les origines de l'humanité elle-même. Des ancêtres disparus émergeaient de la poussière sous votre truelle. Un homme primitif vous parlait dans sa langue confuse, qu'avec une admirable persévérance vous aviez réussi à déchiffrer. Pour bien faire ce métier, il fallait aimer voyager, être prêt à risquer la dysenterie et absolument convaincu que ce que l'on édifiait, pierre après pierre, était une science maîtresse de l'humanité.

Alors qu'il se rendait en train à Cleveland pour une conférence, Boas engagea par hasard la conversation avec un homme qui comprenait ces ambitions mieux que tous ceux ou presque qu'il avait rencontrés jusqu'alors : un responsable universitaire appelé Granville Stanley Hall. Étudiant à Harvard, Hall avait été le premier Américain à obtenir un doctorat en psychologie, une toute nouvelle discipline. Il avait ensuite créé le premier laboratoire authentiquement expérimental dédié à ce domaine de recherche au sein de la nouvelle Johns Hopkins University de Baltimore. Il convenait d'aborder l'étude de l'esprit humain comme une science, estimait Hall, et non comme une branche de la philosophie ainsi qu'on avait l'habitude de le faire par le passé. Il fallait renoncer aux élans d'imagination spéculative pour se concentrer sur la vérification consciencieuse d'hypothèses en conditions contrôlées. Il ne se considérait pas seulement comme un expérimentaliste par excellence, mais aussi comme le porte-voix de la vérité en un temps où tout le monde savait que, bien comprise, la science contribuerait à rendre la vie plus saine, plus riche et plus longue.

En tant que psychologue, il comprenait les désirs et les faiblesses des êtres humains. Peut-être est-ce cette compétence qui le rendit particulièrement apte à persuader les gens de le suivre dans ses grandioses projets académiques. En 1887, il fonda l'*American Journal of Psychology* à un moment où la discipline censée nourrir ses pages n'existait pour ainsi dire pas. Il créa aussi l'American Psychological Association, à un moment où la totalité des psychologues auraient pu facilement tenir dans une grande salle de cours – du reste, la première réunion de l'association ne ressemblait pas à autre chose. Hall collectait des gens comme les ethnologues collectaient des contes populaires. Avec ses cravates rayées et sa faconde, c'était un personnage charismatique, le genre d'individu qui semblait toujours entouré d'une nuée de jeunes gens à la fin d'un cours. Il s'imposa comme un critique acerbe des médiums et des devins, une autorité controversée sur la sexualité des adolescents, et l'auteur d'ouvrages populaires aux titres énigmatiques comme *Senescence : The Last Half of Life* [« Sénescence : la dernière moitié de la vie »], *A Study of Dolls* [« Étude sur les poupées »] et *Jesus, the Christ, in the Light of Psychology* [« Jésus, le Christ, à la lumière de la psychologie »] en deux volumes.

Au moment précis où le contrat de Boas avec *Science* prenait fin, ce dernier reçut un message inattendu de l'universitaire plein d'assurance qu'il avait rencontré dans le train. Boas serait-il intéressé par un poste d'enseignant à la Clark University, un nouvel établissement que Hall était en train de mettre sur pied dans le Massachusetts ? Il serait le premier à être embauché expressément dans une université américaine pour enseigner une discipline encore mal définie appelée anthropologie[1]. Boas franchirait ainsi un pas de plus vers l'accomplissement de son rêve : porter un jour le titre de professeur. Il accepta sans hésiter, puis emménagea à l'automne 1889, avec sa famille, dans la banlieue de Worcester et, toujours gêné par sa maîtrise insuffisante de l'anglais, entreprit de rédiger son programme de cours[2].

La Clark University fut présentée aux nouveaux enseignants et aux futurs étudiants comme une avancée spectaculaire de l'enseignement scientifique. Son principal donateur, Jonas Gilman Clark, un quincailler prospère, avait espéré emboîter le pas à d'autres industriels qui mettaient leur fortune – et leur nom – au service d'établissements d'enseignement supérieur. Ezra Cornell, l'un des premiers hommes à avoir investi dans le système national de télégraphe, avait ainsi consacré les dernières années de sa vie à la création d'une université à Ithaca, dans l'État de New York, laquelle ouvrit ses portes en 1865. Cornelius Vanderbilt, affréteur et magnat des chemins de fer, fonda son propre établissement à Nashville, dans le Tennessee, en 1873. Le pétrolier John D. Rockefeller offrit la première dotation de ce qui deviendrait en 1890 l'université de Chicago, tandis que Leland Stanford, grossiste de la ruée vers l'or, en faisait autant un an plus tard sur un site de Palo Alto, en Californie.

La Clark University devait cependant présenter une particularité : elle n'assurerait que la préparation de diplômes de troisième cycle. Son objectif était d'associer un programme d'études avancées et la présence d'enseignants dont les tâches comprendraient moins de cours magistraux et de correction d'examens, et davantage de recherches originales dans leurs champs respectifs de spécialisation. Peu d'établissements, hormis la Johns Hopkins University de Baltimore, avaient réellement réussi à incarner ce nouvel idéal d'« université de recherche ». L'enseignement de troisième cycle était onéreux car les étudiants en doctorat jugeaient normal de bénéficier de bourses et de formations gratuites s'ils devaient consacrer leur existence à des disciplines purement académiques plutôt qu'au droit ou aux affaires, et les universités se livraient une âpre concurrence pour s'attacher le petit nombre d'enseignants de talent qui existaient. Les diplômés d'universités étrangères centrées sur la recherche – comme Boas – étaient particulièrement prisés, et la Clark University était décidée à utiliser ses ressources pour rassembler une nouvelle communauté vouée à l'avancement d'un savoir original. Quand Boas posa le pied sur le campus de cette dernière, avec ses deux vastes bâtiments entourés des couleurs flamboyantes de l'automne en Nouvelle-Angleterre, l'établissement semblait regorger de promesses. Sa dotation d'environ sept cent mille dollars la plaçait à égalité, financièrement parlant, avec Stanford, Cornell et Chicago[3].

Cette université était le projet personnel de Hall. En tant que président, il contrôlait tous les cours et toutes les nominations d'enseignants. Il ne fallut cependant pas longtemps à Boas pour constater que tout n'était pas aussi rose qu'il avait pu l'espérer. À son premier cours, début novembre, il ne trouva que huit étudiants dans sa classe, laquelle était si sombre qu'il arrivait à peine à lire ses propres notes[4]. Hall avait l'habitude de promettre beaucoup sans rien concrétiser ou presque. Les dépenses de la première année dépassèrent le montant de la dotation, et tout donnait à croire que Hall lui-même attirait les drames : il devint aphone après avoir contracté la diphtérie, puis perdit sa femme et leur enfant, qui moururent asphyxiés à la suite d'une fuite de gaz[5].

Le corps enseignant ne tarda pas à se révolter en silence. Chaque année, des administrateurs de l'université de Chicago venaient faire leur marché, repartant de Worcester avec des charretées de professeurs en costume de tweed à qui ils avaient garanti un salaire deux fois plus élevé. Boas renonça à se joindre à eux : il avait promis à Marie qu'ils ne bougeraient plus pour le moment, surtout depuis la naissance de leur fils, Ernst, au cours du froid mois de février 1891. « Je regrette seulement de n'avoir pas plus grande confiance dans l'université[6] », écrivit-il à ses parents.

Boas poursuivit la rédaction du matériel de recherche qu'il avait rapporté de Colombie-Britannique, fruit de nouveaux étés de collecte. Le seul avantage de la Clark University était de disposer d'un groupe de scientifiques de valeur – bien que perpétuellement insatisfaits –, lesquels représentaient un large éventail de disciplines. Ce travail au côté de chercheurs qualifiés, de gens que leur propre curiosité guidait vers la solution de certaines des plus grandes questions que posait la science, influença profondément Boas. Son premier étudiant de troisième cycle, A. F. Chamberlain, passa son diplôme en 1892, obtenant ainsi le premier doctorat d'anthropologie à être décerné dans tout le pays. Mais la tâche était ardue. Hall, qui avait longtemps fait figure de visionnaire, se transformait en administrateur revêche, occasionnellement vindicatif. Il dépendait entièrement de Clark, le fondateur de l'établissement, pour assurer son financement, et le donateur se révélait aussi imprévisible qu'intrusif.

Les étés en Colombie-Britannique étaient une période d'évasion pour Boas, mais lorsque venait l'automne il retrouvait le mélange d'intrigues et de travail acharné qui caractérisait sa vie à Worcester. En 1892, le mécontentement du corps professoral était sur toutes les lèvres dans les couloirs et au réfectoire. À la fin de l'année universitaire, les deux tiers des enseignants de la Clark démissionnèrent en masse – un événement que Hall qualifia d'« hégire[7] », reprenant le terme désignant la fuite de Mahomet à La Mecque. L'université ne se remit jamais entièrement de ce coup dévastateur. La plupart des professeurs rallièrent l'université de Chicago, destination habituelle de ceux qui ne supportaient plus les travers de Hall.

Boas ne tarda pas à prendre la même direction, sans continuer pour autant dans le milieu de l'enseignement. En novembre, il quitta la maison de Worcester et partit avec Marie et leurs deux enfants, Helene et le petit Ernst, pour Englewood, dans le South Side de Chicago[8]. De là, il pouvait facilement gagner les landes marécageuses en bordure du lac Michigan, un lieu qui grouillerait bientôt d'activité. La ville préparait en effet la plus grande exposition publique de science, de technologie et d'arts que le monde ait jamais vue. Récemment devenu citoyen américain[9], Boas brûlait de jouer lui-même un modeste rôle dans la présentation des merveilles de son pays d'adoption en travaillant dans un bâtiment dont la porte d'entrée serait surmontée du mot ANTHROPOLOGY – une première, même pour les États-Unis.

Boas avait rêvé de contribuer à la préparation de l'Exposition universelle de Chicago – officiellement baptisée World's Columbian Exposition –, qui devait ouvrir ses portes le 1er mai 1893. À l'image de sa nomination à la Clark University, il devait ce nouveau tournant dans sa carrière à l'entremise d'un des universitaires établis qu'il avait courtisés avec empressement tout au long de son bref séjour aux États-Unis – en l'occurrence le conservateur du Peabody Museum of Archaeology and Ethnology de Harvard, Frederic Ward Putnam.

Cet éminent archéologue, spécialiste des sites amérindiens, se rattachait à une lignée de scientifiques remontant à son mentor, le grand naturaliste de Harvard Louis Agassiz. À l'approche de l'exposition de Chicago, il avait audacieusement rédigé un projet détaillé de présentation d'« une collection des habitations des occupants des trois Amériques, depuis les sauvages primitifs jusqu'à nos jours », qu'il publia dans le *Chicago Tribune*[10]. Les organisateurs de l'exposition en prirent bonne note et allouèrent la généreuse somme de trois cent mille dollars pour l'aménagement d'un département d'ethnologie et d'archéologie, qu'on appela le Département M[11]. Putnam entreprit immédiatement d'embaucher des assistants pour constituer des collections, concevoir des galeries publiques et collecter la masse de matériaux originaux requise par le programme de l'exposition.

Cette exposition universelle commémorait le quatrième centenaire de l'expédition de Christophe Colomb vers le Nouveau Monde et donnait aux défenseurs de Chicago l'occasion de mettre en valeur la réhabilitation de la ville au lendemain de l'incendie dévastateur de 1871. Mais comme le savait Putnam, cette manifestation offrait aussi à l'anthropologie la rare possibilité de se présenter comme une discipline scientifique cohérente. La première revue à faire figurer ce mot dans son titre, l'*American Anthropologist*, n'avait été lancée qu'en 1888 par un cercle de spécialistes réunis autour de Powell à Washington. Son premier numéro contenait un méli-mélo de sujets : l'évolution de la main humaine, la nature de la mesure du temps dans la Grèce et la Rome antiques, la métallurgie chez les Indiens Algonquins ou encore les jeux d'enfants dans la capitale de la nation, jusqu'au texte du discours de Powell, « De l'état sauvage à la civilisation », qu'il avait prononcé deux ans plus tôt. Le projet de Putnam exigeait du Département M qu'il circonscrive cette discipline rétive et la présente, métaphoriquement, sous un seul toit. Il ferait découvrir au public des objets exhumés de tertres indiens par des archéologues, des vêtements et des objets rituels rapportés par des ethnologues, des chansons et des mélopées recueillies par des linguistes, et même des spécimens en chair et en os de représentants de communautés amérindiennes, qui créeraient des dioramas vivants destinés à instruire et à surprendre les visiteurs.

Putnam savait qu'il avait plusieurs concurrents. Otis Tufton Mason et d'autres conservateurs de Washington s'employaient déjà à empaqueter une partie des richesses de la Smithsonian Institution pour les expédier à Chicago. Le vieux Bureau of Ethnology disposerait de sa propre galerie à l'intérieur du pavillon des États-Unis, au cœur du terrain d'exposition, à proximité d'une autre attraction appelée le Midway Plaisance, où défileraient tous les peuples du monde, avec des danseurs, des acrobates et des traiteurs qui offriraient aux spectateurs les délices du monde entier. Le Département M devait présenter quelque chose de différent, une ambition qui pourrait expliquer que Putnam ait songé à faire appel à Boas pour une mission bien particulière : monter une exposition consacrée au domaine précis où l'anthropologie se rapprochait le plus d'une véritable science, une discipline de chiffres, de précision et de mesures méticuleuses, celles, notamment, des proportions diverses du corps humain. Ce champ d'étude bien particulier portait le nom d'anthropométrie.

Depuis la fin du XVIIIe siècle, les spécialistes d'histoire naturelle avaient répertorié les différences humaines en constituant des collections ad hoc de crânes humains et de squelettes entiers. Boas lui-même s'y était employé en Colombie-Britannique, emportant des ossements ramassés sur les sites funéraires saccagés qu'il avait découverts sur l'île de Vancouver. Mais pourquoi mesurer des êtres humains vivants ? Dans les années 1890, la réponse coulait de source et se rattachait directement à la vision évolutionniste du développement social défendue par Morgan, Powell et d'autres.

De même que les individus se transforment physiquement depuis l'enfance – devenant plus grands, avec des os plus solides et des têtes plus grosses avant de se rabougrir lorsque leurs os se font plus fragiles et que la vieillesse voûte leur colonne vertébrale –, la société humaine, pensait-on, présentait certainement, elle aussi, les marques d'une transformation physique suivant un modèle général. Les humains avaient, à l'évidence, évolué depuis des versions antérieures d'eux-mêmes, et il suffisait probablement d'observer les sociétés sauvages et barbares de la planète pour pouvoir se faire une idée de l'aspect que présentait l'homme civilisé à une étape antérieure de son développement. De plus, certaines caractéristiques physiques étaient manifestement regroupées en fonction de la géographie. Les gens au teint foncé, par exemple, vivaient dans certaines régions ; ceux qui avaient la peau plus claire vivaient ailleurs. La science exigeait que l'on renonce aux observations superficielles pour prendre la peine de consigner méticuleusement les caractéristiques physiques mesurables, de la forme de la tête à la taille, au poids et à la longueur du fémur, dans le but de classer les humains en fonction des traits corporels qui les distinguaient.

Les pieds à coulisse et les mètres-rubans étaient aussi faciles à utiliser sur des êtres vivants que sur des os exhumés de tombes anciennes. En Europe, des chercheurs montraient déjà la voie. En Grande-Bretagne, Francis Galton, un cousin de Charles Darwin figurant parmi les pionniers des méthodes statistiques modernes, dressa une carte des îles Britanniques fondée sur ce qu'il estimait être la beauté objective, calculable de ses habitants. Paul Broca, professeur de chirurgie et fondateur de la Société d'anthropologie de Paris, rassemblait les cerveaux d'animaux sauvages ainsi que d'éminents êtres humains pour comparer leurs dimensions et expliquer la différences de leurs facultés mentales. Tout rassemblement d'anthropologues était le théâtre d'échanges animés concernant les dernières découvertes, présentées sous forme d'indices, de moyennes et de vocables grecs. On rencontrait, disait-on, des individus dolichocéphales, aux têtes relativement longues, parmi de nombreuses peuplades d'Afrique et du bassin méditerranéen. Les brachycéphales, à tête courte, étaient quant à eux essentiellement situés en Asie centrale. Et les mésaticéphales, à tête moyenne, étaient dispersés dans toute l'Europe ainsi qu'en Amérique du Nord et du Sud. La quantification exerçait un attrait irrésistible ; c'était la voie la plus sûre pour faire accéder la plus jeune des sciences humaines à la respectabilité.

Tout cela ne se limitait cependant pas à une simple collecte descriptive de données. La théorie générale qui sous-tendait l'anthropométrie était la conviction que les différences physiques pouvaient contribuer à éclairer d'autres questions d'actualité, de la santé publique à l'intelligence. À peine quelques décennies plus tôt, l'anatomiste suédois Anders Retzius avait établi une nouvelle mesure appelée indice céphalique : la largeur maximale du crâne divisée par sa longueur maximale, le résultat étant ensuite multiplié par cent. Les données obtenues grâce à la méthode de calcul de Retzius suscitèrent le plus vif intérêt parmi les adeptes de l'anthropométrie. Moyennant un minimum d'arithmétique, un chercheur obtenait un chiffre dont il pouvait se servir pour comparer la tête d'un individu à celle d'un autre. Mais le véritable intérêt de cette méthode était de permettre la comparaison d'indices moyens au sein de populations entières. En calculant les chiffres moyens d'un vaste échantillon d'individus et en reportant ces données sur une carte, on pouvait obtenir une image de l'évolution et des migrations des humains au fil du temps, et mieux comprendre comment ils s'étaient différenciés d'un type antérieur puis divisés pour produire toutes les variétés d'humains existant aujourd'hui sur la planète. On pouvait ainsi jeter un regard rétrospectif à travers les époques et cartographier des différences humaines essentielles de la même manière qu'on tracerait les frontières d'empires et de royaumes disparus, ou qu'on indiquerait les gradients de température invisibles allant des déserts aux cimes montagneuses – les types primitifs de la nature révélés dans le groupement d'humains contemporains en fonction de la forme de leur tête et de leur capacité crânienne.

Et puisque la tête abritait le cerveau, il n'était pas impossible que l'indice céphalique et les autres caractéristiques crâniennes livrent des clés pour mieux comprendre le comportement humain. Quelques années avant le départ de Boas pour Chicago, un employé de bureau de la police parisienne, Alphonse Bertillon, avait prôné l'utilisation systématique de la photographie pour étudier les criminels. Il conseillait d'équiper les commissariats d'appareils photographiques et de former les policiers à la collecte de données visuelles concernant les suspects qu'ils arrêtaient. Bertillon recommandait de photographier ces derniers sous deux poses, l'une de face, l'autre de profil. L'objectif n'était pas de rendre l'identification plus aisée, car le suspect était, après tout, déjà appréhendé. L'idée de Bertillon était plutôt de produire une image utile à des fins de recherche, dans l'idée d'établir une corrélation entre certaines caractéristiques faciales et la physionomie de criminels connus – de la forme du front et du menton au volume du crâne. Il serait alors plus facile de déterminer non seulement qui *était* un criminel, mais aussi qui *risquait de le devenir* un jour. La prédisposition au crime était peut-être fréquente au sein de certaines familles, ou chez des types particuliers d'humains ; peut-être était-elle visible, pour qui savait ce qu'il fallait chercher, dans la forme de l'arcade sourcilière ou de la mâchoire. Le système qui donna naissance aux fameuses photographies d'identité judiciaire était de l'anthropométrie appliquée : toute une théorie de normalité et de déviance humaines synthétisée dans une pose photographique qui pourrait ensuite être mise en relation avec un unique chiffre, l'indice céphalique.

Pour Putnam et la plupart des scientifiques de l'époque, psychologie, ethnologie et anthropométrie avaient toutes le même but : utiliser l'observation systématique des traits apparents d'individus pour parvenir à des conclusions sur les différences évidentes à travers les groupes sociaux. Boas était l'homme de la situation et serait chargé de prendre la tête des efforts du Département M pour relier ces domaines d'étude. Il avait suivi une formation en mathématiques et en statistiques dans le cadre de ses études doctorales en Allemagne, une rareté parmi les géographes et les explorateurs amateurs qui composaient le gros de la modeste communauté d'ethnologues d'Amérique. Il avait déjà acquis une grande expérience sur le terrain dans des lieux divers, de l'île de Baffin à la Colombie-Britannique. Il avait la bénédiction de Hall, l'un des fondateurs de la psychologie américaine, et au cours de son passage à la Clark University il s'était plusieurs fois essayé à la pratique de l'anthropométrie. En 1891, il avait élaboré un ambitieux projet pour mesurer les enfants des écoles publiques de Worcester, un programme de recherche soutenu par la commission scolaire qui y voyait un moyen d'étudier la croissance, la nutrition et le développement mental. Mais un journal local avait jeté l'anathème sur cette entreprise. L'idée qu'un Allemand au fort accent, « dont le cuir chevelu était couturé de coups de sabre et qui avait des balafres sur l'œil, sur le nez et sur une joue », puisse demander à des enfants « de se faire palper l'anatomie » dépassait le seuil de tolérance des parents du Massachusetts[12].

La controverse déclenchée par ce programme – et la faiblesse du soutien public que lui accorda Hall – avait été un des motifs de l'impatience de Boas à quitter l'université en difficulté. Mais cette première recherche lui valut les qualifications qui retinrent par la suite l'attention de Putnam. Désormais, tous les matins il laissait Marie et les enfants à Englewood et se laissait guider par le bruit des marteaux et des scies vers la rive du lac.

Au moment où Boas se présenta sur le terrain de l'exposition, les travaux avaient déjà pris du retard. Le bâtiment qui devait abriter les objets d'exposition de Putnam avait à peine dépassé le stade du projet. Il fallait encore constituer les collections, sans parler de les présenter au public. En plus de la conception du laboratoire d'anthropométrie, Boas participa à la préparation des autres expositions d'ethnologie. Il assura la coordination d'une équipe de plus de soixante-dix travailleurs de terrain, chacun étant chargé de collecter des artéfacts parmi les tribus de la côte Nord-Ouest[13]. Il mobilisa les relations qu'il s'était faites depuis son premier séjour en Colombie-Britannique et, par l'intermédiaire d'une série d'agents locaux, se mit en quête d'objets de cérémonie, de masques, de canoës, de mâts totémiques et d'autres articles à expédier à Chicago. Plusieurs assistants adressèrent des requêtes similaires à leurs agents du Mexique et d'Amérique du Sud, afin de remplir la grande salle sur deux niveaux dont Putnam avait entrepris la construction.

L'inauguration de l'exposition le 1er mai fut un événement sensationnel. Une « grande ville blanche », dessinée par l'architecte paysagiste Frederick Law Olmsted, s'étendait sur quelque deux cent quatre-vingts hectares le long de l'ancienne berge marécageuse. Plus de deux cents pavillons temporaires, illuminés par un éclairage électrique, illustraient la marche de la science et de la technologie dans tous les domaines imaginables. Le monstrueux palais des Manufactures et Arts libéraux, une construction de bois qui couvrait plus de douze hectares, habillée de faux marbre et ornée de colonnes corinthiennes, était alors le plus vaste espace couvert de la planète[14]. Le Midway Plaisance faisait découvrir les mœurs hétéroclites des peuples du monde, d'un camp de Bédouins à un café viennois, la plupart de ces présentations n'étant guère qu'un prétexte pour vendre des marchandises et offrir des divertissements bon marché. Tout un bâtiment était consacré à la vie et aux progrès des femmes, alors que d'autres décrivaient les avancées de l'agriculture, de l'électrification et des arts plastiques. Un nouveau dispositif d'attache appelé fermeture Éclair fit ses débuts pendant les six mois d'ouverture de l'exposition, en même temps qu'une gomme à mâcher désignée sous le nom de Juicy Fruit, une grande roue présentée par un certain M. Ferris, une bière primée offerte par la famille Pabst et un aliment de petit-déjeuner portant le nom un peu déconcertant de Cream of Wheat, « crème de blé ».

Depuis le palais de l'agriculture, les visiteurs franchissaient un pont au-dessus du South Pond et empruntaient une voie ferrée surélevée qui les transportait jusqu'au secteur ethnologique. Une réplique des ruines mayas de la péninsule du Yucatán se dressait à côté des wigwams en écorce de bouleau des Indiens Pentagouets, auxquels succédaient six mâts totémiques sculptés, dont l'un représentait un ours haut comme un bâtiment de deux étages qui bondissait sur les spectateurs. Deux « longues maisons » grandeur réelle étaient habitées par dix-sept Kwakiutls, dont deux enfants, conduits à Chicago par les agents de terrain de Boas[15]. Juste à côté de l'immense réplique d'une ancienne cité à flanc de falaise du Sud-Ouest américain se trouvait le pavillon d'anthropologie lui-même, qui ouvrit finalement ses portes aux visiteurs juste à temps pour la fête nationale du 4 juillet.

C'était comme si une exposition scientifique pour des lycéens à l'échelle planétaire était entrée en collision à pleine vitesse avec un spectacle de cirque. Le bâtiment était bourré du sol au plafond d'objets amassés par les assistants de Putnam, regroupés théoriquement par pays ou par peuple – exactement comme Boas avait exhorté la Smithsonian Institution à le faire quelques années auparavant. Les deux niveaux du bâtiment offraient aux visiteurs un parcours à travers l'histoire de l'évolution humaine. Ils mettaient l'accent sur l'immense diversité des pratiques, des costumes et des croyances du monde, avant de proposer des expositions plus contemporaines sur l'hygiène, les œuvres de bienfaisance et les prisons – rappelant ainsi que la science de l'humanité se proposait également d'améliorer la propreté, la civilité et la sécurité des êtres humains à titre individuel[16]. Des nattes de jonc étaient empilées à côté de paniers en écorce de bouleau et de bouts de ficelle. Des bijoux de cheville partageaient des vitrines avec des tambourins en peau, des pagnes en cheveux humains et des amulettes en dents de singe. Des mannequins portant des vêtements tissés à la main se tenaient à côté d'un modèle réduit de village haïda devant une toile peinte représentant des pins enveloppés de brume. Un parc de statues grecques débouchait sur des expositions de filets de pêche, de paniers en osier et de tuniques en peau de daim, accompagnés de milliers et de milliers d'affiches imprimées, d'étiquettes, de diagrammes et de cartes, dont beaucoup corrigés de la main même de Boas.

Les huit salles abritant la section d'anthropométrie de ce dernier ouvraient sur la galerie nord du pavillon d'Anthropologie. Ces pièces étaient dédiées à trois principaux domaines d'étude : une exposition sur les caractéristiques physiques des Indiens d'Amérique et des

« sang-mêlé », des documents sur la croissance et le développement des enfants, et un laboratoire de travail censé effectuer des recherches en temps réel – prenant même les visiteurs pour sujets – dans les domaines de la psychologie, de la neurologie et de la craniologie, soit l'étude de la forme des têtes humaines. On n'avait encore jamais rien créé de tel : une vaste expérience de science publique conçue à la fois comme une exposition et un centre de recherche. Les visiteurs pouvaient contempler les squelettes complets d'un gorille, d'un Australien, d'un Hottentot, de deux Péruviens et d'un Européen, auxquels s'ajoutait un crâne retrouvé à Athènes dont on disait qu'il était celui de Sophocle[17]. Ils pouvaient également faire relever leurs mensurations physiques sur place avec certains des instruments les plus modernes d'acquisition et de traitement des données humaines : des pieds à coulisse pour mesurer la longueur, des goniomètres pour déterminer les angles faciaux, des comptomètres mécaniques utilisés pour additionner de grands nombres, un instrument appelé le tachycraniographe de Zambelli pour dessiner des coupes transversales du crâne et même, comme l'écrivit Boas dans une notice intégrée au programme officiel de l'exposition, « la Clé à tête verticale de la Cambridge Scientific Company… un grand instrument destiné à mesurer avec précision la hauteur du vertex au-dessus d'un plan passant à travers le bord inférieur de l'orbite et l'entrée de l'oreille[18] ». Une série de diagrammes et d'affiches illustraient les dernières découvertes dans le domaine de l'anthropométrie.

Néanmoins, les conclusions de toutes ces quantifications et de tous ces calculs furent probablement déroutantes pour ceux qui s'aventurèrent dans les huit salles réservées à Boas au sein de l'exposition de Chicago. Si la science cherchait à établir des certitudes, on en rencontrait apparemment bien peu ici. Les mesures prises sur des mulâtres nord-américains révélaient qu'ils avaient approximativement la même taille que les Blancs. Une exposition d'empreintes digitales d'Indiens d'Amérique du Nord informait les visiteurs qu'elles étaient propres à chaque individu, et qu'il était impossible de distinguer des dessins communs au sein d'un groupe humain donné. La répartition par stature des habitants de Paris présentait une grande diversité, comme celle d'anciens combattants de la guerre de Sécession (bien qu'on ait pu établir que ceux qui étaient originaires d'États de l'Ouest étaient généralement plus grands que ceux de l'Est.) Une tentative de présentation des différentes tailles que l'on rencontrait chez les Italiens ne permettait d'établir aucun modèle évident se retrouvant d'un bout à l'autre de l'Italie. Les formes de tête des Tyroliens et des Bavarois apparaissaient comme extrêmement variables – davantage, en fait, que celles des nombreux Américains blancs, d'origines diverses, qui avaient été examinés[19]. Les peuples de la « vieille Europe » se révélaient, étonnamment peut-être, plus disparates physiquement que la population des États-Unis, laquelle constituait pourtant, de l'aveu même des intéressés, une nation d'immigrés.

Boas s'était pris d'aversion pour les théories qui n'étaient pas étayées par des preuves, et s'il avait le choix entre présenter des données et en tirer des conclusions générales, il avait tendance à préférer la première activité. C'était ce qui avait provoqué sa polémique initiale avec Mason et Powell, et ce fut aussi ce qui guida la création de son laboratoire de Chicago. Il avait publié dès 1889 un bref article sur les erreurs monumentales que pouvaient commettre les chercheurs[20]. Ce texte portait sur ce que Boas appelait la « cécité sonore », c'est-à-dire l'incapacité des auditeurs à percevoir des différences dans la prononciation de certains mots, un peu comme les daltoniens ont du mal à distinguer certaines différences de couleur. L'idée dominante parmi les spécialistes était que les sociétés présentaient une propension plus ou moins grande à la cécité sonore, fondée en grande partie sur leur niveau de développement. Les langues des peuples primitifs tendaient à admettre un large degré de variation verbale, avec des prononciations qui restaient fluctuantes et indéterminées. Les peuples plus avancés avaient tendance à figer leur prononciation, notamment en raison de l'apparition de l'écriture et de règles d'orthographe. Ils pouvaient percevoir – et corriger – immédiatement les fautes de prononciation de leurs compatriotes, ce dont Boas lui-même avait fait l'expérience dans ses efforts pour s'exprimer en anglais.

Mais Boas estimait que cette vision du langage ne reposait pas seulement sur de mauvaises données, mais aussi sur une mauvaise théorie. Au cours de ses voyages parmi les Inuits et les Kwakiutls, il n'avait pas relevé chez ces peuples une plus grande propension à moduler leur prononciation que chez les ethnologues qui les observaient. Si cécité sonore il y avait, elle semblait plus fréquemment affliger les observateurs eux-mêmes. Boas compara les vocabulaires de langues autochtones compilés par des explorateurs européens et américains et remarqua qu'un même chercheur consignait tous ces mots étrangers sans aucune constance orthographique. Se repenchant sur ses propres carnets, Boas constata qu'il s'était rendu coupable, lui aussi, de la même négligence.

Les chercheurs ne voyaient pas le monde selon sa réalité objective mais, commençait-il à comprendre, en fonction du système de discours qu'ils connaissaient le mieux : les sons produits par leurs propres langue, dents, gosier et nez au cours de la conversation quotidienne dans leur propre idiome. « On constate que les vocabulaires des collecteurs, bien qu'ils puissent employer des signes diacritiques ou des alphabets spéciaux, portent la marque de la phonétique de leur propre langue[21] », écrivit Boas. « Cela peut s'expliquer par le fait que chacun appréhende les sons inconnus à travers ceux de sa propre langue. » La conclusion qui s'imposait était que la cécité sonore ne se limitait pas aux peuples dits primitifs. C'était une caractéristique générale de la compréhension humaine du monde, ou de l'« aperception », comme disait Boas : la tendance universelle à interpréter des expériences nouvelles à la lumière de celles qui nous sont les plus familières.

Ce qui passait pour des données scientifiques – les observations précises que les chercheurs consignaient dans leurs notes de terrain – dépendait de la vision du monde, des ensembles de compétences et des catégories préexistantes propres aux chercheurs eux-mêmes. Toute science est provisoire, commençait à se dire Boas. Les théories n'étaient ni exactes ni fausses. Mieux valait les juger en fonction de leur capacité ou de leur incapacité à coïncider avec les données observables. Quand l'observation se heurtait aux murs d'une théorie existante, c'était la théorie qu'il fallait modifier. La première démarche consistait à obtenir des données solides avant de laisser la théorie en découler, ce qui était précisément le but de tous les tableaux et graphiques déroutants de son laboratoire d'anthropométrie de Chicago.

Le pavillon d'Anthropologie étant situé à la lisière du terrain d'exposition, il risquait « de passer inaperçu du visiteur ordinaire[22] », avertissait un guide. Malgré l'importance du budget initial, les dépenses réelles de Putnam avaient à peine dépassé quatre-vingt-trois mille dollars, soit moins de 0,25 % du coût total de l'exposition, et cette mise de fonds relativement modeste se refléta dans les chiffres de fréquentation. Plus de vingt-cinq millions de visiteurs franchirent les portes d'entrée de l'exposition de Chicago, mais à la grande déception de Putnam peu d'entre eux poussèrent jusqu'au pavillon d'Anthropologie. Les gens étaient manifestement plus captivés par le pavillon voisin de la Laiterie, avec ses vaches et ses fromages, ou par la Maison des métiers du cuir et de la chaussure, qui servait de décor incongru aux danseurs kwakiutls[23]. La collection ethnologique concurrente organisée par la Smithsonian Institution détourna également l'attention du travail de l'équipe de Putnam, tout comme les tipis du Wild West Show de Buffalo Bill, situé juste à l'extérieur du terrain de l'exposition officielle. Même un « congrès d'anthropologie » organisé à la hâte n'attira les professeurs qu'au compte-gouttes[24].

L'exposition de Chicago avait donné à Boas l'occasion de participer à la conception d'un espace de musée répondant aux principes qu'il avait exposés quelques années auparavant lors de son débat avec Mason et Powell, c'est-à-dire présentant au grand public des données brutes et les résultats les plus récents des recherches sur le terrain, et non des théories préconçues. Mais ce fut globalement un fiasco. Le directeur de l'exposition, Harlow N. Higginbotham, ne prit même pas la peine d'aller visiter le quartier ethnologique[25]. Les Kwakiutls n'attirèrent qu'un nombre modeste de spectateurs, et ceux qui se hasardèrent jusque-là furent parfois scandalisés par ce qu'ils virent. Quand les Indiens simulèrent une effusion de sang pendant un rituel connu sous le nom de « Danse du Cannibale », un visiteur interrompit le spectacle en hurlant : « Arrêtez ! Arrêtez ! C'est un pays chrétien[26] ! »

« Scientifiquement parlant, l'été a été extrêmement infructueux », écrivit Boas à ses parents alors que l'exposition touchait à sa fin. Il se jura de « ne plus jamais jouer à l'imprésario de cirque[27] ».

Il ne pouvait s'empêcher de penser que tout cela avait été un gâchis et un chaos lamentables, pour lui-même et pour Chicago. De fait, une épidémie de variole se répandit à travers la ville, suivie par la grippe. Le maire Carter Harrison, un homme populaire, tomba sous les balles d'un assassin juste avant les cérémonies de clôture de l'exposition, et un incendie provoqué par des ouvriers au chômage détruirait plus tard l'essentiel des bâtiments. La maison que Boas avait louée à Englewood se révéla n'être qu'à quelques rues de la pension de famille de H. H. Holmes, un tueur en série qui, relata la presse, avait équipé ses chambres d'une tuyauterie spéciale pour asphyxier ses locataires inconscients. Une autre tragédie frappa Boas plus directement : en mars 1883, au moment où il se débattait pour ouvrir son laboratoire d'anthropométrie, Marie avait donné le jour à une deuxième petite fille, Hedwig, qui mourut peu après la clôture de l'exposition[28].

Boas fut alors embauché temporairement pour participer au transfert des documents anthropologiques vers un emplacement plus permanent, le site qui deviendrait plus tard le Field Museum de Chicago. Mais le personnel embauché en grand nombre pour l'exposition étant devenu superflu, on se passa rapidement de ses services – une décision qu'il n'apprit qu'indirectement. Il s'agissait, écrivit-il furieux à ses supérieurs, d'« une insulte ultime[29] ». Surqualifié, et sans autre explication à son infortune que l'absence de poste pour lequel on pût le considérer comme le plus compétent, il se retrouvait une fois encore sans emploi.

Son caractère le desservait également. Irascible, obstiné, impatient et peu enclin au compromis, il s'était mis à dos un certain nombre de ses collègues plus haut placés. Il s'était fait une habitude de quitter un poste après l'autre, convaincu d'avoir été traité injustement – et éveillant chez ses anciens collaborateurs le sentiment croissant qu'après tout son départ ne serait pas une grande perte. Il ne restait à Boas d'autre solution que de retourner à New York et de gagner sa vie comme il pouvait au gré de ses contrats avec des musées, tout en faisant inlassablement la tournée des administrations universitaires. Il continuait à collecter des objets sous le manteau, rapportant des masques et d'autres artéfacts de ses expéditions sur la côte Nord-Ouest. Afin de seconder la Smithsonian Institution qui montait une nouvelle exposition, il posa pour une série de photographies – sans crainte du ridicule, en complet de laine et même en sous-vêtements – destinées à illustrer la danse rituelle caractéristique d'une société secrète kwakiutl, qu'il avait probablement vue pour la première fois à l'exposition de Chicago[30]. Quand l'exposition ouvrit ses portes en 1895, probablement peu de visiteurs devinèrent qu'ils ne voyaient pas une démonstration tirée de la vie réelle, mais plutôt le modèle d'un modèle, inspiré des cabrioles d'un anthropologue en caleçon long. « À quoi bon savoir que je compte parmi les meilleurs dans mon domaine ici en Amérique », écrivit-il à Marie depuis une autre expédition dans l'Ouest, « si je ne peux pas employer mes compétences mais suis contraint de travailler à gauche et à droite pour assurer notre subsistance[31] ? »

L'expérience de Chicago présenta cependant plusieurs avantages. Boas avait eu la possibilité de montrer le travail qu'il avait effectué parmi plusieurs peuples de la côte Nord-Ouest. Il avait acquis une expérience d'encadrement au sein d'une vaste entreprise scientifique centrée sur un domaine de recherche de pointe : les mesures physiques de types anthropologiques et la classification des différences morphologiques de la tête, du nez et d'autres traits de groupes humains distincts. Ces compétences – ainsi que ses relations avec Putnam – finiraient par être payantes. Ce dernier avait été engagé comme conservateur de l'American Museum of Natural History de New York, une institution moribonde à laquelle Morris K. Jesup, un banquier et magnat des chemins de fer qui avait utilisé ses succès financiers à des fins philanthropiques, avait récemment insufflé une vie nouvelle. Boas fut invité à participer à cette nouvelle aventure en 1896. Quittant Chicago, il s'installa avec sa famille dans une maison de ville mitoyenne de deux étages sur la 82e Rue Ouest, non loin du très reconnaissable bâtiment rosâtre du musée, situé à la lisière de Central Park[32].

Fondé en 1869, l'American Museum of Natural History était initialement une accumulation de bric et de broc constituée à partir des collections privées d'aristocrates, de naturalistes et de taxidermistes européens, entassées à l'intérieur d'un vieil arsenal de Central Park[33]. Le 20 juin 1874, le président Ulysses S. Grant posa la première pierre d'un nouveau bâtiment sur le terrain vague poussiéreux et sans arbres situé au nord de la 77e Rue Ouest[34]. Trois ans plus tard, le bâtiment néo-roman de granite et de grès rose qui s'étendait depuis le parc jusqu'à Columbus Avenue ouvrit enfin ses portes aux visiteurs. Il faudrait attendre les années 1930 pour que l'édifice soit réorienté et doté d'une entrée à colonnade plus grandiose donnant sur Central Park West, gardée par une statue équestre de Theodore Roosevelt. Toutefois, dès l'époque de l'arrivée de Boas, l'ajout de plusieurs constructions au site originel de sept hectares en avait déjà fait l'un des plus grands ensembles architecturaux au monde consacrés à un musée[35].

La nomination de Putnam au poste de conservateur d'anthropologie assurait que le travail serait fait correctement et qu'une partie de l'énergie qu'il avait mobilisée pour l'exposition de Chicago serait désormais employée à la création d'une nouvelle collection permanente à New York. Sous sa direction, Boas se mit au travail et rassembla des matériaux pour une nouvelle salle consacrée aux peuples de la côte Nord-Ouest, entreprise dans laquelle ses expéditions et ses contacts sur le terrain se révélèrent cruciaux. Un canoë peint d'une vingtaine de mètres de long, équipé de mannequins représentant des rameurs et un chamane masqué, dominait l'exposition. Avec l'appui de Jesup, le président du musée, Boas participa à la constitution d'une équipe de chercheurs chargés d'entreprendre d'importantes expéditions dans le Pacifique Nord, afin d'étudier les relations entre les peuples indigènes d'Asie et des Amériques. Un autre programme était consacré à la collecte de documents sur les groupes tribaux en voie de disparition de l'Ouest américain. Ces deux projets assureraient l'accroissement des collections du musée et produiraient une montagne de rapports et de publications. Les minuscules pattes de mouche de Boas serpentaient à travers une ribambelle de volumes de catalogues d'acquisitions, avec ses annotations méticuleuses sur la provenance des paniers, des bateaux, des totems et des ossements.

La famille Boas s'agrandissait, elle aussi. Une petite fille, Gertrude, vint au monde au printemps qui suivit le déménagement de Franz et Marie. Un autre garçon, Henry, naquit deux ans plus tard. Une troisième fille, Marie Franzisca, vit le jour début 1902, élevant la fratrie au nombre de cinq. Le retour à New York marqua aussi un changement que Boas était loin d'imaginer au cours du lugubre hiver qui suivit la clôture de l'exposition de Chicago : il obtint un poste universitaire et le titre de professeur dans un établissement solide et ambitieux. Au début de l'année 1897, il fut en effet nommé professeur titulaire à la Columbia University. Il avait certes dû attendre la quarantaine, mais avait fini par atteindre le but qu'il s'était fixé quand il avait embarqué pour la première fois sur le *Germania* à destination de l'île de Baffin. Il soupçonnait, sans en avoir vraiment confirmation, qu'il ne devait ce succès qu'à une nouvelle mobilisation de ses relations familiales. L'oncle Jacobi était de fait intervenu secrètement auprès de l'administration et avait proposé de garantir son salaire[36]. Il ne s'agissait cependant que d'un emploi à temps partiel, auquel il associerait la poursuite de son travail au musée et de ses responsabilités dans la constitution de collections, le catalogage et l'organisation d'expositions.

Fondée sous le nom de King's College en 1754, la Columbia University avait adopté son appellation plus patriotique à la suite de la révolution américaine. Sous la tutelle d'un président dynamique, le politicien de Brooklyn et républicain progressiste Seth Low, elle s'était requalifiée en université, offrant des diplômes de troisième cycle et un programme entièrement révisé mettant notamment l'accent sur les sciences sociales. L'année même où Boas rejoignit la faculté de philosophie comme professeur d'anthropologie, Low avait orchestré le déménagement de l'établissement depuis le centre-ville vers de nouveaux locaux situés au nord de Manhattan, à une dizaine de rues du Museum of Natural History. Boas pouvait ainsi partager son temps entre les deux institutions – le métro aérien de la 9e Avenue, qui flanquait la façade ouest du musée, le conduisait tout droit jusqu'au campus en plein développement de Morningside Heights.

Occupant dès lors une position plus sûre que jamais, il se plongea dans ses tâches universitaires. Au printemps 1899, il supervisa le lancement d'une nouvelle série de l'ancien *American Anthropologist* de Powell, avec un comité de rédaction renouvelé et l'ambition de transformer la publication maison de la petite Anthropological Society de Washington en une revue d'envergure nationale. Boas exhorta ses propres collègues à rédiger des contributions pour ce périodique et, sa réputation à la Columbia University se consolidant, il put compter sur les travaux d'un petit cercle d'étudiants de troisième cycle pour remplir les pages de sa revue de rapports de recherche sur le terrain et de nouvelles découvertes. L'année suivante, il apprit qu'il avait été élu à la National Academy of Sciences, un honneur insigne. Avec l'ascension d'une nouvelle génération de chercheurs attachés au Museum of Natural History, et grâce au soutien pratique et au financement du président Jesup, le centre de gravité de la recherche anthropologique se déplaçait peu à peu de Washington en direction de New York. L'estimable John Wesley Powell était resté directeur du Bureau of Ethnology depuis que Boas était arrivé aux États-Unis, mais sa mort en 1902 symbolisa la disparition de cette première cohorte d'explorateurs. L'avenir semblait appartenir aux membres de la génération de Boas. L'année du décès du major, celui-ci participa à la renaissance d'une ancienne société savante que l'on rebaptisa l'American Anthropological Association, première institution nationale à porter ce nom. L'*American Anthropologist* devint sa publication officielle.

Boas participa au premier numéro de cette revue remaniée en publiant une critique des convictions qui définissaient, selon lui, ses prédécesseurs dans cette discipline. Personne ne devrait avancer de théories générales sur la différence humaine, affirmait-il, tant que l'on n'aurait pas rassemblé davantage de données. Il défendait cependant l'idée que les mesures morphologiques – du calcul de l'indice céphalique au relevé des différences de taille et de forme du nez – pourraient déboucher un jour sur une définition claire des types naturels de l'humanité. « Ces faits constituent des arguments très puissants en faveur de l'hypothèse d'une grande permanence de types humains », écrivait Boas. « Il est nécessaire que l'analyse des répartitions de mesures soit poussée bien plus loin qu'elle ne l'a été jusqu'à présent ; on s'y emploie et je pense que nous obtiendrons un moyen de déterminer avec une remarquable précision les liens de parenté entre les variétés géographiques de l'être humain[37]. »

Il existait cependant des limites à tout cela, estimait Boas. L'anthropologie exigeait que l'on aborde les problèmes sous plusieurs angles, chacun doté de ses propres données, théories et explications. Les différences physiques recensées par l'anthropométrie pouvaient apporter de précieuses indications sur le brassage de différentes populations humaines au fil du temps. Les ethnologues pouvaient révéler comment rituels, chansons et mythes se déplaçaient à travers l'espace. Les linguistes pouvaient comprendre comment les langues se répandaient et se modifiaient. Chacun pouvait décrire un « type » unique de communauté humaine, mais aucun n'était suffisant en soi pour rendre compte de l'ampleur des différences que l'on relevait à travers le monde. Cette observation était particulièrement pertinente s'agissant d'un mot autour duquel Boas avait gravité de bien des façons depuis sa première expédition à bord du *Germania* près de deux décennies plus tôt : la *culture*.

Dans un article de *Science* publié au moment précis où il rejoignit le Museum of Natural History, Boas avait fait des va-et-vient entre le singulier et le pluriel dans l'utilisation de ce terme. Tantôt il l'appliquait à l'intégralité de la pensée et de la pratique humaines universelles ; tantôt il semblait désigner par là une façon d'être et de faire spécifique à un village ou à une région donnés. L'anthropologie en général, écrivait-il, « ne deviendra féconde que lorsque nous aurons renoncé à la vaine tentative de concevoir une histoire systématique uniforme de l'évolution de la culture[38] ». La découverte d'« idées universelles » animant l'intégralité des sociétés humaines n'était qu'un point de départ. L'étape suivante consistait à « répondre à deux questions les concernant : Primo, quelle est leur origine ? Secundo, comment s'affirment-elles dans différentes cultures[39] ? ». Les êtres humains organisaient peut-être leurs univers sociaux sur un modèle commun à travers le temps et l'espace ; peut-être existait-il des lois universelles gouvernant le comportement social. Pourtant, ses propres études tant comme ethnologue que comme spécialiste d'anthropométrie lui avaient fait comprendre que ces lois – si elles existaient – semblaient s'exprimer de manières diverses. La *culture* commune de l'humanité ne pouvait être abordée qu'à travers les *cultures* que nous pouvons observer concrètement.

Le pluriel faisait toute la différence. Au cours de la décennie suivante, Boas en viendrait à affirmer l'exact opposé de ce qu'il avait avancé dans l'*American Anthropologist*, à savoir que chaque individu est l'expression d'un des types biologiques immuables entre lesquels l'humanité se répartit naturellement. Au contraire, soutiendrait-il, la prépondérance de la preuve confirme la nature plurielle, fluide et infiniment adaptable tant des corps humains que des sociétés qu'ils constituent. Ce serait là l'un des grands revirements de l'histoire de la science, et il découlait en grande partie de la méthode fondamentale de Boas : raisonner par induction et suivre les données. Ce qui le conduisit sur une voie de collision directe avec la plus sacro-sainte interprétation de soi telle qu'on l'appréhendait dans son pays d'adoption, une obsession culturelle que les Européens et les Américains avaient appris à appeler « race ».

5

CHASSEURS DE TÊTES

Comme tous les anthropologues de son temps, Boas considérait comme un fait établi que les êtres humains se rangeaient naturellement en différentes catégories. L'un des objectifs de cette discipline était de nommer et de comprendre ces composantes de la société humaine. La couleur, la forme, la dimension et la texture des parties corporelles externes étaient censées livrer les données brutes sur lesquelles reposaient ces classifications. Le laboratoire de Boas à la Clark University et son exposition d'anthropométrie à Chicago avaient eu pour fonction de rassembler suffisamment d'informations pour permettre d'être raisonnablement sûr que les types entre lesquels on répartissait les corps humains offraient la représentation la plus fidèle d'une réalité biologique plus profonde.

Le concept de race occupait une place centrale dans ce domaine. Pour presque tous les observateurs, les mots « type » et « race » – ou « couleur », pour reprendre le terme du recensement américain, dont le premier fut lancé en 1790 – étaient quasiment synonymes. Les communautés humaines pouvaient se vêtir ou chanter différemment, sous forme de chœurs polyphoniques ou de grognements bruts ; elles pouvaient vivre dans des déserts, des plaines ou des marécages, dans des huttes d'adobe ou dans des maisons style Cape Cod à toit de bardeaux. Pourtant, un ordre naturel inébranlable sous-tendait ce méli-mélo de comportements. Les humains se divisaient en races de la même manière que les autres animaux, lesquels pouvaient, selon leur lignée, avoir un pelage lisse ou rêche, être plus ou moins grands et munis de cornes ou non. Pour confirmer ce fait, il suffisait d'ouvrir les yeux – d'observer, par exemple, les lèvres d'un individu, la texture de ses cheveux, la forme de son nez et la couleur de sa peau.

Plus d'un siècle auparavant, l'anatomiste allemand Johann Blumenbach avait présenté une classification en cinq parties qui devait servir de base à la définition raciale. Dans son traité *De l'unité du genre humain et de ses variétés* publié en 1775, Blumenbach répartissait les êtres humains en différentes catégories en fonction de leur localisation géographique et des caractéristiques visibles qui semblaient les définir. Il y avait les peuples d'Afrique, qu'il appelait « Éthiopiens » ; ceux qui étaient originaires des Amériques et de l'Arctique, qu'il qualifiait d'« Américains » ; ceux qui résidaient en Asie, les « Mongoliens » ; les peuples du Pacifique, qu'il regroupait sous l'étiquette de « Malais » ; et une dernière catégorie regroupant les nations d'Europe et leurs diasporas d'outre-mer, à laquelle il donnait le nom de « Caucasiens ».

Les quatre premières catégories, déjà largement utilisées, composaient une liste qui remontait, sous une forme légèrement différente, au moins jusqu'à Carl von Linné (1707-1778), le grand naturaliste suédois auteur du système moderne de classification par espèces. La dernière désignation était l'invention personnelle de Blumenbach. Il avait établi sa nomenclature à partir d'une collection particulière de crânes humains, une source de données du même genre que celles que Boas et les autres spécialistes d'anthropométrie utilisaient toujours un siècle plus tard. Un crâne notamment avait retenu son attention : les restes d'une jeune fille originaire de Géorgie, une région située dans les monts du Caucase sur la frange sud de l'empire russe.

Blumenbach trouvait une beauté particulière à ce crâne, aux lignes gracieuses et aux proportions modestes – le genre de tête qui ne pouvait qu'avoir été créé à l'image de Dieu, à l'instar des tout premiers êtres humains. Il ne proposa pas seulement l'étiquette de *Caucasien* parce que la jeune fille était originaire du Caucase, mais aussi parce que cette chaîne montagneuse était située près du lieu où certains cartographes avaient situé le jardin d'Éden biblique. La création de Dieu avait été parfaite – cette jeune Géorgienne le prouvait –, mais au fil du temps les pressions de l'environnement et les vicissitudes de l'existence avaient laissé des séquelles : les cheveux d'une admirable finesse étaient devenus rêches, la peau blanche avait foncé, le nez étroit s'était aplati et dilaté. Pour Blumenbach, les Caucasiens constituaient la source première à partir de laquelle toutes les variétés ultérieures d'humains avaient dégénéré.

Ce modèle fit preuve d'une remarquable résistance. La vision blumenbachienne de la différence humaine s'insinua dans presque toutes les sphères d'activité intellectuelle, des sciences naturelles à l'historiographie et aux arts. Les manuels de géographie s'en faisaient l'écho, les revues médicales la tenaient pour acquise, les expositions de musées l'expliquaient au grand public. À la fin des années 1890, le Bureau of Ethnology de Powell changea de nom pour s'appeler Bureau of *American* Ethnology, affirmant ainsi non seulement son cadre géographique, mais aussi sa vocation raciale : étudier les peuples autochtones des États-Unis, c'est-à-dire les « Américains » de Blumenbach. Du temps de Boas, les enfants eux-mêmes récitaient à leur insu la classification de Blumenbach : « *Red, brown, yellow / Black and white* », chantaient-ils dans un cantique populaire de l'école du dimanche de la fin du XIXe siècle. « *They are precious in His sight / Jesus loves the little children of the world**. »

La race, cependant, ne se limita jamais à la simple classification des individus en fonction de leur apparence. On l'associait depuis longtemps à d'autres attributs, tels que les capacités physiques, l'intelligence, la langue et le niveau de civilisation. Toutes les races semblaient surgir préequipées, dotées de façons personnelles de parler, de manger, de danser et de se vêtir. On pensait que toutes ces particularités se regroupaient, un peu comme, chez les oiseaux, le plumage,

* Littéralement : « Rouges, bruns, jaunes / Noirs et blancs / Tous sont précieux à Ses yeux / Jésus aime tous les petits enfants du monde. »

le chant distinctif, le modèle de vol et les instincts de nidification et de migration pouvaient définir une espèce. « La *permanence* de types physiques existants ne sera contestée par aucun Archéologue ou Naturaliste actuel. Pas plus qu'on ne saurait nier, à en croire des arbitres aussi compétents, la permanence résultant de particularités morales et intellectuelles propres à ces types », affirmait ainsi le principal manuel américain de géographie et de biologie humaine, *Types of Mankind*, qui connut de multiples rééditions après 1854. « L'homme intellectuel est inséparable de l'homme physique ; et la nature de l'un ne saurait être altérée sans modification correspondante de l'autre[1]. »

Le problème, pour tout observateur bien informé, n'était pas de déterminer si ces éléments s'alignaient naturellement ; l'Histoire avait clairement montré que les races présentaient des variétés plus ou moins compétentes – les peuples complexes et conquérants d'Europe, par exemple, par rapport aux peuples plus simples d'Afrique, encore plongés dans l'ignorance. La beauté « prédomine dans les races blanches, principalement en raison de la variation individuelle relativement importante que l'on relève parmi elles », concluait en 1906 le premier conservateur d'anthropologie physique – le nouveau nom qu'était en train de prendre l'anthropométrie – de la Smithsonian Institution, Aleš Hrdlička, tchèque de naissance. « Elle est moins apparente parmi les peuples jaune-brun, et encore moins parmi les noirs purs, où l'individualisation physique est également la plus limitée[2]. » Peu d'anthropologues de son temps l'auraient désavoué. Daniel G. Brinton, ethnologue réputé et président de l'American Association for the Advancement of Science, avait profité de sa position à la tête de plusieurs sociétés savantes pour affirmer que « les races noire, brune et rouge diffèrent anatomiquement de la blanche au point… que même avec une capacité cérébrale identique, elles ne pourraient jamais rivaliser avec ses résultats, malgré des efforts équivalents[3]. » La profonde inégalité de potentiel et de réalisations d'une race à l'autre semblait incontestable. Le vrai mystère pour les scientifiques était le mode d'apparition initiale de ces gradations de l'humanité. Sur ce point, l'opinion scientifique se divisait en deux camps rivaux, qui se tiraient dessus à boulets rouges en cette aube du XXe siècle.

Ceux qu'on appelait les monogénistes avançaient que tous les êtres humains étaient des variétés d'un même type fondamental. Les savants chrétiens défendaient ce point de vue en s'appuyant sur la Bible, et alléguaient que tous les humains étaient les descendants d'un unique couple créé par Dieu, Adam et Ève. Des auteurs à l'esprit plus empirique partageaient cette opinion, mais pour des raisons différentes. Les habitudes sociales ou certaines influences extérieures, telles que les modèles de reproduction ou l'environnement, étaient à l'origine des variétés connues sous le nom de races. Pour Blumenbach et ses adeptes monogénistes, la diversité des races modernes ne faisait que montrer l'ampleur de la chute des hommes depuis qu'ils avaient été chassés du Paradis.

Les Européens blancs eux-mêmes, avec leurs villes sordides et leurs corps accablés de maladies, étaient sûrement une médiocre représentation des créations plus anciennes, plus pures, qui avaient existé en des temps passés. « Il n'est pas contraire à l'expérience de supposer que différentes espèces d'un même genre, ou différentes variétés d'une même espèce, puissent posséder des aptitudes différentes », écrivit Thomas Jefferson dans ses *Observations sur l'État de Virginie* (1785). « Sans doute l'amateur de science naturelle, qui voit les gradations parmi toutes les races d'animaux avec le regard du philosophe, voudra-t-il bien excuser cet effort pour préserver au sein du genre humain ce que la nature y a mis de différences [4]. » L'humanité était une entité unique, suggérait l'homme d'État, mais elle n'en possédait pas moins ses propres « genres » naturels dotés de caractéristiques aussi distinctes que celles qui différenciaient un pur-sang d'un percheron.

En revanche, les polygénistes étaient convaincus que les races modernes étaient le résultat de plusieurs actes de décret divin, ou de l'existence d'aïeux antiques distincts. Cette opinion semblait certes s'opposer au récit biblique, mais de nombreux naturalistes ne trouvaient pas d'autre explication aux disparités de civilisation et aux différences physiques entre les races. Au siècle des Lumières, le polygénisme avait pu s'enorgueillir d'une pléiade d'illustres défenseurs, de Linné à Voltaire et à David Hume. Au XIXe siècle, la pensée polygéniste avait été étayée par le même type de techniques anthropométriques que celles employées par Boas depuis son séjour à la Clark University. Des chercheurs amateurs comme le chirurgien de Philadelphie Samuel Morton et le médecin de l'Alabama Josiah Nott, ou encore le zoologiste Louis Agassiz – l'ancien mentor de Putnam à Harvard –, publièrent des études largement diffusées présentant les différences radicales et inhérentes entre les races. La science elle-même semblait justifier le sentiment naturel de répulsion qu'inspirait la transgression de cet ordre racial. « En voyant leurs visages noirs avec leurs lèvres épaisses et leurs dents grimaçantes, la laine qui leur couvre la tête, leurs genoux cagneux, leurs mains étirées, leurs grands ongles courbes et surtout la teinte livide de la paume de leurs mains », écrivit Agassiz après avoir vu pour la première fois des Noirs à Philadelphie, « j'ai été incapable de détourner les yeux de leurs visages pour leur dire de se tenir à distance[5]. »

Au moment de la naissance de Boas, cependant, les monogénistes semblaient avoir remporté la bataille, du moins au sein des milieux scientifiques. En 1859, dans *L'Origine des espèces*, Charles Darwin donna une célèbre démonstration de la manière dont, chez des organismes vivants, des différences d'apparence physique pouvaient naître d'infimes transformations fortuites au fil du temps. Toutes les formes de vie étaient reliées entre elles par le processus de différenciation à partir de formes antérieures. Les différentes espèces étaient le résultat de la sélection naturelle qui s'était produite au cours de très longues périodes historiques. Quand Darwin détourna son attention des pinsons pour s'intéresser aux humains dans *La Descendance de l'homme* (1871), il prit directement pour cible le concept de race lui-même. Personne n'était capable de s'entendre, fût-ce sur le nombre de races existantes, écrivit-il, raillant subtilement ses rivaux savants :

> On a étudié l'homme avec plus de soin qu'aucun autre être organisé ; cependant, les plus éminents savants n'ont pu se mettre d'accord pour savoir s'il forme une seule espèce ou deux (Virey), trois (Jacquinot),

quatre (Kant), cinq (Blumenbach), six (Buffon), sept (Hunter), huit (Agassiz), onze (Pickering), quinze (Bory de Saint-Vincent), seize (Desmoulins), vingt-deux (Morton), soixante (Crawfurd) ou soixante-trois, selon Burke[6].

Une conclusion s'imposait. « Les naturalistes… qui admettent le principe de l'évolution, et la plupart des jeunes naturalistes partagent cette opinion, n'éprouvent aucune hésitation à reconnaître que toutes les races humaines descendent d'une souche primitive unique[7]. » Les êtres humains se présentaient en variétés plus ou moins avancées, estimait Darwin, mais c'était pour l'essentiel le fruit de l'environnement et de l'habitude, bien plus que de différences biologiques innées reflétant des voies de développement évolutif distinctes.

Pourtant, même après Darwin, les idées polygénistes ne disparurent jamais entièrement de la recherche scientifique ni du discours public. Elles firent même un retour en force à la fin du XIXe siècle. Aux États-Unis, le dénouement de la guerre de Sécession entraîna moins la dislocation du vieux Sud que le transfert au niveau national d'un certain nombre de ses caractéristiques fondamentales. La grâce accordée à d'anciens généraux et responsables civils confédérés permit à certains de réintégrer le Congrès ou d'occuper des postes au sein du gouvernement fédéral[8]. Ces hommes profitèrent de la fin formelle de la Reconstruction pour introduire une nouvelle vague de lois à orientation raciale. Une ségrégation légale, l'interdiction de mariages interraciaux, des restrictions du droit de vote et d'autres mesures mises en place à partir des années 1890 instaurèrent un système de politique et de relations sociales reposant sur la race – le modèle d'apartheid autoritaire auquel on donna plus tard le nom de Jim Crow. Le système judiciaire américain élabora également un important corpus de jurisprudence qui faisait de la blancheur une catégorie juridique à part entière. Des avocats firent appel à l'expertise d'historiens, d'ethnologues et d'autres spécialistes pour confirmer la validité scientifique du modèle fondamental de codage des êtres humains du pays. En 1878, un jugement qui fit jurisprudence affirma que les Chinois n'étaient pas blancs[9]. Des décisions similaires déterminèrent le statut non blanc des Hawaïens en 1889, des Birmans et des Japonais en 1894, des Amérindiens en 1900, des Philippins en 1916 et des Coréens en 1921, tandis que des juges estimèrent respectivement en 1897, 1909 et 1910 que les Mexicains, les Arméniens, les « Indiens d'Asie » et les Syriens étaient des « Caucasiens » biologiques. Les conséquences de ces jugements furent immédiates et pratiques. Ils déterminaient le droit de chacun d'acheter un bien dans un quartier appliquant des restrictions raciales, d'accoucher dans un hôpital, d'inscrire son enfant dans une école ou d'être enterré dans un cimetière appliquant les mêmes restrictions. Plus qu'un héritage de l'ère de l'esclavage, Jim Crow et la jurisprudence raciale étaient des dispositions nouvelles, nationales et prétendument naturelles, reposant sur les dernières découvertes de la science raciale.

On assista à un mouvement comparable à l'échelle mondiale. À la fin des années 1870, la ruée des puissances coloniales européennes vers l'Afrique suscita un nouvel intérêt pour les peuples autochtones et les méthodes d'administration – ou d'exploitation – les plus efficaces de ces populations. Des plantations d'hévéa du Congo belge aux mines d'or d'Afrique du Sud, un nouveau système d'asservissement effectif se déploya à travers le continent. Ce phénomène n'était pas tellement dû à l'influence des idées sur la race qui auraient pu inciter impérialistes européens et législateurs américains à définir des politiques raciales. La réalité était plutôt que la revendication de pouvoir de populations d'origine européenne – colonisateurs de l'Afrique ou majorité blanche enhardie des États-Unis d'après la Reconstruction – exigeait une justification. Et les théoriciens raciaux de tous bords s'empressèrent de la fournir.

La race en tant que principe de pouvoir politique stimula l'étude de la race en tant que sujet scientifique. Les vulgarisateurs abondaient et, dans un réseau scientifique mondial de gens sûrs d'eux et obsédés par le sujet, ils se lisaient tous les uns les autres. Nott lut ainsi Arthur de Gobineau, le théoricien français dont le volumineux *Essai sur l'inégalité des races humaines* (1853-1855) défendait l'existence d'une antique population « aryenne » dont descendaient les peuples blancs modernes et dénonçait son altération par une hybridation avec des types inférieurs. Gobineau, pour sa part, avait lu Morton, lequel, en étudiant des momies égyptiennes, avait acquis la conviction que les bâtisseurs des pyramides avaient très certainement été des Européens blancs. Tout le monde lisait Agassiz, qui, en qualité de directeur du Museum of Comparative Zoology de Harvard jusqu'à sa mort en 1873, intervenait dans les débats juridiques, la législation et la politique publique sur tous les sujets, du caractère naturel de l'esclavage à l'interdiction des mariages interraciaux. *Types of Mankind*, le manuel largement utilisé que Nott avait coédité, exposait clairement les utilisations pratiques de la science fondée sur la race :

> Il ne manque pas de raisons selon lesquelles l'Ethnologie devrait absolument être une science pour la culture américaine. Ici, trois des cinq races entre lesquelles Blumenbach a réparti l'humanité sont réunies pour résoudre le problème de leur destinée au mieux de leurs possibilités, alors que l'immigration chinoise en Californie et le projet d'importation de travailleurs coolies menacent de nous mettre en contact tout aussi intime avec une quatrième. Il est évident que notre relation avec ces gens et notre façon de les administrer doivent reposer, dans une large mesure, sur leur caractère racial intrinsèque… Pour l'homme d'État et pour le philanthrope américain, aussi bien que pour le naturaliste, l'étude prend ainsi un intérêt exceptionnel[10].

Néanmoins, parmi ce panthéon d'auteurs, de penseurs et de conférenciers publics intéressés par ce sujet, nul n'eut autant d'importance qu'un certain Madison Grant. Il possédait un talent tout particulier pour traduire des données ésotériques sur des crânes humains en conseils pratiques concernant le mode de vie des Américains. De fait, Grant appréhendait mieux que quiconque un fait concernant son propre pays. L'utilité réelle de la science raciale ne consistait pas à déterminer qui coïncidait avec telle ou telle catégorie de Blumenbach – il suffisait pour le savoir d'examiner une petite surface de peau ou de caresser une mèche de cheveux. Sa véritable valeur était de permettre de distinguer les différents types de Blancs, du meilleur au pire.

Séduisant, beau parleur et de noble lignée, arborant une imposante moustache cirée en deux pointes jumelles descendantes, Madison Grant possédait des origines américaines irréprochables. Ses ancêtres avaient fait partie des premiers colons puritains et hollandais du Nouveau Monde, pris les armes dans toutes les guerres de l'Amérique et signé ses principaux documents de gouvernement. New-Yorkais de naissance, Grant avait étudié à Yale et Columbia avant d'opter pour une carrière dans la fonction publique, mettant son énergie, son ambition et sa fortune familiale au service de projets utiles à l'ensemble de la société. À l'image de son excellent ami Theodore Roosevelt, homme d'action comme lui, il incarnait des idéaux progressistes : le gouvernement devait améliorer la vie des gouvernés, les hommes compétents devaient mobiliser leurs talents pour faire progresser le bien commun, et les plus récentes avancées de la science contribueraient à montrer la voie. À quarante ans, il avait déjà exploré l'Ouest américain, réalisé des études originales sur l'élan et le caribou, défendu la création d'un système de parcs nationaux et contribué à fonder le zoo du Bronx, qui ouvrit ses portes en 1899.

Ce zoo devint l'un des projets fétiches de Grant. Il incombait à la société humaine, estimait-il, de protéger les richesses du monde naturel sous leurs formes les moins altérées. Comme Roosevelt, il avait été un chasseur passionné de gros gibier, et ses interactions étroites avec les magnifiques espèces que l'on rencontrait dans les Rocheuses et dans les Grandes Plaines l'avaient convaincu qu'une gestion bien conçue de la nature sauvage assurerait la préservation de la faune spécifique à l'Amérique tout en évitant les catastrophes environnementales. Grâce à des campagnes de sensibilisation de l'opinion publique et à un lobbying insistant au Congrès, Grant obtint la création dans les deux Dakotas et dans le Montana de refuges pour le bison américain menacé. En fait, sans Grant, cet animal n'existerait probablement plus[11].

Il n'était pas indispensable de se soucier de *chaque* bison, estimait-il, mais il fallait manifester un minimum de considération pour l'espèce. Tel était l'intérêt d'une réserve naturelle ou d'un zoo. C'étaient des lieux de pureté, de préservation et d'éducation du public. Chaque animal était un représentant de son genre et possédait l'ensemble des traits que l'on pouvait s'attendre à observer chez tout autre membre de la même espèce. Il était évidemment impossible de voir tous les lions ou tous les hippopotames du monde, mais en visitant un zoo on pouvait se convaincre qu'on l'avait fait. Chaque individu n'était ni plus ni moins qu'une incarnation parfaite de sa catégorie.

Livrée à elle-même, la nature produirait sa propre grandeur – un bison mâle doté d'une imposante bosse cervicale ou une femelle d'élan capable de tenir tête à une meute de loups pour sauver son petit. Dans son travail de terrain, Grant avait toutefois observé comment de nobles espèces pouvaient décliner. Des populations entières disparaissaient quand leurs représentants les plus sains étaient victimes de chasseurs irresponsables. Les habitats se transformaient sous l'effet de l'introduction d'animaux exogènes, et des créatures majestueuses pouvaient être anéanties par les effets du stress qu'occasionnaient des envahisseurs furtifs.

De retour à New York, Grant se persuada que les mêmes processus étaient à l'œuvre sur les places et dans les rues encaissées de Lower Manhattan. Comme il l'écrivit au président William Howard Taft dans le courant de l'automne 1910, tous ceux qui avaient l'occasion de « descendre vers midi la 5e Avenue jusqu'à Washington Square » pouvaient se faire leur propre opinion sur l'influence des espèces invasives[12]. Il était impossible de ne pas remarquer les juifs immigrés qui se promenaient en caftan avec leurs barbes en broussaille, les Italiens importuns et les Slovaques agaçants, les colporteurs insistants fraîchement débarqués de quelque port étranger, la tour de Babel de langues inintelligibles. Toute la ville était encombrée de types humains arrivés de fraîche date, qui ignoraient qu'il fallait se tenir à l'écart des chaussées et marcher correctement du côté droit du trottoir. Vers la même époque, alors que le zoo du Bronx attirait des foules record et que d'autres entreprises de protection de la faune promettaient de connaître le même succès, Grant décida de consacrer ses compétences à un nouveau champ d'étude et d'activisme : la préservation de sa propre race contre les assauts de l'immigration.

La littérature sur le sujet ne manquait pas : une bibliographie compilée en 1899 énumérait quelque deux mille titres[13]. Les ouvrages de Nott, Gobineau, Agassiz et autres polygénistes étaient disponibles dans toute bibliothèque digne de ce nom. Au cours des dix premières années du XXe siècle, on entreprit une multitude de recherches sur les relations entre les différents types raciaux humains et sur les aptitudes physiques et autres capacités – jusqu'à la faculté de survie – du peuple le plus puissant du monde, les Européens blancs et leurs descendants d'outre-Atlantique. Les dernières découvertes recouraient à l'observation anthropométrique pour définir en termes clairs et scientifiques les contours précis de l'appartenance raciale. Le statisticien Frederick L. Hoffman révéla que la longueur du talon du Noir – 2,08 centimètres en moyenne – contrastait de façon marquée avec celle du talon caucasien, qui mesurait 1,21 centimètre[14]. Grâce à des recherches généalogiques et à des mesures de crânes, le sociologue allemand Otto Ammon démontra que les dolichocéphales étaient enclins à se regrouper dans les centres urbains et que les classes supérieures des villes tendaient à avoir des têtes plus longues que les autres[15]. « Les Nordiques dolichocéphales étaient dominateurs, entreprenants et protestants », affirmait un résumé, alors que les « Alpins brachycéphales étaient laborieux, conservateurs et catholiques[16] ».

Un sociologue de Harvard, William Z. Ripley – que Grant entendit probablement lors d'une conférence en 1908[17] – synthétisa ces études dans un exposé général sur les contributions relatives apportées à l'histoire humaine par les têtes longues, les têtes larges et autres types. Son ouvrage intitulé *The Races of Europe* (1899) répartissait les peuples européens en types « teutonique », « alpin » et « méditerranéen », le premier étant largement responsable des réalisations de la civilisation mondiale. L'histoire européenne était un grand spectacle racial, les peuples entrant en scène et la quittant, ajoutant des lignes au texte ou corrompant le récit par leurs manières étrangères. L'Europe moderne était le fruit de migrations raciales dont témoignait la mosaïque de types qui définissait à présent le continent. Les Teutons à longue tête avaient été repoussés dans leurs refuges d'Europe du Nord et de l'Ouest, point culminant de précédentes marées de peuples à tête courte venus du Sud et de l'Est. Comme Ripley en informait ses lecteurs : « L'Afrique commence en deçà des Pyrénées[18]. »

Ces ouvrages furent certainement une révélation pour Grant. Il prit rapidement conscience qu'il assistait, en temps réel, aux vagues de migrations raciales que Ripley avait décrites avec tant d'érudition dans son traité. Il apprit également qu'il existait un mot désignant l'intérêt, dicté par le souci du bien public, pour l'aptitude raciale et l'érosion du paysage humain. Ce terme avait été forgé au début des années 1880 par Francis Galton, ce naturaliste et statisticien britannique qui avait également posé les fondements de l'anthropométrie. Le champ d'étude et d'activisme que Galton appelait « eugénisme » avait pour objet l'amélioration de l'humanité par des moyens permettant de perpétuer les caractéristiques souhaitables au détriment des autres. Dérivé de vocables grecs signifiant littéralement un « bon type », ou quelqu'un de « bien né », l'eugénisme cherchait à appliquer aux êtres humains les principes que Grant avait déjà employés à si bon escient dans les refuges pour bisons et les parcs de lions. Si les humains se divisaient naturellement en différentes races, la méthode la plus sûre pour améliorer l'humanité était d'encourager les qualités raciales que Ripley et d'autres avaient décrites aussi brillamment sur l'arc de l'histoire européenne : les traits énergiques, novateurs, aventureux et intelligents du meilleur type de Blancs.

Grant n'était ni historien ni anthropologue ; il n'avait jamais entrepris la moindre recherche originale sur ces sujets ni tenu un pied à coulisse pour calculer un indice céphalique, ainsi que Boas l'avait fait à Chicago devant des spectateurs clairsemés. Mais il possédait une aptitude absolument prodigieuse à résumer une masse de savoir, à laquelle il ajoutait l'assurance inflexible du patricien new-yorkais qui a quelque chose à dire. Au printemps 1916, il présenta ainsi à des amis le premier jet d'un manifeste sur la race et l'histoire humaine que ces derniers l'encouragèrent à envoyer à un éditeur. Cet automne-là, les éditions

Charles Scribner's Sons – dont l'impressionnant catalogue d'auteurs comprenait déjà Theodore Roosevelt et Rudyard Kipling – publièrent le texte de Grant sous le titre *Le Déclin de la grande race.* Les libraires ne le classèrent pas parmi les études sur l'histoire européenne, bien que tel fût son thème principal, mais plutôt sur les rayonnages réservés aux ouvrages scientifiques[19].

Ce livre commençait par une discussion sur la race et la démocratie. « En Amérique, nous avons presque réussi à détruire le privilège de la naissance », écrivait Grant, « c'est-à-dire la supériorité intellectuelle et morale qu'un homme de bonne race apporte avec lui dans le monde[20]. » Le suffrage universel avait soumis la société américaine à la « loi de la moyenne ». Prétendre que le gouvernement s'exprime au nom du peuple avait donné lieu à une « perpétuelle revendication de droits[21] ». Pourtant, l'Histoire avait montré que « l'humanité s'est dégagée de la sauvagerie et de la barbarie sous la conduite d'une élite qui, par sa vaillance, sa capacité et sa sagesse, a acquis le droit de diriger et le pouvoir d'imposer l'obéissance[22] ». Et ces gens-là devaient être sélectionnés, concluait Grant, grâce aux connaissances apportées par les sciences nouvelles de la race et de l'eugénisme.

La science avait rejeté depuis longtemps l'« hypothèse adamique » voulant que l'humanité trouve son point de départ dans un couple originel, disait-il, reprenant à son compte la critique polygéniste habituelle. Chaque individu était au contraire la somme des traits de sa race, une bibliothèque d'accouplements et de mélanges passés. Les corps eux-mêmes en offraient la preuve. Le nez humain originel, affirmait-il, était large et épaté comme ceux des bébés, lesquels résument dans leurs propres traits faciaux les toutes premières formes de l'humanité[23]. Les nez busqués, longs et étroits étaient caractéristiques des races et civilisations plus avancées. Les lèvres méritaient, elles aussi, une étude attentive. « Des lèvres épaisses, saillantes, sont des traits très anciens, caractéristiques de plusieurs races primitives[24] », écrivait-il.

Ces affirmations de Grant ne faisaient que répéter ce que de nombreux spécialistes d'anthropométrie affirmaient depuis longtemps. Mais il alla plus loin sur deux points. Pour commencer, on pouvait diviser les races elles-mêmes en se fondant sur des différences physiques perceptibles. Les Blancs eux-mêmes, disait-il, se répartissaient en « sous-espèces ». Ensuite, les caractéristiques raciales étaient absolument immuables. Les traits tant physiques que comportementaux reflétaient de profondes différences entre les races et leurs sous-types, différences que la science, judicieusement appliquée, pouvait contribuer à élucider. De même que le port d'une toge ne pouvait transformer un Syrien en Romain, « il nous a fallu cinquante ans pour apprendre que parler anglais, être bien habillé, aller à l'école et à l'église… ne transforme pas un Nègre en un Blanc[25] ». Les visages et les corps humains composaient « une masse inextricable de hiéroglyphes » que les scientifiques s'efforçaient encore de déchiffrer[26]. Lorsqu'ils y parviendraient, on serait enfin en mesure non seulement de classer correctement les êtres humains, mais aussi de sélectionner les traits dignes d'être transmis, lesquels se fixeraient en produisant des populations authentiquement meilleures. « L'une des plus grandes difficultés dans la classification de l'homme », écrivit-il, « est sa prédisposition perverse aux unions mal assorties[27]. » L'étude scientifique pouvait offrir des moyens d'y remédier. Les races primitives étant des vestiges de versions d'humains plus anciennes – « primitives » parce qu'il s'agissait de retours à une forme « primaire » d'humanité –, leur mélange avec des races avancées avait tendance à produire un retour à ce type plus ancien, inférieur. « Le croisement entre un Blanc et une Indienne est un Indien ; le croisement entre un Blanc et une Négresse donne un Nègre ; le croisement entre un Blanc et une Hindoue donne un Hindou ; et le croisement entre une des trois races européennes et un juif produit un juif[28]. »

À l'image de Ripley – qu'il présentait dans ses remerciements comme un de ses modèles –, Grant proposait ensuite une esquisse sommaire de l'histoire européenne du paléolithique à l'ère moderne en passant par l'Antiquité et les invasions barbares, le tout relaté à travers le prisme des luttes entre les sous-espèces physiques européennes. « Aussitôt que le sens véritable et l'importance de ces faits seront appréciés par les législateurs, un changement complet se produira inévitablement dans l'édifice politique », concluait Grant, « et notre confiance actuelle dans l'influence de l'éducation fera place à un rajustement basé sur les valeurs raciales[29]. » Ce que cela signifiait concrètement, précisait-il, c'est que l'« idéal altruiste » et le « sentimentalisme béat » qui laissaient pénétrer en Amérique des millions d'Européens de rang inférieur « [entraînaient] la nation vers un abîme racial ». Le pays ne pouvait plus rester un « asile pour les opprimés ». Autrement, l'Amérique suivrait inéluctablement la voie d'Athènes et de Rome, poussées hors de la scène de l'histoire mondiale par l'invasion de populations inférieures.

Les Américains nordiques blancs constituaient la grande race dont il avait retracé le déclin tout au long de son ouvrage. Ceux qui souhaitaient s'en faire une image précise n'avaient qu'à se rendre à la fin du volume, où des cartes dépliables de couleurs vives montraient l'essor et le déclin des types physiques à travers le paysage européen, une leçon d'histoire retraçant en accéléré la fugacité des races qui n'avaient pas su prêter attention à leur propre fragilité.

Le Déclin de la grande race fut salué comme une étape marquante de l'application d'idées scientifiques à l'histoire et à la politique publique. Cet ouvrage fut une source d'inspiration pour toute une génération de disciples qui entreprendraient de rédiger leurs propres traités, de conseiller les hommes politiques et de faire adopter de nouvelles lois. Les trois quarts des universités américaines, de Harvard à la Californie, inscrivirent à leur programme des cours d'eugénisme, et elles furent nombreuses à faire du livre de Grant une référence incontournable[30]. Lothrop Stoddard – un jeune intellectuel de Nouvelle-Angleterre que l'on associait souvent à Grant sur la liste des scientifiques raciaux les plus sérieux d'Amérique – entreprit la rédaction de ce qui deviendrait un best-seller, *The Rising Tide of Color** (1920), véritable mise en garde contre la submersion des races blanches par les races foncées, suivi de *The New World of Islam*** (1921), consacré à la menace que faisait peser sur l'Occident le « renouveau mahométan » des Arabes,

* *Le Flot montant des peuples de couleur*, trad. A. Doysié, Paris, Payot, 1925.
** *Le Nouveau Monde de l'islam*, trad. A. Doysié, Paris, Payot, 1923.

des Turcs et des Perses. « Mais ces livres, c'est de la science », déclare péremptoirement Tom Buchanan dans *Gatsby le Magnifique* de F. Scott Fitzgerald à propos de Grant et Stoddard. « C'est à nous, qui sommes la race dominante, de nous méfier, sinon les autres races prendront la tête. »

En 1910, la population des États-Unis née à l'étranger atteignait quelque treize millions et demi d'individus, conséquence de la grande vague d'immigration des deux décennies encadrant le tournant du siècle[31]. Ils représentaient 14,7 % de l'ensemble de la population, à peine moins qu'au point culminant de 1890 où cette proportion avait atteint 14,8 %. Le taux d'accroissement était ahurissant. En 1910, on dénombrait presque un tiers de plus d'individus nés à l'étranger qu'en 1900. (Il faudrait attendre un nouveau siècle, avec les années 2010, pour que les chiffres de l'immigration atteignent à nouveau des niveaux comparables. Au moment où Donald Trump a annoncé qu'il se présentait à l'élection présidentielle en dénonçant les « violeurs » mexicains, par exemple, les effectifs d'individus nés à l'étranger dépassaient d'un peu plus d'un point de pourcentage ceux de 1910[32].)

La plupart de ces nouveaux arrivants résidaient dans des zones urbaines densément peuplées, ce qui expliquait la préoccupation des intellectuels et des politiciens. Ces gens-là étaient en effet les voisins immédiats de familles américaines plus anciennes et plus riches, comme celle de Grant. Le Chinese Exclusion Act de 1882 avait mis fin à l'arrivée légale de travailleurs chinois, mais à partir des années 1890 les portes du pays s'ouvrirent toutes grandes devant des millions d'Européens, principalement originaires de l'est et du sud du continent. De fait, au tournant du siècle, près de 90 % de la population américaine d'origine étrangère indiquaient être nés en Europe[33]. L'ancienne Kleindeutschland bien ordonnée de New York grouillait désormais de juifs, de Polonais, d'Italiens et de Slovaques. Voilà pourquoi, aux yeux de Grant et d'autres théoriciens de l'époque, le problème racial ne consistait pas à distinguer les Caucasiens des Asiatiques ou des Noirs. Ces distinctions étaient parfaitement évidentes aux yeux de toute personne éduquée. Le vrai souci était de différencier les Européens du Nord avancés, sains et vigoureux, des sous-races inférieures qui se bousculaient désormais dans les rues du Lower East Side.

Mais Grant n'avait pas seulement pris la plume pour présenter une argumentation académique. Dans les premières pages du *Déclin de la grande race*, il faisait spécifiquement allusion à une étude récente financée par le gouvernement américain et dont les résultats – si on les prenait au sérieux – risquaient de sonner le glas de la race la plus compétente d'Amérique. Selon Grant :

> On a fait des tentatives récentes en faveur des races inférieures d'immigrants pour montrer que la forme du crâne change, non seulement en un siècle, mais aussi dans une même génération. En 1910, le rapport de l'expert anthropologique de la Commission d'immigration du Congrès déclara gravement qu'un juif à crâne rond pouvait avoir, pendant la traversée de l'Atlantique, un enfant à crâne rond ; mais quelques années plus tard, grâce au subtil élixir des institutions américaines qui exerçait son influence jusque dans un taudis de l'East Side, il avait un enfant dont le crâne était sensiblement plus allongé. Un Italien du Sud, à crâne allongé, procréant librement, ferait la même expérience en sens inverse. Autrement dit, le « Creuset » agirait instantanément par l'influence du changement de milieu[34].

Tout cela était absurde, affirmait Grant, et son livre avait démontré pourquoi. Son allusion à un obscur rapport gouvernemental n'avait rien d'anecdotique. Il s'agissait en réalité d'une des principales cibles de Grant – au même titre que l'auteur de ce rapport, l'« expert anthropologique » anonyme. En effet, au cours des années où Grant lisait Ripley et Galton, Boas avait tranquillement poursuivi son propre travail. Et celui-ci comprenait la visite réelle des quartiers de Lower Manhattan sur lesquels Grant avait théorisé depuis les beaux quartiers.

Après la nomination de Boas à Columbia, ses liens avec l'American Museum of Natural History commencèrent à se distendre – il avait le chic pour se faire respecter plus qu'aimer. Sa collaboration avec le musée avait produit de nouvelles recherches et de nouvelles expositions, mais également des déceptions, des différends professionnels et des blessures d'amour-propre dans les rangs de ses collègues, qui le trouvaient d'une assurance excessive, autoritaire et cassant. Quand il démissionna officiellement de son poste de conservateur en 1905, personne ne le supplia de rester.

Son passage à un emploi universitaire à plein temps lui donna la possibilité de constituer sa propre équipe de chercheurs. « Ni Berlin avec ses cinq chaires d'anthropologie, ni Paris avec sa faculté d'anthropologie, ni la Hollande avec son école coloniale ne sauraient assurer une formation correcte aux observateurs dont nous avons besoin[35] », écrivit-il à une collègue en 1901. Il réorganisa alors le programme d'études du département pour inclure une formation en linguistique et en ethnologie, en plus de l'anthropométrie habituelle. « Moyennant une représentation de l'archéologie », déclara-t-il au président de l'université, Nicholas Murray Butler, « nous devrions être en mesure de former des anthropologues compétents dans toutes les directions[36]. »

Boas s'était installé avec Marie et leurs enfants dans une maison labyrinthique de Grantwood dans le New Jersey, sur l'autre rive de l'Hudson, qui se transforma bientôt en lieu de rassemblement informel d'un groupe de plus en plus nombreux d'étudiants[37]. Certains étaient déjà en train de se faire une réputation de scientifiques dotés de compétences multiples en ethnologie, en linguistique, en archéologie et en anthropologie physique, les quatre domaines que Boas avait identifiés comme les bases d'une discipline anthropologique à part entière. Le premier à obtenir son doctorat à la Columbia University, en 1901, fut Alfred Kroeber, qui appartenait lui aussi à la communauté d'immigrés allemands de New York. Il ne tarda pas à partir pour la Californie, où il monta un nouveau département d'anthropologie à Berkeley. Robert Lowie, émigré australien et futur spécialiste des Indiens des Plaines, passa son diplôme en 1908 et rejoignit ensuite Kroeber sur la côte Ouest. Edward Sapir, un immigré juif de l'empire russe, termina son doctorat sous la direction de Boas en 1909 en rédigeant une thèse sur les langues du Nord-Ouest Pacifique. Il s'installa ensuite à Ottawa pour prendre la direction du relevé géologique du gouvernement canadien. Alexander Goldenweiser et Paul Radin, immigrés juifs de Kiev et de Łódź, passèrent leur doctorat en 1910 et 1911 avec des travaux sur la théorie anthropologique et l'ethnologie des Amérindiens. « Il est satisfaisant de constater que la demande de diplômés du département d'anthropologie de la Columbia University a toujours été telle que presque tous les jeunes gens qui travaillent dans des musées et facultés d'anthropologie ont passé leur doctorat ici ou ont étudié pendant de longues années dans ce département[38] », se vanta Boas au président Butler.

Pourtant, en l'espace de quelques années seulement, cet élan initial parut s'enrayer. Butler n'appréciait pas que les enseignants consacrent autant de temps aux recherches, au détriment de leurs tâches d'enseignement. Il informa Boas qu'il ne fallait pas s'attendre à une augmentation des crédits pour l'anthropologie[39]. On manquait d'argent pour acheter du matériel et l'on manquait d'enseignants pour couvrir tous les domaines d'étude. La situation était « pitoyable », écrivit Boas à Kroeber au début de l'année 1908, « et… pour le moment, toutes nos espérances et aspirations passées sont en miettes[40] ». La seule solution était de se mettre en quête de nouvelles sources de revenus et d'envisager même un « changement complet d'intérêts », ajoutait-il, susceptible d'assurer des bases financières plus stables au travail sur le terrain qu'il espérait bien poursuivre.

Boas se mit alors à envoyer des lettres à toutes les sources potentielles de financement auxquelles il pouvait penser, leur proposant de grandioses projets de recherche susceptibles de retenir leur attention et de les convaincre de mettre la main au portefeuille. Il prit notamment contact avec ses anciens collègues du Bureau of American Ethnology, leur proposant de créer un manuel de langues amérindiennes, qui, espérait-il, rapporterait de quoi payer les expéditions de ses étudiants et collaborateurs. Au cours de l'année universitaire 1907-1908, il élargit les offres d'enseignement, proposant un nouveau cours consacré au « Problème nègre ». « Je m'efforce de mettre sur pied des travaux scientifiques sur la race nègre qui, me semble-t-il, seront d'une grande valeur pratique pour faire évoluer les idées de notre peuple à propos du problème nègre[41] », déclara-t-il à Booker T. Washington. Conscient que si les étudiants étaient plus nombreux dans les amphithéâtres, le président Butler aurait davantage de motifs d'augmenter le budget du département, il conseilla d'organiser des cours de premier cycle. Et voilà qu'au printemps 1908, Boas bénéficia d'un nouveau coup de chance qui promettait de résoudre d'un coup une masse de difficultés.

Un an plus tôt, le Congrès américain avait créé une commission spéciale chargée d'étudier l'accroissement de l'immigration aux États-Unis et ses effets concrets. Certaines rumeurs avaient prétendu que des gouvernements étrangers y envoyaient délibérément leurs criminels et leurs infirmes afin de se débarrasser de ces indésirables et, par la même occasion, d'affaiblir la société américaine. Présidée par le sénateur William P. Dillingham, un élu républicain du Vermont, la commission rassembla finalement des sommités telles que Henry Cabot Lodge, un républicain du Massachusetts adversaire de l'immigration, et LeRoy Percy, un démocrate du Mississippi, éminent planteur du delta. En costume de lin et canotier, ce distingué cénacle de commissaires entreprit une traversée de l'Atlantique en bateau à vapeur qui les conduisit à Naples, Marseille et Hambourg, ainsi que dans d'autres ports européens. Ils y trouvèrent des camps de détention sordides, bondés d'Italiens, de Grecs et de Syriens, tous disposés à verser à des capitaines sans scrupules la somme qu'ils réclameraient pour leur faire franchir l'Atlantique. Ils ne relevèrent cependant aucune preuve d'un complot destiné à diluer la « grande race », comme Madison Grant la qualifierait bientôt. À leur retour, ils décidèrent néanmoins de mettre sur pied plusieurs groupes de travail chargés d'étudier le problème général de l'immigration, de rassembler des données statistiques et d'émettre des recommandations détaillées qui permettraient d'élaborer une politique plus rationnelle de prise en charge des vagues d'étrangers qui déferlaient sur les rives de l'Atlantique[42].

En mars 1908, la commission s'adressa à Boas dans l'idée de préparer un rapport sur « l'immigration de différentes races dans ce pays » et lui demanda conseil sur la manière de procéder[43]. Ce dernier répondit sans délai. Il proposait d'examiner les transformations physiques observables chez les immigrés récemment arrivés aux États-Unis. Après tout, si l'immigration avait réellement un impact sur la société américaine, ses résultats les plus évidents devaient probablement se voir sur le corps des Américains les plus récents : les enfants d'immigrés. L'assimilation tendait-elle à les rapprocher d'un type américain commun ? Ou les traits héréditaires des nombreuses races d'Europe étaient-ils si puissants qu'ils résistaient au temps et à la distance et se transmettaient à la progéniture issue de mariages interraciaux ou interethniques ? Ces traits persistants, les vestiges de races et de sous-races anciennes, pouvaient-ils édifier des barrières naturelles à ce qu'on appelait le « melting pot » idéal de l'Amérique ?

« L'importance de cette question ne saurait être surestimée », écrivit Boas aux membres de la commission, « et le développement de méthodes anthropologiques modernes permet tout à fait de donner une réponse précise au problème qui se présente à nous[44]. » Il proposait un budget de près de vingt mille dollars, lequel permettrait de rémunérer une équipe de spécialistes chargés de mesurer les crânes, de consigner l'histoire des familles et de compiler les données statistiques colossales qui s'avéreraient indispensables pour répondre aux questions qu'il avait posées. « Je crois pouvoir vous assurer que les résultats pratiques de cette enquête seront importants, dans la mesure où ils détermineront une fois pour toutes si les immigrés originaires d'Europe du Sud et d'Europe de l'Est sont et peuvent être assimilés par notre peuple. » La commission renâcla devant le coût, mais accepta de financer une étude préliminaire. Cet automne-là, le gouvernement approuva l'élargissement de cette mission en un projet de recherche de grande envergure.

Les thésards de Boas, ses collègues de la Columbia University ainsi que des assistants embauchés à cette fin se déployèrent bientôt à travers la ville. Ils traînaient avec eux un grand nombre des instruments de mesure que Boas avait utilisés lors de l'Exposition universelle de Chicago, auxquels s'ajoutait une collection de billes de verre fabriquées tout exprès par un opticien de New York pour comparer la couleur des yeux. Ils mesurèrent les crânes des élèves d'écoles juives du Lower

East Side. Distribuèrent des questionnaires à des familles italiennes de Chatham Square et de Yonkers. Interrogèrent des natifs de Bohême dans leurs quartiers de l'East Side, entre la 3e et la 5e Avenue et les 70e et 84e Rues Est. Traquèrent Hongrois, Polonais et Slovaques à Brooklyn. Se postèrent sur les quais d'Ellis Island, pieds à coulisse et instruments de colorimétrie des yeux en main, pendant que les nouveaux arrivants faisaient la queue pour passer leur examen médical. Dans les maisons de redressement et les asiles pour mineurs, dans les écoles paroissiales et les établissements privés, à la Young Men's Hebrew Association et à la YMCA, quelque 17 821 personnes se livrèrent aux balances et aux mètres-rubans de Boas. On n'avait jamais rien entrepris de comparable, encore moins sous les auspices d'une commission gouvernementale officielle chargée de comprendre précisément les effets de l'immigration sur le corps politique au sens propre de leur nouveau pays. Au printemps 1910, Boas écrivit à des collègues du Bureau of American Anthropology pour leur annoncer que son travail produisait « des résultats tout à fait inattendus, et [faisait] apparaître le problème sous un jour tout à fait nouveau[45] ».

Au terme d'innombrables heures de collecte de données, d'analyse et de rédaction, les conclusions furent publiées en 1911 sous le titre *Changes in Bodily Form of Descendants of Immigrants* [« Modification de la forme corporelle chez les descendants d'immigrés »], un document inclus dans le compte rendu officiel de la commission Dillingham. La principale conclusion de Boas tenait en une phrase, en deuxième page : « L'adaptabilité de l'immigré semble bien plus grande que nous n'étions en droit de le supposer avant que nous n'entreprenions notre enquête[46]. » Les enfants nés aux États-Unis partageaient davantage de points communs avec d'autres enfants nés dans le pays qu'avec le groupe national – ou la race, comme aurait dit Grant – représenté par leurs parents. Les juifs à tête ronde devenaient des juifs à tête allongée. Les têtes allongées des Siciliens raccourcissaient. Les visages larges des Napolitains devenaient plus étroits, ressemblant ainsi davantage à ceux des immigrés qui les entouraient qu'à ceux de leurs frères de race restés dans leur pays d'origine. Autrement dit – et en termes purement physiques –, l'étude des corps des enfants d'immigrés de la première génération ne permettait pas de distinguer le « juif » du « Polonais » ou du « Slovaque ». Les conditions de vie, du régime alimentaire à l'environnement, exerçaient un effet rapide et mesurable sur des formes de tête que l'on avait crues immuables, héréditaires et révélatrices du type essentiel de chacun.

Les races étaient instables, concluait Boas. Et si elles n'existaient pas en tant que réalités physiques à l'instant présent, elles ne pouvaient pas non plus avoir existé par le passé – ce qui signifiait que toute histoire de l'humanité qui se présentait comme un pugilat de races était fondamentalement inexacte. Si le concept de race, du moins dans sa définition populaire, ne possédait pas de permanence physique, il était impossible de lui amalgamer d'autres traits, comme l'intelligence, les capacités physiques, l'aptitude collective ou la faculté de progrès civilisationnel. « Ces résultats sont si précis que, alors que nous étions précédemment en droit de penser que les types humains sont stables », écrivit-il, « toutes les preuves plaident désormais en faveur d'une grande plasticité des types humains, et la permanence de types dans de nouveaux milieux semble être l'exception bien plus que la règle[47]. »

Boas s'était préparé à cette conclusion depuis son séjour sur l'île de Baffin, mais il avait désormais davantage qu'une simple intuition pour étayer son hypothèse. Il disposait de données, de *tonnes* de données, qui pointaient toutes vers une conclusion révolutionnaire – et déconcertante pour nombre de ses contemporains : les « peuples » qu'il avait contribué à présenter dans des musées et des expositions depuis sa propre immigration aux États-Unis ne représentaient pas des variétés naturelles de l'humanité. Rien ne permettait de croire qu'un individu appartenant à une catégorie raciale ou nationale imposait une plus forte ponction à la société, était plus enclin à la criminalité ou avait plus de mal à s'assimiler qu'un autre. Le point de départ d'une science légitime de la société et, par extension, le fondement d'une politique gouvernementale de l'immigration devaient être ce que les gens *faisaient* plutôt que ce qu'ils *étaient*.

L'année même où la commission Dillingham publia son rapport, Boas développa ses idées dans son premier ouvrage destiné au grand public, *The Mind of Primitive Man* [« L'esprit de l'homme primitif »]. Pour un homme qui avait souhaité faire connaître ses idées au public depuis ses dépêches de presse de l'Arctique, c'était un pas en avant longuement attendu – et même une sorte de plongeon dans les débats animés sur la race, la science et le pouvoir. Il s'agissait aussi de sa première tentative pour donner à l'accumulation considérable de données empiriques – amassées, couche après couche, à partir de son travail à l'Exposition universelle de Chicago, à l'American Museum of Natural History et dans son amphithéâtre de la Columbia University – la forme de ce qu'on pourrait appeler une vision du monde.

Les Européens et leurs descendants avaient transformé les forêts en champs fertiles, commençait Boas, extrait des minéraux précieux cachés au plus profond des montagnes et fabriqué des machines qui obéissaient aux ordres comme par magie. Les peuples primitifs, soumis aux éléments au lieu de les soumettre, ne possèdent rien de tout cela, ce qui explique que les peuples civilisés les contemplent avec « un sourire apitoyé[48] ». Mais ce sourire, affirmait-il, masquait une hypothèse infondée : celle qui prétendait que les réussites actuelles de la société à laquelle appartenaient ces peuples dits civilisés reflétaient leur supériorité, et plus particulièrement celle du « type nord-européen », sur les primitifs aux réalisations inférieures.

Cette hypothèse, écrivait Boas, ne reposait sur aucune réalité. Le hasard et le temps pouvaient offrir des explications tout aussi satisfaisantes aux disparités de réalisations, dans la mesure où des civilisations relativement « élevées » s'étaient développées dans le Nouveau Monde en un temps où la civilisation de l'Ancien Monde était encore au berceau. La dissémination des Européens par-delà les mers du temps des grandes découvertes, puis la création d'empires dans les terres qu'ils avaient conquises, n'avaient fait qu'interrompre le développement matériel et culturel en cours dans ces régions. « Bref », concluait-il, « les événements historiques paraissent avoir été beaucoup plus puissants que les aptitudes des races pour conduire celles-ci à la civilisation, d'où il découle que les réalisations des races ne nous permettent pas de supposer qu'une race est plus douée qu'une autre[49]. »

Les traits physiques constituaient également un médiocre guide pour distinguer les peuples avancés de ceux qui étaient plus retardés, écrivait Boas. L'allusion courante à des « races supérieures » sous-entendait l'existence d'une voie linéaire menant des animaux aux Européens et à leurs réalisations grandioses, tandis que les races dites inférieures étaient censées conserver certains traits physiques des animaux dont descendaient tous les humains. On prétendait que dans le marathon de la civilisation, ceux qui restaient à la traîne possédaient des corps aussi grossiers que leurs coutumes. Il suffisait pourtant de réfléchir un instant pour comprendre que c'était absurde, faisait remarquer Boas. Les créatures les plus simiennes parmi les êtres humains – d'un point de vue anthropométrique – n'étaient pas les races « inférieures », mais plutôt certains Européens, qui tendaient à avoir des lèvres fines et des jambes courtes, avec des masses de poils noirs[50].

Boas en venait ensuite au problème des types humains, qui comprenait ce qu'il appelait « l'imprécision des distinctions[51] ». Il était possible, certes, de trouver deux individus, l'un originaire d'Afrique subsaharienne, par exemple, et l'autre d'Europe du Nord, présentant des distinctions physiques marquées et facilement repérables : des différences significatives de carnation, de forme de nez, de texture de cheveux, etc. Considérer ces caractéristiques comme nécessairement regroupées dans tous les cas allait à l'encontre des observations de la science. Les différences physiques constituaient des gradations infimes, un mélange de traits physiques entre telle ou telle population, et non des distinctions claires séparant un type physique d'un autre. La couleur des cheveux et de la peau, la longueur du fémur et la forme de la tête différaient en réalité beaucoup *à l'intérieur* de populations humaines couramment classées comme appartenant au même type. Il suffisait pour s'en convaincre de prendre la peine de les observer un instant – ou, comme Boas l'avait fait, de réaliser les mesures chiffrées qui l'avaient absorbé à Chicago et, plus récemment, dans le Lower East Side. Toute autre affirmation faisait passer la théorie avant l'observation empirique, privilégiait le raisonnement déductif sur le raisonnement inductif. Or un tel comportement, estimait Boas, n'était pas du tout scientifique. « Quand... nous comparons toutes les races et types d'hommes, nous remarquons l'existence d'innombrables transitions qui rendraient difficile d'affirmer que telle ou telle particularité appartient à tous les individus d'un type donné, à l'exclusion de tous les autres[52]. » En outre, dans la mesure où un certain nombre de ces traits se modifient d'une génération à l'autre, voire pendant la durée de vie d'un seul être humain, « on ne peut pas poser pour hypothèse que l'homme a une forme stable[53] ».

En l'absence de « races » homogènes et facilement identifiables, tout l'édifice de la hiérarchie raciale s'effondrait. « Les distinctions entre différents types d'hommes sont dans l'ensemble modestes par rapport à la variabilité au sein de chaque type[54] », concluait Boas. Il était impossible de tracer une ligne parfaitement nette séparant une race d'une autre ; de plus, les variations considérables que l'on pouvait relever au sein de chaque catégorie raciale remettaient en question l'utilité du concept lui-même. Dès que l'on cherchait sérieusement à définir une race, et plus encore à la quantifier à l'aide de pieds à coulisse ou de mètres-rubans, on découvrait que toutes les certitudes auxquelles on s'accrochait se réduisaient en cendres.

The Mind of Primitive Man représentait la somme des recherches anthropométriques de Boas. Dans ce livre, il s'efforçait également de se détacher de la race et des différences physiques pour considérer le monde en général. Bien qu'il eût consacré la première moitié de son ouvrage à démanteler l'idée de hiérarchie raciale et, dans les faits, le concept même de race, il avait l'intention de traiter dans ce livre de l'*esprit* des peuples primitifs et avait découvert que « parmi les peuples du monde, les activités de l'esprit humain manifestent une infinie variété de formes », qui n'était pas moins marquée que leurs différences physiques[55].

« On observe fréquemment que nous désirons ou agissons d'abord », écrivait Boas, « et cherchons ensuite à justifier nos désirs et nos actions[56]. » Il identifiait ainsi un mécanisme qu'il appela

« l'interprétation secondaire d'actions ordinaires » : la tendance à rationaliser nos pratiques culturelles en fonction d'une autre série d'explications – généralement absurdes. Ainsi, on affirmait souvent que les sociétés civilisées avaient inventé la fourchette pour éviter de se couper la bouche en mangeant avec un couteau comme les peuples barbares. C'était parfaitement ridicule – il était tout aussi facile de se blesser avec une fourchette qu'avec un couteau. Toutes les sociétés tendaient à considérer leurs propres coutumes, et plus particulièrement celles qui étaient entourées de beaucoup d'affect – par exemple l'art de bien se tenir à table chez les Américains de la haute société –, comme le produit d'un développement rationnel préalable. Or il était bien plus raisonnable de penser que ces coutumes avaient vu le jour pour un grand nombre de raisons, allant d'emprunts historiques au pur hasard, que de chercher leur origine dans une logique universelle. Si les coutumes d'une autre société vous heurtaient, affirmait Boas, un comportement vraiment scientifique consistait à analyser votre propre réaction. Celle-ci vous livrait certainement un bon indice de ce à quoi tenait votre propre culture. Le meilleur générateur de données était votre propre sentiment de dégoût.

En l'occurrence, estimait Boas, la méthode faisait tout. Si vous vouliez comprendre réellement ce qui se passait dans un village kwakiutl ou dans un campement inuit, il fallait, autant que possible, essayer de vous affranchir des opinions courantes de votre milieu de naissance. Adopter de nouveaux modes de pensée et une nouvelle logique, s'accrocher à de nouvelles émotions, exigeait un effort. Il n'allait pas de soi de sentir ses tripes se nouer de peur, d'être pris d'un accès de colère, d'éprouver une profonde tristesse – autant de sentiments dus à des raisons que vous pouviez trouver étranges et inhabituelles – et d'aller ensuite jusqu'à agir en fonction de ces sentiments : le tressaillement du pied prêt à prendre la fuite, le tremblement d'une main s'apprêtant à frapper. Sans quoi, vous ne pouviez pas prétendre comprendre quoi que ce soit. Vous ne faisiez que contempler vos propres préjugés, reflétés dans le miroir de la culture d'autrui.

Il suffisait d'appliquer cette méthode à ce que les voyageurs, les journalistes et même des gens qui se disaient anthropologues affirmaient habituellement à propos des peuples primitifs, écrivait Boas, pour constater que l'essentiel de leurs commentaires était absurde. On disait souvent des peuples tribaux qu'ils étaient indolents, sans envisager qu'ils puissent n'être paresseux que lorsqu'il s'agissait de choses dont ils ne se souciaient pas. Pourquoi imaginer que tous les individus, partout dans le monde, se consacrent aux mêmes choses avec un zèle égal ou abordent les mêmes projets avec empressement et intérêt ? On prétendait parfois que les peuples primitifs étaient prompts à se mettre en colère et avaient tendance à donner violemment libre cours à leurs émotions. Garder la tête froide et se conduire rationnellement n'était-il pas, après tout, le propre des êtres civilisés ? D'un autre côté, l'imperturbabilité et la réflexion logique étaient-elles utiles lorsqu'il fallait suivre un groupe de phoques sur une banquise uniforme ou pourchasser une baleine en canoë jusqu'à son épuisement, et au vôtre ? « La façon adéquate de comparer l'inconstance du sauvage et du Blanc », notait Boas, « consiste à comparer leur comportement dans des entreprises qui présentent une égale importance pour chacun[57]. »

Dans l'intégralité de *The Mind of Primitive Man*, il ne se contentait pas de définir une méthode et un ensemble de principes préalables à la compréhension des sociétés humaines. Il mettait également au point ce qui deviendrait son style d'argumentation caractéristique. Chapitre après chapitre, son approche littéraire était identique. Il énonçait une idée courante et admettait que cette conception du monde ne manquait pas d'attrait. Puis montrait de quelle manière elle coïncidait avec notre expérience ordinaire, comment elle expliquait différents phénomènes et donnait du sens à une large variété d'observations. Se produisait ensuite le coup de théâtre : et si le problème venait en réalité de nos expériences et de nos observations ? Et si nous contemplions le monde à travers des lunettes de notre propre fabrication, prisonniers de notre propre expérience ? Si nous voulions réellement vérifier la valeur de nos théories du développement humain et de l'organisation sociale, il fallait commencer par ouvrir les yeux.

> Il ne nous est pas facile d'admettre que la valeur que nous attribuons à notre propre civilisation tient au fait que nous participons à cette civilisation et qu'elle contrôle toutes nos actions dès l'instant de notre naissance ; mais on peut certainement envisager l'existence possible d'autres civilisations, reposant peut-être sur des traditions différentes et sur un autre équilibre entre émotion et raison, dont la valeur n'est pas inférieure à la nôtre, même s'il nous est impossible de l'apprécier sans avoir grandi sous leur influence. La théorie générale de l'évaluation des activités humaines, telle que la recherche anthropologique l'a développée, nous enseigne une tolérance plus grande que celle que nous proclamons actuellement[58].

Boas commençait à ne plus considérer sa profession comme une simple science mais comme un état d'esprit, voire comme la recette d'une bonne vie. Correctement pratiquée, elle pouvait cultiver une disposition qui encourageait « une plus grande tolérance » – et qui abandonnerait aussi tout sourire apitoyé. Ce projet devait permettre à l'anthropologie de s'affirmer comme la science la plus porteuse d'espoir, une science qui n'avait pas pour seule mission de répertorier les multiples façons d'être humain mais aussi, en un sens, de les aimer.

6

L'EMPIRE AMÉRICAIN

L'année 1911 avait été un triomphe pour Boas. Sa correspondance soutenue ainsi que l'activation de ses réseaux avaient assuré des bases financières plus solides au département d'anthropologie, et la commission Dillingham lui avait permis de mener à bien le plus vaste projet statistique qu'il eût jamais entrepris. Il publia le premier volume du *Handbook of American Indian Languages* [« Manuel des langues amérindiennes »], parrainé par la Smithsonian Institution, laquelle promettait d'être une source inépuisable de fonds de recherche. Et sans connaître un authentique succès commercial, *The Mind of Primitive Man* avait marqué la première incursion majeure de Boas au-delà des milieux académiques.

Lorsque arriva l'été de ses cinquante-trois ans, il était donc enfin devenu l'intellectuel public qu'il aspirait à être depuis son départ pour l'île de Baffin. « Nous reconnaissons ainsi que toute classification de l'humanité ne peut être que plus ou moins artificielle, en fonction du point de vue choisi », écrivit-il dans l'introduction du premier volume du *Handbook*[1]. On le tenait désormais pour un spécialiste des classifications mêmes qu'il s'était efforcé de déconstruire. Les invitations à publier des articles scientifiques et à prendre la parole devant des aréopages pour s'exprimer sur le problème racial affluaient.

Plusieurs années auparavant, à l'invitation de W. E. B. Du Bois, il avait prononcé un émouvant discours de fin d'année à l'université d'Atlanta, appelant les Américains à rejeter les vieilles notions de hiérarchie raciale. Du Bois et lui montèrent de nouveau à la tribune ensemble, à Londres, à l'occasion du premier Congrès universel des races, qui rassemblait d'éminentes autorités du monde entier sur toutes sortes de sujets, depuis l'« économie interraciale » jusqu'à des « suggestions positives pour encourager l'amitié interraciale[2] ». « L'hypothèse d'une stabilité absolue des types humains n'est pas plausible[3] », déclara catégoriquement Boas dans son allocution, reprenant les conclusions de son rapport pour la commission Dillingham – comme il le faisait en toute occasion, dans des conférences publiques ou des articles de vulgarisation. Nos idées sur la race sont elles-mêmes le produit de l'Histoire, sous-entendait Boas, la justification de ce qu'un groupe de gens tient absolument à croire : qu'ils sont supérieurs, meilleurs et plus avancés qu'un autre groupe. La race était l'explication que se donnaient les Européens de leur propre sentiment de privilège et de réussite. Dans la mesure où des races existaient, telles du moins que les Européens les définissaient généralement, c'était par un tour de prestidigitation culturel, et non par quelque destinée biologique.

Tout autour de lui, cependant, le pays de Boas lui-même semblait prendre la direction contraire de celle que dictaient ses conclusions scientifiques. La commission Dillingham débourse près d'un million de dollars pour les quarante et un volumes de son rapport final… et ignora superbement tout ce que Boas avait pu dire dans sa contribution à cette entreprise. Dillingham, Lodge, Percy et leurs collègues du Congrès, adversaires invétérés de l'immigration pour la plupart, campèrent sur leurs positions. Les conclusions de la commission réaffirmaient le pouvoir et le bien-fondé des distinctions raciales. S'agissant des immigrés, affirmait le rapport sommaire, la commission « estimait raisonnable de suivre la classification employée par Blumenbach et rendue très familière aux Américains grâce aux manuels scolaires de géographie, à savoir… les races blanche, jaune, noire, brune et rouge[4] ». Les immigrés arrivés depuis les années 1880 faisaient pour la plupart partie du premier de ces groupes raciaux, mais provenaient, malheureusement, des « pays d'Europe les moins progressistes et les moins avancés». Leur tendance à l'assimilation avait été «lente par rapport à celle des races non anglophones précédentes». Ils étaient «globalement beaucoup moins intelligents que leurs prédécesseurs» et «différents par essence» de ceux qui étaient arrivés avant eux en provenance des îles Britanniques et des terres germaniques[5]. Ayant immigré principalement pour profiter des avantages de l'Amérique et non pour contribuer au bien commun, ils conserveraient toujours un pied en dehors et n'éprouveraient pour leur nouveau pays qu'une loyauté douteuse, tout en conservant un sentiment d'affinité à l'égard de leurs patries ignares.

Certes, Boas était un immigré, lui aussi, mais au moins, à en croire la commission Dillingham, il appartenait à une communauté aussi proche d'une minorité modèle qu'on pouvait l'imaginer : les germanophones prospères et bien intégrés qui étaient – la commission prenait soin de le souligner – très différents des Italiens, Polonais et juifs plus récemment arrivés. Malgré l'augmentation des immigrés originaires d'Europe de l'Est et du Sud, ceux qui étaient venus de pays germaniques constituaient toujours le groupe non anglo-saxon le plus important établi aux États-Unis en général, et le plus important dans l'absolu dans près de la moitié des quarante-huit États[6]. Au cours des décennies précédentes, les Américains d'origine germanique s'étaient imposés à la tête de presque toutes les sphères de la vie publique du pays. On les trouvait dans les associations d'enseignants et parmi les membres du barreau des États. Ils publiaient des journaux, cultivaient des terres de la Pennsylvanie jusqu'aux Dakotas, enseignaient dans des universités réservées à l'élite aussi bien que dans des écoles à classe unique et montaient en chaire pour prêcher devant des assemblées de luthériens, d'évangéliques ou de catholiques romains. Les juifs germanophones eux-mêmes, ou du moins ceux qui pratiquaient encore leur religion, fréquentaient des synagogues dont l'architecture et le décor – bancs, chœur, vitraux – mettaient en évidence leurs liens avec leurs voisins chrétiens.

Aussi Boas fut-il terriblement ébranlé quand, quelques années seulement après la présentation au Congrès du rapport de la commission Dillingham, il se trouva dans une position qu'il n'aurait jamais pu prévoir : celle de membre d'une des minorités les plus redoutées, et même haïes, des États-Unis. La naissance de Boas avait coïncidé avec la réaffirmation d'un pouvoir autocratique à travers l'Europe à la suite de l'échec des révolutions de 1848. Ayant désormais atteint l'âge mûr, il put percevoir une évolution similaire dans son pays d'adoption – non pas parce qu'il était juif, mais parce qu'il était allemand. Avec le déclenchement de la Première Guerre mondiale, les deux plus grandes communautés d'immigrés des États-Unis – celle qui entretenait des liens ancestraux avec les îles Britanniques et celle qui avait des connexions avec l'Allemagne – se trouvèrent de façon de plus en plus marquée dans les camps opposés d'une lutte internationale.

L'agression brutale de l'Allemagne contre la Belgique en août 1914 suscita une condamnation véhémente des partisans des puissances alliées. Les Américains d'origine germanique réclamèrent alors que l'on juge sans passion ni partialité les différentes parties du conflit. Dans le courant de l'année suivante, alors que la marine allemande renforçait l'activité de ses sous-marins dans l'Atlantique – un crescendo dont le point culminant fut le tristement célèbre torpillage du *Lusitania* en mai 1915, qui entraîna la mort de près de mille deux cents passagers, parmi lesquels un certain nombre d'Américains –, les commentaires de l'opinion publique reflétèrent de plus en plus l'idée que les Allemands de souche faisaient peser une menace directe sur la sécurité des États-Unis. Les commerces allemands firent l'objet d'une campagne informelle de boycott. Les grands orchestres retirèrent de leur répertoire les œuvres de Wagner et Beethoven. Des monuments à la mémoire de Goethe et de Schiller furent maculés de peinture. Dans les plus grands journaux et magazines, des caricatures présentaient les Allemands comme des conspirateurs et des barbares clandestins, attendant leur heure pour saboter une usine ou empoisonner une retenue d'eau. La citoyenneté américaine n'était plus une garantie de loyauté, annonça le président Wilson dans son discours de décembre 1915 sur l'état de l'Union. Les espions et les saboteurs « nés sous d'autres drapeaux, mais accueillis en vertu de nos généreuses lois de naturalisation » étaient susceptibles d'en profiter pour dissimuler leurs desseins terroristes[7].

L'été suivant, des agents secrets au service de l'Allemagne firent exploser l'immense dépôt de munitions du Black Tom à Jersey City, dans le New Jersey. Des vitres se brisèrent jusqu'à Manhattan et la statue de la Liberté fut criblée d'éclats de métal. Quelque six cent mille Allemands qui n'étaient pas citoyens américains furent tenus de se faire enregistrer auprès du gouvernement fédéral et se virent interdire de mettre les pieds sur les quais des ports, de prendre le train ou de résider dans le district de Columbia[8]. Le département de la Justice exhorta les Américains à faire preuve de vigilance et à dénoncer toute activité suspecte, surtout si celle-ci concernait des individus correspondant au profil culturel de sympathisant ou d'agent de l'ennemi – des gens qui avaient l'air allemands, avaient l'accent allemand ou exprimaient des opinions pro-allemandes. La Louisiane, le Kentucky, le Dakota du Sud et l'Iowa interdirent l'utilisation de la langue allemande dans des réunions publiques ou au téléphone[9]. Près de la moitié des États bannirent complètement ou partiellement l'enseignement de l'allemand à l'école (une mesure qui ne serait abrogée que par une décision de la Cour suprême[10]). La réaction publique à cette évolution des mesures et de la rhétorique politiques était prévisible : assassinats, flagellations par des « comités de citoyens » improvisés, lynchages, ainsi que multiples actes de vandalisme et d'humiliation furent rapportés du Wisconsin à la Floride. Les familles cessèrent de parler allemand, même chez elles, ou éliminèrent de leurs patronymes des *k* et des *sch* suspects.

Boas et Marie avaient trouvé à New York une importante et accueillante communauté allemande, qui possédait ses propres restaurants, ses établissements religieux et ses centres culturels, de Kleindeutschland à l'Upper West Side et aux faubourgs du New Jersey. Mais l'hostilité du gouvernement, et de la société américaine dans son ensemble, contre ce groupe largement assimilé semblait grandir rapidement. Pour la première fois, Boas n'était plus l'immigré sûr de lui, qui faisait sa vie dans un nouveau pays en partant de l'hypothèse que celui-ci appartenait au même espace de civilisation que son Allemagne natale. Il était désormais un étranger. Le *New York Herald* entreprit bientôt de publier les noms et adresses de ressortissants allemands ou austro-hongrois présumés[11]. La citoyenneté américaine de Boas, acquise en 1892, faisait l'effet d'une maigre protection.

Que Boas fût aussi devenu l'un des critiques les plus en vue de la guerre ne fit rien pour arranger les choses. En 1915, il proclama son soutien à la cause allemande dans une lettre au *New York Times*, ajoutant que ce point de vue purement personnel ne devait en aucun cas être une raison pour condamner un compatriote. Si la situation perdurait, l'Allemagne risquait d'avoir un bon motif de se déclarer en guerre contre les États-Unis. « Quelle que puisse être la lettre de la loi, écrivait-il, l'homme de la rue qui éprouve des sympathies allemandes sera parfaitement incapable de comprendre pourquoi quelqu'un qui fait parvenir du ravitaillement à un navire de guerre allemand devrait être poursuivi par notre gouvernement et se voir infliger les plus sévères sanctions prévues par la loi, alors que d'autres qui envoient des munitions pour un montant de plusieurs millions de dollars aux armées du camp adverse méritent d'être protégés et choyés par notre Administration[12]. » Si les États-Unis se trouvaient dans la même position que l'Allemagne ou l'Autriche – entourés de voisins instables, gouvernés par une petite clique, exaspérés par les ambitions d'autres puissances impériales –, ils réagiraient probablement comme l'avait fait l'Allemagne. Au demeurant, les États-Unis n'avaient pas agi autrement un peu plus d'une décennie auparavant, au moment de la guerre hispano-américaine, alors que c'étaient les Américains qui menaçaient la paix internationale et les Européens qui appelaient au calme[13].

Boas récidiva au début de l'année suivante, affirmant dans une autre longue lettre adressée au *Times* que les États-Unis n'adoptaient pas seulement une attitude partisane dans le conflit européen, mais se posaient en « arbitre du monde » potentiel. Cette lettre constituait une sorte de biographie intellectuelle. Boas était arrivé aux États-Unis plein d'optimisme, convaincu que cette nation de melting-pot ignorerait les conflits nationalistes qu'il avait connus en Europe. En 1898, il avait connu un « réveil brutal » et traversé une période de « profonde déception ». Les États-Unis s'étaient engagés dans leur propre expansion impérialiste lors de la guerre hispano-américaine et avaient imposé aux Philippines une administration coloniale brutale. Ses convictions politiques avaient toujours reposé sur l'idée que la retenue devait dicter la politique étrangère américaine, ne serait-ce que parce que les Américains ignoraient tout des modes de vie d'autrui. « Il m'a toujours semblé que nous n'avons pas le droit d'imposer nos idéaux à d'autres nations », écrivait-il, « même si nous nous étonnons qu'elles apprécient le genre de vie qu'elles mènent, même si elles font preuve d'une terrible lenteur à exploiter les ressources de leur pays et même si leurs idéaux s'opposent aux nôtres[14]. »

Au début de l'année 1917, Boas dénonça la dérive des États-Unis vers un engagement dans la guerre européenne et reprocha au président Wilson l'hostilité croissante de l'Amérique à l'égard de l'Allemagne[15]. En avril, quand les États-Unis se décidèrent finalement à intervenir dans le conflit, les idées de l'anthropologue ne furent plus simplement suspectes mais, en ce temps de fièvre guerrière, clairement antipatriotiques. « Ce qui a été toléré auparavant est devenu à présent intolérable », déclara cet été-là Butler, président de la Columbia University, à l'occasion de la remise des diplômes, visant semble-t-il les professeurs radicaux comme Boas. « Ce qui n'avait été que sottise est devenu trahison[16]. » Un autre de ses collègues de l'université écrivit au *Times* pour condamner l'« antiaméricanisme » de Boas et préciser que ses vues étaient loin d'être partagées par la majorité des « hommes de Columbia[17] ».

Les supérieurs de Boas à l'université lui conseillèrent vivement de limiter ses déclarations publiques. Cette recommandation étant demeurée sans effet, les membres du conseil d'administration amputèrent son salaire, l'exclurent de certains fonds de recherche et critiquèrent ouvertement sa propension à enseigner « l'anthropologie dans une interprétation allemande[18] », pour reprendre la formule de l'un d'eux. Face à l'accumulation des factures et à l'accroissement constant de ses frais de recherche, il fut contraint par moments, pour se maintenir à flot, de compter sur un fonds constitué par des amis universitaires et des protecteurs bienveillants[19].

Boas n'avait pourtant pas l'intention de plier. Il continua à bombarder d'articles et de lettres le rédacteur en chef de *Times*, à vitupérer contre les hommes politiques, Wilson en tête, et à s'en prendre à certaines des plus éminentes personnalités publiques américaines. Quand on lui proposa de faire la recension du *Déclin de la grande race* de Madison Grant, il sauta sur l'occasion. Grant avait présenté une « prophétie à la Cassandre de tous les maux qui nous accableront en raison de la multiplication des types à yeux foncés[20] », écrivit Boas dans *The New Republic.* En réalité, objectait-il, il n'existait guère de preuves pour étayer ces allégations ; il ne s'agissait que d'« hypothèses dogmatiques », dont la plupart se révélaient complètement fausses. Les catégories que les Américains appelaient « races » ne reposaient sur aucune base héréditaire. Si l'on mesurait concrètement les corps d'individus appartenant à telle ou telle race, on ne pouvait que relever l'absence de tout faisceau de traits physiques – et plus encore de traits intellectuels et moraux – et l'existence, au contraire, d'une immense diversité de types. « Parler de caractéristiques héréditaires d'une race humaine conçue comme un tout n'a aucun sens. »

Grant avait commis un autre péché, encore plus grave, estimait Boas. Le racisme ne tenait pas seulement à l'idée que certaines races étaient supérieures ou inférieures à d'autres. Le racisme incarnait fondamentalement la foi dans la réalité héréditaire de la race elle-même – une idée tissée dans la trame même du langage de la science et qui constituait, en tant que telle, un produit aussi intégral de la culture occidentale que, mettons, un masque peint était le produit des Kwakiutls. Quand une théorie ne reposait sur aucune preuve, ainsi que le suggérait Boas dans *The Mind of Primitive Man*, il fallait y renoncer – surtout si cette théorie plaçait, comme par hasard, des gens tels que vous au centre de l'univers. Faute de quoi, ce que vous appeliez science n'était que sornettes.

Boas présentait une thèse imposant aux lecteurs une véritable gymnastique conceptuelle : il demandait en effet aux Américains et aux Européens de l'Ouest de renoncer à la conviction de leur propre grandeur. Grant, en revanche, pouvait s'appuyer sur un sentiment plus simple et plus puissant : la profonde assurance de la société occidentale, ancrée dans la réalité de la domination anglo-saxonne qui s'exerçait d'un bout à l'autre de la planète. Selon Grant, l'alliance aberrante de l'Allemagne avec les Ottomans et les Japonais ne faisait que prouver ce qui risquait d'advenir quand les représentants d'une race privilégiée liaient leur sort à ceux d'une race arriérée. En revanche, Boas n'avait rien d'autre à proposer que des prises de mesures crâniennes ésotériques et une théorie scientifique qui allait à l'encontre de la sagesse établie. Comme on pouvait s'y attendre, les chiffres de vente du *Déclin de la grande race* de Grant continuèrent leur progression. L'ouvrage fut rapidement réédité, ses allusions aux « Teutons » – que les soldats américains combattaient à présent dans les tranchées – ayant été remplacées par les « Nordiques », politiquement plus acceptables.

Une fois la guerre terminée, les problèmes professionnels de Boas ne firent qu'empirer. La science était un chant des sirènes, estimait-il. Mal employée, elle attirerait toujours les politiciens dans des eaux dangereuses. Il publia dans *The Nation* un article critiquant – sans les nommer – des scientifiques qui s'étaient selon lui livrés à des activités d'espionnage dans des pays étrangers sous prétexte de travail de terrain, et dénonçant l'exploitation de la recherche à des fins gouvernementales, quelles qu'elles fussent. L'American Anthropological Association – une institution dont il avait été le cofondateur – lui reprocha alors de politiser la recherche scientifique et l'exclut de son conseil d'administration. D'éminents savants écrivirent à la Smithsonian pour réclamer qu'elle rompe tout lien avec lui, l'accusant, entre autres crimes, d'avoir « contesté l'intégrité du président des États-Unis[21] ». Le secrétaire de l'institution, Charles D. Walcott, avait déjà décidé de renvoyer Boas de son poste de philologue honoraire du Bureau of American Ethnology, fonction qu'il occupait depuis qu'il avait entrepris la rédaction du *Handbook of American Indian Languages.* Pour couronner le tout, Walcott conseilla vivement au président Wilson de demander au département de la Justice d'enquêter sur Boas pour radicalisme. Le ministre A. Mitchell Palmer – qui lancerait bientôt les sinistres « Palmer Raids » contre les gauchistes et autres prétendus dissidents – ouvrit donc un dossier à son sujet.

Boas « occupe à présent une position relativement obscure et sans influence[22] », écrivit à Walcott Henry Fairfield Osborn, président de l'American Museum of Natural History. Ce dernier, qui avait succédé à Jesup à la tête de l'établissement, considérait depuis longtemps Boas comme un hurluberlu. Il avait même rédigé une préface élogieuse à l'édition révisée du *Déclin de la grande race* de Grant et était en train de réorganiser les collections du musée de manière à illustrer la philosophie grantienne de supériorité raciale[23]. Pour lui, Boas n'avait que ce qu'il méritait.

Les difficultés de l'anthropologue touchèrent également sa vie personnelle. Plusieurs de ses proches vivaient encore en Allemagne et Boas, comme beaucoup de Germano-Américains, avait été pris en tenaille entre sa loyauté à sa famille et sa loyauté à sa patrie. Après la signature du traité de Versailles, les siens ne furent pas épargnés par la crise financière et l'agitation sociale qui s'ensuivit. Sa sœur aînée, Toni, parvint à rejoindre les États-Unis mais, en tant que citoyenne allemande, c'est-à-dire ressortissante d'une puissance étrangère anciennement ennemie, elle vit tous ses biens confisqués par le gouvernement américain. Elle s'installa donc dans la maison de Grantwood, sous la protection de Boas[24].

Toni était arrivée aux États-Unis juste avant un changement radical de la politique d'immigration américaine, fruit des efforts de la commission Dillingham. En vertu de la loi Johnson-Reed de 1924, le Congrès américain n'autorisait désormais de nouvelles immigrations qu'en proportion du nombre de représentants de la même origine nationale présents dans le pays en 1890. Cet encadrement plutôt abscons était destiné à rendre à la composition démographique du pays le visage qu'elle avait présenté avant les migrations massives du tournant du siècle. L'immigration en provenance d'une grande partie de l'Asie – source de main-d'œuvre bon marché et, en tant que telle, objet de préoccupation tant pour les hommes politiques nationalistes que pour les syndicats – fut dans les faits intégralement prohibée, alors qu'aucune limite n'était imposée aux mouvements migratoires depuis l'Amérique latine, d'où l'afflux de population avait été faible. Cette loi était explicitement destinée à réduire les effectifs à venir de représentants des groupes que Boas connaissait si bien grâce au Lower East Side – juifs, Italiens, Polonais, Slovaques et autres, dont les communautés étaient montées en flèche – et d'empêcher la venue d'individus jugés dangereux ou culturellement indésirables. Cette politique resterait la pièce maîtresse du système d'immigration américain pendant plus de quarante ans, jusqu'à son abrogation en 1965.

D'autres restrictions ne tardèrent pas à consolider ce rempart contre les étrangers. Le département d'État américain introduisit un nouvel instrument administratif – le visa – pour contrôler les entrées dans le pays. Il n'en accordait qu'aux voyageurs qui lui convenaient et moyennant le versement obligatoire d'une certaine somme. Si les employés consulaires encourageaient les regroupements familiaux – que l'on critique parfois aujourd'hui en les présentant comme une « immigration en chaîne » –, c'était pour une raison bien précise : dans la mesure où la loi Johnson-Reed privilégiait les immigrants répertoriés comme blancs, permettre aux citoyens américains de faire venir des membres de leurs familles depuis l'étranger était un moyen d'accroître le pourcentage de Blancs dans la population générale. D'autres textes législatifs faisaient explicitement obstacle à des familles dont on jugeait la composition malvenue. La loi sur les femmes mariées de 1922 par exemple privait de leur citoyenneté les Américaines qui épousaient un homme étranger inéligible à la citoyenneté en raison de sa race ou de son origine nationale – autrement dit, elle privait de leurs droits de citoyennes de nombreuses femmes qui épousaient des hommes non blancs. La même année, la Cour suprême confirma la constitutionnalité de l'ensemble de ce système par le décret *Ozawa v. United States*, qui compte parmi les nombreuses procédures judiciaires visant à établir les limites de la définition de la blancheur, et refusa ainsi aux Japonais toute possibilité de naturalisation du seul fait de leur race[25].

« Nous avons fermé les portes juste à temps pour empêcher notre population nordique d'être envahie par les races inférieures », déclara alors Madison Grant. Le nouveau système fondé sur la race adopté par le Congrès était, écrivit-il, « l'un des plus grands pas en avant de l'histoire de ce pays[26] ». Sa propre activité de lobbying avait joué un rôle majeur dans l'adoption de toutes les restrictions à l'immigration, dont les mesures législatives de 1924 marquèrent l'apogée. Scribner's publia deux nouvelles éditions du *Déclin de la grande race*, dont le volume avait presque doublé et qui était désormais accompagné d'un substantiel appendice bibliographique. L'université qui employait Boas, la Columbia, commença elle-même à limiter l'admission des étrangers raciaux et des individus nés à l'étranger, à l'instar de la majorité des plus éminents établissements d'enseignement supérieur du pays. Les formulaires d'inscription exigeaient désormais qu'un étudiant mentionne la religion de sa famille et le lieu de naissance de ses parents[27]. On créa de nouvelles bourses, réservées aux membres des « races anglo-saxonne, germanique, scandinave ou latine[28] ». À l'arrivée de chaque nouvelle promotion d'étudiants de première année, il devint plus facile de « prononcer tous les noms sans se faire un double nœud à la langue[29] », remarqua avec satisfaction le doyen du premier cycle, Herbert Hawkes.

En 1925, *Le Déclin de la grande race* fut traduit en allemand. La même année, un extrémiste autrichien, récemment sorti de prison, écrivit à Grant, faisant l'éloge de son ouvrage qu'il présentait comme « [s]a Bible[30] ». Peu après, quand il publia son propre traité sur l'histoire et les affaires mondiales, il emboîta le pas à Grant en affirmant que les États européens avaient été victimes de populations bâtardes qui se prétendaient à présent fallacieusement britanniques, françaises ou allemandes. Il y avait « cependant un pays », disait-il, « où l'on peut observer au moins de timides tentatives inspirées par une meilleure conception du rôle de l'État[31] ». En excluant expressément les races étrangères, écrivait Adolf Hitler dans *Mein Kampf*, les États-Unis montraient la voie vers une manière plus éclairée, plus scientifique d'édifier une communauté politique. « Un État qui, à une époque de contamination des races, veille jalousement à la conservation des meilleurs éléments de la sienne doit devenir un jour le maître de la terre[32]. »

Franz Boas sortit des années de guerre profondément transformé. Son fils Ernst s'était engagé dans l'armée américaine[33], contrairement aux souhaits de Boas, et jusqu'au jour où Ernst revint de France sain et sauf, il vécut dans une angoisse presque intolérable[34]. Au printemps 1915, on lui avait diagnostiqué une tumeur d'une glande salivaire. Il s'était persuadé qu'il était condamné à mort, ce qui explique peut-être la radicalité de ses critiques cinglantes de la guerre : un homme mourant n'avait plus rien à perdre[35]. On procéda à l'ablation de l'excroissance, mais au cours de l'opération, un nerf fut sectionné. Son œil et sa joue gauches s'affaissèrent, sa vision fut brouillée, et il avait la sensation, affirma-t-il, que son visage était comme « une planche[36] ». Son accent devint encore plus prononcé. Il négligea ses dents, de crainte que des soins ne réactivent le cancer[37]. Quand il se prêta lui-même aux pieds à coulisse et aux mètres-rubans de ses collègues en anthropométrie, les effets accumulés de tous ces maux furent enregistrés avec des détails impitoyables : cheveux aux deux tiers gris, « visage paralysé[38] ».

« La déception de [s]a vie », avoua-t-il à Ernst, était d'avoir vu les Américains succomber au nationalisme[39]. Son pays d'adoption en était venu à se rapprocher de plus en plus de l'Allemagne ou de n'importe quel autre État-nation d'Europe : obsédé par sa propre pureté, méfiant à l'égard des étrangers et plus préoccupé par l'idée d'être grand que de faire le bien. Les Américains se révélaient moins exceptionnels que quiconque, lui compris, ne l'avait supposé.

« Qu'il s'agisse de vie familiale, de patriotisme local, d'esprit universitaire, de nationalisme, d'intolérance religieuse – c'est toujours pareil[40] », soupirait-il. « Faut-il toujours donner un coup de pied à l'autre, sous prétexte qu'on apprécie son propre mode de vie[41] ? » Il se sentait plus distant, plus à la périphérie des choses qu'à aucun moment depuis le jour de son immigration. Son département, dont le président Butler avait réduit les effectifs, se limitait désormais à trois pièces situées au huitième étage de la faculté de journalisme : une pièce pour Boas, une pour sa secrétaire et une troisième vide[42]. Il ne pensait pas avoir la possibilité d'en faire grand-chose. Condamné à une forme d'exil intérieur à Columbia, il dépendait de la bonté de quelques riches amis pour obtenir des fonds de recherche et toucher, parfois, un salaire.

À la même époque, il reçut d'Allemagne la nouvelle de la mort de son vieux compagnon de voyage, Wilhelm Weike. « Il est extrêmement douloureux de voir sa jeunesse commencer à disparaître de tous côtés[43] », écrivit-il à son fils. Avait-il commis une erreur en s'engageant dans une carrière universitaire publique ? C'était un homme de science, après tout, et non un polémiste, aussi vertueux que fût son message. « Je ne maîtrise pas les modes d'expression qui me permettraient de parler efficacement... », expliqua-t-il à Ernst. « Mes sentiments les plus profonds s'opposent à la réalisation de quelque chose sous sa forme extérieure si je ne puis en imposer le contenu... Cela empêche naturellement de prendre la direction active d'un grand mouvement. Et en réalité, on se trouve même empêché de jouer un rôle majeur dans des activités moindres. Tout ce que l'on peut faire, c'est travailler tranquillement dans son domaine personnel, où les choses dépendent des connaissances et du contrôle de faits, et où les facteurs émotionnels jouent un rôle relativement restreint[44]. »

Ce qu'il maîtrisait en revanche, c'était l'amphithéâtre. Le programme de premier cycle d'anthropologie avait été progressivement supprimé à la Columbia University pendant la guerre, un autre moyen imaginé par le président Butler pour immuniser les « hommes de Columbia » contre l'influence radicale de Boas[45]. Il lui restait le programme de troisième cycle et une série de cours d'initiation populaire – des « cours de vaudeville[46] », comme il les appelait. Son public le plus enthousiaste semblait issu de la population estudiantine de Columbia reléguée juste de l'autre côté de Broadway : les étudiantes.

Comme la plupart des universités de ce temps, la Columbia avait été conçue pour l'instruction des jeunes hommes. Pourtant, au début des années 1880, le conseil d'administration et les doyens de faculté avaient créé un programme spécial permettant aux femmes de passer des examens en vue de l'obtention de diplômes de premier cycle – sans leur accorder cependant l'autorisation d'assister à des cours pour préparer ces examens.

L'une des premières diplômées de ce cursus s'appelait Annie Nathan Meyer. Elle était issue d'une des plus vieilles familles juives séfarades de New York, dont l'arbre généalogique abondamment ramifié comprenait la poétesse Emma Lazarus et le juriste Benjamin Cardozo. Les racines des séfarades, qui constituaient une minorité au sein d'une minorité, remontaient à l'expulsion des juifs hispanophones de la monarchie catholique d'Espagne au XVe siècle. Les références américaines d'Annie Meyer n'en étaient pas moins aussi irréprochables que celles de Madison Grant. Dans le New York de l'ère coloniale, son arrière-grand-père, le rabbin Gershom Seixas, avait été président d'une importante synagogue que les autorités britanniques fermèrent quand il refusa de prier pour le roi George III[47]. Il assista par la suite à l'investiture de George Washington.

Épouse d'Alfred Meyer, un médecin juif respecté, Annie Nathan Meyer mobilisa ses nombreuses relations – et son prestige d'ancienne élève de facto de la Columbia – dans un mouvement en faveur de la création d'un établissement universitaire en bonne et due forme destiné aux femmes. Ce bâtiment devait faire officiellement partie de l'université tout en étant situé de l'autre côté de la rue, afin de préserver le campus principal de toute mixité. « J'avais conçu la théorie astucieuse voulant que pour imposer n'importe quel projet radical, il convenait de le faire de la manière la plus conservatrice possible[48] », raconta-t-elle plus tard. Lorsque l'établissement ouvrit ses portes en 1889, Meyer en devint la sainte patronne et la main directrice. En d'autres temps, il aurait également pu prendre son nom. Mais les choses étant ce qu'elles étaient, Meyer put manifester toute sa finesse. Elle eut en effet l'idée de proposer qu'on lui donne celui de Frederick A. P. Barnard, un ancien président de l'établissement très apprécié. Cette suggestion sembla convaincre le conseil d'administration de la Columbia qu'après tout les femmes ne provoqueraient peut-être pas la ruine de cette institution. Jusqu'en 1983, date à laquelle l'université renonça enfin à sa politique exclusivement masculine, Barnard College resta la principale voie d'accès féminine à la Columbia University.

Malgré ses idées progressistes sur l'éducation, Meyer était une anti-suffragette convaincue. Elle était persuadée que l'amélioration de la condition féminine devait précéder la conquête d'une voix politique. Ce n'était cependant pas le genre d'étudiante – ni de professeure – que

Barnard avait tendance à attirer. Après la Première Guerre mondiale, l'enseignement des sciences sociales – psychologie, gouvernance, statistiques appliquées et anthropologie – était au moins d'aussi bonne qualité, et même souvent meilleure, au Barnard College que dans son université de tutelle. Virginia Gildersleeve, doyenne visionnaire de Barnard qui resta longtemps en poste, eut à cœur d'engager les meilleurs professeurs de la Columbia pour enseigner à l'ouest de Broadway. Elle avait fait appel à Boas pour qu'il donne des cours aux étudiantes de Barnard, lui permettant ainsi de poursuivre son activité d'enseignant malgré ses relations tendues avec le président Butler.

Le mode d'enseignement de Boas consistait à plonger d'emblée les élèves dans le bain, en leur faisant entreprendre très tôt des recherches avancées et indépendantes, avant de combler leurs lacunes par des théories générales en fonction de leurs besoins[49]. Il n'utilisait jamais de manuels et encourageait au contraire les étudiantes à échanger leurs notes de cours et leurs fiches de lecture[50]. Si l'une d'elles devait acquérir des notions de méthodes statistiques ou de calcul pour comprendre les bases d'un cours d'anthropométrie, il arrivait à Boas de couvrir rapidement des tableaux noirs d'équations et de formules, s'attendant à ce que ses étudiantes saisissent tout sur-le-champ[51]. Se salir les mains à rassembler des données empiriques et échafauder des hypothèses à partir d'observations concrètes : telle était la recette de la vraie science, leur enseignait-il. Tout le reste produisait des gens de la trempe de Madison Grant ou de Lothrop Stoddard.

Boas procédait largement de la même manière dans les cours de troisième cycle qu'il dispensait à l'est de Broadway, sur le campus principal de la Columbia. Ne montrant guère de hâte à noter les étudiants et parcimonieux en commentaires, il était persuadé que travailler dur était plus important pour eux que répondre à des exigences formelles. Ils apprendraient ce dont ils avaient besoin lorsqu'ils iraient sur le terrain[52]. Il affichait également ses idées politiques, ce qui lui aliénait certains élèves. Ainsi, quand Ralph Linton, un ancien combattant récemment démobilisé, se présenta en uniforme de l'armée pour son premier cours de doctorat, Boas le réprimanda si vertement que Linton ne tarda pas à s'inscrire au programme d'études rival de Harvard[53]. Il prétendrait plus tard que le « cercle juif » de la Columbia avait conspiré pour lui barrer la route[54]. Toutefois, pour un homme dont l'attitude oscillait le plus souvent entre la distraction et l'irascibilité, Boas était également capable de se montrer étonnamment chaleureux. Pendant plus de dix ans, il s'était efforcé d'attirer un plus grand nombre de femmes dans son programme de troisième cycle, qui n'imposait pas de restrictions de genre[55]. Une science qui ne pouvait accéder qu'à la moitié des données disponibles – les pratiques, les histoires et les rituels masculins – n'était, estimait-il, pas digne de ce nom.

Une grande jeune femme au visage rond qui se présenta dans la salle de cours de Boas en 1921 trouva cette vision des choses absolument captivante. Elle n'avait guère d'expérience du monde des idées, hormis quelques années d'enseignement comme institutrice et son rôle d'épouse au foyer d'un mari universitaire, et moins encore du voyage plein d'aventures qu'elle commença à découvrir dans les articles savants d'anthropologie composant le programme de lectures obligatoires de Boas. Elle n'avait pas suivi de cours de premier et deuxième cycles d'histoire, de philosophie ou d'anthropologie à Barnard College, mais avait débroussaillé toute seule les écrits de Mary Wollstonecraft et de Nietzsche et avait suivi des séminaires de sciences sociales gratuits dispensés en ville. « Je n'ai pas d'enfants », déclara-t-elle à une amie, « alors autant avoir des Hottentots[56]. »

Ruth Benedict se trouva bientôt au centre d'un changement démographique massif au sein du département d'anthropologie. « J'ai fait une curieuse expérience ces dernières années dans mon travail de troisième cycle », écrivit Boas à un collègue. « Mes meilleurs étudiants sont tous des femmes[57]. »

Ruth Fulton, ainsi qu'elle s'appelait avant de se marier, déclarerait plus tard que sa vie avait réellement commencé à la mort de son père, qui avait succombé à une infection quand elle n'avait que vingt et un mois[58]. Cette disparition avait foudroyé sa mère. Pendant la veillée mortuaire, elle avait conduit sa fille dans la pièce où le corps du défunt gisait dans son cercueil et, pleurant à chaudes larmes, elle l'avait implorée de ne jamais oublier. Chaque année au mois de mars, le jour anniversaire de sa mort, sa mère rejouait cette scène, sanglotant bruyamment, érigeant le décès de son mari en « culte du deuil[59]. » Dès l'enfance, Ruth avait ainsi appris à vivre dans deux mondes : le monde de la mort, serein et beau ; et le monde de la vie, confus, éruptif et inquiétant[60]. Elle imaginait qu'elle trouverait enfin une forme de paix quand elle aurait atteint cinquante ans – âge auquel elle aurait surmonté les affres de l'adolescence, la nécessité de donner un but à sa vie et de dénicher un mari –, un cap qui lui paraissait plus ou moins inaccessible[61]. Jusque-là, elle était bien obligée de faire face à l'obscurité, dont la présence était aussi palpable que le courant d'air chaud généré par l'approche d'une rame de métro.

Née à New York le 5 juin 1887, elle alla s'installer avec sa mère sur la ferme familiale située dans le nord de l'État, juste avant la mort de son père. Elle passa une licence au Vassar College en 1909 et épousa peu après Stanley Benedict, biochimiste à la faculté de médecine de Cornell. Le couple regagna alors New York, mais Ruth était à la dérive. Son foyer devint le centre de ses activités : cuisine, ménage, le tout dans le plus grand silence afin que Stanley puisse se livrer à ses passe-temps favoris, à savoir la réparation de moteurs et le tirage photographique[62]. « La seule chose qu'il demande, se disait-elle, c'est que tout se déroule sans accroc[63]. » La routine lui apportait un certain réconfort et elle reconnut plus tard en avoir fait sa technique « pour empêcher le suicide de devenir [une tentation] trop forte pour [elle] dans un instant de vulnérabilité[64]. »

Quand Stanley rechercha le calme de la banlieue, Ruth accepta de déménager, mais garda une chambre en ville[65]. C'était la première fois de leur vie conjugale qu'elle parvenait à se ménager un espace à elle. Elle écrivit des poèmes, commença à tenir son journal et finit par s'inscrire à la Free School, un établissement expérimental pour auditeurs libres dont les cours se tenaient dans des maisons de ville des 20e Rues Ouest, et qui donna naissance plus tard à la New School for Social

Research. Elle y fut admise à un cours de licence d'Elsie Clews Parsons, une diplômée de Barnard qui commençait à s'affirmer comme une autorité sur les Amérindiens du Sud-Ouest.

Aventureuse, brillante et née avec un patrimoine de Wall Street, Parsons exerçait un effet magnétique. Elle adorait bousculer les conventions et possédait la sécurité financière et l'assurance sociale nécessaires. Après Barnard, elle avait passé un doctorat de sociologie à la Columbia et pris la tête des mécènes qui financèrent le département d'anthropologie lors des difficultés de Boas pendant la guerre. L'un de ses premiers ouvrages, *Fear and Conventionality* (1914), était un commentaire de vulgarisation de *The Mind of Primitive Man* de Boas. Renoncez à vos anciens modes de pensée, recommandait-elle à ses lecteurs, et imaginez un monde où tout ce qui vous paraît normal devient étrange et inconnu. « La peur du changement fait partie de l'état de peur dans lequel l'homme a toujours vécu, mais auquel il a commencé à échapper... Ce qu'il appelle aujourd'hui conformisme constitue la partie de son système de protection contre le changement qu'il a entrepris d'examiner et même, sa crainte diminuant, de rejeter[66]. »

Nous sommes tous prisonniers des classifications dont nous héritons, estimait Parsons. Les éléments qui nous unissent apparemment en unités nommables – nos familles, tribus ou nations existantes – constituent en réalité des barrières à un « amour parfaitement dénué de peur » pour d'autres gens et d'autres sociétés[67]. C'est également ce qui condamne des individus à se sentir mal à l'aise dans leur patrie (ou même dans leur foyer), à souffrir de ne jamais s'insérer parfaitement dans les catégories préétablies qui devraient, insiste la société, façonner leur vie. Le préalable d'une science sociale consistait donc à apprendre à reconnaître les chevilles carrées et les trous ronds – à déconnecter les individus des comportements sociaux que l'on attend d'eux – au sein de sociétés lointaines, exotiques, aussi bien que dans la nôtre. Faute de quoi, notre prédisposition naturelle « à classifier... peut être aussi bien la source d'échecs désastreux que de grandes réalisations[68] ». Les responsables du *Social Register*, le bottin mondain des États-Unis, lui donnèrent raison : après la publication d'une série d'ouvrages vantant les vertus de l'amour libre, du divorce et de la contraception, le nom de Parsons fut retiré de la liste officielle des meilleures familles de New York[69].

Ce fut une révélation pour Ruth Benedict. Elle succomba au charme de l'atmosphère que Parsons et d'autres avaient créée à la Free School. Dans ses travaux écrits, elle appliqua certaines idées de Parsons pour voir si elles lui convenaient. Une société qui prônait l'amour libre, écrivit-elle dans une dissertation, était manifestement plus avancée dans le domaine de la liberté humaine qu'une société pour laquelle la vie sexuelle des femmes se limitait aux catégories de vierge, d'épouse et de prostituée[70]. Le monde regorgeait de possibilités et non de faits établis, et la science sociale permettait à chacun d'affûter sa compréhension du possible. Parsons invitait ses lecteurs à prendre de la distance avec leur environnement et à commencer à observer la bizarrerie de leurs propres coutumes. Or Benedict n'avait pas réellement besoin de s'exercer à ce qui lui était naturel depuis l'enfance : voir le monde comme intrinsèquement de guingois – une « confusion de l'âme », comme elle disait, susceptible d'engendrer la terreur, mais aussi l'aventure et la perspicacité[71]. Toute sa conversation était en réalité un exercice de traduction : la rougeole contractée en bas âge l'avait laissée partiellement sourde, et elle devait consentir un effort pour comprendre des mots et des expressions qui semblaient parfaitement intelligibles à tous les autres. Le monde se présentait à elle avec des contours troubles en lieu et place des lignes précises que son mari trouvait si évidentes.

Un autre professeur de Benedict, Alexander Goldenweiser – un élève de Boas –, l'encouragea à aller plus loin en s'inscrivant au programme doctoral de la Columbia University. Le département se remettait tout juste du bannissement de fait de Boas, grâce à Parsons et à d'autres philanthropes qui finançaient de nouvelles expéditions sur le terrain, des publications et même le salaire de la secrétaire du département. L'ancienne génération d'étudiants – Kroeber et Lowie à Berkeley, Goldenweiser à la Free School, Sapir au Canada – avait laissé place à de nouvelles recrues : Gladys Reichard, jeune diplômée du Swarthmore College, qui travaillait sur les Navajos, Melville Herskovits, ancien combattant et ex-élève de l'université de Chicago, qui s'intéressait à la culture afro-américaine et, bientôt, Benedict elle-même – d'une timidité maladive, exclue de la plupart des conversations et, à trente-quatre ans, nettement plus âgée que beaucoup de ses condisciples. Elle passait ses journées à dévorer des livres et des rapports d'études de terrain dans une course folle pour rédiger une thèse.

La plupart des doctorats tenaient davantage des arts du spectacle que de la recherche originale, et ils représentaient avant tout un exercice destiné à convaincre les examinateurs qu'un étudiant avait maîtrisé un corpus de savoir théorique. Benedict, en revanche, était authentiquement inspirée. Les informations qu'elle avait glanées à la bibliothèque l'avaient conduite à juger inappropriées les anciennes méthodes utilisées pour rendre compte des expériences religieuses. Les spécialistes répartissaient les croyances primitives dans des cases bien précises – animisme, magie et mysticisme. Il lui suffit pourtant de se plonger dans des articles savants et des rapports de terrain pour observer une richesse échevelée, par exemple, dans les pratiques de groupes tribaux des Grandes Plaines. « Toutes les classifications connues de la religion… se bousculent dans cet unique secteur », écrivit-elle en 1922 dans son premier article publié. « Notre tâche première ne consiste-t-elle pas à rechercher aussi méticuleusement que possible dans des lieux définis à quoi se rattachent les expériences religieuses, et d'évaluer leur hétérogénéité et leur infinie multiplicité[72] ? »

C'était le langage maladroit d'une scientifique en herbe pour exprimer exactement ce qu'elle avait appris de Boas : que nos catégories de l'expérience humaine devraient commencer par l'expérience elle-même et non par les structures mentales importées par un observateur. Mais elle avait également mis le doigt sur une vérité plus profonde. La religion telle qu'elle était pratiquée par les Indiens dans l'Ouest américain – visions extatiques, supplices atroces, manifestation d'un esprit tutélaire qui pouvait être aussi réel que le laitier – impliquait un éventail d'« attitudes psychologiques d'une extrême diversité[73] ». Elle disposait à présent d'une manière scientifique de dire quelque chose qu'elle savait intimement depuis l'enfance. L'esprit résiste, lui aussi, à un catalogage facile.

Benedict passa l'été 1922 en Californie à travailler avec Kroeber sur une réserve indienne. Puis, à l'automne, Boas lui proposa de devenir son assistante d'enseignement à Barnard : elle serait chargée de superviser des travaux dirigés, de faire de l'administratif et d'accompagner des étudiants à l'American Museum of Natural History. C'était sa première expérience en tant qu'universitaire, toutefois sans titre ni poste. Elle n'avait guère d'autres possibilités à l'époque. Il ne lui fallut que trois semestres pour rédiger un long manuscrit qu'elle intitula « Le Concept de l'Esprit gardien en Amérique du Nord », obtenant ainsi son doctorat d'anthropologie en 1923, l'un des quarante seulement décernés en sciences sociales à des femmes cette année-là aux États-Unis[74]. Mais l'une après l'autre, ses demandes de financement de recherche furent rejetées. Quiconque n'était pas encore solidement établi et n'avait pas obtenu de poste universitaire à trente-cinq ans, lui fit savoir le National Research Council, un organe fédéral de financement, « n'est pas un matériau de développement très prometteur[75] ».

Et pourtant, à l'été 1924, grâce à l'association entre un travail à temps partiel, la bonne volonté de Boas et la protection persistante de Parsons, fidèle bailleuse de fonds du département, Benedict avait rassemblé suffisamment d'argent pour partir en expédition de son côté, vers l'un des anciens sites de recherche de Parsons. Elle monta peu après dans un train à destination de Gallup, au Nouveau-Mexique.

Quatre siècles plus tôt, les habitants du Sud-Ouest américain avaient fait partie des premières populations autochtones à se rassembler dans des établissements humains que les explorateurs espagnols initiaux identifièrent comme des villages, ou pueblos, dispersés au bord des cours d'eau et dans les déserts, du Texas au Nevada.

Dans le territoire des Zunis, au sud de Gallup, plusieurs niveaux d'habitations carrées, construites en adobe et en bois, se regroupaient au fond d'une vallée. Ils abritaient une petite communauté dont la langue ne ressemblait à aucune de celles qui l'entouraient. Des pilleurs navajos et apaches du voisinage s'étaient traditionnellement livrés à des incursions dans leurs champs de maïs et leurs troupeaux de bétail. Une imposante mesa à strates rouges appelée Dowan Yalanne, ou Montagne de la Corne, se dressait dans le lointain, rappel des temps où le peuple zuni s'y réfugiait en cas de péril extrême. Un des ethnologues de la Smithsonian Institution, Frank Hamilton Cushing, décrivit sa découverte de ce décor stupéfiant en 1879. « Le soleil se couchait derrière la montagne, écrivit-il, le souffle court, « la transformant en silhouette de pyramide déchiquetée, couronnée d'un halo brillant, d'où ce qui ressemblait à une aurore de minuit jaillissait à travers des nuages fragmentés, bordant de cramoisi et d'or chaque île bleue brumeuse avant de s'embraser en rayons lumineux qui allaient s'élargissant, comme pour reproduire sa splendeur terrestre au firmament[76]. »

Parsons avait prévenu Benedict qu'il n'était pas plus facile d'entrer en territoire zuni que d'essayer de franchir « une palissade à pointes[77] ». Les habitants se méfiaient des chercheurs depuis qu'un siècle plus tôt, Cushing avait publié les descriptions de cérémonies sacrées et de secrets religieux dans les rapports du Bureau of Ethnology. Il avait ainsi inspiré du ressentiment et une profonde suspicion à l'égard des étrangers. Pourtant, avec Ruth Bunzel, une autre étudiante de Boas qui fut sa compagne de voyage, Benedict trouva des informateurs prêts à leur accorder de longs entretiens, moyennant finance dans certains cas. Elle veillait la nuit pour retranscrire des histoires populaires et essayer d'organiser les notes qu'elle avait prises au cours de longues heures de conversation. Même quand tout le monde parlait anglais, elle avait du mal à comprendre ce qui se disait. Les villageois se demandaient parfois pourquoi « une sourde », comme l'appela l'un d'eux, tenait tant à collecter de vieilles histoires qu'elle entendait à peine[78]. Mais Benedict ne pouvait s'empêcher d'être captivée par ce qu'elle découvrait. Dans les maisons, les hommes travaillaient pour les femmes, lesquelles détenaient les droits exclusifs de propriété. Les mères transmettaient leur fortune à leurs filles, qui reproduisaient l'ordre de domination féminine. La société privilégiait la descendance matrilinéaire, ce qui voulait dire que les Zunis positionnaient leurs principaux ancêtres le long de la lignée maternelle, et non paternelle. Ils étaient capables de retracer l'arbre généalogique de leur arrière-grand-mère de la même manière que les vieux New-Yorkais savaient lequel de leurs ancêtres hollandais avait été le premier à prendre la mer pour la Nouvelle-Amsterdam.

Le peuple zuni, comme d'autres groupes tribaux de l'Ouest, possédait également une tradition bien établie d'individus transgenres, auxquels les explorateurs français avaient donné le nom de *berdaches*. Des individus de sexe biologique masculin pouvaient jouer le rôle social de femmes, s'habillant en femmes, accomplissant des tâches typiquement attribuées à celles-ci et nouant même des relations avec des hommes non *berdaches*. Que ces êtres aient été communément désignés en anglais comme des « hommes-femmes » – ou par le mot français importé, lui-même bizarrement dérivé d'un terme arabe désignant un jeune esclave sexuel, ce que les *berdaches* n'étaient en aucun cas – ne faisait que prouver la difficulté de traduire les réalités zunis dans le langage de la normalité américaine. Une femme pouvait avoir un pénis ; un homme pouvait porter une robe de mariée. Benedict n'eut guère de mal à comprendre pourquoi Parsons avait été aussi intriguée.

Le territoire zuni était cependant déjà bien défriché. Boas lui-même y avait fait un bref séjour et Benedict ne pouvait guère espérer apporter de nombreuses contributions originales. Toutefois, par les chauds après-midi où la seule ombre était celle que dispensaient les murs d'adobe, elle commença à entrevoir que rituel, récit et personnalité pouvaient constituer une sorte de système. Elle avait appris de Boas que les cultures devaient être comprises en fonction de leurs contextes particuliers. Elle savait par sa thèse que les esprits possédaient une forme qui pouvait ressembler à la société qui les façonnait. Elle avait à présent une certaine expérience personnelle de la collecte de témoignages, aussi imparfaits et indirects fussent-ils. Elle était en un lieu où il était normal que la richesse et l'identité suivent la lignée féminine plutôt que la lignée masculine. Aux États-Unis, Stanley Benedict aurait bien ri à l'idée de devenir Stanley Fulton.

« L'un des faits les plus frappants que révèle l'étude de cultures très diverses », écrivit-elle plus tard dans un article intitulé « Anthropology and the Abnormal», «est la facilité avec laquelle nos anormaux fonctionnent dans d'autres cultures[79]. » Pour presque tous les déviants ou scélérats que l'on pouvait citer, il était possible d'identifier une société dans laquelle leurs défauts n'autorisaient pas seulement des vies acceptables, mais des vies faciles, voire honorables. Les gens les plus étranges étaient en mesure de trouver des lieux où ils pourraient être autre chose que bizarres. Ceux qui étaient en quête de transes et les cataleptiques, les névrosés et les possédés, les schizophrènes et les déprimés chroniques étaient des catégories impossibles à définir hors des contextes locaux où se manifestaient ces conditions.

L'homosexualité offrait un autre exemple instructif, écrivait Benedict. Dans des sociétés comme celle des Zunis, où la structure sociale rendait «disponible» un comportement apparemment aberrant, pour reprendre ses mots, les homosexuels occupaient «une place sociale». Autrement dit, ils jouaient un rôle précis qui les mettait à l'écart de la structure ordinaire de leur société, tout en les y intégrant en toute sécurité. Les *berdaches* n'étaient pas des parias. Ils incarnaient plutôt un type d'individus que tous jugeaient compréhensible, bien qu'inhabituel. «La normalité, en résumé, à l'intérieur d'un éventail très large, est culturellement définie. C'est pour l'essentiel un terme désignant le segment de comportement humain socialement élaboré d'une culture donnée ; et l'anomalie est un terme désignant le segment que cette civilisation-là n'utilise pas[80]. »

La déviance, de quelque type qu'elle fût, affirmait-elle, n'était que l'inadéquation entre la façon dont un individu se conduisait dans la vie et le répertoire de comportements et d'émotions que sa société tendait à préférer et à valoriser. Dans toute société donnée, la normalité n'était qu'une version corrigée du grand texte de l'ensemble des comportements humains possibles ; il n'y avait aucune raison d'imaginer que toutes les sociétés procéderaient exactement aux mêmes corrections. Des comportements n'étaient anormaux que dans la mesure où le contexte local créait «les dilemmes psychiques du socialement indisponible[81] ». Cette expression était directement issue de la propre expérience de Benedict. Les longues heures passées en bibliothèque à étudier la quête de vision chez les Indiens des Plaines et ses entretiens dans les pueblos lui avaient appris à donner un sens à sa surdité partielle, à ses humeurs sombres, à sa timidité – à ne pas considérer ces traits comme des insuffisances innées mais plutôt comme le produit de forces invisibles qui rendaient la culture qu'elle connaissait le mieux mal adaptée à des gens comme elle.

Après avoir achevé son travail de terrain, elle regagna New York et recommença à envoyer des piles de CV et de demandes de financement. Une fois de plus, et malgré le soutien de Boas, on ne lui proposa aucun poste universitaire. Son mariage avec Stanley avait atteint un état de stagnation confortable, et ils vivaient plus ou moins séparés sans envisager pourtant un divorce officiel. Les notices de son journal intime étaient remplies de comptes rendus de travail et de mentions de réunions, de dîners occasionnels avec Boas, de matinées passées à la bibliothèque et de journées consacrées à noter des travaux d'étudiants. Mais tout doucement, par à-coups, sa vie prenait un tournant, parfaitement inattendu et en même temps indiciblement pertinent.

Après son expérience dans le Sud-Ouest, Ruth Benedict sembla enfin s'affranchir des conventions contraignantes qu'elle avait héritées des contes populaires, de la fausse science et des dogmes religieux de sa propre société. La cause immédiate de cette libération fut quelqu'un dont elle s'était occupée pendant les cours d'initiation de Boas à Barnard College, une étudiante de premier cycle, menue mais carrée d'épaules, prénommée Margaret.

7

« UNE FILLE AUSSI FRAGILE QUE MARGARET »

Si Margaret Mead s'intéressait aux rituels et aux règles, c'était parce qu'elle était le genre d'enfant qui en créait fréquemment. Elle était capable d'embrigader ses petites camarades dans un club dont le règlement exigeait que chacune consigne par écrit tout ce qui lui arrivait d'intéressant chez elle ou à l'école[1]. Elle enregistrait dans un carnet le développement mental de ses frères et sœurs, ajoutant des commentaires sur le caractère ingénieux ou infantile de leurs actions[2]. Elle dressait des listes, comme beaucoup d'enfants, et leur donnait des titres tels que « Les étude [sic] que j'aime le plus », ou « Les Années où nous avons eu des maladies contageuses [sic][3] ».

Née le 16 décembre 1901, elle avait été le premier bébé à voir le jour dans le nouveau service de maternité du West Park Hospital de Philadelphie[4]. La liberté d'expérimenter, le potentiel de perfection et l'urgence de la réforme – en politique, dans la vie sociale et dans le comportement personnel – faisaient partie de l'héritage familial transmis aux quatre rejetons d'Edward et Emily Mead qui survécurent à la petite enfance. Emily avait fait des études de sociologie à l'université de Chicago, où elle avait rencontré Edward, puis commencé un doctorat sur la vie difficile des immigrés italiens dans les Pinelands du New Jersey. Le premier mariage auquel la petite Margaret assista, à l'âge de six ans, fut ainsi celui d'un couple d'Italiens récemment arrivés aux États-Unis dont Emily avait fait la connaissance dans le cadre de son travail. Elle demanda ensuite à Margaret de faire un rapport détaillé sur les plats et les coutumes différents qu'elle venait d'observer[5]. Edward, professeur de finance à la Wharton School de l'université de Pennsylvanie, était capable de passer tout un après-midi sur la véranda familiale, en chapeau melon, à lire un volume de Thorstein Veblen[6]. La légende familiale prétendait que Margaret avait appris à prononcer les mots *sociologie* et *économie* avant même de savoir ce qu'ils signifiaient[7].

Les Mead déménagèrent fréquemment, mais leurs domiciles les plus stables étaient situés dans les vallons et sur les chemins de crête du comté de Bucks, en Pennsylvanie. Les enfants passaient leurs étés à monter des spectacles de théâtre de leur invention à Longland, la ferme familiale voisine de la petite localité de Holicong, la première adresse que Mead ferait imprimer sur son papier à lettres personnel. La grand-mère paternelle de celle-ci, Martha, était décidée à faire d'elle une jeune femme instruite et sûre d'elle, une personne consciente de la ligne étroite et lumineuse séparant l'esprit de la sottise. La jeunesse de Mead fut un exemple brillant de la manière dont la rectitude pouvait constituer sa propre forme de rébellion. À onze ans, elle annonça à son père, méthodiste de naissance mais athée de fait, qu'elle avait décidé de se faire baptiser à l'église épiscopalienne[8].

En 1919, Mead entra à l'université DePauw, l'établissement où Edward avait fait ses études de premier cycle. Elle écrivit des allégories sérieuses, primées, pour des spectacles historiques joués sur le campus. Elle décora de rideaux sur-mesure sa chambre de cité universitaire, mais accrocha aussi des photos de Rabindranath Tagore, le philosophe bengali, et de Catherine Brechkovski, une révolutionnaire russe[9]. Pour la semaine de la « sorority rush », où les jeunes filles se portaient candidates pour être admises dans les associations d'étudiantes, elle conçut sa propre robe, censée évoquer un champ de blé parsemé de coquelicots. Les membres de la sororité Kappa Kappa Gamma déclinèrent poliment sa candidature[10]. Aucune fille convenable ne pouvait avoir envie de ressembler à l'Indiana.

Sans être un camouflet dévastateur, cette mise à l'écart ne fut pas étrangère au sentiment de Mead d'être en exil à DePauw. C'était la première fois de sa vie qu'on lui faisait sentir qu'elle était inacceptable pour ses pairs. Ce dont elle s'était enorgueillie jusqu'alors – son sens de la mode, son épiscopalisme, sa prononciation mi-britannique mi-américaine soigneusement étudiée – paraissait désormais étranger et vaguement suspect[11]. La côte Est faisait l'effet d'être à mille lieues de Greencastle, où le semestre tournait autour des pôles prévisibles dans une université du Midwest : « la vie des fraternités... les matchs de football, et... nouer avec les autres le genre de rapports qui feraient d'eux de bons rotariens dans leur vie à venir et de leurs épouses de bonnes adhérentes du club de jardinage[12] », raconta-t-elle plus tard. Mead elle-même était déjà fiancée à Luther Cressman, le fils d'un médecin de campagne qui était entré au General Theological Seminary de Manhattan. Au terme d'une année de cours à DePauw, où elle prit assidûment des notes avec des résultats médiocres, elle persuada son père de lui permettre de se rapprocher de son fiancé et de sa famille. Et à l'automne 1920, elle s'inscrivit donc en deuxième année à Barnard College.

« Pour la première fois, j'ai eu l'impression d'avoir trouvé quelque chose de vraiment meilleur que moi, et j'étais heureuse[13] », écrivit Mead par la suite. À Barnard, elle se fit des amies par affinité plutôt que par hasard, un cercle d'une dizaine de jeunes femmes parmi lesquelles figurait la future poète lauréate américaine, Léonie Adams. Chaque année, elles adoptaient un nom désobligeant comme elles auraient arboré une médaille, choisissant parfois une injure que leur avaient lancée des garçons du West Side ou un professeur irrité par un comportement stupide ou une pose politique radicale[14]. Le surnom qui leur colla vraiment à la peau était celui d'« Ash Can Cats » [Les chattes de poubelle], une étiquette appropriée pour un groupe de jeunes libres-penseuses, aventureuses, débraillées mais intellectuellement dernier cri, juives pour la moitié d'entre elles, et toutes aussi au fait du bolchevisme que de la poésie d'Edna St. Vincent Millay – des bas bleus aux cheveux coupés au carré[15]. Leur appartement de la 116e Rue Ouest bourdonnait d'aphorismes improvisés, du tintement de bouteilles de gin renversées et de ragots de campus à propos de liaisons avec des hommes, et parfois des femmes, plus âgés. À l'été 1921, Mead informa la Daily Vacation Bible School de Philadelphie qu'elle ne pourrait plus exercer les fonctions de directrice des études bibliques pour enfants pendant les grandes vacances[16].

Tournant le dos à un avenir tout tracé d'épouse de pasteur, Mead s'était engagée dans un univers de poésie, d'émotion et de ce qu'elle appelait les « diverses petites amies lesbiennes » qui entouraient le noyau des Ash Can Cats[17]. Comme tous les membres de son cercle, elle professait des idées politiques radicales, mais sans jamais franchir les limites des convenances – n'étant que « rougeâtre », comme disait un de ses collègues[18]. New York était tout énergie et action : défilés de soutien à Sacco et Vanzetti, cours abstrus de mathématiques et de sociologie, première d'*Hamlet* avec Isadora Duncan et John Barrymore, dîners avec son fiancé à la Jolly Friar's Inn de Greenwich Village, carnets de bal aux pages couvertes de noms d'autres jeunes gens, à l'exception des fox-trots et des valses qu'elle biffait d'un X énergique avec un bout de crayon[19]. Tout cela compensait un peu le fait que, petite et souvent en mauvaise santé – névrite débilitante des bras, scarlatine un jour de Noël –, Barnard l'ait obligée à s'inscrire à un cours appelé « gymnastique corrective[20] ».

Les résultats de Mead s'améliorèrent eux aussi, surtout durant l'année universitaire 1922-1923, où elle commença à suivre des cours avancés d'anthropologie et de psychologie. Elle rédigea des pages et des pages de notes sur ses lectures obligatoires et sur ses cours, d'une écriture rapide et minuscule qui donnait l'impression qu'elle cherchait à enregistrer le moindre mot qui tombait des lèvres de ses professeurs. Elle dessinait des reproductions détaillées de décors de paniers pour se rappeler les motifs distinctifs de tel ou tel groupe tribal[21], et consignait les résultats d'expériences psychologiques et de brefs sondages d'opinion qu'elle effectuait auprès de son cercle d'amis. À son entrée à Barnard, elle était une étudiante moyenne, dont les notes fluctuaient entre C et B. En dernière année, elle était inscrite au tableau d'honneur[22] sans être devenue « le moins du monde une "polarde[23]" », assura-t-elle à son père.

Ses résultats en anthropologie étaient si satisfaisants que le professeur Boas et son assistante, Mrs Benedict, la dispensèrent d'examen final[24].

Au milieu de tout cela, un suicide lui porta un coup terrible.

Au début du mois de février 1923, une de ses camarades, Marie Bloomfield, absorba une dose mortelle de cyanure qu'elle s'était procurée au laboratoire de sciences de Barnard[25]. Mead, accompagnée de plusieurs amies, trouva le corps de Marie dans sa chambre de la résidence universitaire de Brooks Hall. Le *New York Times* ne consacra que quelques lignes expéditives aux motivations de ce geste : « Il semblerait qu'elle ait été atteinte de maladie mentale et se soit laissé convaincre par une lecture qu'elle avait faite que la mort était une expérience d'extase et d'allégresse[26]. »

La jeune femme s'accabla de reproches. Marie se remettait à peine de la rougeole[27] et au lieu de s'occuper d'elle, Mead était allée voir une autre camarade – pour laquelle, donna-t-elle à entendre, elle éprouvait une plus grande « affection physique » que pour Marie, accaparante et collante. Lors du Noël précédent, Mead lui avait offert une anthologie de poésie dans laquelle Marie avait souligné des passages qui semblaient faire l'apologie d'une mort délibérément choisie – les textes qui, selon le *Times*, avaient nourri son imagination suicidaire. Les idées que vous instillez dans le monde peuvent avoir des conséquences désastreuses si vous n'y prenez pas garde, songea Mead. Elle aurait dû voir venir ce drame. « J'étais sa meilleure amie à la fac, et je ne l'ai jamais assez aimée[28] », écrivit-elle à sa mère peu après.

Dès qu'elle apprit cette tragédie, Ruth Benedict adressa un message à Mead. « Ma chère Margaret », lui écrivit-elle le 8 février :

> Les autres filles auront besoin de vous jusqu'à la limite de vos forces et s'il y a quoi que ce soit au monde que je puisse faire pour vous donner un peu plus de liberté, faites-moi parvenir un mot en salle de travaux dirigés. Ou si vous parvenez à vous échapper, venez vous-même. De toute la journée, je n'ai rien à faire qui ne puisse être remis à plus tard. Je penserai à vous aujourd'hui, et j'aimerais que les gens puissent être plus utiles les uns aux autres en des moments difficiles[29].

Mead conserva ce feuillet jusqu'à sa mort. Il s'agit du premier élément de correspondance subsistant entre les deux femmes, l'une en dernière année d'études à Barnard, l'autre assistante de recherche à la Columbia.

Elles s'étaient liées dans le courant de l'automne précédent. À l'intérieur de la petite communauté de femmes de Barnard, étudiantes et enseignantes se connaissaient bien. Les béguins, ou *smashes* comme les appelaient les filles de Barnard – amours platoniques aussi bien que liaisons réelles –, étaient relativement courants, quoique peut-être moins qu'on ne le disait. Mais le désarroi de ce printemps marqua un changement. Un sentiment croissant de proximité, un lien nouveau, se développa entre les deux femmes. Il faudrait encore un certain temps pour que Mead renonce au « Mrs Benedict » pour passer à « Ruth », mais Benedict fut consciente d'une évolution de leurs relations, de son point de vue en tout cas. « Je la trouve reposante comme un fauteuil capitonné devant une cheminée[30] », nota-t-elle dans son journal intime.

Un mois plus tard, en mars, Benedict conseilla à Mead de s'inscrire au programme de doctorat en sciences sociales de la Columbia, dont relevait le département d'anthropologie[31]. « Le professeur Boas et moi n'avons rien à vous offrir, sinon l'occasion de faire un travail important[32] », lui dit-elle. Quand Mead passa sa licence ce printemps-là, arborant sur sa toge un insigne de la Phi Beta Kappa dont même son stoïcien de père fut fier, Benedict lui fit cadeau de trois cents dollars, qu'elle lui présenta comme « une bourse zéro paperasse[33] » qui lui serait utile pour son doctorat. Mead répondit à « sa fée marraine » pour la remercier, ajoutant un post-scriptum aguicheur : « Je crains que ce ne soit pas une réponse "zéro paperasse[34]". »

Mead ayant achevé son deuxième cycle, Luther Cressman et elle mirent fin à leurs longues fiançailles. Ils se marièrent en septembre 1923 dans une petite église épiscopalienne proche de la maison de campagne des Mead en Pennsylvanie, et passèrent une brève lune de miel dans une maisonnette du New Hampshire qui appartenait à Benedict et son époux – faisant chambre à part parce que Mead avait un article de recherche et un compte rendu d'ouvrage à finir avant de regagner New York. Puis elle retourna à l'université[35].

Faire une carrière dans les sciences sociales n'était pas une ambition de longue date pour Mead, mais à certains égards elle était en train de s'engager dans la voie que sa mère avait abandonnée quelques années plus tôt. Elle se glissa facilement dans ce rôle – les séminaires de recherche, les débats universitaires, le sentiment d'élargir sa compréhension de la société. Elle avait l'impression d'être l'initiée d'un cercle fermé et mystérieux. Chaque cours lui ouvrait des horizons nouveaux. Elle s'inscrivit au cours d'anthropométrie peu conventionnel de Benedict – qui avait abandonné indices crâniens et hiérarchies raciales du passé et s'attachait à montrer que les statistiques permettaient de multiples interprétations. Partir de mesures physiques individuelles pour en déduire le comportement de groupes était un raccourci considérable, enseignait Benedict, qui conduisait tout droit à un raisonnement fallacieux. Des éléments qui faisaient l'effet de constantes sociales pouvaient n'être que des fictions dues au choix de certaines catégories statistiques. « Si nous cherchons, par exemple, à déterminer la différence entre Suédois, Bavarois et Africains », écrivit Mead dans ses notes sur le cours d'introduction de Benedict, « nous dirons naïvement que les Suédois sont plus différents des Africains que des Bavarois. Mais tenter de définir cette différence est une tout autre affaire[36]. » La sociologie impliquait de dépasser les évidences apparentes, d'apprendre à remettre en cause les vérités préconçues que la société semblait nous offrir.

Boas et Benedict avaient déjà enseigné à Mead quelques idées majeures : débarrassez-vous de vos préjugés, posez une bonne question, attelez-vous au dur travail de la collecte concrète de données. L'anthropologie, sentait-elle, était une sorte de science maîtresse, dont la méthode possédait une rigueur plus authentique que ce qu'elle avait appris dans ses autres cours. Elle envisagea bientôt de faire une thèse de doctorat sur l'un des sujets de prédilection de Boas.

Ce dernier était depuis plusieurs dizaines d'années au cœur du débat sur l'explication de la différenciation des formes culturelles. On constatait en effet qu'à l'intérieur d'une unique région géographique, des pratiques telles que la vannerie, les tatouages et la construction de canoës pouvaient prendre des formes multiples, avec une grande diversité de motifs, de techniques ou de liens rituels en fonction de la société.

Les spécialistes se divisaient en deux écoles de pensée sur les raisons de cette variabilité. Un groupe en recherchait la clé dans l'évolution. Selon ses représentants, les sociétés élaboraient une série de comportements convenant à la situation dans laquelle elles se trouvaient. Les progrès de l'ingéniosité et du savoir-faire incitaient les gens à inventer des solutions meilleures et plus efficaces aux problèmes qui avaient tourmenté leurs ancêtres. C'était un processus de très longue haleine, raison pour laquelle la société moderne était plus avancée technologiquement que, mettons, celle de l'Égypte ancienne. Mais il pouvait également expliquer les différences de rituels, de systèmes de parenté, de religion et d'arts décoratifs entre les sociétés civilisées et les sociétés primitives actuelles. La différenciation n'était que le processus par lequel certaines sociétés avancées et ingénieuses progressaient, moyennant la présence, à l'intérieur même de leur développement, de quelques « survivances » occasionnelles de périodes antérieures – la croyance dans les farfadets pour l'Irlande moderne, par exemple – qui jonchaient encore le paysage, à l'image de tessons de poterie qui apparaissent après la pluie.

Boas voyait les choses autrement. Ses observations sur la côte Nord-Ouest l'avaient conduit à penser que les formes culturelles se prêtaient souvent à des emprunts entre groupes, qui pouvaient se produire sur de vastes étendues géographiques. Elles se transformaient sans régularité particulière et sans répondre à une quelconque loi identifiable. En vertu de la théorie des évolutionnistes, on aurait dû relever une répartition plus ou moins uniforme de pratiques culturelles dans un espace géographique donné, également soumis, selon toute vraisemblance, à des possibilités et des contraintes uniformes. Or ce qu'on découvrait en réalité était une importante différenciation suivant un processus que Boas appelait « diffusion ». On pouvait trouver des tatouages identiques dans des établissements humains très éloignés, alors qu'ils pouvaient être sensiblement différents parmi des groupes tribaux vivant dans une étroite proximité. Les techniques de construction d'habitations dans une région pouvaient faire l'effet d'un simple emprunt à un groupe établi en amont d'un cours d'eau, mais une observation plus attentive révélait que la menuiserie, la décoration et les lignes de toit constituaient un mélange complexe. Les groupes locaux semblaient recycler des techniques originaires de multiples lieux, géographiquement distants, rendant vaine toute tentative pour localiser l'origine ultime d'une pratique, d'un récit ou d'un rituel.

Comme l'écrivit Boas dans le courant de l'été 1924, alors que Mead achevait la première année de son doctorat, « toutes les formes culturelles particulières sont les produits du développement historique[37] ». Les pratiques et les habitudes humaines ne se ramifiaient pas à partir d'une unique norme ancienne ; en fait, depuis des temps immémoriaux, les individus établis en différents lieux avaient fait les choses différemment, partageant et modifiant leurs habitudes lorsqu'ils entraient en contact avec des individus ou des groupes extérieurs à leur univers familier. Le hasard et l'ingéniosité personnelle jouaient également un rôle. « Nous avons connaissance de cas où un seul individu a introduit toute une série de mythes importants[38] », relevait Boas.

Toute société devait être appréhendée en fonction du passé : son héritage d'isolement, de contact ou de migration. Les sociétés modernes pouvaient être instruites et conscientes de leur histoire, tirant vanité de leur propre complexité, mais il ne fallait pas pour autant en conclure que les sociétés prémodernes étaient plus simples et à l'abri du changement. Les sociétés primitives avaient des histoires, elles aussi. Elles n'existaient pas dans un état de nature intemporel, comme une montre arrêtée, attendant l'arrivée de gens civilisés pour les remettre en marche. Les chercheurs qui se rendaient sur le terrain ne devaient pas partir de l'hypothèse qu'ils observaient une société plus ou moins inchangée depuis l'aube des temps. Au contraire, ils devaient y voir une tranche contemporaine d'une longue histoire de différenciation, de diffusion et de brassage. L'instabilité et le mouvement, l'emprunt et la mode, étaient aussi courants au sein des sociétés primitives qu'à Broadway. Il suffisait de savoir les chercher.

Mead avait entendu tout cela dans les cours de Boas, encore corroborés par les travaux dirigés de Benedict, et pour sa thèse de doctorat, elle décida de se concentrer sur la question de la diffusion en Polynésie. C'était un lieu qui se prêtait particulièrement bien à la vérification des idées de Boas. Après tout, s'il était possible de trouver des preuves de diffusion dans une région où les groupes culturels étaient séparés par des distances considérables et par un océan redoutable, on aurait démontré le rôle de l'emprunt et de l'influence réciproque, quel que soit l'espace géographique. Et l'existence de tels processus serait sans doute encore plus probable là où les voyages et les contacts étaient plus faciles.

Elle dévora tout ce qui lui tomba sous la main, toutes les études, tous les dessins ethnologiques, toutes les descriptions de tatouages et de construction de canoës, et soutint sa thèse en mai 1925. Elle avait déjà présenté certaines de ses conclusions à un congrès qui s'était tenu à Toronto et les réactions avaient été encourageantes. L'organisateur, Edward Sapir, était un ancien élève de Boas et l'un des chefs de file de la nouvelle génération d'anthropologues. Il se prit apparemment d'un intérêt tout particulier pour le travail de Mead[39]. Elle était en passe de devenir une vraie spécialiste des sciences sociales, ou du moins de se considérer comme telle. Ce qu'il lui fallait à présent, c'était un projet qui lui permette de voler de ses propres ailes en tant que chercheuse indépendante, collectant des données au lieu de se contenter de réinterpréter le travail d'autrui – l'impulsion même qui avait envoyé Ruth Benedict dans les pueblos. Sur la suggestion de Boas, elle s'investit alors dans un sujet qui était au cœur du débat sur l'évolution et la diffusion.

Tous ceux qui avaient élevé des enfants savaient que vers douze ans leur progéniture douce et docile semblait victime d'un sortilège. Une force invisible les transformait en créatures méconnaissables – des êtres constamment grincheux, soupe au lait, ayant honte de ceux-là mêmes qui les nourrissaient et les habillaient depuis leur plus tendre enfance.

G. Stanley Hall, l'ancien patron de Boas à la Clark University, avait étudié ce phénomène dans un ouvrage en deux volumes intitulé *Adolescence : Its Psychology and Its Relations to Physiology, Anthropology, Sociology, Sex, Crime, Religion, and Education* (1904), qui devint un ouvrage de référence. Pour Hall, le problème était enraciné dans les recoins les plus profonds de l'organisme ainsi que dans l'évolution de la race à laquelle on appartenait. De même que les types raciaux traversaient différentes phases de développement – de l'état sauvage à la civilisation –, les êtres humains passaient du primitivisme de l'enfance au rationalisme raffiné de la vie d'adulte. Les difficultés singulières des *teeners*, comme les auteurs de la génération de Hall commençaient à les appeler, reflétaient tout simplement les douleurs de croissance de la modernité elle-même.

Et si ce phénomène n'était que le produit d'une culture particulière à un moment particulier ? s'interrogeait Mead. Si l'on pouvait prouver qu'un processus apparemment aussi invétéré que la révolte adolescente relevait d'un apprentissage social et non d'une poussée d'hormones (une substance chimique à laquelle on ne donna pas de nom avant l'époque de Mead), alors Papa Franz aurait porté un nouveau coup aux évolutionnistes. Ce sujet présentait aussi un intérêt personnel pour elle : cela ne faisait pas si longtemps que Mead avait cessé d'être une *teener*. Elle avait plus ou moins renoncé à ses rêves d'adolescente, à l'idéal d'« une immense paroisse rurale et d'une maison entourée de murs et remplie d'enfants où tout le monde, à des kilomètres à la ronde, venait chercher n'importe quelle forme d'aide[40] ». Son mode de vie à Barnard College et à la Columbia aurait fait l'effet d'une révolte scandaleuse aux yeux de la sororité de DePauw. Si les anthropologues étaient souvent partis sur le terrain en quête de versions antérieures de l'humanité, Mead était pour sa part comme en quête d'une version antérieure d'elle-même.

Boas lui avait suggéré de prendre pour lieu de travail les Samoa américaines. Elle y aurait l'avantage d'être une citoyenne américaine en territoire américain, et l'archipel possédait des infrastructures médicales relativement correctes[41]. La névrite de Mead récidivait périodiquement, et elle avait alors du mal à lever les bras. De plus, un soir de sa première année de doctorat, elle avait traversé Broadway en essayant de rattraper son chapeau emporté le vent et s'était fait heurter par un taxi, se brisant la cheville. Cette fracture n'avait jamais correctement guéri[42]. S'étant déjà acquittée dans sa thèse du travail de base requis sur la Polynésie, elle pouvait à présent créer son propre site de recherche sur le terrain et se mettre en quête d'une documentation originale.

Mead avait d'autres raisons, plus immédiates, pour souhaiter s'éloigner. Sa vie était nettement plus compliquée que Boas ne pouvait le savoir. Luther et elle, tous deux absorbés par leurs carrières à bâtir, s'éloignaient l'un de l'autre et elle s'était prise d'une véritable toquade pour Benedict. En outre, Edward Sapir – le chercheur affable qui avait fait l'éloge de son intervention au congrès canadien – était déjà devenu son amant.

La rencontre de Mead avec Sapir à Toronto avait été comme un feu d'artifice, raconta-t-elle plus tard[43]. Sa femme, Florence, était morte au printemps précédent des suites d'une longue maladie, et il émergeait à peine d'une période de ténèbres sclérosantes. Il se rappelait avoir pensé que Mead avait « un esprit brillant[44] » et bientôt, ils se surprirent à achever réciproquement leurs phrases[45]. Au printemps 1925, quelques mois seulement avant le départ de Mead pour les mers du Sud, ils s'engagèrent dans une liaison, profitant des séjours périodiques de Sapir à New York pour descendre à l'hôtel Pennsylvania sous des noms d'emprunt[46].

Grand et droit comme un i, Sapir était l'aîné de Mead de presque vingt ans, mais il avait une allure d'éternel adolescent, version intellectuelle de la vedette du cinéma muet Harold Lloyd, avec ses lunettes rondes et ses oreilles décollées. Mais c'était également un auteur et un orateur virtuose, celui parmi les disciples de Boas qu'amis et collègues présentaient le plus volontiers comme un génie – « l'esprit le plus satisfaisant que j'aie jamais rencontré[47] », affirmerait Mead. Il possédait de fait un don singulier pour deviner les forêts là où Boas avait représenté les arbres. Il avait inventé un modèle de classification des langues amérindiennes qui deviendrait une référence pour les linguistes professionnels et avait produit de remarquables écrits sur la nature du langage en général, exhortant ses collègues anthropologues à prêter attention au mot parlé, pièce d'archive d'un mode de vie singulier. Lorsque Mead le rencontra pour la première fois, il avait déjà commencé à systématiser l'élément majeur de la pensée de Boas, resté jusque-là d'un flou exaspérant : le fourre-tout d'idées, de pratiques, de coutumes et d'artéfacts que les anthropologues rassemblaient couramment sous l'étiquette de *culture*.

À l'image de Boas, Sapir était un immigré qui s'était remodelé en Américain de souche. Sa patrie, la Poméranie, était passée et repassée entre les mains de la Suède, de l'Allemagne et de la Pologne. Les jours de marché, les rues des bourgs et des villes portuaires des rives de la Baltique étaient une vraie tour de Babel, où se mêlaient polonais, yiddish et dialectes germaniques. En 1890, la famille Sapir s'était transplantée à New York, faisant partie de la vague d'immigrants juifs du Lower East Side qui faisait fulminer des observateurs comme Madison Grant. Les revenus de la famille étaient principalement assurés par la mère de Sapir, qui tenait une boutique. Les ambitions de son père – qui avait trouvé, plus ou moins par hasard, un poste de cantor dans une synagogue et rêvait de devenir chanteur d'opéra – contribuèrent à pousser Sapir vers l'université.

Il put s'inscrire à Columbia grâce à une bourse, juste avant l'adoption de nouvelles politiques d'admission antijuives destinées à éviter l'invasion du campus par des immigrés talentueux. Il y entreprit un doctorat en linguistique, s'appuyant sur les lectures talmudiques et les traductions de l'hébreu que son père lui avait régulièrement mises sous les yeux. En 1910, quand il fut nommé anthropologue en chef du Geographical Survey du Canada, il s'était imposé comme un des membres les plus éminents de sa profession dans toute l'Amérique du Nord.

Boas avait formé Sapir pour en faire un empiriste capable de rassembler des documents ethnologiques, de les évaluer soigneusement et de les systématiser avant de laisser à d'autres le soin d'élaborer de grandes théories. Mais la linguistique ne pouvait qu'entraîner Sapir dans la sphère de l'universel. Cataloguer les sifflements, les claquements et clappements du langage – les sons que les enfants apprenaient à produire en imitant les membres de leur famille et leurs camarades de jeu, positionnant la langue, les dents, la gorge et le palais exactement comme il fallait – ne pourrait jamais rendre justice au tissu complexe de sens que ces sons parvenaient à évoquer. Le *Handbook of American Indian Languages* de Boas était déjà salué comme l'exemple même du sauvetage linguistique, avec ses grammaires descriptives et ses glossaires fouillés de parlers indigènes mourants. Mais le *langage* était davantage que des *langues*, estimait Sapir. Toutes les sociétés communiquaient. Quels que soient les sons ou les symboles spécifiques qu'elles choisissaient, ceux-ci semblaient pareillement en mesure d'exprimer des idées complexes – de décrire en prose directe l'itinéraire à suivre pour se rendre vers une source nouvellement découverte, par exemple, ou de commémorer la perte déchirante d'un conjoint en respectant les conventions rigoureuses d'un poème rimé.

Le langage était à la fois général et divers, pensait-il, et les langues étaient à la fois volontaires et accidentels. Nous choisissons d'émettre tel ou tel son ou de griffonner tel ou tel symbole sur une feuille de papier. Le choix est une expression de notre liberté et de notre individualité. Mais nous y procédons en fonction de règles que nous avons apprises – des règles qui se révèlent intrinsèquement arbitraires. La lettre *b* pourrait tout aussi bien représenter le son que nous symbolisons normalement par la lettre *k*, c'est l'histoire et la convention qui nous dictent d'écrire l'une et non l'autre. En parlant et en écrivant, nous nous livrons à la fois à la plus universelle des activités humaines et à celle qui nous lie le plus étroitement à une communauté précise. Pour toutes ces raisons, plus peut-être que n'importe quel autre comportement humain, le langage doit être interprété dans le contexte de la culture qui l'utilise[48].

Mais qu'est-ce que la culture, en fait ? Sapir publia certaines de ses idées à ce sujet en janvier 1924, alors que Mead était encore étudiante de troisième cycle. *Culture* était un mot qui semblait avoir trois usages essentiels, affirmait-il. Pour l'ethnologue, il signifiait typiquement « tout élément, matériel et spirituel, de la vie de l'homme, hérité socialement[49] ». Pour d'autres, ce terme pouvait désigner un certain sens du raffinement, comme on pourrait dire d'un dîner bien organisé qu'il était l'œuvre d'une personne « cultivée ». Mais il existait encore un troisième sens, écrivait-il. La culture pouvait être conçue comme l'« esprit » ou le « génie » spécifiques d'un important groupe social, les traits que l'on considérait comme « symptomatiques » de la « civilisation nationale » de ce groupe[50].

En l'occurrence, Sapir se faisait l'écho de Johann Gottfried Herder, le philosophe allemand du XIXe siècle qui avait fait partie de la liste des lectures de Boas du temps de ses études. Herder avait affirmé que chaque peuple, ou *Volk*, était doté de sa propre *Kultur* spécifique. Le monde étincelait des génies pluriels de multiples peuples, dont chacun affichait un assortiment essentiel de traits, de croyances, de coutumes et de visions du monde qui les définissaient. Sapir conduisait cependant son argumentation dans une direction quelque peu différente de cette ligne de pensée solidement établie. Les cultures pouvaient se présenter, disait-il, sous des formes « authentiques » ou « inauthentiques ». Les entités qui méritaient avec le plus de pertinence le nom de cultures étaient des ensembles de croyances et de pratiques manifestant une cohésion interne. Les cultures devaient posséder du sens pour elles-mêmes.

« Il n'est pas nécessaire que la culture authentique soit supérieure ou inférieure », écrivait-il, reprenant un dogme de la pensée de Boas lui-même.

> Il suffit qu'elle soit harmonieuse, équilibrée, et qu'elle vive en parfaite adéquation avec elle-même. Elle est l'expression d'une vision du monde, richement différenciée, et pourtant cohérente et unifiée ; chez elle, tous les éléments de la civilisation ont une signification l'un par rapport à l'autre. Dans sa forme la plus pure, c'est une culture dont tous les traits sont animés d'un sens et dont aucune des parties essentielles au fonctionnement ne provoque un sentiment d'efforts mal employés, de frustration ou de contrainte[51].

Boas avait fait remarquer depuis longtemps qu'il fallait s'abstenir de porter un jugement de valeur sur tout comportement social commun ; mieux valait essayer d'y voir le produit à la fois de l'Histoire et de l'emprunt à travers l'espace et le temps. Sapir, lui, poussa cette théorie plus loin. Les cultures avaient beau ressembler à des choses, solides et tangibles, elles tenaient davantage de systèmes : la manière dont certaines idées et habitudes coïncident. Pour les identifier, la meilleure méthode ne consistait pas à observer leur degré d'avancement, de complexité ou de modernité. En réalité, on pouvait être sûr d'être en présence d'une culture quand ceux qui la pratiquaient semblaient s'y être fait une place confortable et aussi peu frustrante que possible. « À lire les ethnologues ou les historiens des cultures, on a la preuve que des sommets de culture ont fréquemment coïncidé avec un bas niveau de développement, et qu'inversement des abîmes culturels se sont creusés au sein des sociétés les plus hautement développées. Si la civilisation avance dans son ensemble d'une manière continue, la culture est animée de mouvements contradictoires[52]. »

Un village pouvait avoir une culture. Un quartier ou une tribu également. L'Amérique dans son intégralité – avec ses ouvriers d'usine frustrés, ses mariages ratés, ses wagons bourrés d'employés modèles se rendant au travail – ne le pouvait probablement pas, selon lui. Il était courant de considérer les États-nations comme les principaux réceptacles de la culture, à la manière dont nous placerions l'art français dans une aile de musée et l'art flamand dans une autre. Mais la culture pouvait être partout, et n'avait rien de figé ni de stable. Une culture pouvait évoluer avec le temps, avec de nouvelles technologies, de nouvelles façons de penser et de faire. En identifier une avec certitude, c'était reconnaître que l'on était en présence d'un système de pensée et de pratiques qui permettait aux individus de se sentir chez eux dans leur monde social.

On n'aurait pu rêver meilleure présentation de la question à laquelle Mead espérait trouver une réponse dans les mers du Sud. Existait-il une manière d'être adolescent plus « authentique » que celle que les Américains avaient élaborée, une sorte de carte routière permettant de traverser la réalité biologique de l'adolescence de façon à éviter le bouleversement social ? Et, surtout, la société de Mead elle-même – avec ses rôles strictement définis par genre, ses frustrations sexuelles, ses *smashes* de Barnard qu'il fallait garder secrets – méritait-elle le nom de « culture » si une personne comme elle avait du mal à y trouver sa place ? Elle craignait de ne pas être faite pour l'amour romantique, en tout cas pas sous la forme que semblaient lui attribuer la plupart des gens – par paire, comme les bœufs, mettons, ou les chaussettes. L'amour et le sexe, le mariage et la reproduction, les foyers et les partenaires : rien de tout cela n'était contraint de s'apparier, estimait-elle, ni de n'impliquer obligatoirement que deux, et seulement deux, personnes. Que cela fût bien ou mal, elle connaissait les données : ses propres sentiments, ses propres relations superposées. Ce qui lui manquait, c'était une théorie suffisamment vaste pour leur donner du sens.

Plus tard dans le courant de l'été, Sapir envoya à Mead l'alliance de sa défunte épouse en gage d'amour[53]. Il espérait que cette bague symboliserait leur union conjugale future. Mais elle-même avait commencé à décrire un peu différemment sa propre notion d'une relation idéale, en employant un terme qu'elle avait glané dans ses cours d'anthropologie : *polygamie*[54].

Ses préparatifs de voyage durèrent plus d'un an. Mead persuada son père de lui payer la traversée et obtint du National Research Council une bourse destinée à couvrir une partie de ses dépenses quotidiennes. En échange, elle s'engageait à livrer à cet organisme un rapport complet et des résultats concrets, une obligation qui pèserait sur elle comme un nuage gris. Elle se renseigna sur les horaires de train et de bateau et traça son itinéraire jusqu'aux Samoa américaines, en passant par la côte Ouest puis par Hawaï. Comme Benedict devait effectuer des recherches en territoire zuni cet été-là, elles décidèrent de traverser une partie du pays ensemble.

Il n'était pas facile d'envisager de passer la plus grande partie d'une année loin de New York, mais Mead et Cressman avaient probablement besoin de cette séparation. La jeune femme se sentait prisonnière de ce qu'elle appellerait plus tard, au grand dam de Cressman, son « mariage d'étudiants[55] ». Leur appartement, toujours rempli de gens qui allaient et venaient, n'avait jamais été un vrai refuge pour eux deux ; il arrivait à Mead de le prêter à des amis et d'y retrouver des préservatifs usagés[56]. Quant à Cressman, il traversait sa propre crise, religieuse et professionnelle. Après ses études au séminaire, il avait été ordonné prêtre épiscopalien et avait dit sa première messe un matin de Pâques à St. Clement, une église de Hell's Kitchen. Peu après, l'une de ses paroissiennes était morte en couches, laissant des jumeaux orphelins. Un Dieu qui permettait une chose pareille ne méritait pas qu'il Le serve, et il alla donc voir son évêque pour demander que son nom soit rayé des registres de l'Église[57]. Il s'inscrivit ensuite à la Columbia pour préparer un doctorat de sociologie et présenta un projet qui devait le conduire à passer un an en Europe pour étudier les approches progressistes du contrôle des naissances – les méthodes mêmes qui auraient pu éviter la mort de sa paroissienne[58].

S'y ajoutait Sapir. Il voulait une épouse, une vraie, qui l'aiderait à s'occuper des trois enfants que Florence lui avait laissés. Il supplia Mead de divorcer pour l'épouser avant de prendre un emploi sérieux qui lui permettrait de soutenir la carrière de son nouveau mari, qu'attendait une chaire à l'université de Chicago. Il parla à Boas et Benedict, les exhortant à intervenir pour empêcher le voyage de Mead. Elle était, prétendit-il, psychologiquement déséquilibrée. Ses affections physiques étaient indéniablement l'expression de névroses latentes. « Je m'inquiète pour elle – vraiment », écrivit-il à Benedict. « Pourquoi va-t-elle à Samoa ? Elle reconnaît elle-même qu'elle cherche à fuir une situation difficile et inextricable… Ne pensez-vous pas que nous devrions faire quelque chose pour interrompre cette histoire infernale avant qu'il ne soit trop tard[59] ? » Il fallait que quelqu'un la prenne en main, quitte à la traîner chez un psychanalyste. « Qu'est-ce que c'est que ces sornettes à propos de sa carrière ? Samoa ? N'est-ce pas à vous rendre fou ? Comment pouvons-nous tous être aussi aveugles ? » griffonna-t-il en diagonale sur du papier à lettres du département d'anthropologie. « Cette fille devient folle[60]. »

Sapir et Benedict avaient commencé à correspondre avant qu'il ne fasse la connaissance de Mead et noué une amitié profonde, qui allait peut-être jusqu'à la liaison platonique[61]. Ils échangeaient des poèmes et se confiaient des commérages sur les autres élèves de Boas. Mais Mead prit de plus en plus de place dans leurs sujets d'intérêt commun. « La théorie de la polygamie que Margaret a élaborée (elle emploie ce terme elle-même) n'est qu'une fausse excuse », se plaignait Sapir. « Ayant fait de sa vie érotique un simple tentacule de l'ego, elle ne pouvait évidemment pas se permettre de payer le prix de l'amour. Il devait s'agir d'un amour "vif-argent", d'un amour "libre" d'une beauté moderne et... infidèle pour que ce soit vraiment de l'amour [62]! » Dans les dizaines de lettres qu'ils échangèrent, Benedict ne fit cependant jamais allusion à son propre attachement croissant pour la jeune femme, un sentiment qui était désormais entièrement réciproque. Elle dirait plus tard à Mead que le jour le plus affreux de sa vie avait été celui où elle avait découvert qu'elle et Sapir étaient amoureux[63].

Le décor d'une longue pièce de théâtre mettant en scène les relations entre Mead et Benedict était planté, avec différents acteurs mais un seul et même texte. Si Boas incarnait le centre intellectuel, lointain et auguste, de ce groupe mouvementé, Benedict en était le centre affectif – un point d'ancrage pendant le travail de terrain, une mine d'idées, une inspiration. Mead alla jusqu'à mettre au point un code personnel qu'elle ne partagea jamais qu'avec Benedict. Il leur permettrait de limiter le coût des radiotélégrammes et, plus encore, de partager de longues confidences en toute discrétion. Quand elle serait à bord, expliqua-t-elle à Benedict, *a* représenterait Papa Franz, *b* Edward, *h* signifierait qu'elle allait bien et était heureuse, *s* symboliserait Luther et *u* « ton amour » – celui de Benedict – « me maintient en vie[64] ». Dépressive et éprouvée, *dearest* (« très chère ») dans les lettres de Sapir et de Cressman, *darling* (chérie) dans celles de Mead, détentrice du code télégraphique privé et dépositaire des comptes bancaires et des polices d'assurance, Benedict était devenue la place publique sur laquelle seraient interminablement exposés tous les griefs bilatéraux.

En juillet 1925, Mead dit donc au revoir à ses parents et prit la route de l'Ouest en compagnie de Benedict. Leur voyage les conduisit dans l'Illinois en passant par l'Ohio, puis elles se dirigèrent vers le sud et ses déserts, que Benedict connaissait bien grâce à son travail dans les pueblos. Elles n'avaient encore jamais passé autant de temps ensemble, surtout sans mari à la remorque. Tournant le dos au passé pour s'abandonner à ce nouvel amour, Mead pleura dans les bras de Benedict[65]. Celle-ci se rappelait l'avoir embrassée sur les yeux et sur les lèvres[66].

Quand Benedict descendit finalement du train à proximité du Grand Canyon, Mead resta à bord pour gagner la Californie. Benedict se tenait sur le quai, les yeux rivés sur elle. À un moment, un autre train passa dans son dos sur une voie adjacente, et la brise souleva doucement ses cheveux. L'illusion fut magique. « Sur cette toile de fond, nous nous déplacions toutes les deux, rapidement l'une et l'autre – et alors que mon train semblait se précipiter à travers l'espace, tu te trouvais toujours juste devant ma fenêtre, silhouette charmante soufflée par le vent », écrivit Mead dans une lettre juste après leur séparation. « Cette image est celle que j'emporterai de toi, ma chérie, et elle me réconfortera beaucoup[67]. » Benedict resterait éveillée plus tard, rêvant à ces moments passés dans le train à faire l'amour, à embrasser chaque doigt de Margaret, un par un, à caresser de ses lèvres la paume de sa main[68].

Se dirigeant vers le port de San Francisco, Mead repensa à tout ce voyage, y voyant des adieux mythiques, électrisants, insensés. Elle s'était séparée de son plein gré de la personne qui en était venue à être pour elle la plus importante au monde. « Tu prends des notes en territoire zuni – moi, je vais prendre des notes en Polynésie, et nul n'a jamais imaginé arrangement plus absurde[69]. » Pendant longtemps, elle avait conclu ses notes et ses lettres à Benedict en écrivant *love*, comme on le ferait pour une grande sœur, ou, ainsi qu'elle avait appelé Benedict quelques années auparavant, une fée marraine. Mais à présent, pour la première fois, elle pouvait l'avouer clairement, franchement : « Et toujours, je t'aime[70]. »

Mead s'était donné un an pour mettre de l'ordre dans le gâchis sentimental qu'elle laissait derrière elle[71]. Mais au cours des deux semaines qui venaient de s'écouler, la situation était déjà devenue plus limpide qu'elle n'aurait pu l'imaginer. Elle prit le temps, seule dans le train, d'écrire une sorte de confession à Cressman au sujet de son ambivalence à propos du mariage, et de son désir d'ouverture et de liberté[72]. Elle imagina un plan pour se débarrasser de Sapir, qu'elle laissa tomber gentiment en se représentant comme une « Ariel » volage, une créature aérienne dont l'amour ne pourrait jamais s'attacher à une seule personne, ni se canaliser dans une seule direction[73]. (*J*, dans son code télégraphique secret, signifiait : « Il est impossible de [continuer à] écrire à Edward. Je vais mettre ma décision en application. Dire ce qu'il faut, et le consoler[74] ».) Et quelque part à l'est du Grand Canyon, Benedict était, enfin, devenue sienne – ouvertement et complètement.

À San Francisco, Mead gravit la passerelle du *Matsonia*, un vieux transport de troupes radoubé pour assurer la liaison avec Hawaï. Elle se sentait plus libre et plus heureuse que jamais – mais aussi plus inquiète. Elle ne savait absolument pas ce qu'elle trouverait à Samoa, ni même s'il y avait quelque chose à y trouver. Elle avait un vague sujet de recherche, une thèse de doctorat inédite inspirée des travaux d'autrui, et une dette à rembourser à ceux qui l'avaient financée. « J'ai l'impression d'être malhonnête ne serait-ce qu'en m'attaquant au problème pour le Research Council », écrivit-elle à Benedict à son arrivée à Honolulu. « Pour la première fois de ma vie, je m'attends à une défaite[75]. »

La Polynésie, Mead le savait, était moins un lieu qu'une idée. Son nom, simple assemblage de mots grecs signifiant « plusieurs îles », avait été forgé par un naturaliste français au milieu du XVIIIe siècle. Les habitants de cette immense étendue du Pacifique central et méridional n'employaient aucune appellation globale de ce genre.

Les masses terrestres présentaient une grande diversité, certaines îles ayant été créées par des éruptions volcaniques, d'autres étant formées de sommets montagneux émergés. Leurs populations partageaient certains éléments de langage, mais l'existence même de points communs constituait un des grands prodiges de l'implantation et de la migration humaines. Le temps que des voyageurs antiques manœuvrent leurs bateaux à voiles ou à avirons autour du triangle d'îles qui constituait la Polynésie – Hawaï au nord, la Nouvelle-Zélande au sud, et l'île de Pâques à l'est –, ils avaient parcouru l'équivalent des trois quarts du tour du monde.

Chercher à appréhender pareille vastitude, tout comme à y naviguer, était une invitation à l'échec. Le personnage le plus célèbre à s'y être aventuré avait trouvé la mort dans cette entreprise. Dans les années 1760, l'explorateur anglais James Cook avait lancé la première de trois expéditions autour du Pacifique. L'apparition de son grand voilier avait été, dans bien des cas, le premier contact consigné entre Européens et habitants de ces îles. Ses cartographes furent souvent les premiers à dessiner des cartes maritimes modernes révélant les distances immenses qui séparaient les littoraux. Les tensions avec les populations locales étaient inévitables. En février 1779, l'équipage de Cook chercha à enlever le roi hawaïen Kaleiopuu pour obtenir une rançon en échange de ce que les Européens croyaient être un bateau volé. La tentative échoua car l'équipage fut promptement attaqué par les partisans du roi tandis que Cook se faisait tuer à coups de gourdin au milieu des flots agités.

Les journaux de l'explorateur, publiés après son premier voyage, remportèrent un succès immédiat et durable. Ils contenaient une masse d'informations sur l'histoire naturelle et la géographie. Ils firent notamment découvrir aux Anglais des mots comme *tatoo*, « tatouage », et *taboo*, « tabou », ce dernier terme désignant un système complexe de comportements prohibés, connus sous le nom de *tapu* ou *kapu* dans les langues locales, et qui sous-tendait de nombreuses sociétés polynésiennes. Malgré la nouvelle ultérieure de la mort atroce de Cook, ces journaux contribuèrent également à répandre la conviction croissante que le Pacifique était une sorte d'Éden. Écrivains, artistes et voyageurs, de Robert Louis Stevenson à Paul Gauguin, ajoutèrent aux images existantes de fleurs de lotus, de nourriture exotique tombant des arbres et d'indigènes hospitaliers, voire licencieux. L'expansion du colonialisme européen outre-mer au XIXe siècle provoqua des appropriations de terres et des rivalités impériales, jusqu'à ce qu'une série d'accords conclus dans les années 1890 établisse une division claire entre les grandes puissances. Les États indépendants du Pacifique, tels le Japon et la Chine, furent expressément exclus de ces traités, à l'image de royaumes, petits mais antiques, comme Tonga et Hawaï, qui avaient peu à peu succombé aux influences extérieures. Après la Première Guerre mondiale, il restait peu de lieux inhabités du Pacifique central et du sud à n'avoir pas été revendiqués par un pays ou un autre bordant l'Atlantique – un nouvel impérialisme transocéanique de plus grande ampleur encore que la ruée vers l'Afrique à laquelle on avait assisté quelques décennies plus tôt.

Juste avant que Mead commence son doctorat, l'étude du Pacifique avait été stimulée par l'œuvre d'un émigré polonais établi à Londres. À la différence de la jeune femme, ses observations sur le terrain n'avaient pas été appuyées par une bourse de recherche, mais par la politique mondiale. En 1914, Bronislaw Malinowski, jeune universitaire de la London School of Economics, était parti pour le Pacifique Sud-Ouest dans l'intention d'entreprendre des recherches ethnologiques parmi les populations de Mélanésie – les « îles noires » en grec ancien – , qui comprenaient entre autres la Nouvelle-Guinée, les îles Salomon et les Fidji. Mais le déclenchement de la Première Guerre mondiale immobilisa Malinowski en Australie, point de départ naturel des expéditions dans la région. Sujet de l'Autriche-Hongrie – il était né dans la ville polonaise de Cracovie, alors sous domination de la couronne autrichienne –, il était officiellement ressortissant d'une puissance étrangère ennemie et ne pouvait donc plus rentrer en Grande-Bretagne. Il craignait même de se faire incarcérer[76].

Cette position précaire lui donna pourtant l'occasion de lancer sa carrière. Ses hôtes australiens l'autorisèrent en effet à poursuivre ses projets et à se rendre dans les îles Trobriand, un groupe d'atolls coralliens situé à l'est de l'actuelle Papouasie-Nouvelle-Guinée. Si les observateurs extérieurs considéraient les Polynésiens comme l'aristocratie barbare du Pacifique, à l'aune de l'ancien système de Lewis Henry Morgan – avec leurs chefs et leurs tuniques de plumes, leurs tabous complexes et leurs hiérarchies sociales – , ils tenaient souvent les Mélanésiens pour leurs équivalents sauvages. Le terme lui-même, comme celui de Polynésie, était d'origine européenne : il avait été forgé dans les années 1830 par l'explorateur français Jules Dumont d'Urville, qui avait proposé de diviser en quatre la vaste étendue du Pacifique et ses peuples. En plus de la Polynésie, Dumont d'Urville proposa des appellations pour la Micronésie (les « petites îles »), la Malaisie (le lieu où vivaient les Malais) et la Mélanésie, un nom qui se référait explicitement à la peau plus foncée et aux cheveux plus frisés de nombreux habitants du Pacifique Sud-Ouest, des Néo-Guinéens aux Aborigènes australiens. Depuis Dumont d'Urville, quand les voyageurs et les savants européens tournaient les yeux vers l'océan Pacifique, ils voyaient un ordre racial préétabli qui plaçait les Mélanésiens sur un échelon de développement inférieur à celui qu'occupaient les peuples de Polynésie à peau généralement plus claire[77]. Ces « Nègres océaniques », comme on les appelait parfois, s'intégraient sans difficulté dans une taxonomie qui se contentait d'importer dans le Pacifique les préjugés liés à l'Atlantique, les Mélanésiens jouant le rôle des Africains subsahariens[78].

Malinowski découvrit pourtant sur les îles Trobriand une société remarquablement complexe et différenciée. Leurs habitants parcouraient des distances inimaginables dans des canoës de leur propre fabrication. Ils se livraient à des échanges de présents élaborés entre les différentes îles, un système économique qui soudait des communautés éloignées, perchées sur de petits affleurements rocheux dans la vaste étendue océanique. Des pratiques qui pouvaient paraître irrationnelles – mettre sa vie en péril pour donner et recevoir des coquillages décorés ou des perles en forme de disque – s'inscrivaient en réalité dans un réseau bien défini d'autorité politique, d'obligation, de confiance et de partenariat. La *koula*, nom donné à ce système, pouvait étonner un visiteur européen, mais il suffisait d'un instant de réflexion pour prendre conscience qu'elle n'était pas plus étrange que l'habitude des monarques européens de donner leurs filles en mariage pour assurer des alliances stratégiques ou que celle des empires qui versaient une somme annuelle pour apaiser un État devenu client rebelle.

Après avoir passé les années de guerre dans la région, Malinowski consigna ses expériences dans un ouvrage intitulé *Argonauts of the Western Pacific**, publié en 1922, au moment même où Mead entamait sa dernière année au Barnard College. C'était à maints égards un exercice d'ethnologie classique. L'objectif de Malinowski était de traiter de façon exhaustive la société des Trobriand, en s'intéressant tout particulièrement aux surprenants voyages que les habitants des atolls étaient capables d'entreprendre en haute mer. (D'où l'allusion à la mythologie grecque antique contenue dans le titre romantique de ce livre.) Mais la vraie nouveauté résidait dans la méthode qu'il avait employée : au lieu d'observer des peuples autochtones de loin, en répertoriant leurs rituels, ou d'entreprendre une « expédition » de courte durée en quête d'artéfacts exotiques, Malinowski avait vécu avec eux pour de bon.

Il accomplissait les tâches quotidiennes aux côtés des Trobriandais : creuser un canoë, piler des coquillages pour en faire des ornements complexes, jouer, accueillir le retour d'une flotte après une longue pérégrination autour du chapelet d'îles. Les chercheurs qui lui succéderaient qualifieraient cette méthode d'« observation participante », mais ce fut Malinowski qui exposa sa logique de base, en faisant le récit sincère de ses propres expériences sur le terrain. Tout avait commencé par « une sensation de désespoir et d'accablement », avouait-il ; vous vous mettiez au travail avec une impression de confusion et d'égarement, tandis que les « impondérables de la vie authentique » vous accablaient, épuisants. Vous pouviez lire quelques romans pour essayer d'oublier votre sentiment d'incompétence. Il fallait trouver le courage d'apprendre à se comporter comme un être humain décent en partant de zéro et en appliquant les règles de bonne et de mauvaise conduites définies par autrui. Pour connaître des *gens*, et plus encore

---

* *Les Argonautes du Pacifique occidental*, trad. A. et S. Devyver, Paris, Gallimard, 1963.

un *peuple*, il fallait vous « arracher à [votre] moustiquaire[79] » et faire tout votre possible pour voir le monde à travers les yeux de vos hôtes. Ce qui exigeait d'être vraiment là, pendant une longue période que vous consacriez à apprendre de A à Z comment agir de façon sensée au sein des communautés que vous cherchiez à comprendre.

Attendant à Honolulu le bateau pour Samoa, Mead ne put éviter de se sentir prisonnière de l'ombre de Malinowski. *Les Argonautes du Pacifique* faisaient déjà figure de jalon, de changement fondamental de la conception du rôle de l'anthropologue sur le terrain. Malinowski explorait une nouvelle manière de faire de l'anthropologie. Mead voulait, elle aussi, connaître la vie des gens : leurs idées sur l'enfance et la vieillesse, ce qu'être adulte signifiait pour eux, ce qu'ils considéraient comme le plaisir sexuel, qui ils aimaient, dans quelles circonstances ils éprouvaient la brûlure de l'humiliation publique ou la nausée lancinante de la honte intime. Mais son propre projet de travail présentait un petit plus. Elle avait en effet pour objectif d'entreprendre cette recherche avec la masse invisible d'êtres que les anthropologues, Malinowski comme les autres, semblaient toujours négliger : les femmes et les filles. Elle devrait emprunter la méthode de Malinowski, l'appliquer à de nouvelles questions, dans un cadre inconnu, et espérer que les résultats ne seraient pas un fatras de commérages de village.

À Hawaï, Mead se prépara de son mieux. Elle suivit des cours de langue et prit contact avec des spécialistes du Bernice P. Bishop Museum, le célèbre fonds d'histoire naturelle et culturelle polynésienne. Elle avait prévu de collecter des objets pour ce musée dès qu'elle serait arrivée à Samoa. Fin août, elle reprit la mer à bord du vapeur *Sonoma* à mi-parcours de sa traversée jusqu'à Sydney. Elle resta alitée, en proie à un terrible mal de mer, dormant jusqu'à seize heures par jour et s'aventurant rarement sur le pont, sauf pour les repas[80]. Enfin, le dernier jour du mois, le bateau contourna un cap de Tutuila, la principale île des Samoa américaines, et jeta l'ancre au large de l'arc de cercle que dessinait le village de Pago Pago.

Mead fut immédiatement précipitée dans le chaos et l'excitation qui accompagnaient l'arrivée de chaque bateau de passagers – encore amplifiés par l'accueil enthousiaste accordé aux contre-torpilleurs et aux bâtiments de soutien de la flotte américaine, arrivés ce jour-là dans le cadre d'une grande tournée navale. Au cours des deux décennies précédentes, Pago Pago était devenu la principale base de la marine américaine dans le Pacifique Sud, s'affirmant comme le partenaire naturel de Hawaï, à plus de deux mille miles nautiques plus au nord. Les deux archipels devenus possession des États-Unis au tournant du siècle étaient marqués par l'atmosphère des acquisitions coloniales, attirant missionnaires et marchands aussi bien que militaires.

À la descente de son vaisseau, l'USS *Seattle*, le commandant de la flotte, l'amiral Robert Coontz, fut reçu par Mauga, le gouverneur samoan de Tutuila, et par d'autres dignitaires locaux qui arboraient tous des coiffures élaborées et des pagnes de raphia, leurs torses nus luisant d'huile. Les marins s'attroupèrent sur la place publique, ou *malae*, pour assister à l'offre officielle de présents aux invités américains : assortiment de noix de coco, nattes finement tressées, colliers de perles et morceaux de *tapa*, ou encore étoffes peintes confectionnées avec des écorces. L'amiral exprima sa reconnaissance en son nom personnel et en celui du président Calvin Coolidge, tandis qu'un groupe de jeunes hommes et de jeunes filles se préparaient pour le *siva*, la danse de bienvenue. Des villageois s'approchèrent, pieds nus, les hommes vêtus de longs sarongs, ou *lava-lava*, les femmes de robes amples coupées dans des tissus d'importation bon marché. Des marins se frayaient un chemin à travers la foule pour prendre des photos. Des parapluies de coton noir, protection samoane courante contre les averses et le soleil, planaient comme un nuage au-dessus des réjouissances. Quand tout fut terminé, quelques officiers rejoignirent leur croiseur, l'USS *Marblehead*, pour dîner au mess, tandis que les marins, affalés devant un écran de cinéma de fortune installé sur le pont, regardaient *Too Many Kisses* avec Richard Dix et Frances Howard[81].

Mead, qui avait emporté une robe du soir dans l'éventualité où des occasions de ce genre se présenteraient dans les mers du Sud, se joignit aux festivités à bord. Ce soir-là, elle dut endurer le cours improvisé d'un officier de marine, son cavalier de la soirée. « Il m'a dit ce qu'il pensait de la langue, des instincts, de la race, de l'héritage et de quelques autres sujets apparentés », raconta-t-elle plus tard, « et j'ai découvert que la chose la plus ennuyeuse au monde est d'écouter quelqu'un vous parler de votre propre spécialité[82]. » Elle était impatiente de se mettre au travail, d'entreprendre elle-même la découverte de Samoa au lieu de n'en entendre qu'un récit de seconde main débité par un marin intarissable. Elle écrirait bientôt à ses amis et à sa famille sur un nouveau papier à lettres imprimé remplaçant l'ancienne version qu'elle avait utilisée dans le comté de Bucks. Il portait cet en-tête exotique : « Margaret Mead, Pago Pago, Tutuila, Samoa ».

Mead résidait pour le moment dans l'unique hôtel du village en compagnie d'un petit nombre d'autres *palagi*, ou étrangers, et elle en profita pour s'adapter au régime local d'oursins, de pigeon sauvage et de racine de taro gluante qui constituaient la base de la cuisine samoane[83]. Elle prenait l'habitude de décrire tout ce qu'elle voyait, intégrant ces observations dans une série de « bulletins » à destination de ses amis et de sa famille restés au pays : le curieux assemblage de vêtements polynésiens et américains, la conviction du gouvernement local d'apporter la civilisation dans cet avant-poste arriéré, le pouvoir d'un cadeau – *alofa* – pour cimenter les relations, le parfum des fleurs de frangipanier, le contact de la peau d'un bébé qu'on venait d'enduire d'huile de coco. Quand elle avait débarqué du *Sonoma*, la foule des Samoans lui avait fait l'effet d'une masse indifférenciée, mais il ne lui fallut que quelques semaines pour prendre conscience de l'absurdité de cette impression. « L'individualité est écrite en grosses lettres sur leurs visages[84] », déclara-t-elle. Elle continua à suivre des cours de langue, assise en tailleur sur le sol de galets d'une maison samoane ouverte aux quatre vents, tenant sur ses genoux l'enfant de son professeur tout en composant laborieusement des phrases autour de la cuisine et des bonnes manières[85].

À partir de Pago Pago, Mead put entreprendre de brèves excursions dans des villages de l'intérieur – un voyage formel appelé *malaga*, qui s'accompagnait d'un discours, d'un présent rituel et de la confection cérémonielle de l'*'ava*, la boisson polynésienne traditionnelle préparée avec de la racine de kava. À Vaitogi, un village situé de l'autre côté de l'île par rapport à Pago Pago, on la nomma *taupou*, « vierge honorifique », un titre d'estime qui l'accompagnerait dans ses autres excursions à Samoa[86]. Mais rien de tout cela ne lui assurait le genre d'accès dont elle aurait besoin pour garantir le succès de ses recherches.

Mead découvrait déjà combien il était difficile de faire du travail de terrain sans s'arracher effectivement à sa moustiquaire, comme aurait dit Malinowski. Rien ne permettait de savoir si les questions que vous posiez étaient pertinentes ou stupides. Vos informateurs avaient tendance à vous répondre ce qu'ils pensaient que vous vouliez entendre. « Au moment où le fils d'un chef est tatoué, on construit une maison spéciale, c'est bien ça ? » demanda-t-elle à un certain Asuegi, un des chefs de village de Pago Pago. « Non. Pas de maison spéciale », répondit-il.

– Vous êtes sûr qu'on ne construit *jamais* de maison ?
– Si. Parfois, on construit une petite maison de bâtons et de feuilles. Oui.
– Cette maison était-elle *sa* [tabou] ?
– Non, pas *sa*.
– Pouviez-vous y apporter de la nourriture ?
– Oh, non. C'est *sa*.
– [Pouviez-vous] y fumer ?
– Oh non. Très *sa*.
– Est-ce que tous ceux qui avaient envie d'y entrer pouvaient le faire ?
– Oui. Tout le monde.
– Absolument tout le monde. N'importe qui ?
– Oui, tout le monde pouvait y entrer.
– Il n'était interdit à personne d'y entrer ?
– Non.
– La sœur du garçon pouvait-elle y entrer ?
– Oh non. C'est tabou[87].

À la mi-octobre, Mead estima que l'île de Tutuila n'avait plus grand-chose à lui offrir. Les seules localités relativement importantes étaient « envahies de missionnaires, de boutiques et de toutes sortes d'influences intrusives », écrivit-elle à Boas, et très corrompues par la présence des Américains[88]. Le programme d'alphabétisation mis en place par le gouverneur incluait l'impression d'un recueil de contes de fées européens, comme si les Samoans n'avaient pas de légendes à eux[89]. Toute l'administration américaine semblait considérer la population locale comme un « groupe d'enfants influençables » et la traitait en conséquence[90]. Les *palagi* de l'hôtel passaient leur temps à se plaindre d'avoir du mal à trouver du personnel correct[91].

Le 9 novembre, Mead embarqua donc sur un vapeur en partance pour un archipel plus reculé, les îles de Manua situées à environ cent cinquante kilomètres de Tutuila[92]. De là, elle poursuivit son voyage en canoë jusqu'à Ta'u, une petite île de ce groupe. Elle avait à peine commencé à travailler avec des adolescents, pourtant censés être le point fort de son étude, et ils semblaient être nombreux sur Ta'u. Cette île était aussi suffisamment à l'écart des sentiers battus pour ne pas abriter de missionnaires importuns[93]. Elle élut domicile chez une famille américaine de l'île, les Holt, dont la maison de bardeaux blancs servait de clinique locale, tout en craignant que cela ne prive son travail d'une certaine validité. Comme elle l'écrivit à Boas, elle était déchirée entre l'envie de vivre comme une autochtone et la nécessité de jouir d'une tranquillité suffisante pour pouvoir rédiger ses notes et réfléchir à ses expériences, ce qu'elle aurait eu peine à faire dans une maison samoane commune, ouverte de tous côtés[94].

Peut-être faisait-elle de l'anthropologie de véranda – sa chambre occupait la moitié de la véranda arrière des Holt, masquée par une mince barrière de bambou –, mais elle ne manquait en tout cas jamais d'informateurs[95]. Enfants et adolescents se pressaient chez elle pour bavarder et participer à des bals improvisés, arrivant dès cinq heures du matin et restant jusqu'à minuit[96]. Elle suspendit au mur un portrait de Boas et l'orna de fleurs d'hibiscus rouges, le décrochant pour le montrer à la bande d'enfants chaque fois qu'ils posaient des questions sur cet homme bizarre qu'elle semblait vénérer[97]. Elle se mit bientôt à signer ses lettres « Makelita », prononciation samoane de son nom[98]. « Je me trouve particulièrement heureuse ici », écrivit-elle dans un de ses bulletins, « quand je suis seule avec les indigènes, que je me baigne ou suis allongée sur le sol d'une maison samoane à regarder la mer, ou que je fais de longs discours fleuris à un vieux chef[99]. »

Néanmoins, lorsque l'été torride débuta – c'était l'hiver à New York –, elle s'inquiéta de voir le temps filer. Elle avait rassemblé peu de matériaux intéressants, insuffisamment en tout cas pour justifier la bourse accordée par le National Research Council ou la somme considérable que son père avait dépensée pour sa traversée sur le *Matsonia* et le *Sonoma*. De plus, son ancienne vie refusait de desserrer son emprise. Sapir lui écrivait toujours des lettres tourmentées, la suppliant et l'insultant tour à tour, l'exhortant à renoncer à ce voyage ridicule pour le rejoindre au plus vite. Elle mourait d'envie de les brûler mais renonça à le faire, provisoirement en tout cas, se demandant si elles ne constituaient pas la preuve documentaire qu'elle avait commis une terrible erreur – la confirmation par un éminent savant qu'aller se promener à l'autre bout du monde avait été d'emblée une entreprise vouée à l'échec[100].

Dans le même temps, Sapir poursuivait sa correspondance avec Benedict, réclamant sa collaboration pour obliger Mead à se faire aider psychologiquement dès son retour. Peut-être serait-il même nécessaire de la faire admettre dans un établissement de soins. « Franchement, ma chère Ruth, Margaret ne va pas bien, et la partie physique est presque négligeable par rapport à la partie psychique », écrivait-il. « L'ennemi le plus insidieux de Margaret est son enthousiasme, son intérêt infatigable pour les choses… Une fille aussi fragile que Margaret n'a simplement *pas le droit* d'accomplir ce qu'elle fait[101]. »

À la mi-décembre, la veille de son anniversaire, Mead écrivit elle aussi à Benedict, mais pas pour lui parler de Sapir. Elle voulait lui confier une vague amorce d'idée, l'impression qu'elle éprouvait, pour la première fois depuis des mois, d'avoir un but. Elle commençait à soupçonner qu'une grande idée se nichait peut-être bien quelque part au milieu des palmiers.

N'importe quel étudiant suivant assidûment un cours d'introduction à l'anthropologie, affirmait Mead, savait que le contraste principal entre les sociétés primitives et modernes était la question du formalisme. Les civilisations modernes étaient fluides et adaptables, elles avaient tendance à considérer le monde de façon pragmatique, en s'appuyant sur des preuves concrètes. Les peuples primitifs, en revanche, pensaient en règles et en rituels. Le respect de ces obligations formelles préservait l'équilibre de leur monde. Elles donnaient à la société un ensemble précis de procédures pour invoquer un dieu de la pluie, faire appel à un esprit pour terrasser un ennemi, empêcher des mariages fâcheux entre certains individus et approuver les partenaires idoines des princesses et des prêtres. Les Polynésiens étaient généralement présentés comme un cas exemplaire, avec leurs tabous et leurs arbres généalogiques complexes de chefs, leurs « vierges rituelles », dont la chasteté était indispensable au bien-être de la communauté, et leurs « chefs parlants », ou orateurs publics, qui servaient de truchement au chef lui-même.

Pourtant, les Samoans ne semblaient pas du tout se conduire ainsi, relata Mead. Ses voisins et connaissances de Ta'u se révélaient plutôt mal informés des règles censées les gouverner. « Le nombre de choses qui sont facultatives et l'ignorance dans laquelle la population générale tient celles qui ne le sont pas sont étonnants », écrivit Mead à Benedict le 15 décembre. « *Théoriquement*, la mère du père est censée nommer le premier bébé, mais neuf personnes sur dix te diront que n'importe qui peut l'appeler n'importe comment. » Au lieu d'un attachement profond aux règles et aux cérémonies, « l'attitude… générale de laissez-faire est trop profondément ancrée dans la culture[102] ». On ne pouvait pas facilement attribuer cette attitude à l'influence des Américains ou de missionnaires antérieurs ; il ne s'agissait pas, en d'autres termes, d'un exemple de la diffusion culturelle que Boas avait identifiée dans son propre travail et que Mead elle-même avait évoquée dans sa thèse. Dans leur vie quotidienne, les gens avaient l'air de prendre naturellement des décisions avec plus de liberté, plus d'improvisation que les observateurs extérieurs ne semblaient le penser.

Mead eut bientôt l'occasion de le constater par elle-même. Le mois suivant, un ouragan balaya Ta'u et d'autres îles. « Toutes les maisons de Vaitogi ont été détruites », lui écrivit une proche amie samoane et sœur honorifique, Fa'amotu, de Tutuila, une fois que les vents se furent apaisés. « Vingt-six maisons ont été endommagées... Et là-bas ? Est-ce que tout va bien ou pas[103] ? » Mead s'était réfugiée avec la famille Holt dans une citerne de béton, avec un poulet rôti et une miche de pain[104]. Quand ils ressortirent, la plupart des autres maisons de Ta'u avaient été rasées, mais dans l'ensemble les habitants étaient sains et saufs. Tout le monde se mit alors au travail pour déblayer. Mead craignait que cette catastrophe ne gâche tout. Comment pourrait-elle entreprendre un travail ethnologique sans banquets ni cérémonies à observer puisque tout le monde serait occupé à reconstruire[105] ?

Mais elle en vint bientôt à voir les choses sous un autre angle. En réalité, une chance inattendue se présentait à elle. Peut-être la bonne méthode pour comprendre les gens n'était-elle pas de contempler leurs cérémonies bouche bée, ni même de participer à leur travail le plus important, comme l'avait fait Malinowski, mais d'être à leurs côtés dans les moments où ils étaient le moins sur leurs gardes – lorsqu'ils balayaient des débris, reconstruisaient une maison, retissaient une natte endommagée, consolaient un enfant en pleurs. Les fragilités de Mead se révélaient providentielles. Les gens avaient envie de prendre soin d'elle, surtout quand le vent forcissait et que l'eau montait, ou que sa vieille fracture de la cheville se réveillait. Vulnérable et dépendante, elle-même était un peu comme une enfant. Et cette position ouvrait la porte à une forme d'intimité inaccessible à quelqu'un de plus solide, de plus imposant. Elle baptisa sa méthode accidentelle l'« ethnologie de l'activité[106] ».

Mead se hâta de coucher ses observations sur le papier. À la suite de la tempête, elle retrouva le petit groupe d'enfants qui se rassemblaient ordinairement sur sa véranda, surtout des jeunes filles, et entreprit de les interroger sur leur vie. Elle rédigea des fiches sur chacune d'entre elles : comment elles appréhendaient le fait de grandir, leurs relations avec les garçons, comment elles réagissaient quand ces derniers faisaient des gestes grossiers ou se frottaient contre elles pendant des bals improvisés. Elle consigna des récits de vie et commença à remplir les carnets à spirale à cinquante *cents* qu'elle avait apportés de New York, recourant tantôt à sa version personnelle du samoan, et reproduisant le reste du temps les mots d'un interprète improvisé. Cela ne ressemblait en rien à l'ethnologie qu'elle avait appris à pratiquer. Il n'était guère question de démons et de tabous, de pratiques de pêche ou de techniques de vannerie. En revanche, elle se livrait à des incursions dans un monde d'une importance suprême, mais qui était demeuré caché jusque-là : la vie intérieure de filles et de femmes, avec des allusions au désir sexuel et à l'amour.

« La plupart des épouses sont fidèles à leur mari, griffonna-t-elle. Très peu de maris sont fidèles à leur femme. Masturbation universelle parmi les garçons, depuis les petits jusqu'aux hommes mariés[107]. » Les filles connaissaient elles aussi de nombreuses formes de plaisir sexuel, et le sexe oral était un préliminaire courant à un rapport. Tous les enfants qu'elle interrogea avaient été témoins de relations sexuelles et en connaissaient la mécanique de base. Aucun tabou particulier n'entourait le sexe durant la menstruation, et le concept de « frigidité » féminine, largement débattu par les psychologues en Amérique, était inconnu, au même titre que l'impuissance masculine (bien qu'on reconnût que les vieux se fatiguaient plus vite que les jeunes). L'intimité entre personnes du même sexe existait sans qu'on en parle guère, mais il était possible pour un garçon d'assumer des tâches féminines, comme la couture ou la lessive, sans en avoir honte. La défloration publique de vierges rituelles – une pratique importante en des temps antérieurs – avait cessé, mais si une fille célibataire se trouvait enceinte, sa famille insistait pour qu'on organise un mariage privé, sans célébration publique. La liberté sexuelle conservait ses limites.

Les mois défilaient, jalonnés de lettres intarissables à Benedict, d'occasionnels rapports de terrain adressés à Boas, d'une correspondance régulière avec des amis samoans de Tutuila et des bulletins périodiques qu'elle envoyait à sa famille chaque fois que le bateau postal pouvait accoster. Mead craignait que le temps ne passe trop vite pour lui permettre de réaliser une étude de valeur. Il y avait tant de choses qu'elle avait l'impression d'avoir négligées : la largeur d'un panier de raphia, le nom de tel ou tel banquet, combien de feux on allumait pour une cérémonie mortuaire, le terme de parenté approprié pour désigner le frère de votre mère… Une angine l'avait récemment obligée à s'aliter[108]. Elle avait délaissé certaines amitiés locales. « Je ne t'ai jamais oubliée », lui écrivait Faapua'a, une des filles qui vivaient de l'autre côté de l'île. « Je me souviendrai toujours de toi et de ta gentillesse avec moi. Je me rappelle toujours ton amour pendant toutes ces journées où nous nous promenions ensemble. N'oublie jamais notre grande relation[109]. » Mead écrivit à Benedict qu'elle ne serait sans doute jamais une bonne chercheuse de terrain[110].

En mai, elle quitta Ta'u en canoë, emportée à travers les vagues sous un soleil brûlant par un équipage de neuf Samoans, qui chantaient en ramant[111]. De retour à Pago Pago, elle embarqua sur un bateau pour la première étape d'un voyage autour du monde. Elle avait accepté de retrouver Cressman en France et d'assister à un congrès d'anthropologie avec Benedict. Mais son esprit était resté à Samoa. Elle doutait que le temps qu'elle avait passé sur le terrain eût été très productif, malgré le nombre de gros titres qu'elle inspira durant sa traversée vers l'Europe – une voyageuse seule revenant des lointaines mers du Sud. « Rares sont ceux qui mènent une vie aussi intéressante que le Dr Margaret Mead, une des femmes les plus intelligentes de l'oncle Sam et une autorité mondiale en ethnologie, qui est arrivée hier à bord du *Sonoma* », s'enthousiasmait un journal local à son arrivée à Sydney[112]. Avant qu'elle ne monte à bord du transatlantique *Chitral* pour une longue navigation vers l'ouest, via Ceylan et le canal de Suez.

La situation qui l'attendait en France, où elle retrouverait son mari et son amante au terme d'une longue séparation avec l'un et l'autre, promettait déjà de ne pas être simple. Or les choses allaient être encore plus compliquées que cela. Pendant le voyage à bord du *Chitral*, marqué par de longues journées sur le pont et des soirées gâtées par le mal de mer ou des dîners assommants avec des touristes, elle fit une autre rencontre : celle d'un grand Néo-Zélandais à la beauté sauvage qui portait le nom étrange de Reo Fortune. Elle allait devoir imaginer comment se sortir de cet imbroglio quand elle débarquerait à Marseille.

8

ADOLESCENCE

« Comment se passe ton voyage ? » écrivit Fa'amotu à Mead cet été-là. « Es-tu rétablie ? Cette traversée t'a-t-elle affaiblie[1] ? » En vérité, elle avait passé une grande partie du temps plongée dans une profonde dépression encore aggravée par le mal de mer et une récidive de sa névrite brachiale. Elle avait les yeux rougis par une conjonctivite, le pourtour du nez infecté par une mycose[2], et ne se sentait, d'une manière générale, « pas de taille à reprendre tous les fils d'une existence complexe[3] », comme elle le nota à l'époque. Elle se tracassait à l'idée que ses carnets, le trésor accumulé au cours de ses longs mois d'absence, ne se perdent en mer. Et craignait qu'Edward Sapir n'ait eu raison de lui reprocher son égocentrisme. Peut-être était-elle vraiment, fondamentalement, incapable de se ranger.

Reo Fortune – qui surgit sur le pont, telle une apparition miraculeuse, avec sa soif inextinguible d'échanges sur la poésie et la politique radicale – aurait facilement pu être un témoin à charge[4]. Son prénom, qui signifiait « le mot » en maori, était un cadeau de son père, missionnaire anglican en Nouvelle-Zélande. Son esprit courait toujours plusieurs lièvres à la fois, une énergie qui fascinait Mead. Si elle avait fait passer une petite annonce pour trouver un compagnon de voyage lors de cette nouvelle étape de sa vie – d'épouse de pasteur à exploratrice du monde –, Fortune aurait été un candidat parfait : fougueux, d'une imagination débordante, jonglant avec les idées philosophiques, irrésistible sous son chapeau mou, un William Blake en saharienne[5]. Au cours des sept semaines de traversée pour rejoindre l'Europe, Mead tomba amoureuse, combattit cet amour « des deux mains », pour reprendre ses termes, puis s'abandonna au sentiment de béatitude le plus brûlant qu'elle eût éprouvé depuis des années[6].

Son arrivée, néanmoins, fut aussi cauchemardesque qu'elle l'avait redouté[7]. Cressman était venu attendre le *Chitral* quand il jeta l'ancre dans le sud de la France, mais dut faire le pied de grue sur le quai pendant que Mead prenait congé de Fortune. Pendant le déjeuner, elle avoua à son mari l'existence de ce nouvel amour. Le couple marié n'en poursuivit pas moins le circuit prévu, passant par Bordeaux avant de gagner Paris, où Fortune refit surface à la réception de leur hôtel. Cressman le rejoignit dans le hall, se présenta calmement et lui confia discrètement que Mead l'attendait à l'étage. Cressman ne tarda pas à repartir pour l'Angleterre, où il avait passé l'année grâce à une bourse, tandis que Mead et Fortune continuaient leur route vers Poitiers. Ils y retrouvèrent Benedict, qu'il fallut mettre au courant des récents rebondissements. Mead repartit ensuite pour Florence, Sienne, puis Rome, où elle revit Benedict, laquelle, selon Mead, « céda » alors à une violente crise de jalousie.

Elle assura Benedict qu'elle aussi l'aimait toujours, et que toute cette affaire n'était qu'une nouvelle mise à l'épreuve de sa théorie de la possibilité de s'éprendre de plusieurs personnes à la fois, avec une « affection démonstrative » qui déferlait vers chacune de manière différente[8]. La colère de Benedict s'apaisa pour laisser place à la résignation. Elle était contente de voir Mead enfin heureuse, quitte à se passer des grandes retrouvailles qu'elle avait pu espérer[9]. À la fin de l'été, elles regagnèrent les États-Unis par le même bateau, la question d'un éventuel avenir de Mead avec Fortune restant provisoirement en suspens[10]. « Dis-moi ce que je dois faire ! » avait crié Mead à Cressman avant leur séparation. Ce fut la seule fois où il se rappelait l'avoir vue pleurer[11].

À son retour à New York, elle eut amplement de quoi s'occuper, car un nouvel emploi l'attendait. Boas l'avait en effet recommandée à son ancien établissement, l'American Museum of Natural History, pour un poste de conservatrice assistante chargée de l'Afrique, de la Malaisie et du Pacifique Sud. Une chaire universitaire semblait difficilement envisageable ; bien qu'elle pût se prévaloir de son doctorat et de près d'un an de travail sur le terrain, aucune université ou autre établissement d'enseignement supérieur ne lui fit de proposition. Ce travail au musée serait une solution de dépannage et l'aiderait à faire progresser ses recherches dans de nouvelles directions. « Cela me tente plus que de rester définitivement collée aux histoires de sexe[12] », affirma-t-elle à Benedict.

Au début du mois de septembre 1926, elle arriva devant la façade rose du musée, 77e Rue Ouest, comme Boas l'avait fait exactement trente ans plus tôt. Montant au-dessus des salles d'exposition publiques jusqu'au cinquième étage, elle longea un couloir encadré de vitrines de bois et de verre, cœur de la collection d'anthropologie. C'était le plus long corridor d'un tenant de tout New York, l'étendue d'un pâté de maisons remplie de paniers, de masques de cérémonie, de décors de perles, de massues de guerre, de textiles, de figurines de céramique ainsi que d'ossements d'humains et d'hominidés – fémurs et métatarses, tibias et péronés –, tous rangés sur des plateaux mobiles.

À l'extrémité ouest du couloir, elle bifurqua et gravit péniblement un escalier de fonte très raide, sentant la température s'élever au fur et à mesure qu'elle approchait de la touffeur des combles, dont le sol tenait plus de la double passerelle que du plancher proprement dit. Deux étroites coursives étaient flanquées d'une série de portes métalliques, sorte de catacombe surélevée qui servait de principale zone de stockage du musée. Des tuyaux menaient à des niches situées le long des passerelles, dont chacune était équipée d'une lourde quincaillerie permettant de fermer hermétiquement les portes de l'extérieur. Ce système était destiné à protéger les humains des gaz toxiques régulièrement diffusés à l'intérieur de ces réduits pour éliminer les nuisibles qui auraient risqué de grignoter les précieux artéfacts.

Coincé sous les poutres métalliques rivetées qui soutenaient le toit, cet espace relevait davantage de la prison que du musée. Mais quelques marches plus haut, la seule employée féminine du département de la conservation du musée ouvrit enfin la porte d'une petite pièce aux fenêtres à guillotine qui donnaient sur le toit d'ardoise rouge et offraient une vue s'étendant jusqu'à Columbus Avenue. Meublée de quelques armoires métalliques, d'une bibliothèque et d'un vieux bureau à cylindre banni d'un des étages inférieurs, elle devait être suffisante pour les deux ou trois années que Mead envisageait de passer à ce poste. En réalité, elle travaillerait dans ce même local exigu pendant plus d'un demi-siècle – véritable nid d'aigle au milieu de chambres à gaz, où elle déclara plus tard avoir éprouvé un sentiment de sécurité et s'être sentie chez elle[13].

Ses fonctions de conservatrice comprenaient de nombreuses obligations : cataloguer les collections, rédiger des brochures, organiser des expositions publiques. Mais cet automne-là, elle commença également à coucher sur le papier les résultats de son séjour à Samoa. Elle en était venue à considérer que ses recherches portaient sur « un problème psychologique particulier », comme elle le dit à un collègue, « celui de l'adolescente dans une culture étrangère[14] ». Cette étude ne présenterait sans doute guère d'intérêt pour les spécialistes de la Polynésie, car elle n'avait jamais cherché à produire le type de description détaillée d'une culture ou d'une population spécifiques constituant une « ethnographie », un terme qui commençait à être employé pour désigner ce que les précédentes générations d'anthropologues avaient généralement appelé « ethnologie ». Une étude complète de la culture de l'archipel de Manu'a attendrait un autre volume. Cet ouvrage-ci, déclara-t-elle, était destiné aux théoriciens et aux psychologues. En décembre, elle annonça que son manuscrit était presque achevé. Son principal objectif serait d'associer une « propagande pour la méthode ethnologique » à un « intérêt humain[15] ».

Mead présenta son manuscrit à Boas au début de l'année 1927 et il l'invita peu après à déjeuner pour en discuter. Elle s'inquiétait de sa réaction. Son travail, après tout, s'était éloigné d'une analyse de la diffusion culturelle. Hormis la collecte d'artéfacts matériels destinés au Bishop Museum, elle avait consacré relativement peu de temps au genre d'ethnographie descriptive que les étudiants de Boas réalisaient sur d'autres sites. Et, évidemment, elle ne pourrait éviter d'évoquer devant Papa Franz le sujet du sexe, qui serpentait comme un tatouage polynésien à travers son manuscrit.

Lorsqu'ils s'assirent à table, Boas, auguste et avunculaire comme toujours, commença par toussoter. Il n'avait qu'un commentaire à faire, grommela-t-il dans son anglais rocailleux. Elle n'avait pas correctement différencié l'amour de la passion physique, un défaut qui, imaginait-il, serait rectifié dans une version révisée de son texte – cela étant dit, ils pouvaient déjeuner tranquillement. Mead fut à la fois amusée et vaguement gênée d'entendre son conseiller à cheveux gris parler aussi ouvertement de sexe. « ÇA dans la bouche de Papa Franz[16] ! » raconta-t-elle plus tard à un collègue. Et elle fut enchantée qu'il accepte de rédiger la préface du livre.

Coming of Age in Samoa fut publié l'automne suivant chez William Morrow, un nouvel éditeur qui sentait que cet ouvrage avait un certain potentiel[17]. Le titre avait été un compromis : Mead aurait souhaité quelque chose de plus académique, « The Adolescent Girl in Samoa » (« L'Adolescente à Samoa »), alors que Morrow préférait quelque chose de plus accrocheur[18]. L'illustration de couverture était incontestablement racoleuse : un jeune homme et une jeune fille tous deux torse nu qui émergeaient de la végétation en courant main dans la main se dessinaient devant une lune tropicale, sous de hauts palmiers. Les Samoanes ne se promenaient habituellement pas sans blouse ni en pagne de raphia, Mead le savait parfaitement, et les relations sexuelles clandestines n'étaient sans doute pas plus courantes à Samoa que dans les résidences universitaires de Barnard. Mais l'objectif de Morrow était d'exploiter le récent regain d'intérêt pour le Pacifique, tout en soulignant que le sexe, l'adolescence et la liberté primitive étaient des sujets centraux du livre.

En 1926, un film muet intitulé *Moana* avait été projeté dans les cinémas de toute l'Amérique. Il retraçait la vie quotidienne au sein de l'archipel des Samoa (dans la partie occupée par les Britanniques cependant, et non dans l'américaine), avec des scènes de chasse, de pêche, de cueillette et de tentatives de séduction. Son réalisateur, Robert J. Flaherty, avait déjà lancé le genre que l'on appellerait plus tard « documentaire » avec un film comparable situé dans l'Arctique, *Nanook of the North* [*Nanouk l'Esquimau*]. Ces productions prétendaient révéler la réalité de la vie au sein de sociétés primitives, mais impliquaient généralement de faire exécuter des cérémonies à des populations locales ou de leur faire enfiler des styles de vêtements démodés. Le travail de Flaherty offrait un tourisme d'aventure à distance, présenté avec un indéniable talent cinématographique et, aussi bien dans *Nanouk* que dans *Moana*, quelques images fugaces de seins nus.

William Morrow cherchait à surfer sur la vague de l'engouement du public pour la découverte de sociétés sauvages de l'intérieur. Il sentait également qu'associer les expériences de Mead à Samoa à une critique provocatrice des États-Unis constituerait un bon argument de vente. Le sous-titre suggestif – « Une étude psychologique d'une jeunesse primitive à l'intention de la civilisation occidentale » – exposait clairement cette ambition, et Morrow exhorta Mead à ajouter des chapitres mettant l'accent sur le sens profond de sa recherche pour les Américains. Une brochure de présentation du livre destinée à la presse n'en montrait pas moins une autre femme à la poitrine dénudée[19].

Adolescence à Samoa était censé étudier une société précise, les trois villages de Ta'u que Mead avait fini par bien connaître. Dans l'introduction, elle exposait cependant une intention plus générale. Les bébés viennent au monde sans culture, écrivait-elle. Ils ne connaissent aucune des règles de bonne conduite, de ce qui constitue la beauté ou la laideur, de ce qu'il faut faire pour être quelqu'un de bien. Au cours de leur vie, les humains apprennent tout cela de ceux qui les entourent. Nous appelons ce processus éducation, et dans de nombreuses sociétés nous formalisons celle-ci dans un lieu particulier, meublé de rangées de pupitres et de tableaux noirs poussiéreux.

Mais en réalité, l'éducation se fait à tout moment, depuis les interactions les plus intimes des enfants avec leurs parents et les autres personnes qui s'occupent d'eux jusqu'aux jeux les plus turbulents des petits entre eux. Dans leur vie sociale, les bébés grandissent moins qu'ils n'apprennent à *être* grands. Son séjour à Samoa cherchait à observer les modèles que des peuples de l'autre bout du monde, vivant dans un environnement, un climat et une culture extrêmement différents, avaient inventés pour transformer les enfants en adultes.

Si les anniversaires n'ont pas grande importance à Samoa, poursuivait Mead, c'est en partie parce qu'aucun mystère n'entoure la naissance. Les accouchements sont publics, ou du moins ne sont pas privés, ce qui serait impossible dans une maison commune ouverte de tous côtés. Dès leur plus jeune âge, il faut inculquer aux enfants un code de bonne conduite : se tenir à l'écart du soleil, éviter d'emmêler les fils des tisserands, ne pas s'approcher des noix de coco qui sèchent, craindre le feu, s'asseoir quand ils parlent à un aîné et ne pas toucher à un bol rituel d'*'ava*. Les frères et sœurs plus âgés, les sœurs surtout, sont les principaux responsables de l'éducation de leurs cadets. Quand les filles sont assez grandes pour porter de lourdes charges et accomplir d'autres travaux physiques pour aider leur famille, elles sont déchargées de leurs tâches de baby-sitting – et dans le même temps des interactions exaspérantes avec les minuscules tyrans dont le chemin vers la docilité peut être jalonné de pleurs, de bouderies, de supplications ou de pipis. Si elle réussit à retarder un peu son mariage, l'adolescente reste en suspens dans une sorte de monde idéal, à mi-chemin entre le dur labeur des soins à dispenser à ses cadets et le strict rôle social qui accompagne l'acquisition d'un mari.

Elle se fait également une idée de son propre pouvoir social. À la différence d'autres sociétés polynésiennes, écrivait Mead, les femmes de Samoa ne sont considérées comme dangereuses qu'à très peu d'égards. Elles gâcheront l'*'ava* pendant leurs menstruations, certes, et doivent s'abstenir de toucher le matériel de pêche ou les canoës, qu'elles risquent également de souiller. Elles doivent en outre éviter les lieux où se réunissent les chefs. Mais la force avec laquelle ces prohibitions étaient appliquées semblait différer selon les individus. En fait, Mead eut quelque difficulté à déterminer si les Samoans croyaient à des différences innées de genre, s'agissant des compétences et du dynamisme personnels. « Là où l'on donne à la femme la possibilité de jouer un rôle, elle fait preuve d'autant d'aptitudes que l'homme[20]. » Inutile d'*imaginer* un monde dans lequel les femmes pouvaient faire leurs preuves dans des tâches communément attribuées aux hommes. Il suffisait de passer un certain temps dans un village samoan, où les filles étaient habituées à voir leurs mères et leurs tantes assumer des rôles qui les conduisaient à parler en public et à exprimer leurs opinions devant d'importantes assemblées.

S'agissant de sexe, les jeunes Samoanes en savaient autant que leurs homologues new-yorkaises, voire davantage. « Les Samoans ignorent l'amour romanesque tel que nous le connaissons, exclusif et jaloux, étroitement lié à nos notions de monogamie et de fidélité inébranlable », écrivait Mead sans ambages. La monogamie, quand elle existait, était « très fragile », surtout pour les hommes[21]. L'adultère ne menaçait pas obligatoirement l'institution du mariage, que l'on considérait davantage comme une question de bonne alliance – en termes de richesse, de rang social et de renforcement mutuel des compétences et des talents – que comme une sphère protégée de sexualité exclusive. Contrastant nettement avec les Américains, poursuivait Mead, les Samoans étaient d'une entière sincérité s'agissant de leurs actions, mais restaient très secrets quant à leurs émotions et à leurs motivations. De jeunes Américaines pouvaient dire « Oui, je l'aime, mais vous ne saurez jamais jusqu'où nous sommes allés », alors qu'une Samoane disait : « Oui, bien sûr, j'ai vécu avec lui, mais vous ne saurez jamais si je l'aime ou si je le hais[22]. »

Mais à quoi ressemblait concrètement l'adolescence ? Les enfants samoans avaient une connaissance intime et précoce de certaines facettes de la vie que l'Occident considérait comme partie intégrante du pénible processus de l'adolescence. Ils connaissaient les multiples fonctions du corps humain et battaient parfois les taillis pour essayer de prendre des amants clandestins sur le fait. La masturbation était universelle et, entre garçons, elle pouvait même se pratiquer en groupe. Les relations entre individus du même sexe étaient acceptées avec insouciance, mais on était censé y renoncer lorsque le mariage pointait à l'horizon. Aucun de ces comportements n'était condamné ; on les jugeait simplement déplacés s'ils étaient pratiqués à un moment inopportun ou si l'on y cédait trop volontiers. En définitive, l'adolescence n'était pas une période de tension ni de crise, mais plutôt de liberté et d'ouverture aux autres. « Vivre fille, avec de nombreux amants, aussi longtemps que possible, puis se marier dans son village près de sa famille et avoir beaucoup d'enfants, voilà à quoi se bornent les aspirations de chacune[23]. »

Mead veillait à souligner que tout le monde n'appréhendait pas la société samoane de cette façon. Certaines filles étaient perturbées, il pouvait arriver que leur réputation souffre ou que leurs voisins les considèrent comme de la mauvaise graine. Mais en termes de ce qu'elle appelait la « théorie indigène » – la manière dont les populations locales donnent du sens à leur propre société –, les contrastes avec les États-Unis étaient manifestes. Les Américains, disait-elle, semblaient organiser leur vie intime autour d'une expérience sexuelle idéalisée. Le rapport sexuel devait être précédé par une cour complexe et être déterminé par un amour romanesque exprimé publiquement ; il ne devait avoir lieu qu'entre un homme post-adolescent et une femme post-adolescente qui avaient sacrifié à une cérémonie formelle, sanctionnée par l'État, qu'on appelait mariage. Les Samoans voyaient les choses différemment. La théorie indigène de Ta'u ne reposait pas sur ce genre de modèle, et tous les autres éléments des relations humaines étaient donc eux aussi organisés autrement. Un âge convenable, le rang social, les compétences sexuelles et le plaisir physique – tous ces concepts étaient aussi largement utilisés et célébrés dans les conversations quotidiennes que l'étaient en Amérique de chastes fiançailles et un voyage de noces idyllique.

Le chapitre intitulé « L'éducation occidentale et l'exemple samoan » occupait la plus grande partie de l'ouvrage. À Samoa, à la différence des États-Unis, identifier les adolescents avec précision n'était pas chose facile, écrivait Mead. Il était impossible de les reconnaître à leur esprit de révolte, à leur angoisse, à leur irascibilité ou à leur désir d'échapper aux contraintes étouffantes qu'ils accusaient leurs parents de leur imposer. Il n'existait pas de culture de la jeunesse, pas de délinquance fréquente, en tout cas pas en tant que phase reconnue de la seconde naissance d'une personne accédant à l'âge adulte. Cela tenait, concluait-elle, aux stratégies de développement de la personnalité d'un enfant que les Américains avaient élaborées. Les adolescents américains découvraient la liberté sous forme d'un rejet des valeurs, comportements, croyances et habitudes chers à leurs parents. Pour devenir adulte, il fallait lutter vaillamment contre les règles édictées par un monde puritain, individualiste et pudibond. Dans une société qui obligeait les jeunes à faire immédiatement leur choix parmi un certain nombre de voies mutuellement exclusives – fumer ou non, se marier ou être une débauchée, être un fainéant ou un employé modèle –, il ne fallait pas s'étonner des tensions sociales qui en résultaient. « La tension, la contrainte sont dans notre civilisation même, écrivait Mead ; elles ne sont pas la conséquence des transformations physiques que subissent les enfants[24]. »

La solution n'était pas de transformer les Américains en Samoans, bien sûr, mais plutôt de commencer à concevoir que la logique et le bon sens de chacun n'étaient qu'une façon comme une autre de modeler le monde social et que chacune avait des conséquences qui s'exerçaient sur la vie d'individus réels.

> Que nous enviions ou non à d'autres peuples la façon dont ils ont résolu leurs problèmes, l'examen de leurs conclusions ne peut qu'élargir et approfondir nos propres idées sur ces mêmes questions. Si nous admettons qu'il n'y a rien de fatal, rien d'irrévocable dans nos conceptions, et qu'elles sont le fruit d'une évolution longue et complexe, rien ne nous empêche d'examiner nos solutions traditionnelles une à une et, à la lumière de celles qui ont été adoptées par les autres sociétés, d'en éclairer tous les traits, d'en apprécier la valeur et, au besoin, de les trouver défaillantes[25].

Adolescence à Samoa regorgeait de provocations et d'exagérations, d'arguments vagues et, occasionnellement, d'extravagances – comme la plupart des autres ouvrages d'anthropologie écrits à l'époque[26]. Mead n'éprouvait ainsi guère de scrupules à tirer d'amples conclusions d'un modeste échantillonnage, en l'occurrence cinquante filles qui vivaient dans trois petits villages d'une unique île du Pacifique Sud. Ses méthodes laissaient parfois les Samoans eux-mêmes légèrement perplexes. « Tous ces gens de Fitiuta auxquels vous avez parlé, ce sont des idiots », écrivait ainsi un chef de Ta'u. « C'est pourquoi je vous le dis, si vous voulez reproduire mes déclarations pour un journal ou dans vos écrits et les rendre publiques dans le monde entier, et si vous les envoyez pour qu'ils les lisent à ces gens de Fitiuta et à tous ceux de Manu'a, alors je serais très heureux, surtout s'ils les lisent[27]. » Mais les annales d'anthropologie abondaient en exemples de chercheurs de sexe masculin qui n'avaient pas agi autrement : répétant ce qu'un chef ou un chamane leur avaient raconté à propos d'une légende populaire ou s'appuyant sur l'aide spécifique d'assistants masculins, comme l'avait largement fait Boas sur la côte Nord-Ouest.

Mead cherchait toutefois à faire quelque chose de nouveau : Samoa était un miroir qu'elle voulait tendre à sa propre société. Elle ne prétendait pas avoir trouvé un avant-poste d'amour libre où tout fonctionnait idéalement et pacifiquement. Elle savait qu'il y avait des maris samoans infidèles, des relations malheureuses et des mariages insulaires qui ne duraient pas. Ses contemporains eux-mêmes étaient conscients qu'elle n'était pas partie à la recherche du paradis. Comme l'écrivit un journal de Philadelphie, Mead « cherchait à prouver que la "garçonne" si vilipendée n'est pas un phénomène moderne, mais qu'elle a existé dans toutes les civilisations depuis l'origine du monde[28] ». Le fond de son propos était que ses interlocuteurs samoans ne concevaient pas l'adolescence exactement comme les Américains avaient tendance à la voir, à savoir une période unique de transition vers l'âge adulte dont l'angoisse faisait obligatoirement partie. Et quand il s'agissait de comprendre la vie, les peurs, les passions et les soucis des adolescentes, Mead n'ignorait pas que la meilleure façon de procéder était de leur parler. Les vrais spécialistes de la crise de l'adolescence étaient les filles qui en subissaient, disait-on, les affres.

La publication de son livre bénéficia de l'approbation d'éminents scientifiques et personnages publics, de Clarence Darrow à Bronislaw Malinowski lui-même, qui y vit « un exemple d'anthropologie descriptive de tout premier plan[29] ». Il fit rapidement l'objet de comptes rendus dans les principaux journaux et revues. Les seules notes discordantes eurent tendance à émaner de certains hommes du cercle de Boas. Alfred Kroeber se livra ainsi à un compliment ambigu : « Si certains se plaignent que vous ne fournissiez pas suffisamment de données pour leur permettre une vérification, cela me laisse froid, écrivit-il à Mead. J'ai confiance dans la justesse de vos diagnostics, même si vos faits sont peu nombreux ou qu'ils ne sont pas intégralement publiés[30]. » Toujours obsédé par son ancienne flamme, Sapir déclara à Benedict qu'il trouvait tout cela « dérangé et de peu de valeur », indigne de son auteure, et même humiliant. Il soulignait qu'il avait emprunté l'ouvrage et ne l'avait pas acheté[31].

Quelques semaines après sa publication, *Adolescence à Samoa* s'était déjà vendu à plus de trois mille exemplaires – un résultat remarquable pour un ouvrage universitaire – et promettait de rapporter d'encore plus gros profits[32]. Mead n'eut cependant guère le temps de s'appesantir sur ce succès. Elle était alors déjà loin de New York, en congé de l'American Museum of Natural History, et de retour dans le Pacifique Sud pour une nouvelle expédition de recherche. Elle avait également commencé à faire savoir à ses collègues qu'elle ne voulait plus être appelée « Mrs » mais « Miss » ou « Dr[33] ».

« Une fille de Philadelphie envisage de séjourner parmi les cannibales », annonça le journal de la ville natale de Mead au moment même où *Adolescence à Samoa* arrivait en librairie[34]. Cela faisait un certain temps qu'elle préparait une nouvelle expédition en compagnie de Reo Fortune, avec qui elle avait entretenu des relations régulières depuis leur première rencontre à bord du *Chitral*[35]. Fortune avait effectué des recherches de troisième cycle à l'université de Nouvelle-Zélande.

Il s'intéressait à la Mélanésie, et plus particulièrement aux îles situées au large de la côte de Nouvelle-Guinée.

La Mélanésie se trouvait à près de cinq mille kilomètres de Samoa. S'ils devaient s'y rendre ensemble, Mead avait peu de chances de retourner à Tutuila ou à Ta'u, comme elle avait espéré le faire pour compléter ses recherches. Mais, dit-elle alors à Fortune, « tu sais que c'est avant tout à ta carrière que je pense[36] ». Le problème de Cressman avait été réglé quelques mois avant la publication d'*Adolescence à Samoa* : Mead avait obtenu un jugement de divorce au Mexique – une manière rapide, bon marché et discrète, légale aux yeux de l'État de New York, de dissoudre les liens d'un mariage.

D'un an plus jeune que Mead, Reo Fortune avait validé sa licence à l'université de Wellington. Il avait ensuite consacré un an à obtenir un diplôme d'anthropologie, légèrement inférieur à un doctorat, à l'université de Cambridge, où il avait fait la connaissance de Malinowski et étudié avec d'autres éminents spécialistes de la Mélanésie. L'un de ses mentors, A. R. Radcliffe-Brown, commençait à s'affirmer comme une figure majeure de ce qu'on appellerait un jour l'anthropologie sociale – à savoir la tentative pour comprendre les habitudes sociales stables de toute la planète, depuis le recours à différents types de parenté jusqu'à l'utilité des rituels pour renforcer les valeurs collectives. Si Boas et ses disciples avaient tendance à utiliser de préférence le terme de *culture* pour désigner leur centre d'intérêt majeur, leurs homologues britanniques étaient enclins à penser en termes de systèmes et de fonctions. Certaines sociétés confiaient la charge de l'éducation des enfants aux beaux-frères plutôt qu'aux pères. D'autres recommandaient les mariages entre cousins croisés, une pratique consistant à perpétuer certaines relations claniques en privilégiant les unions entre progénitures masculine et féminine de différentes branches d'une même lignée familiale. Certaines sociétés avaient élaboré des systèmes religieux qui transportaient dans un autre monde un adepte doté d'un don particulier afin qu'il manipule des forces invisibles, comme dans une transe chamanique. D'autres incluaient des pratiquants qui, à l'image des prêtres et des sorciers, avaient le pouvoir de convoquer des forces surnaturelles dans l'ici et le maintenant. Tous ces systèmes produisaient des relations sociales différentes mais prévisibles, que les chercheurs s'efforçaient de définir et de caractériser. Aux yeux des anthropologues de Cambridge, d'Oxford et de la London School of Economics, le réseau des connexions sociales possibles à l'intérieur de toute société était le produit direct de l'usage qu'elle faisait de concepts fondamentaux comme la famille, le pouvoir et l'ordre.

Dans les faits, néanmoins, les chercheurs britanniques et américains travaillaient sur un grand nombre de sujets communs, employaient les mêmes techniques et échangeaient des idées d'une rive à l'autre de l'Atlantique dans une immense tentative pour définir une discipline dont le statut scientifique n'était reconnu que depuis quelques décennies. Fortune était un néophyte en la matière : s'il pouvait se flatter d'une certaine expérience de terrain, il n'avait pas de diplôme de chercheur. Il n'en incarnait pas moins un type de partenaire intellectuel que Mead n'avait encore jamais trouvé dans la gent masculine, un homme qui partageait ses enthousiasmes mais qui, du fait de ses études à Cambridge, proposait une approche différente de problèmes sociaux complexes. Ils choisirent ensemble un nouveau site de recherche dans les îles de l'Amirauté, au nord de la Nouvelle-Guinée. Fortune pourrait y poursuivre son travail sur les sociétés mélanésiennes tandis que Mead pourrait étudier les adolescentes dans un nouveau cadre culturel – tous deux formant ainsi une équipe néo-zélandaise et yankee qui exploiterait les méthodes anthropologiques issues des mondes universitaires britannique aussi bien qu'américain.

Sur le point de s'engager dans sa première expédition en duo, Mead avait prévu de retrouver Fortune dans les mers du Sud. Une fois encore, elle laissait Benedict derrière elle. Leur relation, lui écrivit-elle alors qu'elle était en route pour la côte Ouest, serait toujours indépendante de celles qu'elle pourrait avoir avec un homme. Les aventures amoureuses pouvaient cheminer sur des assemblages de roues complètement différents[37]. Benedict n'en occupait pas moins le centre, un « beau palais entouré de murs », déclara-t-elle, « la racine inextirpable, l'unique soif homosexuelle incontournable[38] ». Le mois suivant, en octobre 1928, elle retrouva Fortune dans un bureau d'état-civil d'Auckland, en Nouvelle-Zélande, où ils devinrent mari et femme. Elle envoya un télégramme à Benedict pour le lui annoncer[39]. Pour Mead, c'était comme un calme soudain après une tempête qui avait tout emporté : le retour à New York, son nouvel emploi au musée, l'interminable délitement de son mariage avec Cressman et tous les soucis que lui inspirait la suite de sa carrière[40]. Sous un clair de lune, six semaines après son départ de New York, elle arriva enfin avec Fortune à Pere, un gros village de l'île de Manus[41].

Pere était « une parfaite petite Venise rustique », rapporta-t-elle à Benedict[42]. Les habitants du littoral construisaient des maisons à pilotis dans un paisible lagon entouré de mangroves. Les hommes portaient les cheveux longs, relevés en chignon, alors que les femmes avaient le crâne rasé et ornaient leur cou et leurs bras d'ossements de parents défunts[43]. Les enfants passaient leur vie perchés au-dessus de la mer peu profonde, « petits rats d'eau indépendants » qui apprenaient à nager peu après leur naissance et parcouraient ainsi de longues distances à un très jeune âge[44]. Pour passer d'une habitation à une autre, il fallait descendre de sa maison par une échelle branlante, au risque de tomber à l'eau, et monter dans un bateau. Ce sentiment de danger était indissociable de toute vie sociale, comme Mead le découvrit personnellement. Sa cheville, qui la faisait encore souffrir depuis l'accident de taxi survenu plusieurs années auparavant, se fractura à nouveau. Elle dut faire un voyage de douze heures en canoë pour rejoindre la capitale régionale de Lorengau, où elle s'entendit dire qu'un rebouteux indigène ferait du meilleur travail qu'un médecin diplômé[45]. Durant plusieurs semaines, elle clopina sur la rive avec des béquilles de fortune. Elle n'avait pas encore appris à nager.

Mead et Fortune s'engagèrent dans une étude de la langue locale et dressèrent le plan des différents foyers de Pere et de leurs complexes réseaux de parenté. Ils travaillaient chacun de son côté sur leurs propres écrits. Fortune mettait la dernière main à des recherches sur le terrain qu'il avait effectuées quelque temps auparavant plus au sud, sur l'île de Dobu, tandis que Mead rassemblait des matériaux pour ce qui devait être, espérait-elle, une nouvelle étude sur les quelques dizaines d'enfants du village. Elle expérimenta une technique inhabituelle, distribuant crayons et papier aux enfants, qui pour beaucoup n'avaient jamais rien vu de tel, et les invitant à dessiner ce qu'ils voulaient. Les dessins ne tardèrent pas à s'empiler jusqu'à atteindre le nombre de trente-cinq mille, les feuillets s'enroulant sous la chaleur et l'humidité tropicales[46].

Manus se révéla encore mieux adapté à ses intérêts que Samoa, mais l'éloignement de cette île n'y était pas pour grand-chose. En réalité, dans ses observations attentives d'un groupe de jeunes – qu'elle regardait jouer et se battre, sauter sans appréhension dans le lagon et représenter le monde tel qu'ils le voyaient, en images et symboles tirés de leur propre imagination –, Mead se concentrait sur un problème qui intriguait les éducateurs et les réformateurs sociaux depuis des dizaines d'années : quels sont les traits de comportement innés et lesquels sont le produit des conditions de vie ?

La question du caractère inné et de l'héritabilité de caractéristiques mentales était un des problèmes fondamentaux qui avaient occupé les sciences sociales tout le temps où Mead avait été associée au cercle de Boas. À la Columbia University, elle avait rédigé un mémoire de maîtrise cherchant à établir si les tests d'intelligence ne risquaient pas de confondre savoir culturel et capacités intellectuelles. En étudiant un échantillonnage d'enfants italiens et américains de Hammonton dans le New Jersey (site de recherche de la thèse inachevée de sa mère), elle avait constaté que les résultats aux tests d'intelligence semblaient refléter les facilités en anglais de ceux qui les passaient. Connaître le modèle de rimes d'un sonnet, par exemple, ou savoir qui était Rubens – un type de question fréquent dans les tests de l'époque – n'avait pas grand-chose à voir avec la capacité de résoudre un problème ou de raisonner clairement, avait-elle affirmé. Même pour réaliser des exercices de mots cachés ou résoudre des problèmes de logique, il fallait avoir une compréhension exacte de ce qu'on vous demandait. Les psychologues qui croyaient modéliser l'esprit humain universel se livraient en réalité à une sorte d'anthropologie – mesurant la facilité linguistique d'un sujet et le savoir particulier qu'apporte la maîtrise de la langue. En tout état de cause, ils ne mesuraient certainement pas l'acuité mentale d'un sujet. Avec son assurance coutumière, elle écrivit aux concepteurs du test d'intelligence qu'elle avait utilisé pour son étude – l'Otis Group Intelligence Scale –, en cherchant à faire ressortir ce qui était à ses yeux un problème de conception flagrant. La réponse adressée à cette modeste étudiante en maîtrise tenait de la chiquenaude et mit ainsi fin à cette correspondance[47].

Les hypothèses ronflantes de transmission héréditaire de l'intelligence laissaient également Boas sceptique depuis longtemps. L'un des « buts fondamentaux de l'anthropologie scientifique », écrivit-il dans un nouvel ouvrage, *Anthropology and Modern Life* [« Anthropologie et vie moderne »], publié au moment même où Mead et Fortune partaient pour la Mélanésie, était « d'apprendre quels traits de comportement, si tant est qu'il en existe, sont déterminés organiquement et représentent donc la propriété commune de l'humanité, et lesquels sont le produit de la culture dans laquelle nous vivons[48] ». Le « si tant est qu'il en existe » était une incise cruciale. Comme le savait Boas, un important courant de pensée scientifique poussait en sens inverse et cherchait à corroborer la théorie selon laquelle presque *tous* les comportements, individuels aussi bien que collectifs, étaient héréditaires. Nos prédispositions à agir – moralement ou avec malhonnêteté, au terme d'une réflexion rationnelle ou sur le coup d'une émotion instinctive – étaient, prétendaient les tenants de cette opinion, logées dans les recoins les plus profonds de l'organisme humain. Dès leur naissance, nos enfants sont porteurs des tendances que nous leur transmettons à notre insu.

En 1905, un biologiste britannique du nom de William Bateson avait inventé un nouveau mot – *génétique* – pour désigner la manière dont les parents transmettent leurs traits les plus profonds à leurs enfants. Quelques années plus tard, d'autres chercheurs forgèrent le terme de *gène* pour identifier le quantum d'information qui s'écoulait le long des lignées familiales avec une régularité prévisible. Que vos iris soient bleus ou bruns, que les lobes de vos oreilles soient libres ou adhérents, que vous soyez capable d'enrouler votre langue : toutes ces variations semblaient suivre le modèle de la transmission mendélienne, du nom de Gregor Johann Mendel, le botaniste du XIXe siècle qui en était l'auteur. Il y avait peu de raisons de douter que d'autres traits, des facultés mentales aux qualités de chef, suivaient les mêmes voies entre parents et progéniture.

Personne n'avait jamais vu de gène, évidemment, mais après tout, personne n'avait jamais vu non plus d'atome ni de gravité. La science progressait en présentant une théorie qui prétendait expliquer une réalité observée et en s'en tenant à cette théorie jusqu'à ce qu'une preuve démontre son caractère erroné. Tous ceux qui étaient au fait des dernières avancées de la science ne pouvaient douter que reproduction et destinée se recouvraient largement. Il suffisait, pour s'en convaincre à l'aide d'un exemple précis, de se pencher sur l'histoire d'une jeune femme nommée Emma Wolverton, plus connue du public américain sous le nom de Deborah Kallikak.

Wolverton était une pensionnaire du New Jersey Home for the Education and Care of Feebleminded Children, un établissement d'éducation et de soins pour enfants retardés. Quand elle était entrée à l'école à l'âge de huit ans, en 1897, c'était une petite fille aux grands yeux, de toute beauté et au caractère facile. Mais à l'approche de l'âge adulte, ses facultés semblèrent marquer le pas. Elle avait une démarche curieusement saccadée. Elle savait jouer du cornet et assembler des meubles dans la menuiserie de l'institution, mais ses capacités de raisonnement ou de réalisation de tâches complexes restaient pour l'essentiel celles d'un enfant. Elle était, à en croire Henry H. Goddard, le directeur de recherche de l'institution, une *high-grade moron*, ou débile mentale profonde (une étiquette scientifique de son cru). Plus Goddard en apprit sur son cas, plus il soupçonna que l'origine de son état était à chercher dans son arbre généalogique.

En reconstituant son ascendance, Goddard apprit que Wolverton descendait d'un officier de la guerre d'Indépendance qui avait engendré deux lignées distinctes : l'une avec son épouse légitime, l'autre à la suite d'une liaison avec une serveuse, que l'on disait mentalement retardée. Goddard découvrit alors un fait remarquable. Les descendants légitimes du soldat étaient devenus des membres modèles d'une éminente famille de Nouvelle-Angleterre. Les illégitimes, en revanche, étaient pour la plupart arriérés, pauvres et délinquants – des alcooliques, des criminels, des parias de la société, ou simplement de gentils idiots comme Emma Wolverton.

Ce cas était aussi proche d'une expérience naturelle que Goddard pouvait l'imaginer. Il comprit immédiatement que Wolverton et ses antécédents permettaient de réaliser une véritable étude de cas des origines de l'aptitude mentale, structurée comme une expérience médicale. Tous les paramètres pertinents étaient constants à l'exception d'un « traitement », la liaison illégitime de l'officier. Il exposa cette histoire dans *The Kallikak Family*, publié en 1912. Goddard avait passé son doctorat dans l'ancien établissement de Boas, la Clark University, et son livre satisfaisait à tous les critères des principes scientifiques que G. Stanley Hall avait cherché à inculquer à ses étudiants : observation méticuleuse, modèle de recherche expérimentale, analyse approfondie de données réelles. Le nom de famille – Kallikak – était un pseudonyme que Goddard avait forgé à partir des racines grecques signifiant « bien » et « mal », les germes normaux et les germes défectueux qui se retrouvaient côte à côte chez les descendants d'un unique homme. Sans cette malencontreuse serveuse, l'État du New Jersey se serait épargné, dans la logique de Goddard, les frais d'incarcération, de surveillance et d'hébergement de plusieurs dizaines d'êtres humains déficients. Le destin d'Emma – ou de Deborah, comme il l'appelait dans son livre – avait été scellé bien avant sa naissance. « Comme elle est plutôt jolie, d'apparence enjouée, ayant un certain nombre de manières séduisantes, le professeur continue d'espérer et s'obstine même à penser que cette fille devrait s'en sortir correctement », écrivait-il. « Notre travail avec Deborah nous convainc que ces espoirs sont illusoires[49]. »

Toute une série d'ouvrages populaires avaient eu recours à des méthodes similaires : *The Jukes* (1877), consacré à des habitants dégénérés du nord de l'État de New York ; *The Tribe of Ishmael* (1888), sur des voleurs ambulants des Appalaches ; *The Nam Family* (1912), qui traitait d'un clan de prostituées et d'escrocs. De nouveaux termes – *dysgénisme* ou *cacogénisme*, qui signifiaient précisement ce qu'ils suggéraient – avaient été forgés pour définir ce domaine, verso de l'étude de la bonne reproduction, ou eugénisme. *The Kallikak Family* était pourtant différent. Il retraçait avec compassion une histoire finalement tragique, dans laquelle le destin d'une jeune fille était en jeu. De plus, ses constatations précises coïncidaient parfaitement avec de récentes spéculations scientifiques concernant l'intelligence. Quelques années avant que Goddard ne s'engage dans ce travail, le psychologue français Alfred Binet avait inventé un test capable de produire un « quotient intellectuel » qui mesurait la capacité mentale. Goddard venait de démontrer comment ce chiffre imposait furtivement sa sombre logique au fil des générations. D'autres chercheurs s'intéressèrent à l'histoire d'individus catalogués comme débiles, idiots et déments, et réfléchirent aux différentes politiques que les pays pouvaient appliquer pour les éduquer ou les isoler du reste de la population. Tous recouraient à une version ou à une autre du test d'intelligence de Binet, un peu comme les adeptes de l'anthropométrie s'étaient servis de l'indice crânien pour déterminer la race. Si un concept pouvait être mesuré, il pouvait également être observé, et s'il pouvait être observé, il devait s'agir d'une *chose* – transmise d'être en être de façon aussi prévisible que des cheveux frisottés ou l'inclinaison d'un front.

L'ouvrage de Goddard fut réédité et réimprimé plusieurs fois. Il incluait des photographies d'Emma/Deborah, les yeux brillants, heureuse, et de sa famille élargie, front bas et mâchoires pendantes. (Les images, releva-t-on plus tard, avaient été retouchées pour donner à la famille un air particulièrement hébété[50].) Ce livre semblait apporter la preuve des résultats que l'on pouvait obtenir en traitant humainement des gens comme Emma/Deborah – c'est-à-dire en les parquant dans une institution, en leur enseignant des compétences pratiques et, surtout, en les empêchant de transmettre leurs traits cacogéniques à de nouveaux êtres humains.

Goddard avait parfaitement choisi son moment. Il réalisa son étude à une époque où politique et recherche démographique étaient peut-être plus étroitement liées qu'à toute autre période de l'histoire américaine. En 1910, des philanthropes de la Carnegie Institution de Washington fondèrent un institut spécial pour promouvoir de nouvelles recherches sur les populations, les compétences et la reproduction. Situé à Cold Spring Harbor, dans l'État de New York, cet établissement entreprit de compiler des masses de données sur les mécanismes de la transmission génétique, depuis les traits les plus banals d'animaux – la coloration du plumage des poulets, par exemple – jusqu'à des caractéristiques pouvant présenter un intérêt particulier pour les éducateurs ou les criminologues, telles les aptitudes physiques et la déficience mentale. L'objectif à plus long terme était d'élaborer des programmes d'éducation publique facilitant l'amélioration des familles et l'avancement racial. Solidement financé et bénéficiant d'une équipe de chercheurs de terrain, l'Eugenics Record Office, puisque tel était son nom, appliquait des techniques statistiques de pointe pour démontrer qu'une science organisée par le gouvernement pouvait contribuer à réduire la reproduction des êtres défectueux, améliorer la lignée biologique des races les plus avancées et produire une société américaine plus saine et plus productive.

La nature, après tout, ne mentait pas. Comme l'écrivit dans un de ses nombreux rapports Charles B. Davenport, zoologue formé à Harvard et directeur de l'Office, « les lois circonscrivant la sélection matrimoniale sont destinées, d'une part, à protéger les droits du conjoint qui risquerait de souffrir par impuissance ou ignorance et, de l'autre, à empêcher la consommation légale d'accouplements susceptibles de produire des enfants physiquement et mentalement handicapés – de ceux qui sont privés du “droit d'être bien nés”[51] ». Venir au monde avec un important potentiel et en étant placé d'emblée sur la voie de la normalité, au lieu d'être entravé par les déficiences des générations précédentes, estimait Davenport, était, en un sens, le droit ultime de l'homme. Les organes législatifs des États lui donnèrent raison. Au cours des deux premières décennies du XXe siècle, une vague de lois de stérilisation forcée, destinées à empêcher de mauvais parents de produire une nouvelle génération de mauvais enfants, balaya le pays : l'Indiana en 1907, la Californie et le Connecticut en 1909, le Nevada, l'Iowa, le New Jersey et l'État de New York en 1911 et 1912, suivis du Kansas, du Michigan, du Dakota du Nord et de l'Oregon en 1913[52].

Les idées de Goddard et Davenport étaient largement partagées par l'élite scientifique et politique – non seulement aux États-Unis mais aussi plus globalement dans le monde. Quand la communauté internationale d'eugénistes se rassembla pour échanger des données et des propositions de mesures politiques, ce fut dans les locaux de l'ancien employeur de Boas, l'American Museum of Natural History. Deux grands congrès internationaux sur le sujet eurent lieu au musée, avec des allocutions d'Alexander Graham Bell et des invitations envoyées par le département d'État américain[53]. Pour le second Congrès international d'eugénisme, en 1921, deux étages du musée furent réorganisés pour présenter de nouvelles expositions sur les effets néfastes de la reproduction interraciale, les conséquences dramatiques de l'immigration de populations de race étrangère et les résultats positifs de la stérilisation obligatoire, accompagnées d'études amateurs réalisées par des professeurs, élèves et chercheurs indépendants – une vaste foire scientifique vouée à l'éradication des causes de la criminalité, de la démence, de la pauvreté et du déclin national. Un tableau de l'Eugenics Record Office affichait clairement les vingt-six types de génie eugénique et les dix catégories de « personnes socialement inadéquates » – censées constituer environ 10 % de la population – allant des ivrognes aux « cacaesthéniques », terme désignant les individus dont les organes sensoriels étaient défectueux, comme les aveugles et les sourds[54].

L'application pratique de l'eugénisme eut pour la première fois un impact majeur sur la justice américaine en 1927, un an avant le départ de Mead et Fortune pour la Nouvelle-Guinée. Dans un jugement qui fit jurisprudence, la Cour suprême des États-Unis confirma la constitutionnalité de la stérilisation forcée. Le Commonwealth de Virginie était parfaitement en droit, décréta la Cour, de faire stériliser Carrie Buck, une jeune femme censément handicapée prise en charge par l'État, pour éviter qu'elle ne transmette ses déficiences mentales aux générations à venir. « Il est préférable pour tous qu'au lieu d'attendre de devoir exécuter une progéniture dégénérée pour crime ou de la laisser mourir de faim en raison de son imbécillité, la société empêche ceux qui sont manifestement inadaptés de se reproduire », écrivit le juge Oliver Wendell Holmes Jr., en écho à l'opinion majoritaire. « Le principe qui sous-tend la vaccination obligatoire est suffisamment vaste pour couvrir la section des trompes de Fallope. Trois générations d'imbéciles suffisent[55]. »

En réalité, comme l'avenir le montra, Carrie Buck n'était probablement pas intellectuellement handicapée et ne souffrait pas de difficultés d'apprentissage, même selon les critères contemporains. Elle était tombée enceinte à dix-sept ans – raison initiale de l'ordre de stérilisation de la Virginie – sans doute à la suite d'un viol et d'abus familiaux, et non en raison de la « licence sexuelle » couramment attribuée aux faibles d'esprit. La décision *Buck* n'en fit pas moins grimper les taux de stérilisation de quelques centaines à plusieurs milliers par État. Au début des années 1930, vingt-huit des quarante-huit États américains avaient adopté des lois autorisant la « stérilisation eugéniste » d'individus que les autorités estimaient débiles, idiots, imbéciles ou déments, une mesure qui vint s'ajouter à la castration et à la ligature des trompes déjà pratiquées en vertu du droit pénal pour certaines catégories de condamnés[56]. En 1941, plus de trente-huit mille « asexualisations » de ce genre, pour reprendre le langage de l'époque, avaient été pratiquées, dont les deux tiers sur des femmes[57]. Dans les années 1960, ce chiffre avait presque doublé et la pratique se poursuivit encore longtemps[58].

Les eugénistes étaient loin d'occuper une position marginale dans le milieu scientifique. Au contraire, ils représentaient même l'establishment : solidement financés, armés d'une batterie de statistiques et de résultats de tests, et exerçant une influence considérable sur la loi, l'éducation et la culture populaire. L'American Eugenics Society, fondée en 1926, devint l'un des principaux intermédiaires de l'Eugenics Record Office et d'autres organismes, dont elle se chargea de présenter les travaux à un plus vaste public. Cette société fit passer le message d'une vie propre et d'une reproduction plus propre encore dans les églises, les associations féminines, les écoles et les foires des différents États. Elle organisait des concours de la famille la plus apte (*Fitter Families*), avec des jurys d'historiens, de médecins et de dentistes chargés d'évaluer les aptitudes eugéniques des mères, des pères et des enfants. « Pendant que les juges agricoles examinent les Holstein, les Jersey et les White Faces dans le pavillon du bétail », déclara l'un des administrateurs de la société, « nous examinons les Jones, les Smith et les Johnson[59]. »

La science et l'histoire semblaient parvenir aux mêmes conclusions. À l'image des théoriciens de la race comme William Z. Ripley et Madison Grant, qui exploraient les archives historiques à la recherche de civilisations qui s'étaient effondrées sous les coups d'une immigration étrangère incontrôlée, les eugénistes révélaient les failles internes de corps et d'esprit qui, si l'on n'y remédiait pas, conduiraient la société américaine à sa perte. Les leçons qu'ils en tirèrent étaient séduisantes non tant parce qu'elles étaient réactionnaires – une étiquette qui aurait scandalisé Grant, Goddard et Davenport – que parce qu'elles étaient au contraire profondément, résolument progressistes. Après tout, leurs travaux offraient à la fois un diagnostic et une thérapie pour la plupart des maux identifiés par les réformateurs. En Amérique, la lignée fondatrice d'Anglo-Saxons de bonne souche était corrompue par une reproduction mal planifiée et par des frontières ouvertes. Les défenseurs du planning familial, les médecins, les adversaires de l'immigration et bien d'autres encore se découvrirent rapidement toute une série de préoccupations communes : purifier la société américaine, mettre un terme au déclin de la race originelle et empêcher la « reproduction dysgénique », comme disait Margaret Sangere, fondatrice de l'American Birth Control League (la Ligue américaine pour le contrôle des naissances) – qui prit plus tard le nom de Planned Parenthood (Parentalité planifiée)[60]. L'une des méthodes de contraception les plus populaires de l'époque, une cape cervicale conçue par la Britannique Marie Stopes, adepte du planning familial, était commercialisée sous le nom de « Pro-Race » – l'idée étant que si les gens étaient incapables de contrôler leurs pulsions sexuelles, ils pourraient au moins éviter une procréation malencontreuse[61]. Même dans leurs moments les plus intimes, les couples américains accomplissaient leur devoir de produire des versions améliorées d'eux-mêmes.

Un an après le jugement *Buck*, Boas s'attaqua au programme américain visant à limiter le nombre d'êtres inaptes. Les « types » ne sont que des abstractions, écrivit-il dans *Anthropology and Modern Life*, qu'il s'agisse de races ou de toute autre catégorie sociale, comme les individus satisfaisants sur le plan eugénique ou les déviants. L'objectif de la science sociale, affirmait-il, ne devrait pas être de fureter à la recherche d'unités atomiques de l'humanité, de catégories indestructibles dans lesquelles sont censés s'intégrer tous les êtres humains. Il fallait au contraire essayer de se mettre deux vérités en tête : primo, que tous les gens sont des individus, dotés de leurs propres talents et traversant leurs épreuves personnelles ; secundo, que nous sommes des êtres sociaux qui s'accrochent désespérément au sens de la réalité que nous a inculqué notre éducation. « Nous ne pouvons pas traiter l'individu comme une entité isolée », poursuivait-il, mélangeant comme si souvent des propos limpides à un style universitaire plus alambiqué. « Il faut l'étudier dans son cadre social et l'on peut légitimement se demander s'il est possible de se livrer à des généralisations qui permettraient de découvrir une relation fonctionnelle entre des données sociales généralisées et la forme et l'expression de la vie individuelle ; en d'autres termes, s'il existe des lois d'une validité générale qui gouvernent la vie de la société[62]. »

L'un des buts de l'anthropologie, depuis John Wesley Powell, était de réunir suffisamment de données pour élaborer des affirmations générales sur l'évolution naturelle des sociétés humaines qui se dirigeaient cahin-caha de l'état sauvage vers la civilisation. Boas avait consacré toute sa carrière à essayer d'enterrer cette idée. Mais voilà que dans le sillage des *Kallikak* et de *Buck v. Bell*, elle semblait plus vivante que jamais. La volonté de découvrir les lois universelles qui régissaient la forme des vies individuelles – telles que les conséquences de la reproduction dysgénique dont témoignaient Emma Wolverton ou Carrie Buck – semblait obséder de nombreux biologistes, sociologues et défenseurs de la politique publique. C'est pourquoi, déclarait Boas, « presque tous les problèmes anthropologiques touchent notre vie la plus intime[63] ». Quand nous pensons étudier des gens *là-bas*, nos allégations concernent en réalité des gens d'*ici* – nous et nos voisins, notre sens du normal, de l'évident et de l'ordinaire.

« Nous classons la diversité des formes en fonction de nos expériences antérieures[64] », écrivait-il. Toute société s'entraîne à voir des catégories. Qui on aime, qui on déteste, le genre d'individu que vous répugneriez à voir épouser votre fille – rien de tout cela ne répond à des règles universelles d'attirance ou de répulsion. Ces notions ont au contraire été coulées dans le creuset de la culture. On pouvait affirmer que la mobilisation d'une pseudo-science pour justifier le sectarisme était une caractéristique profonde d'une unique culture : celle de l'Occident développé[65]. Ayant conquis une grande partie du monde, les Européens du Nord et leur diaspora avaient cherché, chose prévisible, à le recréer à leur image. Ils le remplirent de races et de sous-types imaginaires, d'imbéciles et de génies, de primitifs et d'hommes civilisés, avant de prétendre que ce subterfuge intellectuel était d'une authenticité profonde, prouvée, aussi inébranlable qu'un Walhalla de création divine.

Voilà, déclarait Boas, où « les voies de l'eugéniste biologique et celles du spécialiste de la société humaine » devaient se séparer[66]. Il était facile de montrer que les criminels se regroupaient parfois *dans* des familles. Mais de là à prétendre que les caractéristiques majeures de la criminalité ou de la déviance étaient le produit *des* familles, il y avait un monde – et encore plus si l'on prétendait que ces caractéristiques se transmettaient de parent à enfant, comme Goddard avait cherché à le montrer avec les Kallikak. Après tout, la définition fondamentale de ce qui constituait un comportement criminel ne faisait pas l'unanimité à l'intérieur des différentes sociétés. Les criminologues, par exemple, avaient tendance à se désintéresser des criminels riches ou des scélérats haut placés : le fraudeur fiscal, l'homme d'affaires sans scrupules, le politicien corrompu. Leurs théories de la criminalité innée semblaient ne concerner que les pauvres : le pickpocket, l'ivrogne, la prostituée. Ce seul fait suffisait à prouver à quel point, d'emblée, la définition du *crime* était déterminée culturellement.

Tout ce que les eugénistes avaient prouvé, concluait Boas, était « la facilité avec laquelle l'esprit humain est amené à croire à une valeur absolue des idées qu'exprime la culture environnante[67] ». Si les Britanniques avaient réussi à mettre la main sur George Washington, leurs eugénistes d'aujourd'hui auraient probablement élaboré une théorie des déficiences héréditaires responsables de sa nature aussi criminellement rebelle[68]. Peut-être existait-il des modèles généraux de développement humain, mais ils n'étaient certainement pas de nature à pouvoir vous apprendre quelles familles étaient susceptibles, définitivement, de produire des êtres humains inférieurs.

Des chercheurs comme Goddard et Davenport se considéraient comme une sorte de mélange entre médecin et psychologue, reliant l'étude de l'organisme humain et celle de la société. Ils scrutaient les lignées familiales en cherchant à comprendre les rouages de l'esprit humain. La discipline anthropologique avait prospéré en se donnant un peu la même mission. Quand Boas était entré à Columbia, anthropologues et psychologues partageaient des locaux dans le même département. Ses étudiants, parmi lesquels Sapir, Benedict et Mead, suivaient généralement l'enseignement de professeurs de psychologie parallèlement à leurs études des systèmes de parenté ou des langues autochtones. Dans les universités américaines, la psychologie en tant que discipline était plus ancienne que l'anthropologie, mais ces deux matières cherchaient à dégager les modèles essentiels du développement humain : à l'échelle des individus pour la première, et à l'échelle des populations entières pour la seconde.

Boas avait travaillé aux côtés de psychologues depuis son passage à la Clark University. Le président G. Stanley Hall avait été un discipline du philosophe de Harvard William James, dont les *Principes de psychologie* (1890) avaient posé les fondements d'une science expérimentale qui chercherait à systématiser l'étude de l'émotion, de la raison et de la volonté. Hall lui-même avait joué un rôle majeur en faisant découvrir au public américain des psychanalystes européens comme Sigmund Freud et Carl Jung. Sur une photographie de groupe prise à une conférence académique de Hall, on voyait le jeune Boas entouré de certains des plus éminents chercheurs en psychologie de son temps, un sourire ironique et satisfait aux lèvres, debout dans la même rangée que James, Freud et Jung.

Boas était pourtant enclin à garder ses distances avec les théoriciens dont les travaux n'étaient pas ancrés dans des données solides. Il entretint ainsi une correspondance nourrie avec la plupart des plus grands intellectuels de son temps, mais Freud et Jung n'étaient apparemment pas du nombre. Il était cependant impossible d'échapper à la vague croissante d'intérêt pour la psychanalyse. Freud lui-même avait clairement énoncé comment sa discipline pouvait, selon lui, apporter sa pierre au travail des anthropologues. Dans *Totem et Tabou*, traduit pour la première fois en anglais en 1918*, Freud proposait d'interpréter les sociétés primitives à travers le prisme des névroses et des obsessions. Certains comportements des primitifs, posait-il en hypothèse, étaient identiques à ceux des névrosés dans les sociétés modernes. Qu'était un tabou, après tout, sinon le désir compulsif d'éviter d'être souillé par une source de pollution imaginaire ? D'autres psychologues, comme Jean Piaget en Suisse et Lucien Lévy-Bruhl en France, adoptaient des approches comparables. Les anthropologues cherchaient à comprendre des peuples bizarres d'un bout à l'autre de la planète – des villageois lointains avec leurs dieux du tonnerre et leurs pagnes –, tandis que les psychologues s'efforçaient de diagnostiquer les déviants du bout de la rue. Ces deux projets, avançaient ces penseurs, n'étaient peut-être pourtant que différentes versions d'une seule et même chose.

Freud n'était toutefois pas un expérimentaliste. Il échafaudait des pyramides d'hypothèses sans les évaluer concrètement, comme le releva un élève de Boas, Alfred Kroeber, dans un compte rendu de *Totem et Tabou*[69]. Mead avait elle aussi lu cet ouvrage, avant d'entreprendre

* La première traduction en français, par S. Jankélévitch, date de 1924.

son voyage dans les mers du Sud avec Fortune[70]. Si elle l'avait trouvé remarquablement stimulant, un de ses aspects la tracassait pourtant. Les enfants, les névrosés et les sauvages, avançait Freud, pouvaient être interprétés comme des variantes d'un type unique. Il s'agissait d'individus qui étaient soit pré-adultes, soit plus ou moins retardés – littéralement, dans le sens où leur progression sur une voie de développement avait été ralentie – par la biologie, l'histoire ou les circonstances. Des individus et des cultures tout entières pouvaient rester en panne de la même manière, comme s'ils attendaient qu'un train en retard les conduise à la gare suivante. La différence était que les enfants finissaient par grandir. Pour pouvoir reprendre leur progression, névrosés et sauvages nécessitaient en revanche d'autres interventions, comme le divan du psychanalyste et les bons soins d'éducateurs civilisés.

Mead s'était proposée d'étudier ce problème sur l'île de Manus, et avait du reste vendu son travail sous cet aspect à l'un de ses financeurs, le Social Science Research Council de New York. Les habitants de l'île partageaient leur territoire avec des lutins des bois, des démons, et les esprits de leurs ancêtres. Au-dessus d'eux planaient les incarnations des désirs jaloux de leurs voisins, qui risquaient de gâcher leur pêche ou d'envoyer une vague malfaisante s'abattre dans le lagon. Les villageois vivaient au milieu d'une multitude de tabous sociaux, plus nombreux encore qu'à Samoa, concernant notamment le sexe, le mariage et la propriété. Une avalanche d'épreuves s'abattait sur quiconque enfreignait les règles.

Un grand nombre d'entre elles étaient liées à la transition rapide entre l'enfance et l'âge du mariage. Cette phase semblait plonger les jeunes hommes dans un état d'abattement et d'inquiétude, marqué par des sentiments de honte et de jalousie extrêmes. « Ils sont querelleurs, peu coopératifs, agressifs, incapables de mettre sur pied la moindre entreprise collective ou de concevoir la moindre société dotée d'une autorité centrale », écrivit Mead depuis Manus au printemps 1929. « Les porcs eux-mêmes vivent et meurent sans faire de portées, parce que personne ne veut élever le verrat qui saillerait gratuitement les truies de ses voisins[71]. » Le code de comportement complexe des adultes de Pere composait une sorte de manuel permettant d'évoluer dans un monde sur lequel pesait une condamnation invisible. Or le respect des préceptes de ce manuel était précisément ce qui semblait inspirer ce malheur démesuré et cette absence de bonnes relations de voisinage.

Cependant, au cours de ses innombrables heures d'interaction avec les enfants de Pere, à regarder leurs dessins et à bavarder avec eux en les faisant sauter sur ses genoux, Mead découvrit que ces petits villageois étaient complètement ignorants des règles et des croyances complexes qui semblaient animer leurs parents et leurs aînés. Ils ne savaient rien des esprits qui entouraient les adultes, ou y étaient tout bonnement indifférents. « L'obscurité est moins peuplée pour eux que pour leurs aînés, qui connaissent les noms, le visage et la taille de dizaines de membres de la population de fantômes[72] », nota Mead. Le comportement des enfants ressemblait plus à celui d'adultes normaux, alors que celui des adultes se rapprochait du comportement d'enfants ou de névrosés, dans l'interprétation que Freud en aurait donnée. Ces primitifs n'étaient pas comme des enfants, pour la simple et bonne raison que leurs *propres* enfants n'étaient pas comme des primitifs.

Et si, dans leur conception du monde, les enfants ne traversaient pas une étape de pensée magique, il était difficile d'affirmer qu'une société tout entière traversait pareille étape. Les esprits humains disposaient d'infinies potentialités, comprit Mead. Il fallait qu'une société examine toutes ces possibilités, et en juge certaines bonnes et d'autres mauvaises. Les enfants étaient simplement des versions d'êtres humains sur lesquelles ne s'exerçait pas encore la discipline des catégories, des obsessions et des règles sociales au milieu desquelles ils étaient nés. Sur Manus, des gens qui auraient pu passer pour fous à New York – ceux qui étaient convaincus, par exemple, qu'une mauvaise pêche était la conséquence de la visite de l'esprit d'un mort ingrat – pouvaient arriver à mener une vie parfaitement saine dans les maisons sur pilotis du lagon. Mead y découvrit aussi une vérité plus profonde, qu'elle avait également observée à Samoa : les adultes eux-mêmes semblaient parler des bonnes règles de comportement plus qu'ils ne les suivaient réellement. « L'une des principales caractéristiques de la culture est une extrême flexibilité de la pratique[73] », commenta-t-elle au début de 1929.

Une grande partie de la littérature anthropologique avait présenté les membres des sociétés primitives comme des versions plus jeunes, plus naïves des peuples civilisés. Ils étaient tous des enfants, en un sens, et leurs dieux et démons étaient les produits d'un esprit fantastique mais simple, que l'éducation moderne finirait par éradiquer, un peu comme on pouvait convaincre un écolier que le père Noël n'existait pas. Mead ne soutenait guère cette approche. « J'ai tendance à penser que la solution réside plutôt dans le fait que chaque culture humaine se constitue par un processus de sélection relativement rigoureux », rapporta-t-elle au Social Science Research Council.

> Ce n'est qu'en mettant l'accent sur certains aspects des facultés humaines au détriment d'autres qu'une culture peut prendre forme et s'affirmer... Ces potentialités négligées apparaîtront avec le plus de netteté chez les enfants qui ne sont pas encore disciplinés par la culture, chez les individus qui utilisent davantage leur bagage inné que leur culture, les poètes et les artistes, et chez les non-conformistes psychologiques dépourvus de dons que nous appelons « névrosés »... Cette potentialité de l'esprit humain est dynamique dans notre société, de même que la pensée plus affective et moins disciplinée de l'homme est dynamique dans d'autres sociétés ; aucune n'est puérile dans un sens développemental, mais les deux apparaissent plutôt dans l'enfance, dans un état de maturité imparfait, et seront rapidement façonnées et déformées par les catégories propres à telle ou telle culture[74].

Les habitants de Manus avaient simplement choisi de mettre l'accent sur un mode de pensée bien précis dans leur définition de l'âge adulte – l'obsession d'un imaginaire sombre –, que la culture de Mead elle-même tendait à rattacher à l'enfance. Ils devaient *enseigner* à leurs enfants à se comporter ainsi et à s'éloigner, par une transition complexe et souvent douloureuse, de l'existence insouciante qu'ils menaient jusqu'à l'âge du mariage.

« Toutes les relations sociales exigent de courts voyages en canoë[75] », consigna Mead dans ses notes de terrain. Pour les habitants de Manus, perchés au-dessus de l'eau dans leurs maisons sur pilotis, il s'agissait d'une vérité littérale. Mais c'était aussi la meilleure métaphore possible du principe général qui commençait à façonner le travail de Mead. Pour comprendre véritablement un autre lieu et ses habitants, il fallait sauter hors de chez soi et ramer énergiquement avant d'arriver à la hutte de quelqu'un d'autre. Il fallait utiliser le langage imparfait de votre propre société pour essayer d'en comprendre un autre.

Comme Boas dans son travail sur la cécité sonore plusieurs décennies auparavant, Mead découvrait que nous ne pouvons interpréter des usages étrangers qu'avec les outils intellectuels que nous avons sous la main : les catégories mentales qui ont du sens à notre époque, et là où nous sommes. Toutes les cultures « expérimentaient les potentialités de la nature humaine[76] », écrivit-elle plus tard. Pour comprendre ces expériences, mieux valait ne pas jouer les savants en blouse blanche, comme Goddard l'avait fait avec la famille Kallikak. Il fallait au contraire lancer son canoë dans le monde, se projeter dans un cadre inconnu et essayer de saisir quel sens ont les coutumes locales pour ceux qui les mettent en pratique – même ceux qui peuvent paraître névrosés ou intellectuellement limités, qui se servent de dents de chien comme monnaie et utilisent les ossements de leur père comme bracelets. Si vous étiez disposé à stériliser quelqu'un en vous appuyant sur votre science, comme cela était arrivé à la pauvre Carrie Buck, vous aviez tout intérêt à ne pas vous tromper.

Mead regagna New York avec Fortune en septembre 1929 pour découvrir avec bonheur que cinq mille dollars l'attendaient sur son compte en banque[77]. *Adolescence à Samoa* était devenu un best-seller, et William Morrow, son éditeur, lui proposa une avance de cinq cents dollars pour écrire une suite consacrée à ses récentes aventures sur Manus[78]. Ce nouvel ouvrage, publié l'année suivante sous le titre *Growing Up in New Guinea**, avec une dédicace à Reo Fortune, affermit sa position de scientifique publique sans façon, voire scandaleuse, du fait de son approche directe des questions sexuelles et de son refus

* *Une éducation en Nouvelle-Guinée*, trad. A. Gazio, Paris, Payot, 1973.

d'admettre la supériorité pourtant évidente de la civilisation occidentale. Elle s'était imposée, du jour au lendemain semble-t-il, comme l'une des plus grandes spécialistes américaines de l'intérêt que les régions les plus reculées de la planète pouvaient présenter pour qui voulait comprendre ce qui se passait aux États-Unis.

Elle écrivait vite et bien – deux mille cinq cents mots par jour, selon sa propre estimation – et rédigeait à la hâte de courts articles pour des revues dans lesquels elle donnait son avis sur l'éducation des enfants, l'adolescence et d'autres sujets[79]. Elle recevait un déluge de lettres de lecteurs, approbateurs aussi bien qu'exaspérés. « Votre livre est, après la Bible, le plus passionnant que j'aie jamais lu[80] », écrivait un admirateur. « C'est le seul livre de plus d'un dollar que j'aie acheté depuis longtemps[81] », renchérissait un autre. Les auteurs de romans d'aventures pour filles voyaient en elle un modèle, une exploratrice pleine d'audace qui parcourait le monde, la première « femme blanche » à poser le pied dans les contrées les plus lointaines – une exagération farfelue, bien sûr, mais que Mead ne fit pas grand-chose pour démentir. Elle engagea à cette époque un agent pour organiser des conférences dont elle régalait l'auditoire de nouvelles de l'autre bout du monde[82]. Le *Saturday Evening Post* refusa pourtant un article au vitriol sur les lacunes de l'éducation américaine. C'est le monde qui nous entoure, et non l'univers que nous portons en nous, qui traçait les chemins tortueux de l'enfance à l'âge adulte, avait affirmé Mead. « Nous ne pouvons pas tolérer un coup aussi radical porté à presque tout ce que nous défendons[83] », répondit le rédacteur en chef.

Cressman s'était remarié, était parti pour l'Oregon et s'était engagé dans une nouvelle carrière d'archéologue. Sapir avait épousé une femme qu'il avait rencontrée pendant que Mead était dans les mers du Sud et il était à nouveau père, avec une chaire qui l'attendait à Yale. Fortune n'avait pas encore terminé son travail de doctorat sur une autre population mélanésienne, les habitants de l'île de Dobu. Mais Mead était célèbre. À moins de trente ans, elle avait déjà fait davantage pour initier les lecteurs américains au mot *anthropologie* que tout ce qui avait pu être réalisé depuis les efforts de Boas à l'Exposition universelle de Chicago plus de trois décennies auparavant. Fortune se plaignit plus tard de s'être attelé à un génie, raison pour laquelle son étude en cours sur Dobu serait « le seul livre », disait-il, « que j'écrirai jamais tout seul[84] ». Mead se rappellerait pour sa part qu'ils formaient « un ménage stable, quoique assez tumultueux[85] ». Et ce n'était alors qu'un début.

9

MASSES ET SOMMETS

Au moment où Mead et Fortune revinrent de Manus, presque tous ceux qui enseignaient l'anthropologie ou dirigeaient un musée d'histoire naturelle aux États-Unis pouvaient se réclamer d'un ou deux pères intellectuels : Franz Boas à Columbia et Frederic Ward Putnam à Harvard. Ce dernier avait été conservateur de l'une des plus grandes collections du pays, le Peabody Museum of Archaeology and Ethnology. Il avait encouragé l'étude des sites amérindiens et formé de nouvelles équipes de chercheurs aux méthodes les plus rigoureuses du travail de terrain et de la conservation, comme il l'avait fait avec Boas lui-même lors de l'Exposition universelle de Chicago. Mais sa mort en 1915 marqua la fin de toute une génération, celle qui avait compté dans ses rangs John Wesley Powell, Otis Tufton Mason et d'autres chercheurs avec lesquels Boas avait eu des différends.

Les universités de Harvard et de Columbia continuaient à rivaliser pour attirer le maximum d'étudiants de troisième cycle et de fonds de recherche, mais en termes strictement numériques Boas l'emportait[1]. Il avait œuvré énergiquement en coulisse pour aider ses assistants à décrocher des emplois dans des établissements d'élite. Désormais, ses anciens étudiants – sans oublier les étudiants de ses étudiants – hantaient les départements d'anthropologie, les musées et les instituts de recherche de tout le pays. Ils commençaient à façonner toute une discipline conformément à sa vision, anthropologues physiques, ethnographes, linguistes et archéologues collaborant pour essayer de résoudre des problèmes communs.

Le programme de Boas forma des étudiants qui ressemblaient au président de leur département par d'autres traits encore : anticonformistes, dotés d'idées bien arrêtées et convaincus de la nécessité de faire urgemment de l'anthropologie une science accessible au grand public. Ses représentants se sentaient destinés à s'aventurer hors du laboratoire ou de la salle d'exposition pour se jeter dans la mêlée. En ces temps d'immigration contingentée, de ségrégation raciale et de triomphe apparent de l'eugénisme, avoir étudié la nouvelle science de l'humanité dispensée à Columbia semblait présenter des enjeux qui dépassaient de loin l'obtention d'une bourse de recherche ou d'un poste universitaire. Chaque année, les élèves de Boas recrutaient des anthropologues en herbe avec une ardeur voisine de celle des adeptes d'une nouvelle religion, ainsi que Benedict l'avait fait pour Mead.

Gladys Reichard avait repris certains des enseignements d'initiation de Barnard, où elle faisait cours devant des amphithéâtres d'étudiantes de premier cycle passionnées. Melville Herskovits avait quitté la Free School pour prendre en charge des cours d'anthropologie physique, incitant les étudiantes de Barnard à effectuer des mesures et à collecter des données. Benedict continuait à superviser leur travail en qualité de professeur sans chaire et d'assistante de fait de Boas. Une fois qu'on s'était initié aux idées maîtresses de ce dernier, il était impossible de ne pas en ressentir les effets : des inspirations qui révolutionnaient le monde, le sentiment de servir une cause commune et – pour beaucoup de jeunes femmes notamment – une nouvelle façon d'envoyer au diable la définition d'un comportement correct telle que prônée par la société. « Je commençai à chérir les paroles du professeur Reichard, du professeur Benedict et de Boas, le roi des rois », raconta une étudiante de premier cycle. « Nous l'appelons tous Papa[2]. »

Cette étudiante-là tranchait avec ses camarades parce qu'elle avait trente-quatre ans, bien qu'elle prétendît en avoir dix de moins. De son propre aveu, elle parlait trop fort pour plaire à la bonne société, avait tendance à « tenir bon et [à se] battre » et avait une démarche chaloupée qu'elle devait au fait d'avoir appris à marcher avec une truie[3]. Sa photographie de classe de Barnard la montre proche du centre de l'image, mais à moitié cachée par une branche d'arbre, « un rocher sombre recouvert, balayé par un océan crème », comme elle se décrivait – unique étudiante afro-américaine de l'établissement[4]. Ayant récemment émigré de Floride, elle était passée d'une activité à l'autre : habilleuse pour une troupe itinérante qui jouait des pièces de Gilbert et Sullivan, manucure, élève de cours du soir. Son seul contact avec l'anthropologie lui venait d'un bref emploi de serveuse au vieux Cosmos Club de John Wesley Powell à Washington[5], où elle avait rejoint d'autres employés noirs dans une atmosphère d'« affection paternaliste tempérée par la prudence budgétaire », à en croire l'histoire officielle du club[6]. Dans une salle remplie de gens qui venaient de rentrer d'expédition à l'étranger, ce qu'elle avait de plus remarquable était le nom qu'avait choisi pour elle une amie de sa mère : Zora. Nul ne savait d'où il venait, mais elle le soupçonnait d'avoir été emprunté à une marque de cigarettes turques[7].

Zora Neale Hurston était née en Alabama, probablement en janvier 1891 – elle restait vague sur les détails –, mais avait grandi à Eatonville, au nord d'Orlando, en Floride[8]. La campagne qui entourait la ville était émaillée de lacs bleu azur qui lui donnaient l'apparence d'une toile d'araignée de terre sèche déployée sur une mer intérieure. De la mousse espagnole pendait aux arbres. Des balbuzards et des urubus à tête rouge tournoyaient au-dessus des ondulations de terrain qui passaient pour des collines. C'était un endroit où des dolines pouvaient s'ouvrir et avaler une vache, et où un lac entier pouvait disparaître purement et simplement, aspiré dans un drain naturel qui s'était formé dans le calcaire poreux. Balayée par une tempête tropicale ou par le passage d'une carriole, la terre granuleuse et gris cendre de la région recouvrait de poussière les habits du dimanche et s'insinuait par les interstices des fenêtres, comme si les habitants de Floride avaient élu domicile sur les vestiges d'une ancienne civilisation ravagée par le feu et en payaient désormais le prix.

Eatonville avait pour particularité d'être la première ville afro-américaine intégrée, « une pure ville nègre[9] » comme disait Hurston. Maitland, son principal pendant blanc situé au bout de la route, où les maisons étaient plus chics, était suffisamment éloignée pour respecter les convenances, sans être pour autant zone interdite. Hurston faisait partie des bonnes familles d'Eatonville, si l'on peut dire cela d'une femme noire du temps de Jim Crow. Elle n'était qu'à deux générations de l'esclavage : ses quatre grands-parents avaient été esclaves en Géorgie et en Alabama[10]. Son père, John Hurston, était pasteur baptiste et par ailleurs maire de la ville, animant les réunions de l'hôtel de ville officieux d'Eatonville, la véranda d'un magasin tenu par Joe Clarke, un autre notable local. Sur les planchers grinçants, les voisins blaguaient, mentaient et chahutaient, hommes et femmes mêlés, échangeant des histoires et rivalisant d'insultes bien ciblées – précises et éloquentes, disaient les gens.

Sa mère, Lucy, assurait un certain équilibre à la famille par son apologie de l'éducation, des livres et de l'ambition. Bondir vers le soleil, déclarait-elle à ses huit enfants, leur permettrait au moins de quitter le sol[11]. Mais sa mort, alors que Zora était tout juste adolescente, changea tout. Son père ne tarda pas à se remarier avec une femme beaucoup plus jeune, et Hurston fut envoyée à l'école à Jacksonville, dans les pinèdes du littoral, au nord de l'État. Le bouleversement de cette rupture avec son univers familier et avec son père jouerait un rôle déterminant dans les débuts de son existence.

En Floride, se déplacer géographiquement vers le nord revenait à se diriger culturellement vers le sud. C'est à Jacksonville, raconta-t-elle, qu'elle prit conscience pour la première fois d'« être une enfant de couleur[12] ». Tout ce qu'elle voyait autour d'elle semblait fait pour l'en convaincre. La signalisation officielle triait les gens, à l'image de Noé, en Blancs et en Noirs, comme on distinguerait un héron garde-bœuf d'un quiscale bronzé. Il était impossible de ne pas remarquer l'expression que prenait le visage d'un Blanc quand vos propos frôlaient la limite de l'impertinence. Hurston passa d'un membre de sa famille à un autre, vivant à Nashville, puis de nouveau à Jacksonville avant de partir pour le Nord, à Baltimore, jusqu'à ce qu'elle soit en âge de se débrouiller seule.

Quand son père mourut brutalement, sa voiture écrasée par un train à Memphis, elle n'assista pas à l'enterrement et commença à échafauder des projets d'avenir[13]. Elle fit partie de ce qu'on appellerait la Grande Migration : le mouvement d'Afro-Américains du sud des États-Unis en direction du nord, à la recherche d'emplois et d'un moyen d'échapper aux restrictions de gouvernements locaux totalitaires, lesquels n'hésitaient pas à arrêter les trains en partance pour le nord ou à emprisonner des gens dont le seul crime était de chercher à franchir les frontières des États[14]. C'est ainsi qu'elle arriva à Washington, attirée en partie par l'espoir de pouvoir étudier dans le plus important établissement intégré du pays : la Howard University.

Les différences entre Jacksonville et Washington étaient cependant peut-être moins flagrantes que Hurston ne s'y attendait. Le président Wilson ne tarderait pas à proclamer que la liberté et l'autodétermination étaient les principes fondamentaux qui régissaient le monde, et pourtant, aux États-Unis, son administration fut la première à imposer l'application des lois Jim Crow au personnel fédéral. Les Afro-Américains furent renvoyés de postes où ils avaient été nommés, ou mutés dans des unités réservées aux « Nègres ». Des toilettes « de couleur » firent leur apparition dans plusieurs bâtiments fédéraux bordant le National Mall[15]. Les Afro-Américains représentaient plus du quart de la population de Washington, et le Congrès américain – qui gouvernait la ville par l'intermédiaire d'une commission nommée, et non d'un conseil municipal ou d'un maire élus – usait de son influence pour veiller à ce que la ségrégation raciale dictée par la loi et la coutume reste en vigueur dans les restaurants, les hôtels, les cimetières et autres établissements publics. Le seul lieu où les habitants noirs et blancs de Washington se côtoyaient régulièrement était les tramways mixtes, et nul ne pouvait ignorer qui y exerçait l'ascendant. En 1908, James Thomas Heflin, dit « Cotton Tom », représentant de l'Alabama au Congrès, avait abattu un Noir dans un tramway, l'accusant d'avoir tenu des propos grossiers. Heflin n'avait jamais été incarcéré et, à l'arrivée de Hurston dans la ville, il faisait toujours partie du corps législatif qui siégeait sur la colline du Capitole[16]. Quelques années plus tard, le comité d'organisation de la cérémonie d'inauguration du majestueux Lincoln Memorial exigerait que le public afro-américain prenne place dans un secteur délimité, à l'écart de la tribune[17]. Peu après, le Ku Klux Klan installa son quartier général national dans la ville, plus favorable que jamais aux objectifs de cette organisation.

Dans le courant de l'été 1919, au moment même où Hurston s'apprêtait à entrer à l'université, une foule de deux mille Blancs en armes, formée majoritairement de soldats et de marins en uniforme, ratissa les quartiers noirs à la recherche de deux hommes qui avaient prétendument essayé de voler le parapluie d'une Blanche. Au terme de trois nuits de violences, on déplora six morts et plusieurs dizaines de blessés ; des centaines d'individus – pour la plupart de jeunes hommes noirs – se retrouvèrent derrière les barreaux, pendant que les troupes fédérales patrouillaient dans les rues de la ville.[18] Mais lorsque les cours reprirent cet automne-là, Hurston découvrit qu'à maints égards la Howard University était une oasis. Dans les bâtiments de brique rouge qui entouraient une étendue de pelouse et de chênes à feuilles de saule que les étudiants appelaient le Yard, les salles de cours étaient pleines de ce que W. E. B. Du Bois avait surnommé « le dixième talentueux » – les femmes et les hommes qui feraient de leur propre vie la démonstration des possibilités de réussite noire. Pour la première fois, Hurston eut le sentiment d'être au cœur de quelque chose, au lieu de rester cantonnée à la marge poussiéreuse de la vie. Elle rejoignit immédiatement le cercle de professeurs estimés de Howard, comme Lorenzo Dow Turner, responsable du département d'anglais, et le philosophe Alain Locke, premier Afro-Américain du pays à bénéficier d'une bourse Rhodes. « Je sentais l'échelle se placer sous mes pieds[19] », raconta-t-elle.

Ce fut à Howard qu'elle commença à écrire des nouvelles, des articles et des poèmes, d'abord pour une publication du campus puis pour *Opportunity*, l'une des revues qui serviraient bientôt de réceptacles à un nouveau déferlement de talents littéraires noirs. Elle ne brillait pourtant pas par la régularité de ses résultats universitaires. Elle suivait des cours, en séchait d'autres. Sa course au diplôme s'interrompait, repartait, puis s'interrompait encore. Les frais de scolarité s'accumulaient et elle ne tarda pas à être totalement fauchée. Son travail littéraire ayant déjà été remarqué, elle espérait qu'avec les recommandations qu'il fallait elle réussirait à vivre de sa plume. New York l'attirait, comme Mead avant elle. « La plus grande ambition de Zora est de s'établir à Greenwich Village, où elle pourra écrire des nouvelles et des poèmes, et mener une vie de bohème en toute liberté[20] », remarquait la notice de son album de promotion de Howard, pour lequel elle avait choisi une devise sirupeuse, mais qui n'était pas inexacte : « J'ai un cœur assez vaste pour toutes les joies ». Dans le courant de la première semaine de janvier 1925, elle fourra toutes ses affaires dans un sac et partit pour le nord avec un dollar cinquante en poche[21].

Hurston s'introduisit sans difficulté au sein de la multitude d'auteurs, d'éditeurs et de riches philanthropes blancs, dont de nombreuses femmes, qui formaient le principal réseau de protecteurs des artistes noirs en herbe de New York – les « Négrotariens », comme elle les surnomma. Cet été-là, elle obtint le deuxième prix à un concours littéraire organisé par *Opportunity.* Au dîner officiel, elle fit la connaissance d'Annie Nathan Meyer, bienfaitrice fondatrice de Barnard, qui lui proposa de la faire inscrire dans cet établissement pour l'année universitaire à venir, tout en lui assurant un soutien financier. Hurston fut également présentée à l'un des finalistes, un homme du Midwest de dix ans son cadet, mais dont l'œuvre poétique était déjà encensée. Elle trouva immédiatement en Langston Hughes un compagnon de route dans ce monde qu'elle avait découvert à Howard, un tourbillon d'idées et d'expériences, de mots qui se déversaient, brûlants, sur la page. Tout cela était une aubaine inattendue – une place à Barnard au même titre que la perspective de devenir, en même temps, une vraie écrivaine –, ne fût-ce qu'en raison des notes très moyennes qu'elle avait obtenues à Howard et de sa licence, demeurée inachevée. Elle décida de s'inscrire dès l'automne de cette année-là.

Avec la bénédiction de Meyer et de la doyenne de la faculté, Virginia Gildersleeve – celle-là même qui avait offert à Boas un refuge de l'autre côté de Broadway après son opposition déclarée à la Première Guerre mondiale –, Hurston devint presque sur-le-champ une personnalité très courue. Des jeunes femmes rivalisaient pour l'inviter à déjeuner. Hurston avait conscience d'être comme une pierre meulière permettant aux autres d'aiguiser leurs sensibilités progressistes, un rôle qu'elle rejouerait presque chaque fois qu'un bienfaiteur blanc s'intéresserait à ses progrès. Rapidement adoptée par ses condisciples de Barnard, elle devint, selon ses propres dires, « leur vache sacrée noire[22] ». Elle avait déjà peaufiné son image : une jeune femme exceptionnelle mais réservée, un porte-voix obséquieux, une fille bruyante, culottée, brillante, mais doutant d'elle-même – « les yeux qui louchent et des pieds qui ne sont pas mes copains[23] », ainsi qu'elle l'écrivit au poète Countee Cullen peu après son arrivée à Manhattan.

De plus en plus, ses pieds la conduisaient dans de nouvelles directions, loin des cours tranquilles de Morningside Heights. À la fin de l'année 1925, son ancien professeur Alain Locke avait choisi une de ses nouvelles pour la faire figurer, avec des écrits de Hughes et d'autres jeunes auteurs, dans un volume qu'il préparait sous le titre de *The New Negro*. Ce livre serait une sorte de fanal pour la Renaissance de Harlem, une période où se juxtaposèrent mécénat blanc et exploitation ouverte, audace artistique et profonde angoisse, une vaste tentative pour redéfinir la noirceur dans un pays qui, depuis ses origines, s'était chargé de la définir à la place des principaux intéressés.

Hurston se jeta à corps perdu dans Harlem, non seulement dans le quartier mais aussi dans son mode de vie. Elle habita principalement dans la 131e Rue mais déménageait fréquemment, s'épanouissant dans le cercle d'auteurs et d'artistes de ce nouveau mouvement culturel, qui se rassemblaient autour de petites revues et de fêtes du samedi soir : Cullen et Hughes, son principal partenaire, l'acteur et chanteur Paul Robeson, les écrivains Arna Bontemps, Dorothy West et Wallace Turman, l'héritière et mécène A'Lelia Walker, ou encore l'écrivain et photographe blanc Carl Van Vechten, dont les portraits composèrent une sorte de monument sur pellicule à la gloire d'un bref moment d'effervescence, d'un temps où « le Nègre » fut plus à la mode qu'à toute autre date de l'histoire culturelle américaine. Dans le souvenir de Hughes, Hurston était « certainement la plus amusante » de tout ce groupe, « regorgeant d'anecdotes tordantes, de récits humoristiques et d'histoire tragi-comiques... pleine de mépris pour tout ce qui était chiqué, universitaire ou autre[24] ».

Elle semblait connaître tout le monde et menait le genre de vie dont Mead et les Ash Can Cats n'auraient pu que rêver quelques années auparavant. Hurston était une authentique écrivaine, et tenait à ce que cela se sache. Lors d'un déjeuner à Barnard, elle reçut son amie et mécène occasionnelle Fannie Hurst, une romancière très populaire – ce qui, pour l'époque, était un peu comme si une étudiante de première année arrivait au restaurant universitaire accompagnée de J. K. Rowling. « Comme ça, les enseignants et les étudiantes m'ont vue quand j'avais besoin d'être vue », expliqua-t-elle à Hurst dans une lettre. Les textes de Hurston étaient déjà publiés dans les principales revues noires, et tant pis si ses dissertations et ses examens semestriels en pâtissaient. On aurait eu peine, semble-t-il, à trouver une fête de quelque importance au nord de Central Park dont elle ne fût pas, fumant des Pall Mall à la chaîne, enveloppée d'écharpes de couleurs vives, de colliers de perles cliquetants ou de tout autre accessoire assurant que son arrivée ne passerait pas inaperçue.

Néanmoins, pour franchir la distance entre un amphithéâtre de Barnard et une *rent party** de Harlem, il fallait se dépouiller d'une peau, ou peut-être se glisser dans une autre. Ces deux mondes possédaient en effet leurs propres contraintes. Pour des intellectuels noirs plus âgés comme Locke et Du Bois, la floraison de la littérature afro-américaine n'était pas qu'une question d'art. C'était le fer de lance de ce qui aboutirait peut-être à un vaste mouvement de réévaluation du potentiel noir – la preuve incontestable que les Afro-Américains pouvaient produire

* Les « rent parties » étaient des fêtes dont les participants s'acquittaient d'un droit d'entrée destiné à aider leur hôte à payer son loyer.

de grandes œuvres n'abordant pas seulement leur propre condition, mais les problèmes généraux de l'humanité. « Je n'ai rien à faire d'un art qui ne sert pas à la propagande[25] », écrivait ainsi Du Bois en 1926. L'art ne serait pas libérateur dans le sens où il permettrait à des voix noires de se faire enfin entendre, mais plutôt parce que des auteurs noirs seraient désormais considérés comme des intellectuels capables de traiter de thèmes universels en toute légitimité. La race était une voie d'accès à l'art, et l'art était celle par laquelle on pouvait échapper à un carcan racial. Élévation, avancement, raffinement, élégance : telles étaient les clés pour faire ses preuves devant l'establishment culturel blanc et de revendiquer une version de la négritude tout à la fois stylée, hardie, urbaine et moderne[26]. Toutes ces qualités étaient censées faire la nouveauté des écrits mis en valeur dans *The New Negro* de Locke.

Hurston n'en était pas moins sceptique. Elle s'irritait que, pour être dignes d'être exprimées, les expériences noires doivent prendre une forme artistique au lieu d'être représentées telles qu'elles étaient : en voyelles arrondies et de sa propre voix tonitruante, assorties de farces, de blagues, de prières extatiques et de nourriture de pauvre, à travers des grammaires et des vocabulaires contenant leur propre marque de génie. Hughes et d'autres auteurs plus jeunes partageaient certaines de ses idées, tout en trouvant son style personnel grinçant, voire choquant. Ils lui reprochaient d'aller parfois trop loin. « Il ne fait pas de doute que pour beaucoup de ses amis blancs elle était une parfaite "darkie" », déclara Hughes plus tard, « au sens aimable qu'ils donnent à ce terme – c'est-à-dire un Nègre naïf, puéril, adorable, plein d'humour et très coloré[27]. » Parler *pour* les gens ne vous obligeait pas à parler systématiquement *comme* eux.

Quelques mois après son arrivée à New York, Hurston s'affirma comme la principale critique intérieure de la Renaissance de Harlem. Elle avait grandi avec une confiance absolue dans ce qu'elle était à Eatonville – une ville où il était possible d'être à la fois noir et responsable – et, malgré ses simulacres de progrès, Harlem n'était pas tout à fait à la hauteur, estimait-elle. Un nouvel arrivant pouvait sortir du métro dans la 135e Rue et découvrir un monde où tous les emplois étaient occupés par des gens de couleur, du policier au boucher en passant par l'instituteur. Pourtant, ses artistes semblaient résolus à claironner que ce fait était plus ou moins inhabituel. « Les Noirs étaient censés parler du "problème de race". J'en avais et j'en ai plus qu'assez de ce sujet », écrivit-elle plus tard. « Ce qui m'intéresse, c'est ce qui pousse un homme ou une femme à commettre tel ou tel acte, quelle que soit la couleur de sa peau. Il me semblait que tous les êtres que je rencontrais réagissaient aux mêmes stimuli de façon identique. Des idiomes différents, oui… Des dissemblances fondamentales, non[28]. » C'était un cadre mental qu'elle acquérait peu à peu à Barnard, une manière plus élaborée de dire ce qu'elle avait toujours pensé d'elle-même : qu'elle était, depuis le jour de sa naissance, « un enfant qui sonde les dieux des pigeonniers[29] ».

Hurston avait choisi l'anglais comme matière principale, mais quand un conseiller d'orientation lui suggéra d'élargir son programme d'études, elle s'inscrivit à un cours de Gladys Reichard. La version relatée par Hurston était que Reichard aurait attiré l'attention de Boas sur l'un de ses devoirs[30]. Il est plus probable qu'à l'intérieur du petit cercle de chercheurs de terrain et de professeurs qui entourait Boas, Hurston ne put éviter d'être emportée par la vague générale d'enthousiasme. Si elle était arrivée à New York en écrivaine aspirante, il suffit de quelques mois à Barnard pour qu'elle en vienne à se considérer aussi comme une sociologue, une Parsons ou une Benedict en herbe. Elle entendit certainement parler d'une autre étudiante prometteuse qui était partie faire une étude de terrain à Samoa. Et Boas présidait à tout cela, figure paternelle imposante mais chaleureuse telle qu'elle n'en avait jamais vraiment connu en Floride. « Mais bien sûr que Zora est ma fille », aurait dit Boas, à en croire Hurston, à une soirée du département, sans que l'on puisse exclure qu'elle ait un peu enjolivé les choses. « Un de mes faux pas, voilà tout[31]. »

Dès le printemps de sa première année à Barnard, Hurston se sentit membre à part entière de ce cercle. Elle se mit à appeler Boas « King » (« roi »), plutôt que « Papa Franz » dans ses lettres à ses amis et associés[32]. « Je me forme à l'Anthropométrie… Boas est impatient de me faire commencer[33] », écrivit-elle à Mrs Meyer. Ayant été confiée à Melville Herskovits pour le cours d'anthropométrie, qui demeurait une discipline obligatoire dans ce domaine, elle ne tarda pas à sortir de son appartement de Harlem pour se camper au coin des rues avec son pied à coulisse, demandant aux passants s'ils accepteraient qu'elle prenne leurs mensurations. Herskovits l'avait même invitée à évaluer les gradations de carnation en codant la couleur de l'intérieur du triceps du plus clair au plus foncé, une requête qui, évidemment, incita de nombreux sujets potentiels à faire demi-tour[34]. Il n'existait cependant pas beaucoup de gens susceptibles d'« arrêter l'habitant lambda de Harlem sur Lenox Avenue pour mesurer sa tête avec un instrument anthropologique bizarre sans se faire engueuler », raconta Hugues, « alors que Zora abordait tous ceux dont la tête lui paraissait intéressante, et la mesurait[35]. »

Hurston ne s'était pas encore acquittée de toutes les obligations requises pour obtenir son diplôme, quand Boas lui demanda de retourner sur le terrain, en Floride. Il la chargea d'entreprendre la collecte systématique du genre d'histoires dont elle avait régalé ses amis de Harlem – contes populaires et blagues, bons mots et mensonges presque vrais. Cette requête lui inspira une immense fierté, encore confortée par la bourse de recherche que Boas avait réussi à décrocher pour couvrir ses frais[36]. En février 1927, elle prit donc la route du Sud, cette fois comme apprentie anthropologue qualifiée[37] – pour aller « fouiller et fureter dans un brut précis[38] », écrirait-elle plus tard. C'était la première fois qu'on la payait pour faire quelque chose qui lui venait tout naturellement, pour balayer en quelque sorte les histoires qui tombaient tels des copeaux de bois sur la véranda de Joe Clarke, et c'était incroyablement grisant. Elle se rendait en un lieu qui était à la fois intimement familier et d'une étrangeté nouvelle, magique.

À Barnard et à Harlem, on connaissait Eatonville grâce aux récits et aux boutades de Hurston, mais nombre de gens avaient entendu parler de cette région de Floride avant de rencontrer la jeune femme. Quiconque suivait l'actualité de près ou de loin ne pouvait manquer d'avoir lu des articles de presse consacrés à une petite ville voisine appelée Ocoee, située à une trentaine de kilomètres du lieu de naissance de la jeune femme.

C'est là que, le 2 novembre 1920, jour de l'élection présidentielle, un habitant appelé Mose Norman se rendit au bureau de vote pour déposer son bulletin dans l'urne[39]. Le scrutin opposait deux notables de l'Ohio – le sénateur Warren G. Harding et le gouverneur James M. Cox –, et c'était la première élection présidentielle dans laquelle les femmes de tous les États pouvaient voter. Une campagne d'inscription massive sur les listes électorales n'avait pas seulement visé à attirer les femmes, mais aussi à augmenter la participation des Afro-Américains. En Floride, un homme comme Norman était facilement exclu du scrutin. À travers tout l'État, les assesseurs officiels conspiraient en effet pour contester la légalité de l'inscription des électeurs noirs, une méthode courante de restriction du droit de vote. Norman protesta, avant de se faire chasser par une bande de Blancs.

La rumeur d'une « émeute de Nègres » attira des renforts blancs des villes voisines. Norman se réfugia chez un certain July Perry, dont la maison ne tarda pas à être attaquée par une foule grandissante. Après un échange de coups de feu, les agresseurs blancs passèrent de rue en rue, saccageant les maisons et incendiant les églises. Perry fut extrait de force d'une voiture et pendu à un poteau télégraphique au bord de la grand-route. Norman réussit à s'échapper, mais d'autres, moins rapides que lui, furent pourchassés à travers bois et ronciers avant d'être abattus.

Toutes les familles noires qui n'avaient pas été tuées furent passées à tabac, victimes d'incendies volontaires ou obligées de plier bagage. On ne connut jamais exactement le nombre de morts, car peu de gens dans les parages prirent la peine d'identifier les corps ou d'organiser des funérailles décentes, mais les victimes se chiffrèrent certainement par dizaines. « Des enfants blancs se tenaient là et huaient les Nègres qui partaient », écrivit un témoin oculaire. « Ces enfants trouvaient très amusant que des Nègres aient été brûlés vifs[40]. » On put voir les quelque cinq cents rescapés se traîner sur les routes à plusieurs kilomètres de la ville, comme les réfugiés d'une guerre non déclarée. Le *New York Times* en fit sa une.

Ocoee serait un des pogroms anti-noirs les plus sanglants et les plus inhumains de l'histoire américaine. Cet épisode inaugura une nouvelle vague de massacres que la presse présenta régulièrement et à tort comme des « émeutes » : des patrouilles sanguinaires de citoyens blancs écumèrent les localités voisines d'Orlando et de Winter Garden ; des quartiers noirs furent attaqués à Tulsa, dans l'Oklahoma, en 1921 ; en 1923, la ville de Rosewood en Floride fut le théâtre d'une véritable épuration ethnique ; à Little Rock, dans l'Arkansas, des commerces noirs furent détruits quatre ans plus tard. Si l'on y ajoute d'autres lynchages et d'innombrables passages à tabac et humiliations, ce fut le plus grand débordement de violence anti-Noirs organisée qu'on ait pu voir depuis la fin de l'esclavage.

Hurston ne consacrerait d'écrit à Ocoee que dix ans plus tard, dans un article inédit exhumé après sa mort. Mais elle connaissait bien le monde qu'elle regagnait en 1927 – seule et avec pour tout bagage le vague projet de collecter des matériaux ethnographiques, d'écrire quelques pages le matin, peut-être, et de faire de l'anthropologie l'après-midi, comme elle l'annonça à Annie Nathan Meyer[41]. Sur la route du Sud, elle tint ses correspondants informés de sa sécurité autant que de sa progression. La Floride n'était pas devenue plus bienveillante en son absence. Elle trouva que les Blancs pauvres avaient « les visages les plus durs et les moins aimables du monde », qu'ils vous fixaient du regard avec une « intolérance agressive », mais ne consigna pas de problèmes particuliers pendant son voyage[42]. « Les fleurs sont superbes en ce moment, les *crackers* ne me dérangent pas du tout[43] », écrivit-elle à un correspondant, utilisant le terme couramment employé en Floride pour désigner la population rurale blanche.

Depuis son départ, l'État avait accueilli près d'un million de nouveaux habitants[44]. Le littoral de l'Atlantique et du golfe de Floride grouillait d'immigrés venus du Nord, blancs pour la plupart, arrivés par la ligne de chemin de fer qui permettait de rejoindre l'est depuis Chicago et le sud depuis Boston, New York et Philadelphie

– l'« Orange Blossom Special », qui a donné son nom à une mélodie de violon populaire de l'époque. Mais l'autoritarisme de Jim Crow traçait des frontières intangibles entre la vie publique des Noirs et des Blancs. La Floride n'eut pas d'école racialement mixte avant le milieu du siècle. Le système d'impôts locaux auquel s'ajoutait ce qu'on appelait les « primaires blanches » – dans lesquelles les partis politiques étaient considérés comme des clubs privés qui pouvaient exclure les Afro-Américains et décider de l'issue de l'élection pour les démocrates du Sud bien avant le jour du scrutin – empêchait les Noirs d'exercer leur droit de vote. Même les plages de l'État faisaient l'objet d'une rigoureuse ségrégation[45].

Dans la Floride des années 1920, à la différence des autres États du Sud, Noirs et Blancs étaient presque à parité en pourcentage de la population. Aussi la communauté blanche avait-elle tendance à se considérer comme menacée, la population politiquement et socialement dominante se posant à présent en victime. La violence était souvent la méthode de prédilection pour rectifier ce prétendu déséquilibre. Entre 1890 et 1930, la Floride connut un plus grand nombre de lynchages publics par habitant que tout autre État américain, des exécutions dont les cibles étaient presque exclusivement des Afro-Américains : deux fois plus que dans le Mississippi et la Géorgie, trois fois autant que dans l'Alabama[46]. Et pourtant, avant les années 1930, pas une personne ne fut condamnée pour lynchage dans tous les États-Unis[47]. La violence collective impunie du massacre d'Ocoee sembla enhardir des groupes terroristes comme le Ku Klux Klan, dont les effectifs connurent une nouvelle augmentation.

Hors des villes et des complexes touristiques en pleine expansion du littoral, la Floride était véritablement le cœur des ténèbres : une région de forêts touffues et de prairies broussailleuses, faiblement peuplée, où shérifs et maires blancs gouvernaient leurs juridictions comme autant de petits fiefs. Les principales industries du pays – l'exploitation des forêts originelles, la distillation de térébenthine à partir de la résine d'étendues infinies de pinèdes, l'extraction minière du phosphate naturel utilisé pour différents processus chimiques et comme engrais artificiel, auxquelles s'ajoutait la culture naissante des orangeraies – exigeaient une masse considérable de main-d'œuvre. Les Floridiens avaient compris depuis longtemps que leurs prisons en regorgeaient.

Les condamnés étaient ainsi couramment « loués » à des promoteurs et à des patrons d'industries du coin, sous la forme d'une sorte de servage qui n'était qu'un esclavage revêtu d'une autre étiquette. La Floride abolit la location de condamnés en 1923 – elle fut l'un des derniers États à le faire –, mais la privatisation de la détention au service de la grande industrie se poursuivit. Des chaînes de forçats pouvaient être envoyées sur les routes pour travailler comme cantonniers sous prétexte de rééducation. Des métayers pouvaient être emprisonnés pour non-paiement de leur loyer – un crime et non un délit aux yeux de la loi de la Floride – et expédiés dans un camp de travail privé jusqu'à ce qu'ils aient remboursé leur dette. Peu de grandes industries de l'État auraient pu fonctionner sans cette source de main-d'œuvre bon marché, sûre et captive, majoritairement constituée d'hommes afro-américains. « Avant, nous étions propriétaires de nos esclaves, déclarait encore un fermier en 1960. Maintenant, nous nous contentons de les louer[48]. »

Hurston n'ignorait rien de la réalité brutale des régions intérieures de la Floride, infestées de moustiques. En fait, c'était précisément là qu'elle se rendait. Elle avait pour dessein de procéder à la collecte systématique de contes populaires, dictons, récits et autres matériaux ethnographiques au sein des communautés noires des comtés du nord et du centre de l'État. Le financement de ses recherches était assuré par une fondation qui se consacrait à la culture afro-américaine, mais elle voyageait sur la suggestion de Boas et sous son égide – raison pour laquelle elle décida de donner en référence le nom de ce dernier lorsqu'elle acheta la voiture d'occasion nécessaire à ses déplacements. Boas fut fort surpris d'être contacté plus tard, inopinément, par une société de crédit de Jacksonville. « Vous auriez tout de même dû m'écrire à ce sujet, pour que je sache au moins pourquoi vous aviez besoin de cet argent », lui écrivit-il, exprimant ainsi le premier signe de l'exaspération qui parcourrait leur correspondance au fil des ans[49]. Mais tout s'arrangea dès qu'elle lui expliqua que sans voiture il lui serait impossible de se rendre sur les meilleurs sites de recherche[50].

En mars 1927, elle sillonnait les routes de campagne et se dirigeait plus loin au sud à travers le paysage tout plissé, suivie du panache gris que soulevait son coupé Nash – « Sassy Susie », comme elle l'avait surnommé[51]. Elle atteignit Palatka, sur la rive de la boueuse St. Johns River en amont de Jacksonville ; Sanford, où un grand nombre de rescapés d'Ocoee s'étaient réfugiés ; Mulberry, à la lisière du Central Lake District ; Loughman, où des ouvriers du camp de travail suaient sang et eau dans les sous-bois impénétrables ; et même Eatonville – la fille de John Hurston revenait au pays après avoir réussi.

La région semblait faite, d'une manière ou d'une autre, pour piquer, coller, mordre ou gratter. Les rayons du soleil filtraient à travers les palmes hérissées. De grandes rangées de cyprès émergeaient sur leurs pattes de pieuvre de la gadoue marécageuse. Les flamboyants fleurissaient en buissons ardents, tandis que des essaims de moucherons et de moustiques faisaient du surplace dans l'air immobile. Les bains publics étaient réservés aux Blancs, comme la plupart des motels et des restaurants, raison pour laquelle à la fin de chaque journée passée sur la route, Hurston se dirigeait tout droit, comme n'importe quel voyageur afro-américain de l'époque, vers le quartier noir de la ville, seul lieu susceptible de lui offrir un lit et un repas. Pour parer à toute éventualité, elle gardait sous la main un pistolet chromé[52].

Il lui fallut toutefois un moment pour acquérir la méthode de travail de l'anthropologue. « Pardonnez-moi, mais ne connaîtriez-vous pas quelques contes ou chansons populaires ? » se rappelait-elle avoir demandé dans ce qu'elle appelait son « barnardien le plus pur[53] ». Comme Mead à Samoa, Hurston avait même emporté une liasse de papier à lettres à en-tête – celui de Barnard en l'occurrence –, qu'elle utilisait comme support incongru pour envoyer ses notes de terrain. Elle avait grandi entourée d'histoires dans la boutique de Joe Clarke, mais c'était une communauté qu'elle connaissait, des membres de sa famille, des amis. La situation n'était plus la même. Elle ne pouvait pas se contenter d'arriver en ville dans sa voiture pétaradante, de s'approcher d'un groupe d'étrangers et de leur demander sans préambule de lui raconter tout ce qu'ils savaient. Il fallait du temps pour comprendre les gens, prouver sa bonne foi, inspirer confiance.

Elle envisagea d'écrire un roman sur le lynchage en s'inspirant d'un entretien avec un homme qui y avait miraculeusement survécu et avait dû ensuite parcourir six kilomètres en rampant pour trouver une famille noire prête à le soigner et à le remettre sur pied[54]. Mais elle commençait à se sentir « définitivement perdue pour la bohème[55] », écrivit-elle à Dorothy West. Elle avait trouvé sa vocation, et c'était le travail de terrain.

Elle envoya rapidement à Boas un tapuscrit, première version de ce qui devait être, espérait-elle, une étude détaillée de la vie populaire en Floride. Si elle trouvait le moyen de poursuivre son travail de collecte, annonçait-elle, elle l'étendrait peut-être à tous les États du golfe. Elle avait encore beaucoup d'autres documents écrits au crayon qu'elle espérait pouvoir dactylographier sans trop tarder[56]. Formée à l'anthropologie comme à l'art du sauvetage, elle comprenait à présent ce que cela signifiait. La première chose que les gens lui disaient était souvent qu'ils avaient oublié tous « ces vieux machins ». Mais en discutant assez longuement avec eux et en les encourageant, on pouvait les convaincre de se confier. Malheureusement, tout disparaissait rapidement. Leur « négritude » était « gommée par le contact étroit avec la culture blanche[57] », déclara-t-elle à Boas. Pour être sûre de ne rien omettre, elle prenait des notes en écriture phonétique, écrivant *de* pour *the* et *dat* pour *that*, ce qui n'aurait pas manqué de scandaliser certains de ses anciens professeurs de Howard[58].

Hurston prêtait peu à peu un vernis scientifique à une intuition, ce qui l'avait toujours gênée dans l'attitude de l'ancienne génération d'intellectuels noirs à l'égard de gens comme elle. Et si toutes les histoires et musiques rythmées, les blagues de véranda et les chansons de bûcherons prenaient place aux côtés des tatouages samoans ou des sculptures sur bois des Kwakiutls comme des activités constituant leur propre système de règles, de rituels et de routines ? Une recette de vie humaine parfaitement élaborée mais encore insuffisamment appréciée semblait se tapir dans les pinèdes touffues et sur les berges des lacs du nord et du centre de la Floride – quelque chose qui n'était pas encore catalogué, comme auraient pu le dire Boas ou Benedict dans leurs cours. Pour Hurston, les modes de vie dont les Blancs faisaient des imitations drolatiques et dont les *race leaders* (« chefs de race ») noirs, comme elle les appelait, préféraient ne pas discuter commençaient à ressembler de plus en plus à ce dont elle avait entendu les autres étudiants de Boas parler : une culture, dotée d'une sensibilité esthétique et d'un ordre moral propres.

Hurston passa les mois suivants en Floride avant de reprendre lentement la route de New York au cours de l'été, faisant une partie du trajet dans Sassy Susie avec Langston Hughes qui s'était rendu dans le Sud pour la première fois[59]. À l'aller, elle s'était trouvé un mari, Herbert Sheen, étudiant en médecine à l'université de Chicago qu'elle avait épousé précipitamment. Mais à présent, il brillait par son absence. Au printemps suivant, elle confia à Hughes que Sheen et elle étaient disposés à se séparer, car « il cherche à me retenir et en règle générale à me mettre des bâtons dans les roues », mais leur divorce ne serait prononcé que quelques années plus tard[60].

Elle rapportait relativement peu de choses dans ses bagages pour une aussi longue absence. Elle finit par rédiger un récit d'esclave qu'elle avait, prétendait-elle, collecté à Mobile, dans l'Alabama, et qu'elle publia dans le *Journal of Negro History*. Une grande partie de ce texte était le plagiat d'une publication plus ancienne, ce qui échappa néanmoins aux critiques académiques de l'époque[61]. Ne sachant que faire des autres matériaux qu'elle avait recueillis, elle consulta Boas, mais sortit en larmes de cette entrevue[62]. Il lui avait conseillé d'être plus systématique, de prêter une attention toute particulière à la transmission de proverbes, de mythes et de formes musicales entre planteurs européens et esclaves africains, et elle n'avait pas suivi ses conseils. Ses notes de terrain et ses résultats d'entretiens, lui dit-il, ne contenaient pas grand-chose de nouveau. La seule solution pour sauver un tant soit peu les six mois passés sur le terrain était de repartir et de poursuivre son travail[63].

Après un bref séjour à New York, elle reprit donc la route du Sud. Cette fois, elle voyageait sous l'égide d'une mécène, Charlotte Osgood Mason – « Marraine », comme elle exigeait d'être appelée. Cette dernière vivait dans un appartement de douze pièces donnant sur Park Avenue qui était bourré d'antiquités, de porcelaines anglaises et d'art africain, les derniers numéros des publications de la Renaissance de Harlem disposés en éventail de façon très visible sur les dessertes. Sa vocation et celle de son défunt mari, un illustre médecin, était le mysticisme. Tous deux avaient tenu des salons où l'on se livrait à des séances de télépathie, d'hypnose, de spiritisme et de primitivisme – dans l'idée qu'une retraite dans le passé prémoderne pouvait guérir les maux de l'époque moderne[64].

À l'instar d'autres philanthropes blancs de ce temps, Mason attribuait aux intellectuels noirs un don particulier pour accéder aux pratiques et aux croyances les plus anciennes et les plus authentiques de l'humanité. Elle avait soutenu précocement Alain Locke et, par son intermédiaire, devint la bienfaitrice d'un large cercle d'écrivains et d'artistes de Harlem. Elle accepta d'employer officiellement Hurston pour un salaire mensuel de deux cents dollars, lui accordant ainsi une stabilité financière qu'elle n'avait jamais connue, tout en lui imposant de nouvelles obligations. Elle pourrait continuer sa collecte et poursuivre son œuvre littéraire, qui avait pâti de son travail de terrain. Mais tous les matériaux que Hurston rassemblerait seraient la propriété de Mason.

Boas avait exhorté Hurston à écrire un vrai texte d'ethnographie, mais les semaines se transformant en mois, son travail scientifique se limitait plus ou moins à l'accumulation de rames couvertes de notes, de projets de livres et même de bobines de films, car Mason lui avait fourni une caméra pour immortaliser la vie populaire telle qu'elle la découvrait – ce que ni Mead ni Benedict n'avaient pu faire à Samoa ou dans le Sud-Ouest. Pendant qu'elle était en déplacement, elle craignait que toute sa documentation ne soit détruite par un incendie ou une inondation. En 1928 et 1929, elle revint à Eatonville et à Maitland, se rendit ensuite dans des camps d'extraction de térébenthine et des scieries, avant de faire un détour par l'Alabama et de passer un automne et un hiver à La Nouvelle-Orléans, suivis d'une nouvelle saison froide en Floride et d'une excursion aux Bahamas. Son travail consistait moins à s'approprier une culture agonisante qu'à essayer de comprendre le présent d'un mode de vie anguleux, féroce. Ne le dis pas à Marraine, écrivit-elle à Hughes, mais le « folk-lore nègre est encore en voie de développement[65] ».

Elle ne regagna durablement New York qu'au printemps 1930, jurant à Boas qu'elle travaillait d'arrache-pied pour produire enfin quelque chose de valable à partir du travail de terrain qui l'avait occupée, par intermittence, pendant trois ans. Ses bagages étaient bourrés de notes et de contes, de récits et d'esquisses de personnages représentant plus d'une centaine d'individus différents : mineurs de phosphate, domestiques, ouvriers, enfants, propriétaires de plantations des Bahamas, boutiquiers, anciens esclaves, scieurs, ménagères, employés des chemins de fer, restaurateurs, blanchisseuses, prédicateurs, bootleggers, sans oublier un diplômé de Tuskegee, un « barbier quand il avait du temps » et « un fainéant et un manœuvre[66] », comme le releva Hurston. Mais ses rapports étaient généralement décevants. « Je souffle enfin », écrivit-elle à Boas cet été-là. « J'ai eu beaucoup de mal à donner un semblant de forme à mon matériel[67]. »

En dépit de toutes ses critiques publiques contre les tenants de la science raciale et les eugénistes, Boas avait lui-même tendance à considérer les peuples lointains comme des laboratoires, et les peuples proches comme des pathologies. En 1906, il avait assuré à ses auditeurs de l'université d'Atlanta que les Noirs avaient autant de capacités que ceux qui se disaient blancs ; simplement, leurs talents innés devaient encore se réaliser pleinement. Après tout, faisait-il remarquer, les Africains avaient fabriqué de la fonte, réalisé des objets de bronze raffinés, élaboré des codes juridiques complexes et commandé des armées conquérantes bien avant l'arrivée de colonisateurs européens[68]. Mais Boas lui-même portait un jugement très négatif sur ce que les Africains étaient devenus depuis qu'ils avaient été conduits de force sur le continent américain. « Rien ne prouve que la licence, la paresse apathique et le manque d'initiative soient des caractéristiques fondamentales de la race », écrivait-il cinq ans plus tard dans *The Mind of Primitive Man*. « Tout semble indiquer que ces traits sont davantage la conséquence de conditions sociales que des attributs héréditaires[69]. » Qu'il n'ait jamais remis en question la pertinence de ces caractéristiques pour définir les Afro-Américains était révélateur des propres limites de Boas, et symptomatique d'un moment de l'Histoire.

Même si l'infériorité noire n'avait rien d'essentiel ni d'inné, dès qu'il s'agissait de culture noire, Boas estimait difficile d'y voir autre chose qu'une forme dégradée de la culture blanche. Certains de ses disciples plus âgés poussèrent l'argument plus loin et étaient à deux doigts de se faire plus ou moins l'écho du bon sens prétendument évident de Madison Grant à propos de la race et de l'Histoire. « Il n'est pas juste, bien sûr, de tirer des conclusions touchant l'aptitude raciale à partir des réalisations culturelles », concluait Alfred Kroeber dans *Anthropology*, un manuel populaire qu'il publia en 1923. « ... Mais l'échec constant de la race nègre à accepter l'ensemble, voire l'essentiel, de la substance de la civilisation méditerranéenne relativement proche ou d'établir quelques sous-centres notables de productivité culturelle paraît constituer l'un des arguments les plus solides que l'on puisse avancer en faveur d'une infériorité de potentialité culturelle de leur part[70]. » Pour les étudiants blancs de Berkeley qui suivirent les cours de Kroeber, et pour les innombrables autres qui utilisèrent son manuel dans la plupart des autres universités américaines – presque exclusivement blanches –, un cours d'anthropologie finissait souvent par confirmer la hiérarchie raciale qu'ils tenaient pour évidente. L'infériorité culturelle se substituait désormais à l'infériorité biologique prêchée par la génération de Madison Grant.

Il était plus que paradoxal, évidemment, que cette vision coïncide précisément avec la période des impressionnantes réalisations de la Renaissance de Harlem. Pourtant, même pour les intellectuels noirs, il était parfaitement possible de croire aussi bien à l'égalité des races qu'au retard des coutumes noires. Booker T. Washington avait notoirement encouragé les jeunes Noirs à se concentrer sur l'agriculture et l'artisanat, les principales matières enseignées dans son institut de Tuskegee, fondé en 1881. Plusieurs siècles d'asservissement avaient produit des êtres humains qu'il faudrait reconstruire de fond en comble et qui devraient rester à leur place dans les strates raciales de l'Amérique jusqu'à ce qu'ils se soient rendus dignes de progresser – pas à pas, et dans un avenir plus ou moins lointain. W. E. B. Du Bois, au contraire, avait affirmé haut et fort qu'il était inutile d'attendre. Des hommes et des femmes noirs se montraient déjà aussi créatifs, talentueux et ambitieux que toute autre fraction de la société américaine, même dans un système politique et économique destiné à les convaincre de leur faiblesse naturelle. Mais pour Washington comme pour Du Bois, être noir, c'était être perfectible. Par définition, donc, il fallait mettre les esprits et les corps noirs sur une voie qui les éloignerait de leur présent imparfait. Les anciennes façons d'être et de faire devraient être rejetées, à l'image des menottes et du fouet. Si les Américains blancs avaient une culture, semblaient penser la plupart des gens, les Américains noirs avaient une condition.

Quand la vie de vrais Noirs s'insinuait dans la conscience publique blanche, c'était souvent par le biais d'un cousin de l'anthropologie, le domaine qu'on appelait folklore. Il existait des gens qui se disaient folkloristes depuis les années 1840, époque où ce terme avait été forgé par l'écrivain et bibliophile William Thoms, mais leurs missions essentielles avaient été définies plusieurs décennies auparavant. Cette étiquette recouvrait le corpus de dictons, contes étiologiques, proverbes et comptines que tout représentant d'une société donnée pris au hasard était censé connaître. Ces récits et ces fables présentaient de l'intérêt, car on pensait qu'elles constituaient l'essence spirituelle et intellectuelle d'un peuple. Tout le monde peut raconter une histoire, bien sûr, mais si beaucoup de gens semblent raconter la même encore et encore, son intrigue, ses personnages et son message central pourraient contenir quelque enseignement sur le génie unique de leur groupe culturel. En y prêtant attention, vous pourriez avoir un aperçu du *Volk* dont le souffle s'élevait des actes de parole des gens ordinaires.

Dans la première moitié du XIXe siècle, les frères Jacob et Wilhelm Grimm avaient été les pionniers de cette discipline en Allemagne. Ils avaient parcouru les régions rurales voisines de leur ville natale, dans la principauté de Hesse, compilant et rédigeant les histoires qu'ils entendaient en chemin. Quand ils publièrent en 1812 leur premier recueil, *Kinder- und Hausmärchen*, les *Contes pour les enfants et la maison*, ils accomplirent un bond gigantesque non seulement pour la préservation d'une tradition orale, mais aussi pour la définition de l'authenticité nationale. En l'absence de pays portant le nom d'Allemagne – une entité qui ne viendrait au monde que plus d'un demi-siècle plus tard –, être allemand, c'était faire partie des gens qui connaissaient un des contes de Grimm, de « Hansel et Gretel » à « Cendrillon ». Et si vous n'en connaissiez aucun, l'ouvrage des Grimm vous permettait de les découvrir. Ils avaient créé rien moins qu'un premier guide de la bonne manière de faire partie en connaissance de cause d'un *nous* collectif: les Allemands.

Les histoires qu'on racontait, pensaient les folkloristes, relataient l'histoire d'un peuple. Les chercheurs de Powell à la Smithsonian Institution étaient partis dans les Grandes Plaines pour compiler chants, légendes et rituels. Boas et Parsons avaient effectué un travail analogue au cours de leurs expéditions sur le terrain dans le Nord-Ouest Pacifique et dans les déserts du Sud-Ouest. Au milieu des années 1920, Benedict avait entamé une longue carrière de rédactrice en chef du premier organe savant reflétant ces recherches, le *Journal of American Folklore*, qui existait depuis près d'un demi-siècle. « Les types et la distribution de tout le corpus de contes populaires et de mythes doivent constituer le sujet de notre enquête », écrivit un jour Boas dans cette revue. « La reconstitution de leur histoire fournira le matériau qui pourra nous aider à découvrir les processus psychologiques à l'œuvre[71]. »

Les folkloristes firent preuve d'un talent singulier pour exploiter les fruits de leur travail dans le but de démonter l'image qu'avaient d'eux-mêmes les Européens et les Américains, convaincus que les mœurs de leur propre société étaient profondément rationnelles et éclairées.

« Plus que tout autre ensemble de matériau », écrivit Benedict à ce sujet, le folklore « révèle clairement la récence et la fragilité des attitudes rationalistes au sein des groupes urbains modernes éduqués, que l'on assimile fréquemment à la nature humaine[72] ». Cependant, s'agissant de la collecte afro-américaine, le folklore restait teinté d'un vernis de « moins que » – présenté comme l'œuvre de gens simples, puérils, dont la sagesse, si tant est qu'elle existât, résidait dans une facilité à éviter le travail pénible, à faire un pied de nez à l'autorité et à s'en sortir tout de même, on ne sait comment. À partir de la fin du XIXe siècle, on avait inculqué ces idées à des générations d'enfants blancs par le biais d'un recueil d'histoires qui s'imposa comme une forme de pendant américain aux contes des frères Grimm. Tous ceux qui connaissaient Cendrillon connaissaient probablement les aventures d'un lièvre rusé, nonchalant et profondément américain, et de tous ses camarades.

Brer Rabbit, Brer Fox et Brer B'ar, ainsi que leur narrateur, un vieil homme bienveillant répondant au nom d'Uncle Remus, étaient le fruit de l'imagination de Joel Chandler Harris, un journaliste blanc de Géorgie. Son recueil d'histoires, *Uncle Remus : His Songs and Sayings*, fut publié en 1880. L'auteur avait emprunté la matière première de ses contes à des esclaves, hommes et femmes, d'une plantation de Géorgie où il travaillait comme apprenti imprimeur. Lorsqu'il se retrouva dans un bureau de reporter à l'*Atlanta Constitution*, il eut le loisir de repenser à ce qui restait dans son souvenir un Vieux Sud où régnaient des relations harmonieuses entre possédants et possédés. Le personnage principal d'*Uncle Remus* n'est pas un homme noir ni un animal, mais un jeune garçon blanc, soigneusement illustré à l'aquarelle dans la première édition publiée du livre, majestueusement assis devant Uncle Remus penché au-dessus de lui.

Ces histoires avaient censément pour sujet des Afro-Américains, et certains récits de Chandler possédaient sans doute des racines africaines réelles. Mais leur public était littéralement présent, sur la page imprimée : un Blanc qui contemplait un monde prétendument noir, simple, rempli de filous et débordant de créativité rusée. Tous les soirs au coucher, des millions d'écoliers blancs entendaient leurs parents se tordre la bouche pour prononcer le dialecte « petit nègre » restitué par Chandler. « Un jou' qu'i' z'étaient tous assis et acc'oupis dans l'coin à 'igoler et bava'der », disait une des histoires, « F'è'e Lapin, y s'est l'vé et a dit : z'avez vu, la vieille Mammy-Bammy-plein' d'f'ic a dit à son a'ière g'and-papa que y a une g'osse mine d'o' dans l'coin et y a dit qu'elle se'ait pas t'op su'p'ise qu'elle soit pas loin de chez F'è'e Ou's. » Ils obtenaient en prime une leçon remarquablement digeste sur l'altérité essentielle des Noirs. C'était comme s'il fallait raconter « Hansel et Gretel » en l'émaillant des *ja* et des *und* d'un Allemand d'Hollywood.

En plus des contes d'Uncle Remus, d'autres recueils de prétendu folklore noir furent publiés au XIXe siècle, la plupart comiques et nostalgiques à égale mesure, truffés de jeux de mots faciles, d'outrances et de souvenirs d'un Sud disparu. En revanche, quand les spécialistes cherchaient à comprendre les communautés noires, ils avaient tendance à se tourner vers l'Afrique. C'était une façon de rattacher ce qui passait pour une culture inférieure, voisine de chez eux, à une culture plus riche, plus authentique, et lointaine. Le vieux professeur de Hurston à Howard, Lorenzo Dow Turner, fut parmi les premiers à relever les connexions linguistiques entre l'Afrique occidentale et les communautés gullahs créolophones du littoral de Géorgie et de Caroline du Sud. L'historien Carter G. Woodson, responsable de la fondation qui finança la première expédition de collecte de Hurston, établit les liens entre chansons et croyances populaires du Nouveau Monde et des formes plus anciennes relevées parmi les populations subsahariennes. « L'auteur considère le Nègre comme humain », se crut-il obligé de préciser au début de *The African Background Outlined* (1936), une étude de l'histoire transocéanique assortie d'un appareil de notes considérable – il s'agissait, autrement dit, d'individus dont les histoires, les triomphes et les influences étaient aussi identifiables que ceux que l'on attribuait aux Européens. On pouvait constater, affirmait-il, qu'à travers l'Histoire, les Africains avaient « progressé quand ils étaient libres d'avancer, et étaient restés à la traîne quand ils s'étaient heurtés à des obstacles que les autres n'avaient pas rencontrés[73] ».

◄ Franz Boas à bord du *Germania*, en partance pour l'île de Baffin, été 1883. Boas avait écrit dans une dissertation que sa vie avait été définie par le désir d'établir des comparaisons entre les choses qu'il observait dans le monde naturel. Dans l'Arctique, il avait l'intention d'étudier de la sorte ceux qu'il appelait déjà « mes Esquimaux ».

▲ Boas avec sa femme, Marie Krackowizer, en 1887, l'année de leur mariage. « Mama Franz », comme l'appelleraient un jour les étudiants de Boas, faisait partie de l'importante communauté germanophone établie à New York dans la seconde moitié du XIXe siècle.

◄ John Wesley Powell, directeur du Bureau of American Ethnology à la Smithsonian Institution, vers 1890. Ses explorations dans l'Ouest américain, ainsi que ses activités scientifiques, contribuèrent à définir l'image que les musées, établissements scolaires et services gouvernementaux se faisaient de la Frontière et de ses populations indigènes.

Le pavillon d'Anthropologie ▲
à l'Exposition universelle de Chicago
en 1893, qui abrita temporairement
la plus grande exposition mondiale
d'artéfacts ethnologiques.

Danseurs kwakiutls ➤
(John Drabble, deuxième à partir
de la gauche, et Mrs Drabble, troisième à
partir de la gauche, les autres n'étant pas
identifiés) à l'Exposition universelle
de Chicago en 1893.

Boas faisant une démonstration ➤
de la *hamatsa*, ou « Danse du Cannibale »
kwakiutl, pour aider les conservateurs de
la Smithsonian Institution à réaliser un
diorama de ce rituel secret, vers 1895.

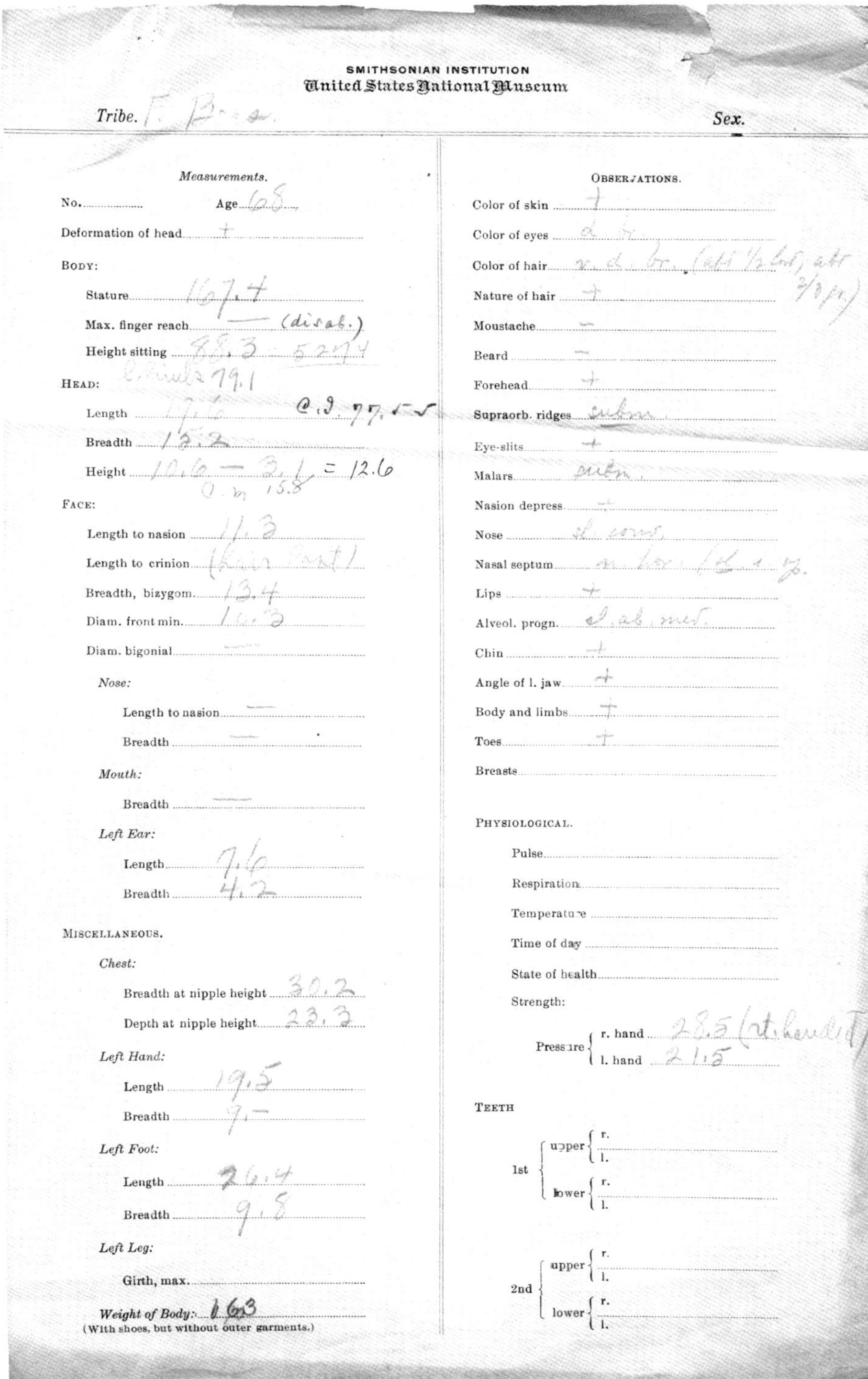

SMITHSONIAN INSTITUTION
United States National Museum

Tribe. F. Boas. Sex.

Measurements.

No. Age 68

Deformation of head +

BODY:

Stature 167.4

Max. finger reach — (disab.)

Height sitting 88.3 — 52.74

HEAD:

Length 19.6 — G. 9. 77.55

Breadth 15.2

Height 10.6 — 3.1 = 12.6

FACE:

Length to nasion 11.3

Length to crinion

Breadth, bizygom. 13.4

Diam. front min. 10.3

Diam. bigonial —

Nose:

Length to nasion —

Breadth —

Mouth:

Breadth —

Left Ear:

Length 7.6

Breadth 4.2

MISCELLANEOUS.

Chest:

Breadth at nipple height 30.2

Depth at nipple height 23.3

Left Hand:

Length 19.5

Breadth 9.—

Left Foot:

Length 26.4

Breadth 9.8

Left Leg:

Girth, max.

Weight of Body: 163

(With shoes, but without outer garments.)

OBSERVATIONS.

Color of skin +

Color of eyes

Color of hair

Nature of hair +

Moustache —

Beard —

Forehead +

Supraorb. ridges

Eye-slits +

Malars

Nasion depress. +

Nose

Nasal septum

Lips +

Alveol. progn.

Chin +

Angle of l. jaw +

Body and limbs +

Toes +

Breasts

PHYSIOLOGICAL.

Pulse

Respiration

Temperature

Time of day

State of health

Strength:

Pressure { r. hand 28.5 / l. hand 21.5 }

TEETH

1st { upper { r. / l. } lower { r. / l. } }

2nd { upper { r. / l. } lower { r. / l. } }

▲Un formulaire courant de relevé anthropométrique, celui de Franz Boas en l'occurrence. Les mesures de sa tête et de son corps furent effectuées dans le cadre d'un projet de la Smithsonian Institution pour déterminer si les principaux intellectuels d'Amérique étaient biologiquement supérieurs aux Américains moyens. (La conclusion fut qu'ils ne l'étaient pas.)

Une fiche de données du rapport de Boas ➤ pour la commission Dillingham en 1911. « L'adaptabilité de l'immigré semble bien plus grande que nous n'étions en droit de le supposer avant que nous n'entreprenions notre enquête », conclut-il.

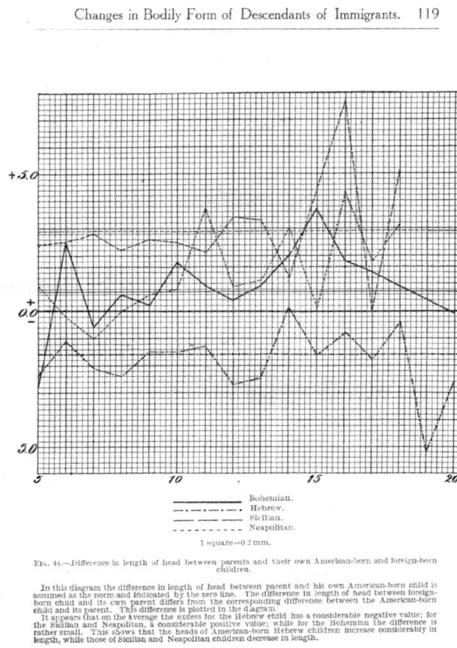

Changes in Bodily Form of Descendants of Immigrants. 119

FIG. 44.—Difference in length of head between parents and their own American-born and foreign-born children.

In this diagram the difference in length of head between parent and his own American-born child is assumed as the norm and indicated by the zero line. The difference in length of head between foreign-born child and its own parent differs from the corresponding difference between the American-born child and its parent. This difference is plotted in the diagram.

It appears that on the average the excess for the Hebrew child has a considerable negative value; for the Sicilian and Neapolitan, a considerable positive value; while for the Bohemian the difference is rather small. This shows that the heads of American-born Hebrew children increase considerably in length, while those of Sicilian and Neapolitan children decrease in length.

◄ Ruth Benedict en 1924, alors assistante de Boas à Barnard College. « La découverte de l'anthropologie – et du Dr Boas – a été son salut », affirmerait plus tard sa sœur.

Panneau de l'American Eugenics Society ➤ en 1926, avec des lumières clignotantes illustrant le coût financier et social des individus « dotés d'une mauvaise hérédité, comme les déments, les faibles d'esprit, les criminels et autres personnes défectueuses ».

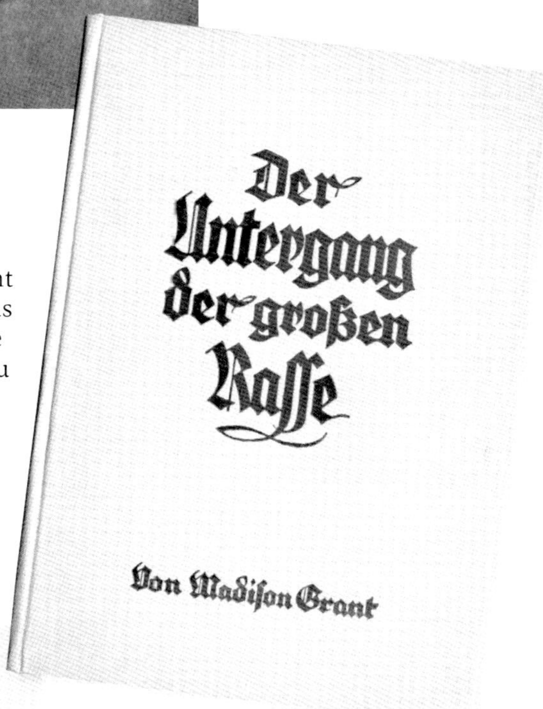

Dans les années 1930, certains savants et dignitaires allemands entreprirent d'édifier un État à base raciale en étudiant l'expérience américaine. On voit ci-dessus Madison Grant, ainsi que l'exemplaire de son *Déclin de la grande race* ayant appartenu à Adolf Hitler (édition allemande, 1925), avec une dédicace de l'éditeur.

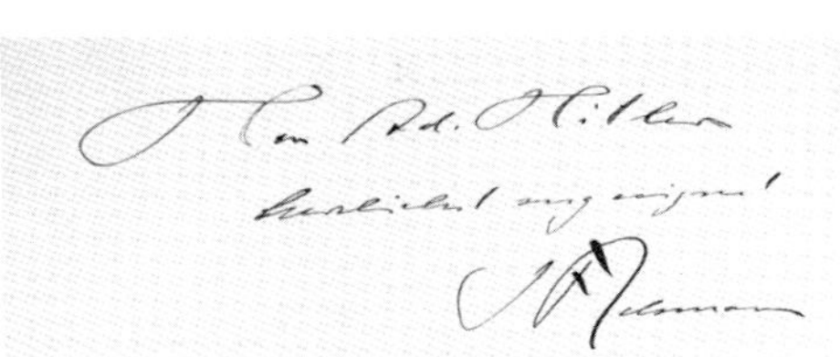

Margaret Mead enfant ➤ en Pennsylvanie, vers 1912. La légende familiale voulait qu'elle ait appris à prononcer les mots « sociologie » et « économie » avant même d'en connaître le sens.

Margaret Mead étudiante ➤ à Barnard College, l'établissement d'enseignement supérieur pour femmes rattaché à la Columbia University, vers 1923.

◄ Edward Sapir, probablement à la fin des années 1920. « L'esprit le plus satisfaisant que j'aie jamais rencontré », dirait Margaret Mead de lui.

▲ La maison de la famille Holt, chez qui Margaret Mead logea pendant son séjour aux îles Samoa américaines. Sa chambre – la véranda, à droite – fut largement détruite par un ouragan au début de l'année 1926.

◄ Margaret Mead avec Fa'amotu, une amie et informatrice samoane, aux Samoa américaines, vers 1926, toutes les deux en tenue de fête. Ce séjour servira de fondement à son célèbre ouvrage *Adolescence à Samoa*.

▲Reo Fortune avec des garçons du village de Pere, sur l'île de Manus, en 1928. Fortune se plaindrait que, travaillant en tandem avec Margaret Mead, elle-même auteure de best-sellers, sa propre recherche était condamnée à être « le seul livre [qu'il] écrirait jamais tout seul ».

◄Margaret Mead avec des enfants dans le lagon de Pere, île de Manus, 1928. Le livre auquel ses recherches donnèrent naissance, *Une éducation en Nouvelle-Guinée*, concluait que « toutes les cultures expérimentaient les potentialités de la nature humaine ».

◄ « Les fleurs sont superbes en ce moment, les *crackers* ne me dérangent pas du tout », écrivit Zora Neale Hurston pendant sa première expédition sur le terrain. À toutes fins utiles, elle avait emporté un pistolet chromé.

« C'est Gregory Bateson ► bien sûr », écrivit Margaret Mead à Ruth Benedict à Noël 1932. Lui-même anthropologue, Bateson avait lu *Une éducation en Nouvelle-Guinée* et Mead tomba amoureuse de lui presque immédiatement lors de leur rencontre dans un village perdu au bout du monde.

◄ Ella Deloria dans les années 1920, alors qu'elle enseignait à la Haskell Institution de Lawrence, dans le Kansas. De retour à Columbia, où elle devint l'assistante de recherche de Boas puis sa coauteure, elle fut l'une des rares personnes à pouvoir se revendiquer à la fois observatrice objective et objet d'étude.

ANTHROPOLOGISTS FROM NEW GUINEA.

From left: Mr. G. Bateson, Dr. Margaret Mead, and Dr. Reo Fortune, who arrived from New Guinea yesterday by the Macdhui.

▲ Bateson, Mead et Fortune, photographiés par le reporter d'un journal australien à leur retour de Nouvelle-Guinée, dans le courant de l'été 1933.

THIS IS THE ONLY ZOMBIE EVER PHOTOGRAPHED

Felicia Felix-Mentor, la femme ► photographiée par Hurston en Haïti. Il s'agit de la première représentation photographique d'un zombie, comme l'indique la légende du magazine *Life*.

▲ Zora Neale Hurston, par le célèbre photographe de la Renaissance de Harlem Carl Van Vechten, en 1938.

▲Les anthropologues observés : Bateson et Mead déjeunent à l'abri de leur moustiquaire, sous les yeux de villageois iatmuls, Nouvelle-Guinée, 1938. « Je me sens vraiment moche de mener une vie aussi agréable », écrivit Mead à une amie.

▼L'anthropologue observe : Hurston avec les musiciens Rochelle French et Gabriel Brown, photographiés par Alan Lomax, 1935.

▲ Dans les années 1930, Boas était un intellectuel public réputé dont on sollicitait l'avis sur les affaires courantes aux quatre coins du monde. Jusqu'à deux mille cinq cents lettres prenaient chaque année leur envol depuis son bureau.

▲ Ruth Benedict, vers 1931. Pour Margaret Mead, elle était un « beau palais entouré de murs… la racine inextirpable, l'unique soif homosexuelle incontournable ». Benedict assurait la bonne marche du département d'anthropologie de Columbia, jouant le rôle de bras droit de Boas. Sa propre étoile commencerait à briller avec la publication d'*Échantillons de culture* en 1934.

▲ Américains d'origine japonaise internés sur le champ de courses de Santa Anita en Californie, juin 1942. La prestation du serment d'allégeance s'accompagnait du « salut de Bellamy », un geste largement utilisé jusqu'à ce que sa similitude avec le salut nazi ne devienne source d'embarras.

▼ Diagramme de Margaret Mead visant à cartographier toutes ses relations, personnelles comme professionnelles, à l'intérieur du cercle de Boas : des traits fins pour les influences mineures, des traits gras pour les plus importantes, des doubles lignes pour les amants, et puis Ruth Benedict, soleil jumeau au centre de sa galaxie.

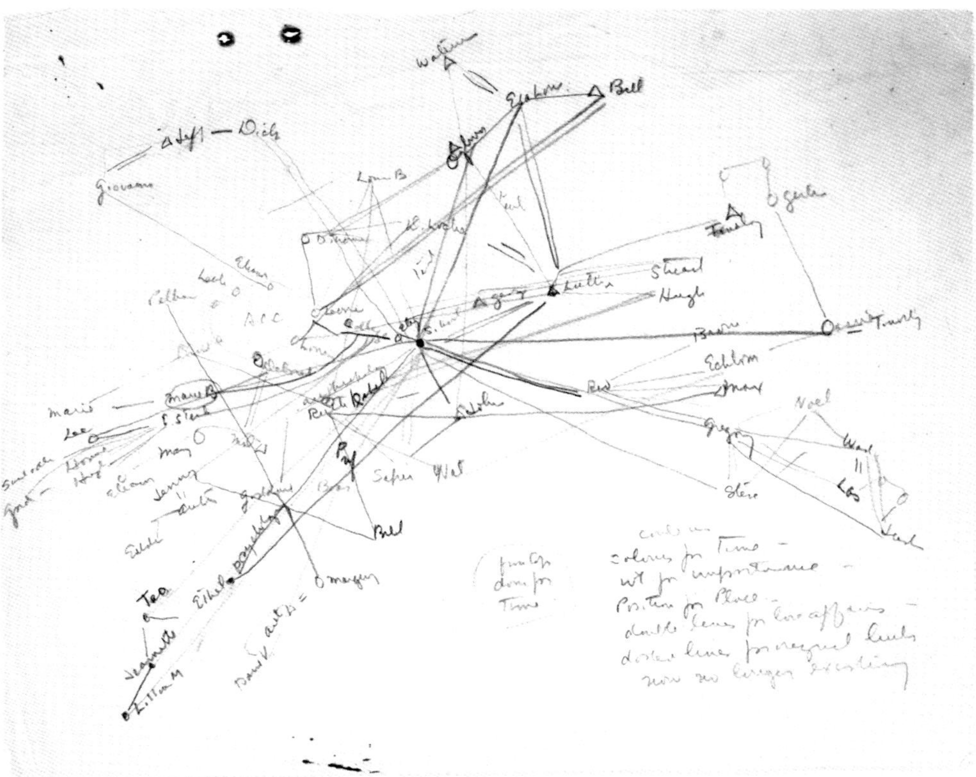

▲ Margaret Mead dans son bureau de l'American Museum of Natural History, New York. C'était, disait-elle, le seul endroit où elle se sentait chez elle et en sécurité, au milieu d'un capharnaüm de carnets de notes et d'artéfacts étiquetés, de lettres manuscrites et de ronéos, de notes de cours et de photos.

Dans un article novateur de 1930, Melville Herskovits, l'élève de Boas qui avait envoyé Hurston faire ses premières expéditions anthropométriques à Harlem, définit les principaux thèmes de recherche de ce nouveau champ d'étude, qu'il baptisa le problème du « Nègre dans le Nouveau Monde ». Mais sa présentation des grandes questions de ce domaine revenait toujours à une sorte d'examen médicolégal. Les cultures et les histoires africaines n'avaient de valeur que dans la mesure où elles offraient des amorces d'explication aux problèmes que continuaient à poser les Afro-Américains actuels. « Pourquoi le Nègre a-t-il consenti à l'esclavage avec autant de complaisance qu'il paraît l'avoir fait ? » s'interrogeait-il dans l'*American Anthropologist*, la revue phare. « Était-ce la conséquence d'un élément fondamental de sa constitution, ou était-ce parce que le seul trait culturel qui lui était familier dans la civilisation des Amériques était celui de l'esclavage ? »

> Quelle est la signification de la remarquable solidarité familiale des Nègres, une qualité relevée par tous ceux qui ont été en contact avec eux ? … Pourquoi relève-t-on aux États-Unis une aussi forte objection des Nègres à ce que leurs enfants soient confiés à des institutions ? Pourquoi des familles qui se trouvent elles-mêmes déjà tout près du seuil de pauvreté prendront-elles sous leur aile un enfant sans abri plutôt que de le confier à des étrangers ? Quel est le lien entre les phénomènes d'hystérie religieuse si familiers aux spécialistes des Nègres aux États-Unis, en Haïti, dans les Guyanes et les Indes occidentales et des phénomènes africains similaires ? Et dans quelle mesure le folklore des Nègres occidentaux d'aujourd'hui a-t-il été… dévié par la culture des Blancs ? Tant que nous ne connaîtrons pas davantage de matériau populaire africain, il nous sera impossible de répondre correctement à ces questions[74].

C'était son ancienne assistante de recherche « Zora Hurston », affirma Herskovits dans une lettre à un collègue, qui avait été la première à diriger ses pensées sur cette voie. Sa façon de parler, de marcher, ainsi que le style de ses chansons illustraient brillamment la manière dont une femme « typiquement nègre » pouvait incarner certains comportements distincts reflétant leurs modèles originaux transocéaniques[75]. Se tourner vers le passé africain permettait donc non seulement de caractériser la ténacité d'éléments comme la religion ou la musique – leur résistance au changement malgré un bouleversement social et économique massif –, mais aussi d'identifier la source originelle de comportements qui rendaient actuellement les Noirs américains si bizarres ou si perturbés.

La plupart des penseurs progressistes l'auraient approuvé. Le « problème nègre » était une question de culture, que l'on pouvait changer, et non de biologie, laquelle était probablement immuable. L'idée plus radicale – à savoir que les Afro-Américains s'étaient inventé des cultures populaires cohérentes qui valaient la peine d'être étudiées pour elles-mêmes et non comme le simple écho d'un passé réduit au silence – était bien plus difficile à concevoir. Dans les sciences humaines à domination blanche, les anthropologues éclairés abordaient couramment les comportements et les croyances des Samoans et des habitants des îles de l'Amirauté comme des énigmes à déchiffrer, et non comme des maladies sociales à soigner. Il était pourtant presque impensable d'appliquer une approche similaire au Sud des États-Unis, ou même à Harlem.

Hurston regagna New York, le « cœur sous les genoux, et les genoux dans une vallée solitaire[76] », raconta-t-elle. Elle avait du mal à donner du sens au matériau qu'elle avait rassemblé et à en faire davantage qu'un fourre-tout d'anecdotes. Le travail de collecte relevait essentiellement de la sténographie, estimait-elle. Or l'anthropologie ne pouvait pas s'arrêter à cela.

Elle craignait d'avoir déçu Boas et sa bienfaitrice. Boas aurait voulu qu'elle systématise ses recherches, qu'elle leur fasse refléter des théories plus générales sur la transmission des histoires de lieu en lieu, ou sur l'évolution des symboles populaires avec le temps, de l'Afrique aux Amériques. Mason souhaitait pour sa part un art primitif, pur, qu'elle avait vaguement eu l'intention d'exploiter dans une partie de son propre travail de folkloriste en herbe.

Hurston continua à correspondre avec Boas, lui adressant des mises à jour périodiques de ses notes et textes académiques. En revanche, ses relations avec Mason se dégradèrent progressivement. La crise boursière incita sa « Marraine » à réduire son aide financière, qui finit par se tarir entièrement. Hurston se remit donc en quête de sources de financement : une demande de bourse Guggenheim (refusée), un projet de service de traiteur spécialisé dans le poulet pour les riches New-Yorkais (jamais lancé), une entreprise éphémère de production de revues musicales (qui rentra à peine dans ses frais)[77]. Sa relation avec Langston Hughes, qui aurait pu être à l'origine de la collaboration la plus dynamique de la Renaissance de Harlem, s'étiola elle aussi, victime d'une tentative avortée pour monter une pièce tirée du folklore de Floride. Toutefois, débarrassée de Mason, Hurston fut libre de poursuivre son œuvre de fiction sans interrompre ses recherches ethnologiques. « Je me suis libérée du dragon de Park Avenue, et je suis toujours en vie ! » écrivit-elle à Benedict. « J'ai retrouvé ma voie[78]. »

Lors de son séjour en Floride, elle avait tracé les grandes lignes d'une histoire vaguement inspirée de sa propre existence de fille d'un prédicateur perturbé du Sud. Elle écrivit et réécrivit un texte, puis emprunta 1,83 dollar pour couvrir les frais de port et envoya le tapuscrit à un éditeur, Bertram Lippincott, de Philadelphie. Quelque temps plus tard, un télégramme lui annonça que son roman était accepté – le jour même, en fait, où elle reçut son avis d'expulsion[79]. La nouvelle n'en arriva pas moins comme une douce averse sous le soleil de plomb d'une journée étouffante de la côte du golfe, comparable, pour reprendre la description qu'en donna Hurston plus tard, à la joie que peut vous procurer la découverte de votre premier poil pubien[80]. Ce roman, *Jonah's Gourd Vine*, fut publié en 1934. Il fut salué comme un bon « roman nègre » et obtint des critiques élogieuses, accordant à Hurston une place aux côtés de Hughes, West et d'autres écrivains noirs.

L'avance sur droits offerte par Lippincott se montait à moins de la moitié de ce qu'avait touché l'autre auteure d'un premier ouvrage, Margaret Mead, six ans auparavant. Ça ne permettait pas de payer un loyer, et encore moins de financer une carrière. Hurston allait devoir trouver de quoi gagner sa vie entre ses contrats d'édition et ses projets d'écriture ponctuels, et en janvier 1935 elle s'inscrivit donc en troisième cycle à la Columbia University. Cette voie lui avait été barrée jusqu'alors par l'autoritarisme de Mason, qui s'était obstinée à lui affirmer qu'un doctorat ne serait qu'une perte de temps et d'énergie. Boas accepta d'être son mentor. Le Julius Rosenwald Fund, une association philanthropique qui soutenait des artistes et des chercheurs noirs, lui promit une bourse pour financer ses études sur « les dons culturels spéciaux des Nègres[81] ». « Je voudrai peut-être enseigner un jour et je tiens à acquérir la discipline de la méticulosité[82] », expliqua-t-elle à Boas.

Dans le courant de la même année, Hurston réussit à mettre un semblant d'ordre dans le paquet de notes, transcriptions et histoires qu'elle avait traîné avec elle entre New York, La Nouvelle-Orléans, Eatonville et d'autres lieux, son esprit faisant des embardées entre « le pain de maïs et les fanes de moutarde » ou « le paragraphe à polir avec un chiffon doux[83] », pour reprendre sa description. « Merci encore d'avoir aussi bien arrangé le manuscrit », écrivit-elle à Benedict, qui lui avait fait des commentaires et des suggestions de révision[84]. Lippincott publia cet ouvrage à l'automne sous le titre de *Mules and Men*, illustré par un ami de Hurston, le peintre mexicain Miguel Covarrubias, avec des corps qui se découpaient sur un fond de bousculade de bistro et des mains dressées dans une supplication déchirante. Après s'être fait un peu prier – « Je suis prise de tremblements[85] » à l'idée même de faire la demande, reconnut Hurston –, Boas accepta de rédiger une préface, comme il l'avait fait pour *Adolescence à Samoa* de Mead. Il fit l'éloge du livre de Hurston, qu'il présenta comme la première tentative pour comprendre « la vraie vie intérieure du Nègre[86] ».

Des folkloristes avaient déjà cru accéder à l'essence secrète d'une communauté, mais le plus souvent, estimait Hurston, ils n'avaient recueilli qu'amabilités désinvoltes et histoires forgées de toutes pièces. Ce n'était guère que des fonds de poche qu'on faisait passer pour de la science. *Mules and Men* incarnait au contraire la première tentative sérieuse pour conduire le lecteur au plus profond des villes noires et des camps de travail du Sud – non pas en observateur mais en participant, en quelque sorte, à l'image de Hurston elle-même. Depuis 1927, elle avait passé plus de temps sur la côte du golfe de Floride que Boas, Mead et Benedict n'en avaient jamais passé sur leurs propres sites de recherche. Son objectif était de présenter le tableau exhaustif d'une culture locale, avec ses histoires et ses dialectes, ses insultes et ses boutades, comme une œuvre de génie collectif qu'il était possible de comprendre aussi bien que d'apprécier.

Elle n'avait pas regagné son « village natal », comme elle disait, pour exhiber « un diplôme et une Chevrolet ». Elle cherchait au contraire à saisir un mode de vie qui avait été trop proche d'elle avant son départ pour le Nord, une culture dans laquelle elle avait barboté depuis qu'elle s'était « jetée dans le monde, tête la première[87] ». Le folklore était « la distillation de la vie humaine », pour reprendre ses termes, et, page après page, elle participait à ce processus de sublimation[88]. Renonçant au détachement grammatical, elle utilisa la première personne pour retracer ses rencontres avec des gens, leurs conversations, le jour où elle avait échappé de peu à une bagarre au couteau, les tourbillons de poussière qui suivaient sa voiture lorsqu'elle sortait d'une ville à tombeau ouvert.

Mead avait réalisé un peu la même chose, mais en employant souvent la deuxième personne – racontant ce que *vous* voyiez quand *vous* arriviez pour la première fois dans un village samoan ou une maison sur pilotis de Manus. Pour la même raison, Mead recourait aussi à ce qu'on appellerait le présent ethnographique. Les Samoans et les habitants des îles de l'Amirauté étaient grammaticalement figés dans l'instant où elle les avait observés – *nage, mange, dit, sait.* S'ils présentaient de l'intérêt pour les Américains, c'était précisément parce que ceux-ci pouvaient les imaginer comme des jalons immuables, à l'aune desquels ils pouvaient mesurer leur propre société conventionnelle.

Hurston, pour sa part, parlait d'Eatonville et de Loughman, avec leurs bûcherons et leurs distillateurs de térébenthine, leurs bootleggers et leurs bars dansants, au passé – *ont couru, ont braillé, ont abattu, ont coupé.* Elle offrait aux lecteurs un compte rendu créatif, interprété, d'événements auxquels elle avait assisté et dont elle avait entendu parler, ses informateurs étant situés dans le temps et dans l'espace. Elle communiquait sa science exactement telle qu'elle l'avait acquise : comme une conversation dans laquelle elle-même, l'intelligence qui observait, participait aussi à l'action. Elle créait des données, au lieu de se contenter de les rassembler, et voulait que le lecteur en soit parfaitement conscient. Ce faisant, elle mettait constamment en valeur l'un des messages les plus profonds de Boas : toutes les cultures évoluent, à l'instant même où les anthropologues s'évertuent à rédiger les notes de terrain qu'ils ont prises sur elles.

Mules and Men était une sorte de recueil articulé en deux parties, l'une consacrée aux contes populaires, l'autre à la religion populaire ou *hoodoo*. Sa prose ne se bornait pas à reproduire les histoires d'autrui – sur des amours romantiques et les origines de la race noire, sur la vie cachée des animaux ou les interminables conflits entre baptistes et méthodistes. En réalité, elle vous entraînait droit dans une pièce moite où les mouches bourdonnaient et où l'alcool circulait à la ronde. C'était un immense dévidement, avec des récits organisés moins par ordre chronologique ou par thématique qu'en fonction de leur propre imagerie poétique. Un seul mot tiré d'une histoire pouvait en suggérer une autre sur un thème tout à fait différent, à la manière d'un narrateur reprenant le fil là où un autre l'avait laissé. « J'connais aussi un type qui a une fille », disait l'un, ou bien : « On m'a aussi parlé d'une lettre », et vous vous trouviez embarqué dans une nouvelle anecdote, chacune conduisant à la suivante.

Le folklore n'avait pas pour fonction de dévoiler l'essence secrète d'une société, avait compris Hurston, mais la manière dont des êtres réels interagissent, avec le temps, de façon réitérée, au fil d'un long arc de conversations, de disputes et de réconciliations. Les histoires sont racontées par des individus, et ces individus se trouvent quelque part, ensemble. « Bien des hommes croient faire quelque chose, alors qu'ils se contentent de changer les choses de place[89] », écrivit-elle. La logique centrale des légendes, des contes et des traditions populaires n'était pas de les suspendre dans le temps, mais plutôt d'essayer de communiquer au lecteur un goût pour la narration comme acte collectif : la logique fuyante, le génie silencieux consistant à prendre une bribe du récit du monde d'autrui et à le faire apparaître à l'intérieur du vôtre, une éthique de jazz avant que quiconque ait songé à employer cette expression.

« Il ne me paraît pas outré d'affirmer que Miss Hurston a probablement une connaissance plus intime de la vie populaire nègre que qui que ce soit dans ce pays[90] », écrivit son ancien professeur Melville Herskovits après la publication de *Mules and Men*. Mais Herskovits interprétait Hurston à travers ses propres intérêts universitaires. Tout l'objectif de *Mules and Men*, ainsi que de son corpus croissant de fiction publiée, n'était pas de parler uniquement du peuple noir ni d'embaumer la culture noire pour une étude ultérieure dans un amphithéâtre. Elle y voyait plutôt un grand projet destiné à confirmer l'humanité fondamentale de gens dont on croyait qu'ils l'avaient perdue, soit en raison de quelque infériorité innée, soit du fait de la détérioration culturelle créée par des générations d'asservissement.

Hurston ne prétendait pas parler au nom de tous les Noirs, ni avoir saisi ce qui faisait leur essence profonde. Mais elle savait qu'aucun de ceux qui se rassemblaient sur la véranda de Joe Clarke n'avait l'impression de parler une version abâtardie d'anglais. Aucun ne s'imaginait dans le vague crépuscule d'une grandeur africaine. Dans *Mules and Men*, elle avait essayé de montrer, à travers une prose résonante et une narration vrombissante, qu'il existait un *là-bas* distinct à étudier dans les contrées marécageuses du sud-est des États-Unis qu'elle connaissait depuis son enfance – non pas un vestige de l'Afrique ni un fléau social à éliminer, pas plus qu'une version corrompue de blancheur qui exigeait d'être corrigée, mais quelque chose de vibrant, de chaotique, de magnifiquement vivant.

10

LE PAYS INDIEN

Pendant que Hurston sillonnait le golfe du Mexique et que Mead et Fortune échafaudaient de nouveaux projets après Manus, Boas était plus ou moins coincé à New York. Il était devenu une personnalité majeure : l'un des plus grands noms de l'anthropologie et une autorité reconnue sur les questions de race, d'hérédité et de culture, ainsi que sur les affaires du monde et pratiquement tous les sujets susceptibles d'intéresser les journalistes, les directeurs de musée ou les citoyens lambda. Les responsabilités qu'entraînait ce prestige lui rendaient toutefois désormais impossible de se livrer au genre de travail de terrain qui l'avait occupé quand il était un scientifique plus jeune, plus obscur.

Jusqu'à deux mille cinq cents lettres prenaient chaque année leur envol depuis son bureau, certains feuillets allant et venant entre New York et les lieux, quels qu'ils fussent, où travaillaient ses élèves, ses collègues et ses agents sur le terrain, d'autres transmettant acceptations ou regrets adressés à des rédacteurs en chef, journalistes, responsables de la société civile et personnalités étrangères[1]. Une armée de secrétaires, généralement choisies parmi ses étudiantes de troisième cycle, était occupée à trier, dactylographier, envoyer et classer sa correspondance. C'est à cette époque que le département des relations publiques de Procter & Gamble proposa à Boas de se charger d'une étude comparative des « différences utilitaires et esthétiques de la main chez les différents peuples[2] ». Un étudiant de Brooklyn College lui écrivit pour lui demander s'il était exact, ainsi que son professeur l'avait affirmé, que « la race nègre est largement inférieure… à la race blanche… et que le volume cérébral du Nègre est plus faible que celui de l'homme blanc normal[3] ». « Ce que votre professeur vous a dit est pure bêtise[4] », trancha Boas dès le lendemain. Les Noirs étaient-ils de meilleurs boxeurs parce que leur maturité était plus rapide que celle des Blancs ? s'interrogeait quant à lui le rédacteur sportif du *New York Sun*. Rien ne prouvait pareille allégation, répondit Boas d'un ton neutre, avec peut-être un léger soupir d'exaspération[5].

La vie à la Columbia University alternait entre séminaires et travaux dirigés, planification de congrès et réunions de rédaction, batailles administratives et prises de bec interpersonnelles. Ce département était modeste par rapport à d'autres, mais cela obligeait Boas à consacrer beaucoup de temps à en défendre l'existence. « Il y a quelque chose dans les fonctions administratives qui contamine même les gens décents[6] », remarqua-t-il un jour. La double angoisse due à l'insécurité des financements de recherche et aux luttes intestines entre bureaucrates universitaires lui donnait parfois littéralement des cauchemars. Un jour il en raconta un à Mead, dans lequel il plantait des clous pour installer une nouvelle tringle à rideaux avant de découvrir que ce qu'il était réellement en train de suspendre était un sac de souris qui se tortillaient, chacune mordant le dos de l'autre[7].

Le rythme des activités du département était encore plus prodigieux compte tenu de l'âge et de l'état de santé de Boas. Il venait de dépasser les soixante-dix ans au moment où Mead et Hurston publièrent leurs premiers ouvrages. Il souffrait de problèmes gastriques et cardiaques récurrents, auxquels s'ajoutait l'épuisement dû à de trop nombreuses responsabilités. « Il a l'air faible et toujours voûté », écrivit Ruth Benedict à une amie au printemps 1932, « tu serais sûrement bouleversée si tu le voyais[8]. » Durant la période qui avait vu ses élèves s'engager dans certains de leurs projets majeurs, la vie personnelle de Boas avait été jalonnée de tragédies. Sa fille Gertrude avait succombé à la polio en 1924, et son fils Heinrich trouva la mort l'année suivante, sa voiture écrasée par un train. Depuis la mort du bébé Hedwig plusieurs décennies auparavant à Chicago, Boas avait désormais survécu à plus de la moitié de ses enfants.

S'y ajouta la disparition de Marie, ou « Mama Franz » comme l'appelaient les étudiants de Boas. Elle avait été la maîtresse de maison accomplie de leurs réceptions de Grantwood, faisant passer des plateaux de biscuits aux flocons d'avoine à tous ces étudiants mal nourris[9]. Par un jour humide et brumeux de décembre 1929, juste avant Noël, elle était allée faire quelques courses à Manhattan. Alors qu'elle traversait une avenue animée en rentrant chez eux, une voiture fonça droit sur elle. Elle ne parvint pas à s'écarter à temps. Boas, qui était parti à Chicago pour des réunions académiques, rentra précipitamment, en compagnie d'Edward Sapir. À son arrivée, il trouva le cercueil de Marie dans leur salon. Toute la nuit, il resta assis au piano de leur petit salon à jouer du Beethoven, comme il l'avait fait du temps où leur famille était plus nombreuse et plus complète[10].

Le département avait depuis peu emménagé dans des locaux plus spacieux, rejoignant les autres sciences naturelles au quatrième étage du Schermerhorn Hall. Les étudiants qui venaient y suivre leurs cours passaient sous une inscription exaltante tirée du livre de Job : PARLE À LA TERRE ET ELLE T'INSTRUIRA. C'est ce que la plupart d'entre eux avaient fait. Les séances pouvaient inclure la manipulation de corbeilles, de carquois ou d'ossements humains dans le laboratoire du département, mais la matière même de la science était ailleurs. Les vrais objets d'étude – les populations du pueblo de Zuni, des Samoa, de Nouvelle-Guinée ou de la côte du golfe de Floride – étaient séparés des amphithéâtres par un horaire de train ou de bateau.

Les couloirs du département avaient pourtant connu un changement récent : le terrain se rapprochait de plus en plus des chercheurs. Des informateurs autochtones, venus passer un semestre à New York en tant que chercheurs invités, assuraient désormais des cours de langue, prenant toujours le temps de se pencher sur une liste de vocabulaire ancien ou un conte traditionnel. Depuis l'Exposition universelle de Chicago, où un village de la côte Nord-Ouest s'était retrouvé sur les rives du lac Michigan, jamais des anthropologues et leurs sujets n'avaient été aussi étroitement mêlés. Boas avait cependant déjà fait l'expérience personnelle du rétrécissement de la distance entre travail de labo et travail de terrain. Il était depuis de longues années obsédé par un souvenir qui illustrait le prix terrifiant de l'édification d'une science de l'humanité. C'était un moment de sa vie qui, avouait-il, pesait telle une pierre sur son cœur[11].

En février 1898, plus de vingt ans avant l'arrivée de Mead ou de Hurston à New York, un Franz Boas plus jeune avait rejoint un groupe d'hommes dans la cour de l'American Museum of Natural History. Chacun son tour, ils avaient ramassé des pierres qu'ils avaient déposées solennellement sur un linceul. Tandis que le métro aérien de la 9e Avenue cliquetait non loin de là, Boas avait pris la parole pour rendre hommage à Qisuk, un Inuit du Groenland mort de la tuberculose. Le fils de Qisuk, Minik, âgé de sept ans, s'était avancé et avait tracé une marque, dernier signe d'adieu, dans la poussière du côté nord du cairn funéraire[12].

Qisuk et Minik faisaient partie d'un groupe de six autochtones groenlandais que Boas avait trouvés installés au musée quand il était revenu d'une de ses expéditions estivales en Colombie-Britannique. Ils y avaient été conduits par le célèbre explorateur de l'Arctique, le contre-amiral Robert Peary. Boas avait demandé à ce dernier de recruter un Inuit susceptible de participer au catalogage de certains articles appartenant aux collections croissantes du musée. Au lieu de quoi, Peary en avait ramené plusieurs, qui avaient rejoint le groupe tournant de représentants de peuples indigènes enrôlés par le musée comme informateurs spécialisés. Certains y vivaient déjà à l'arrivée de Boas deux ans plus tôt. L'un d'eux trouva plus tard un emploi dans une baraque foraine de Coney Island. D'autres tombèrent malades et, comme Qisuk, moururent à l'hôpital Bellevue du centre-ville alors qu'ils étaient encore pris en charge par le musée[13].

Tout le monde savait cependant, à l'exception du jeune Minik, que toute cette cérémonie était une imposture. Il n'y avait pas de corps à inhumer. La dépouille de Qisuk avait été disséquée par des étudiants en médecine de Bellevue. Son cerveau avait été prélevé, pesé et conservé dans du formol, son corps écorché et ses os blanchis au soleil par le concierge du musée. Son squelette reconstitué – étiqueté « Un Esquimau » – fut exposé dans la collection d'anthropologie. Une analyse détaillée de son cerveau fit plus tard l'objet d'une publication dans l'*American Anthropologist*, qui concluait qu'une « nouvelle étude de cerveaux esquimaux » serait « tout à fait souhaitable[14] ».

Quelques années plus tard, quand Minik, alors adolescent, voulut récupérer le corps de son père, le scandale éclata, relayé par la presse new-yorkaise. Les aberrations du musée et la détresse d'un orphelin – désormais anglophone et chrétien – firent l'objet de titres à sensation. Boas essaya de justifier son rôle personnel. Ce rituel, expliqua-t-il, n'avait été qu'une tentative pour réconforter un petit garçon affligé par la mort de son père. Les clameurs finirent par s'apaiser avec la mort de Minik lui-même, victime de la grande épidémie de grippe de 1918, et l'esclandre n'eut guère de conséquences sur la carrière des participants. Les Inuits avaient collaboré étroitement avec Alfred Kroeber, qui était alors un des doctorants de Boas, mais Kroeber n'était pas en mesure de remédier à leur situation[15]. Le traitement du corps de Qisuk et l'étude de son cerveau furent confiés à Aleš Hrdlička, l'anthropométriste tchèque qui deviendrait plus tard l'une des personnalités dominantes de l'anthropologie physique américaine. Le souvenir des funérailles factices et du destin de Qisuk et Minik hanta Boas pendant des années, mais l'indignation publique ne fut qu'un sursaut ponctuel, un peu sur le modèle des objections qu'avaient soulevées ses propres études anthropométriques sur les écoliers de Worcester des années auparavant. Il fallut attendre 1933 pour que les dépouilles de quatre des six Inuits arrivés avec l'amiral Peary – Qisuk, Nuktaq, Atangana et Aviaq – soient restituées au Groenland pour inhumation[16].

Les idées de Boas étaient souvent en avance sur sa pratique. L'ethnologie pouvait être une sorte de sport sanguinaire, le domaine de jeunes chercheurs aventureux, presque tous de sexe masculin, dont la vocation première était l'acquisition de ce qu'ils appelaient des données.

La valeur des informateurs tenait essentiellement à ce qu'ils avaient à dire de leurs cultures et de leurs sociétés. Ils étaient la source de témoignages que l'esprit inquisiteur d'un scientifique correctement formé, presque toujours d'origine européenne, pouvait ensuite examiner et classer. Le travail de Boas lui-même avait reposé sur la transformation d'individus réels en modèles de quelque chose de plus grand qu'eux : Signa et Betty sur l'île de Baffin, George Hunt dans le Nord-Ouest Pacifique, et une foule d'hommes et de femmes qui avaient raconté des histoires, confié des traditions familiales, révélé des secrets et servi d'intermédiaires entre leurs propres mondes sociaux et celui d'un étranger fouineur et arrogant.

Les conséquences pouvaient être déplaisantes ou embarrassantes, voire dangereuses, pour ces partenaires. Un an après avoir mis en scène les funérailles de Qisuk, Boas reçut une lettre inquiète de Hunt, son représentant dans le Nord-Ouest, qui lui faisait part de la menace d'un nouveau scandale. Un chef kwakiutl, Hemasaka, avait entendu dire que Boas avait fait mauvais usage des informations qu'il avait recueillies sur l'importante « Danse du Cannibale », une cérémonie d'initiation de l'une des principales sociétés secrètes des Kwakiutls, le rituel même pour lequel Boas avait posé, en sous-vêtements, pour un photographe de la Smithsonian Institution.

> Quelqu'un lui a parlé d'un discours que vous avez prononcé racontant les voyages que vous avez faits autour du monde, où vous avez tout vu changé en mieux, sauf dans la tribu des Kwakiutls où ils mangent des gens morts, alors j'ai été appelé à un festin et après [que Hemasaka] a donné cette nouvelle, tous les gens m'ont dit qu'ils ne veulent plus que vous ou moi voyions de nouveau des danses, de quelque genre que ce soit... Maintenant, vous êtes la seule personne qui me reste. Tout ce que je souhaite, c'est que ma vie soit épargnée[17].

Hunt gagnait en partie sa vie en recueillant des informations et des artéfacts pour des musées et des ethnologues. Son statut au sein de sa communauté d'origine dépendait de ses bonnes relations avec ses voisins, qui semblaient désormais compromises. Boas lui répondit rapidement, niant avoir jamais parlé de cannibalisme réel. La consommation effective de chair humaine, si elle avait jamais eu lieu, était un secret gardé par la société kwakiutl. Il reconnaissait cependant avoir révélé l'existence de cette danse à des auditoires publics et à des lecteurs scientifiques. Il demanda à Hunt d'organiser un festin pour tous les chefs, aux frais de Boas, et d'expliquer qu'il éprouvait le plus grand respect pour les Kwakiutls. Le festin eut lieu comme prévu, et en avril Hunt réécrivit pour dire que cette manifestation de bonne volonté avait été efficace. Les blessures morales étaient guéries. Son seul regret, ajoutait-il, était qu'une de ses petites filles était morte récemment, ce qui lui avait fait prendre du retard dans son travail pour le grand savant[18].

Sous une forme ou sous une autre, un long fil d'exploitation courait entre les villages kwakiutls et d'autres sites anthropologiques jusqu'à Coney Island et au-delà. Certaines catégories d'individus pouvaient s'attendre à être exhibées : les obèses ou ceux qui étaient atteints d'infirmités intéressantes, les hirsutes, les très grands ou les très petits, et les membres de sociétés que les Américains blancs s'obstinaient à considérer comme les vestiges d'une version plus ancienne d'humanité. Les musées comme les cirques avaient du mal à faire la différence entre un artéfact et un être vivant. Lors de l'Exposition universelle de Chicago, Boas avait compté sur Hunt et d'autres agents pour peupler les maisons kwakiutls d'une petite communauté de femmes et d'hommes chargés de se produire en public. Quelques années plus tard, en 1897, près de vingt mille personnes se massèrent sur les quais de Brooklyn pour assister à l'arrivée du *Hope*, le voilier de l'amiral Peary qui transportait Qisuk, Minik et les autres Groenlandais[19]. Peu après, l'American Museum of Natural History accueillit brièvement Ota Benga, un pygmée congolais qui serait plus tard exposé aux regards des visiteurs, dans la division des grands singes, au jardin zoologique du Bronx[20].

Tout cela n'avait rien d'inhabituel. « Avons un Yana du Sud complètement sauvage au musée[21] », télégraphia ainsi Alfred Kroeber très excité à Edward Sapir à l'automne 1911. Kroeber, qui était alors professeur à la California University, évoquait un Indien, émacié et presque nu, qui avait fait son apparition un beau jour dans un parc d'animaux voisin d'un abattoir. Il fut rapidement pris en charge par des anthropologues de l'université qui l'identifièrent comme le dernier représentant de son groupe tribal californien, les Yahis. Kroeber lui donna le nom yahi d'Ishi, signifiant « homme », et veilla personnellement à son bien-être[22]. Il contrôlait de près les allées et venues d'Ishi en ville et organisa son hébergement durable au musée de l'université à San Francisco, dans une salle d'exposition transformée à cette fin. En 1916, quand Ishi mourut alors qu'il vivait toujours dans le bâtiment du musée, on préleva son cerveau à des fins d'étude, comme on l'avait fait pour Qisuk. Cet organe fut finalement offert à la Smithsonian Institution, où il resta pendant près d'un siècle[23].

En réalité, les Yahis n'étaient pas une tribu perdue. Leur malheureuse condition était le produit de l'histoire moderne et non la relique de quelque passé enveloppé de brume. Chassés tout d'abord de leurs terres par les Mexicains puis par des colons blancs, ils firent partie des cent vingt mille Indiens de Californie déportés, enlevés, affamés ou massacrés pendant les décennies centrales du XIXe siècle[24]. Les rescapés vivaient en vagabonds, chapardant boîtes de conserve et autres produits de première nécessité dans des maisons non indiennes, ou rôdant près des abattoirs, comme Ishi, en quête de déchets de viande. Loin d'être les vestiges de la préhistoire, c'étaient les réfugiés d'un présent brutal. Au moment où il entra dans la vie de Kroeber, Ishi parlait une langue indigène mâtinée d'espagnol, un des nombreux legs identifiables de la conquête, de l'adaptation et des déplacements que les Yahis avaient subis au cours des deux derniers siècles[25]. Les recherches sur la linguistique et la culture des Amérindiens que Kroeber put mener grâce à Ishi jouèrent un rôle majeur dans sa carrière et, pour une certaine mesure, dans celle d'Edward Sapir, qui collabora étroitement avec lui sur une grammaire du yana, la langue des Yahis. Sapir avait également illustré les artisanats traditionnels à l'aide de photos mises en scène pour donner l'impression qu'Ishi avait surgi de l'âge de pierre sur l'embarcadère de San Francisco. « Je l'ai tué en laissant Sapir le rudoyer[26] », confia plus tard Thomas Waterman, un autre anthropologue californien, qui considérait Ishi comme son meilleur ami.

Demander à des informateurs d'effectuer un dur labeur sans compensation ou presque, voire d'enrôler leurs proches dans le même projet non rémunéré, constituait bien souvent le mode opératoire ordinaire des anthropologues. « Chère amie, j'espère que vous venez ici cet été je serai très contente de revoir... je dis à ma belle-mère de se rappelle tous les histoires qu'elle connaît[27] », écrivit ainsi Ignacita Suina, l'une des sources de Benedict, depuis le Nouveau-Mexique. À Manhattan, Melville Herskovits parlait avec désinvolture des *coons** qu'il engageait pour ses études anthropométriques et dont les mensurations corporelles lui permirent de s'affirmer comme l'un des pères des études africaines et afro-américaines[28]. Mead dépendait, elle aussi, de relations qui, pour avoir été intenses, ne s'étiolèrent pas moins peu après son départ des mers du Sud. « Mais juste une chose, où es-tu en ce moment ? » écrivait ainsi Fa'amotu, une partenaire essentielle de Mead dans son travail à Samoa deux ans après que celle-ci fut repartie à New York. « Nous n'avons pas reçu une seule lettre de toi. Pourquoi ne nous as-tu pas écrit ? Je voudrais bien que tu nous écrives. Nous t'aimons tant et nous ne t'avons pas oubliée[29]. »

Le destin de tous ces gens alla du simplement tragique – dettes impayées, lettres sans réponse, amitiés présumées que l'anthropologue laissait péricliter à son retour chez lui – au franchement horrible. Lorsque Mead entra au musée en tant que conservatrice assistante, elle passait ainsi tous les matins en allant travailler devant un véritable cimetière humain. Des tiroirs et des vitrines contenaient les ossements d'êtres de chair et de sang transformés en artéfacts de musée uniquement parce que leurs familles et leurs voisins n'avaient pas été assez puissants pour leur éviter ce sort.

L'American Museum of Natural History, comme la Smithsonian Institution de Washington, avait mené depuis sa fondation un projet dynamique de développement de ses collections : un programme

* Terme injurieux désignant les Noirs.

organisé de pillages de tombes et de dépeçages furtifs de cadavres au nom du progrès scientifique. Les hypothèses de la science raciale animaient ces efforts de collecte. Le musée abritait ainsi plus d'un millier de crânes humains, parmi lesquels ceux d'au moins trois cent cinquante Inuits, deux cent cinquante Indiens du Sud-Ouest américain, six cents indigènes de Bolivie et du Pérou et trois cent cinquante autres du Mexique[30]. L'accent était toujours mis sur le non-européen et l'exotique, les restes humains étant rangés par catégories raciales, afin de mieux démontrer les prétendues divisions de l'humanité. Un rapport cataloguait ainsi les crânes de « 2 Pygmées, 3 Australiens, 2 Japonais et 1 Néo-Zélandais » qui figuraient dans les collections – mais apparemment pas un seul Anglo-Saxon ni Teuton[31].

Les peuples autochtones n'étaient toutefois pas seulement l'objet de recherches anthropologiques : ils étaient la raison même de leur existence. Dès l'instant où des anthropologues traversèrent prairies et océans pour les étudier, une procession silencieuse des sans nom et sans sépulture marcha à leurs côtés : des êtres dont les mots, les possessions et les corps étaient autant de pièces documentaires façonnant toute une science de l'humanité. C'était, évidemment, la grande faiblesse de ce domaine – une réalité qui nous apparaît aujourd'hui clairement avec l'avantage du recul, un peu comme, de leur propre temps, Boas et ses disciples comprenaient la bêtise du racisme scientifique. Mais à l'époque, c'était une question morale qui ne tracassait que rarement les adeptes de cette science.

Ils se souciaient moins du problème éthique de leur dépendance à l'égard d'informateurs locaux – comment étudier Samoa sans parler à des Samoans ? – que du problème conceptuel de la véracité de leurs propos. « Beaucoup de ceux qui pratiquent [l'invocation des esprits ou *hoodoo*] vous diront d'abord que ça n'existe pas et se moqueront des ignorants qui dépensent leur argent pour le *root** », rapporta Hurston à Boas depuis la Floride. « Ils ont affreusement peur qu'on les prenne

* La racine d'Ipomoea jalapa, utilisé dans la magie *hoodoo*.

pour des idiots ignorants et superstitieux et que les Nègres plus avancés se moquent d'eux, alors ils dissimulent[32]. »

Boas avait éprouvé la même inquiétude sur la côte Nord-Ouest, tout comme Benedict dans les pueblos, ou Mead et Fortune dans le Pacifique. Comment savoir si ce que les gens vous racontaient n'était pas simplement leur opinion personnelle, le fruit de leur imagination ou, pire, pur mensonge ? Pouvait-on vraiment prétendre connaître toute une culture si l'on était condamné à s'appuyer sur un petit nombre d'individus pour vous l'expliquer ? En examinant ces problèmes, les anthropologues contractèrent une dette considérable à l'égard d'un groupe en particulier : une communauté amérindienne qui, pendant près d'un siècle, avait été reléguée sur une réserve fédérale au bord du Missouri – les Omahas.

À l'image de nombreux groupes tribaux des Plaines du Nord, les Omahas étaient des immigrés relativement récents dans cette région. Dans le courant du XVIIe siècle, ils s'étaient peu à peu déplacés depuis les terres boisées de l'Est, descendant les rivières Ohio et Wabash, peut-être en raison de conflits avec les Iroquois. Au fil du temps, ils s'étaient divisés et mêlés à d'autres populations voisines, dont beaucoup parlaient elles aussi des langues dérivées d'un tronc siouan commun. Au début du XVIIIe siècle, cartographes et trappeurs français les découvrirent sur le cours supérieur du Missouri. Ils avaient alors élaboré la culture équestre semi-nomade qui définirait le mode de vie et l'économie de nombreux peuples des Grandes Plaines.

En raison de leur localisation géographique – c'était l'une des tribus situées le plus à l'est –, les Omahas furent souvent le premier peuple rencontré par les marchands et les explorateurs en partance pour l'Ouest américain. C'est pourquoi ils firent habituellement partie des premières sociétés indiennes condamnées à voir rétrécir leurs terrains de chasse tribaux. Chaque année, leurs terres étaient quadrillées par une nouvelle multitude d'empreintes de bétail et d'ornières de chariots. Malgré une ribambelle de traités avec le gouvernement des États-Unis – censés les protéger, théoriquement, contre l'exploitation et l'expropriation –, les Omahas furent confinés sur des réserves dès les années 1850. À dater de ce moment, les Américains blancs eurent davantage tendance à associer leur nom à celui de la capitale du Nebraska, État où se situaient la plupart de leurs terres après son admission au sein de l'Union en 1867, qu'à celui de la tribu elle-même.

Le système des réserves attira des médecins, des instituteurs, des missionnaires et, plus avant dans le siècle, des chercheurs amateurs, impatients de contribuer au travail du Bureau of American Ethnology de John Wesley Powell. Ils comptaient dans leurs rangs James Owen Dorsey. Pasteur épiscopalien originaire de Baltimore, celui-ci vécut et travailla parmi les Omahas et leurs voisins, les Poncas, au début des années 1870 et fut particulièrement captivé par les structures élaborées de parenté au sein des Omahas. À l'image de nombreuses sociétés amérindiennes, ces derniers étaient divisés en deux grandes lignées familiales – ou *moieties*, « moitiés », comme les appelaient les ethnologues. La coutume sociale interdisait de se marier au sein d'une « moitié » et définissait les types de relations autorisés à l'intérieur ou de part et d'autre de ces limites. Comme les têtes couronnées européennes débattant du caractère approprié ou inconcevable de telle ou telle union entre cousins, les Omahas faisaient preuve d'un remarquable talent pour décrypter des connexions familiales d'une complexité infinie et définir celles qui étaient acceptables aussi bien que celles qui étaient prohibées, en s'appuyant sur ce modèle.

Dorsey avait fait ses débuts en amateur autodidacte passionné par les populations autochtones, à l'image de Lewis Henry Morgan plus tôt au cours du même siècle. Il se demandait si les Indiens n'étaient pas une des tribus perdues d'Israël. Peut-être même leurs langues conservaient-elles quelques éléments d'hébreu. Il finit par revenir sur cette hypothèse en vivant parmi eux. Ayant méticuleusement établi des listes de vocabulaire et recueilli des témoignages sur des rituels religieux, ainsi que des récits oraux de migration et de guerre, il put réaliser l'une des études les plus sensibles, les plus détaillées et les plus historiques qu'on aurait pu imaginer. Il fut très heureux que le bureau de Powell accepte de la publier. L'ouvrage parut en 1885 sous le titre très sobre d'*Omaha Sociology*.

Dans une discipline encore en devenir, les recherches de Dorsey acquirent le statut d'ouvrage de référence, dont la lecture devint rapidement obligatoire pour tout étudiant en anthropologie américaine. C'est ainsi que les toutes premières générations d'ethnologues professionnels accordèrent aux Omahas une place au panthéon réduit de populations – dont feraient partie les Trobriandais de Malinowski – régulièrement citées pour prouver l'une ou l'autre hypothèse théorique. Boas donna des cours sur les relations de parenté des Omahas. Benedict y fit référence dans ses séminaires. Mead et Fortune eux-mêmes se lancèrent brièvement dans une recherche sur les Omahas après leur retour de Manus, mais ils furent rebutés par les routes poussiéreuses et la misère des réserves du Nebraska. « Si le travail de terrain en Amérique ressemble à ça », écrivit Mead à Benedict, « il ne faut pas s'étonner que tout le monde le considère comme une pénitence et non comme un privilège. Ce n'est rien du tout. Une chose pareille n'est pas une culture, et dépasse même à peine les vestiges d'une culture[33]. »

Edward Sapir se rappelait également s'être plongé dans *Omaha Sociology* de Dorsey quand il était étudiant. C'était comme grimper dans un train express juste devant la porte de la bibliothèque de la Columbia University. Des participants à une cérémonie repoussaient les limites de l'endurance physique. D'immenses troupeaux de bisons galopaient devant un guerrier à cheval. Les arbres généalogiques s'entremêlaient en tresses et entrelacs invraisemblables. Les contes traditionnels se mordaient la queue, s'achevant là où ils avaient commencé ou commençant là où vous pensiez qu'ils s'étaient terminés. On avait la magie au bout des doigts, à condition de connaître les mots justes ou l'enchaînement correct de rituels.

Sapir ne put cependant s'empêcher de relever une particularité embarrassante du style de Dorsey. Celui-ci rapportait une information à propos des Omahas avec beaucoup d'assurance et d'autorité… avant de dire exactement le contraire. L'un de ses passages comprenait ainsi une longue description de la Danse du Bison chez les Omahas et d'autres peuples de langue siouane. Cette danse était un rite sacré propre aux membres de la Société du Bison censés entretenir des liens surnaturels avec cet animal. On pouvait l'organiser pour faire venir la pluie, surtout quand la sécheresse faisait dépérir les champs de maïs de la tribu. Toutefois, Dorsey ajoutait ensuite un bémol, souvent entre parenthèses : « (mais Two Crows le nie[34]) ». Two Crows (« Deux Corbeaux »), un chef omaha qui était également l'un des principaux informateurs de Dorsey, apparaissait d'un bout à l'autre d'*Omaha Sociology* comme un ronchon acariâtre qui prenait un malin plaisir à dégonfler tous les ballons ethnographiques. Dès que vous étiez convaincu de savoir si un nom se traduisait par « Crâne de Bison Séché » ou « Peau d'Aigle Séchée », ou d'avoir compris si le Peuple du Tonnerre était indépendant du clan du Puma, en constituait une ramification, ou s'ils appartenaient tous les deux à la même « moitié », Two Crows surgissait à la fin d'une phrase pour réfuter votre conclusion.

Le mot « démentir » ou ses synonymes apparaissaient vingt fois dans l'étude de Dorsey et le verbe « douter » six fois, aux côtés de nombreux vocables ou expressions utilisés par Two Crows et d'autres informateurs pour éveiller des soupçons sur l'exactitude des données obtenues. Sapir se rappelait avoir été déconcerté par cette lecture. Quand on se plongeait dans des rapports ou d'autres ouvrages classiques de recherches anthropologiques de terrain, déclara-t-il, « les questions embarrassantes sur la nature factuelle des témoignages conduisant à des généralisations anthropologiques » semblaient « courtoisement passées sous silence par une sorte de *gentlemen's agreement*[35] ». Il en allait tout autrement avec Dorsey et cette différence était rafraîchissante. Il relatait les faits tels qu'il les avait rassemblés, accompagnés des éventuels démentis et contradictions. Même en tant qu'étudiant, Sapir sut apprécier le style de Dorsey pour ce qu'il était : la preuve de l'honnêteté d'un observateur qui n'hésitait pas à douter de lui-même et avait compris combien il était difficile de définir avec certitude quoi que ce fût à propos de la culture d'autrui.

« Nous voyons aujourd'hui que Dorsey était en avance sur son temps[36] », remarqua plus tard Sapir. La sociologie ne ressemblait pas à la physique ou aux mathématiques. Two Crows aurait beau nier farouchement que huit et huit font seize, sa dénégation ne changerait rien à la réalité. En revanche, pour tout ce que vous cherchiez à savoir à propos du monde *social*, vous étiez forcément prisonnier de ce que Two Crows ou ses semblables avaient à dire. Il était impossible de comprendre telle ou telle danse, tel ou tel rituel de plantation, telle ou telle amulette de chasse ou tel ou tel chant de guérison sans en discuter concrètement avec quelqu'un. Ce faisant, vous vous exposiez immédiatement à un désaccord à propos des faits en cause. Le monde social n'était rien, poursuivait Sapir, coupé du « consensus d'opinion » à son sujet. Et même dans ce cas, tous les problèmes n'étaient pas réglés. Même si vous réussissiez à obtenir qu'une majorité s'entende sur le moment où la Danse du Bison était exécutée ou sur quels clans étaient englobés dans quelle « moitié », vous n'étiez jamais à l'abri de l'intervention d'un Two Crows qui venait s'inscrire en faux.

L'anthropologie s'était imaginée en science, vouée à bien faire les choses, mais la vérité ne se définissait pas par un vote majoritaire. Voilà pourquoi il était d'une importance suprême de considérer les humains avant tout comme des humains, estimait Sapir, et non comme de simples pourvoyeurs de données – une leçon dont il aurait pu tirer profit dans sa jeunesse lors de son travail avec Ishi. En vous concentrant suffisamment sur vos informateurs, vous pourriez comprendre la signification réelle d'une phrase comme « Two Crows nie ». Peut-être Two Crows avait-il assisté à une Danse du Bison sous une pluie torrentielle, ce qui aurait contredit l'idée que sa fonction était nécessairement de mettre fin à la sécheresse. Ou peut-être une inimitié de longue date l'opposait-elle à un autre chef, ce qui lui donnait une excellente raison de présenter son rival comme incompétent et mal informé. Peut-être aussi avait-il simplement mal compris la question, ou peut-être aviez-vous mal compris sa réponse.

Plus votre observation était précise, mieux vous saisissiez que Two Crows possédait « une forme spéciale d'exactitude, en partie factuelle, en partie personnelle[37] », écrivait Sapir. Les données que vous pensiez rassembler ne pouvaient qu'être modifiées dès que vous commenciez à parler aux gens de ce qu'*ils* considéraient comme pertinent. Mead et Hurston découvraient déjà sur le terrain ce que cela signifiait en pratique, et Sapir sut lui donner, comme souvent, un élégant lustre théorique.

> Au lieu, donc, de partir d'une objectivité supposée de la culture pour discuter du problème de la variation individuelle, nous devrons, pour certains types d'analyse, procéder en sens inverse. Nous devrons opérer comme si nous ignorions tout de la culture et cherchions à analyser aussi bien que possible ce qu'un certain nombre d'êtres humains habitués à vivre les uns avec les autres pensent et font réellement dans leurs relations quotidiennes[38].

Sapir ajoutait de l'eau fraîche à un vieux moulin. Boas lui-même avait présenté un raisonnement de ce genre près d'un demi-siècle plus tôt lors de sa prise de bec publique avec John Wesley Powell et Otis Tufton Mason. Les cultures ne menaient pas une existence indépendante, flottant au-dessus de la tête de ceux qui les pratiquaient au jour le jour. Elles n'étaient pas « superorganiques[39] », comme le fit remarquer Sapir dans un autre contexte. Aussi était-il préférable de renoncer à l'idée de parvenir un jour à une définition irrévocable de ce qu'était *réellement* telle ou telle société. Mieux valait passer aux aveux et admettre qu'en tant qu'étranger, ce que vous pouviez faire de mieux pour rendre compte d'une réalité sociale était de rapporter ce qu'en pensait un expert – c'est-à-dire quelqu'un qui *vivait* cette réalité. La culture, aux yeux de Sapir, était pour l'essentiel une approximation de ce qu'une collectivité faisait, pensait, disait et ressentait.

N'importe quel nombre donné d'êtres humains habitués à vivre ensemble, disait Sapir, pouvait constituer une telle collectivité, qu'ils soient vêtus de peaux de daim ou de robes de bal. Une usine pouvait être une culture. Une rue bourgeoise pouvait aussi en être une. Une paroisse méthodiste et un village de maisons de torchis avaient, l'une comme l'autre, leurs rituels, leurs obsessions, leurs visions communes et – chose cruciale – leurs désaccords internes sur ce qui constituait un comportement correct. Comprendre la vie sociale de ces gens, quels qu'ils soient, ne pouvait se faire par la présentation d'une théorie générale, ni par un été de travail sur le terrain. Il fallait des conversations répétées et respectueuses avec les êtres humains réels que vous vous efforciez, du mieux possible, d'appréhender.

Sapir écrivait pour ses collègues anthropologues. En dehors de ce cercle, les gens auraient été très surpris d'apprendre qu'il y avait débat sur ce qui constituait la culture omaha. La majorité des Américains blancs n'avaient jamais rencontré *un* Indien, ce qui ne les empêchait pas d'être certains de connaître *les* Indiens : un type primitif unique, divisé en tribus identifiées, avec un ensemble plus ou moins commun de « légendes » et de « traditions » que l'on disait caractéristiques des communautés d'autrefois, de la Nouvelle-Angleterre à l'océan Pacifique. Être américain signifiait, en partie, être convaincu d'avoir fondamentalement réussi à comprendre les Indiens.

Dès les débuts de la république, des confréries de marchands et de responsables de la société civile avaient utilisé des tomahawks, des coiffes de plumes et une terminologie tribale dans le cadre de leurs cérémonies secrètes – parlant de *sachems* pour désigner les chefs de loge, de *wampum* pour les cotisations –, un peu comme Morgan l'avait fait avec la renaissance manquée de la Confédération iroquoise. Les guerres indiennes avaient livré des reportages à chaud sur les périls des voyages en diligence, sur la barbarie des guerriers à cheval et sur la cruauté des ennemis-héros, de Cochise de la tribu des Apaches Chiricahuas, à Red Cloud, de celle des Lakotas Oglalas.

Mais après la fin progressive des grands conflits armés autour des années 1890, les Indiens en vinrent à occuper une place centrale dans l'image que se faisaient les Blancs de leur propre avenir racial. Alors même que Madison Grant et ses pairs mettaient en garde contre le déclin de la race anglo-saxonne, on présentait de plus en plus les Indiens comme des exemples de valeurs propres à la classe moyenne susceptibles de sauver cette même race : stoïcisme, ardeur au travail et conscience de la mission de chacun – bravoure et aventure pour les garçons, travaux manuels et tenue du foyer pour les filles[40]. Au lieu d'être représentés comme des sauvages qui s'opposaient à l'expansion des États-Unis, les Indiens étaient désormais décrits comme de sages et nobles intendants de la nature, une sorte de civilisation disparue dont les vertus, à l'image de celles de la Grèce antique, pouvaient être sources d'enseignements pour le présent. Les Américains blancs pouvaient imaginer un monde éteint et étranger comme profondément présent en un sens, et qui était intimement le leur : sur le Midway Plaisance de l'Exposition universelle de Chicago, avec ses danses de guerre et ses éventaires d'artisanat, dans les expositions de musées et les spectacles itinérants du Wild West Show, ou encore dans les saisissants portraits du photographe et ethnologue amateur Edward S. Curtis qui couvraient les pages de son monumental *The North American Indian*, dont le premier volume fut publié en 1907.

L'un des défenseurs les plus célèbres du modèle que pouvaient incarner les Indiens était G. Stanley Hall, de la Clark University, lequel estimait qu'ils avaient un rôle particulier à jouer pour aider les enfants blancs à éviter les écueils de la puberté. Dans son influente étude intitulée *Adolescence* (1904), Hall affirmait que le processus de vieillissement de chaque être humain reproduisait la progression de l'humanité de l'état sauvage à la civilisation. C'était l'une des théories communément admises auxquelles s'était attaquée Mead dans sa recherche à Samoa. Mais l'œuvre de Hall contenait un autre élément. Le développement individuel, pensait-il, était profondément lié au progrès des races. De la petite enfance à l'âge adulte, les humains eux-mêmes passaient par les mêmes phases physiologiques que celles qui distinguaient les peuples primitifs à peau foncée des peuples civilisés à peau plus claire. La tendance des enfants à arracher leurs croûtes, par exemple, était un rappel de l'épouillage indispensable dans les races sauvages[41] ; de même, alors que les adultes pouvaient tenir tête à un animal qui grognait, les enfants se mettaient en quête de la cachette la plus proche, exactement comme leurs ancêtres primitifs. « La plupart des sauvages sont des enfants à presque tous égards ou plus exactement, en raison de leur maturité sexuelle, des adolescents de taille adulte », écrivait Hall. « S'ils ne sont pas souillés par le contact avec la vague avancée de la civilisation... ils sont tout à fait vertueux, simples, confiants, affectueux et pacifiques entre eux, curieux, joyeux, étonnamment religieux et sains, avec des corps supérieurs aux nôtres dans presque toutes les fonctions[42]. »

Il fallait laisser les impulsions naturelles de chaque phase de développement suivre leur cours. Il fallait accorder à nos propres primitifs – c'est-à-dire nos petits garçons et nos petites filles – la latitude d'agir comme des primitifs ; faute de quoi, on risquait de les détourner du cours naturel de leur développement. Les garçons devaient être libres de gambader et de crier dans les bois. Il fallait encourager les filles à cultiver leurs instincts maternels encore mal dégrossis. Les uns comme les autres devaient pouvoir poursuivre ces objectifs sans être entravés par les contraintes de la vie urbaine[43]. « Un lancer précis et rapide était jadis essentiel à la survie, et ceux qui ne savaient pas lancer étaient éliminés », expliquait Hall. « Cela rend, par exemple, le base-ball racialement familier, parce qu'il représente des activités qui furent autrefois et pendant longtemps nécessaires à la survie[44]. »

Hall approuvait dans l'ensemble la vieille hiérarchie de Morgan concernant l'état sauvage, l'état de barbarie et les sociétés civilisées. La coda qu'il ajoutait était que le modèle de Morgan pouvait s'appliquer aussi bien à un individu qu'à un peuple tout entier, et plus particulièrement aux Américains blancs. Ces enfants étant probablement le produit de plusieurs souches différentes – anglaise, française, allemande, hollandaise ou autre –, ils risquaient d'être victimes d'un « ensemble... incertain de coutumes, de traditions et de croyances nationales » dans leur progression des ténèbres de l'ignorance aux lumières[45]. Frapper une balle de cuir, construire un wigwam, ériger un mât totémique : toutes ces activités assuraient une bonne croissance, mais aussi la promotion d'une race vigoureuse, ambitieuse, à l'aise avec ses origines moins raffinées.

L'aptitude physique et l'aptitude raciale, autrement dit, étaient simplement deux versions d'une seule et même chose. Des théoriciens comme Hall pensaient que les Indiens offraient une voie d'accès aux deux. Les Américains blancs n'avaient pas de meilleure méthode pour gérer leurs primitifs à domicile – leurs enfants – que de leur enseigner les cultures sauvages qui avaient jadis prospéré juste devant leur porte. Tout un mouvement prit bientôt cette idée comme précepte fondateur. Les Boys Scouts of America et les Camp Fire Girls, créés quasi simultanément en 1910, adoptèrent de faux rituels indiens qu'ils intégrèrent dans leurs ordres cérémoniels. Des enfants blancs s'initiaient aux « travaux manuels indiens » – ouvrages en perles, travail du cuir, fabrication d'attrape-rêves et d'« yeux de Dieu » – lors de camps de vacances, lesquels prenaient des noms évoquant des communautés aborigènes : Camp Algonquin et Camp Tecumseh dans le New Hampshire, Camp Iroquois dans le Vermont, Camp Katahdin et Camp Wigwam dans le Maine, ou encore Camp Wampanoag dans le Massachusetts.

La science avait clairement montré les bienfaits de la vie indienne pour les adolescents et préadolescents, déclaraient les adeptes des camps. « Margaret Mead et tout un groupe d'élèves de Franz Boas... nous ont aidés à comprendre les problèmes de l'éducation des adolescents et de l'évolution de nos critères moraux[46] », relevait le principal guide parental pour les vacances d'été, le *Handbook of Summer Camps* de Porter Sargent, en 1935. « Bien que [les peuples primitifs] ignorent tout des vêtements, des abris ou de l'agriculture, ils possèdent des coutumes, des traditions et des rituels extrêmement élaborés, et ne manquent pas de vertus. » Quand les anciens campeurs entraient à l'université et même après, ils emportaient leurs Indiens imaginaires dans leurs bagages. Dans les années 1920, un nombre croissant d'équipes sportives dans le pays tout entier, des universités soumises à la ségrégation aux clubs professionnels réservés aux Blancs, commencèrent à se baptiser Braves, Indiens, Guerriers et Chefs. Des jeunes gens blancs se revêtaient de tenues en peau de daim et de coiffes de plumes pour attiser l'esprit guerrier de leurs équipes. « Chef Illiniwek » fit sa première apparition à l'université de l'Illinois en 1926. « Grand Chef Bill Orange » courut sur le terrain pour la première fois à Syracuse en 1931. Les Braves de Boston firent leur premier *snap* de football en 1932, avant de devenir cinq ans plus tard les Washington Redskins (les « Peaux-Rouges de Washington ») – la capitale fédérale gagnant ainsi du même coup une équipe de football américain et un totem à connotation raciale. Ainsi, quelques dizaines d'années seulement après la conquête de l'Ouest, des Américains blancs trouvaient parfaitement normal d'investir du temps et de l'énergie pour adopter le déguisement du peuple même que leurs ancêtres avaient cherché à exterminer.

Il y avait un membre féminin du cercle de Boas qui jugeait tout cela particulièrement fâcheux, pour elle comme pour sa profession naissante.

Ceux qui la rencontrèrent à Morningside Heights la trouvèrent à la fois songeuse et pleine d'espoir, tout en ayant un peu de mal à la situer avec son visage rond, ses longs cheveux noirs et ses yeux tombants. « Je me tiens au milieu », écrivit-elle un jour, « et je connais les deux côtés[47]. » Dans les Grandes Plaines d'où elle était originaire, elle était connue sous de multiples noms, parmi lesquels celui d'Anpétu Wašté Win, ou Femme Belle Journée. À Manhattan, on l'appelait Ella Cara Deloria.

Dans un département universitaire où se croisaient visiteurs, informateurs et collecteurs, elle était l'une des rares personnes à pouvoir prétendre être tout à la fois une observatrice objective et un objet d'étude. Au moment même où Hurston cherchait à comprendre ce que signifiait l'étude d'une culture qu'on connaissait depuis le berceau, Deloria fonçait tête baissée pour essayer d'en sauver une autre, qui semblait dangereusement près de disparaître intégralement. Plus que tout autre membre de son entourage, elle savait combien il était difficile d'identifier la vérité d'une société donnée – surtout quand celle-ci semblait reculer de plus en plus loin dans l'histoire, année après année.

Deloria était née le 31 janvier 1889, l'année même où Boas avait commencé à aménager son laboratoire d'anthropométrie à la Clark University. S'il l'avait connue à l'époque, ou pendant qu'il collectait des données pour l'Exposition universelle de Chicago, il l'aurait peut-être considérée comme un exemple parfait de la difficulté de cataloguer des peuples autochtones, tant comme spécimens d'un type racial « américain » spécifique que comme représentants d'une unique culture intemporelle. Née sur la réserve des Yanktons, dans le Dakota du Sud, Deloria avait grandi sur celle de Standing Rock, l'une des plus grandes des États-Unis, patrie des Lakotas Hunkpapas, des Lakotas Sihasapas et des Dakotas Yanktonai appartenant à la Grande Nation Sioux[48].

Sa mère était principalement d'origine européenne. Son père, Philip Deloria, était d'ascendance majoritairement sioux dakota. Il était chef héréditaire au sein de la hiérarchie complexe de la tribu, mais devint ensuite un pasteur épiscopalien très en vue localement. « Il savait que la race, en tant que race, était condamnée, dans la mesure où ils n'avaient pas su s'adapter aux conditions apportées par la civilisation européenne[49] », raconta-t-elle. Il insista pour que sa fille parle anglais aussi bien que dakota, avec ses trois dialectes, et apprenne même son catéchisme dans les deux langues.

Le monde, pensait-elle, était vaste. « Les habitants de certains pays ont des coutumes vraiment bizarres », écrivit-elle pour un devoir scolaire, « et ils sont eux-mêmes fort étranges[50]. » Elle rêvait d'aller un jour en Hollande, au lieu de quoi ses parents l'envoyèrent dans un internat épiscopalien de Sioux Falls. Elle obtint un A+ en histoire ancienne, un C en mathématiques, mais des B réguliers en anglais, en étude de Cicéron et de « la Vie du Christ », cette dernière note étant probablement quelque peu décevante pour la fille d'un prédicateur[51].

Après le lycée, elle entra à Oberlin College, une chance rare sans être inédite pour une représentante des Indiens des Plaines. Une génération auparavant, un Omaha du nom de Francis La Flesche avait étroitement collaboré avec des membres du Bureau of American Ethnology, obtenu des diplômes à la George Washington University et publié sa propre étude de la société omaha dans la tradition de James Owen Dorsey. D'autres avaient suivi une voie comparable. Comme La Flesche, fils d'un chef omaha, Deloria, fille d'un notable d'une réserve et d'une chrétienne baptisée, était confortablement installée dans l'élite provinciale. Elle semblait avoir le chic pour s'attirer les occasions en or. Comme Mead – une ambitieuse épiscopalienne qui cherchait à échapper aux contraintes sociales d'une ville universitaire du Midwest –, Deloria tourna rapidement ses regards vers New York.

Le Teachers College était l'institut de formation de la Columbia University dédié aux instituteurs de primaire et aux professeurs de collège. Son origine remontait aux années 1880, époque où l'impérieux Nicholas Murray Butler, qui serait plus tard l'ennemi juré de Boas au sein de l'administration universitaire, avait été son premier président. Cet établissement était chargé de former toute une équipe d'enseignants pour les enfants pauvres de la ville. Deloria s'y inscrivit en 1912 dans l'idée de passer le diplôme qu'elle avait commencé à préparer à Oberlin. Elle faisait partie d'une petite cohorte de femmes et d'hommes censés réaliser les objectifs de l'institut dans des affectations reculées : en retournant sur les réserves indiennes et en enseignant dans les écoles qui assuraient l'instruction des populations tribales. Les étudiants formés au Teachers College devaient être des indigènes civilisés, comme on aurait pu le dire à l'époque, qui feraient honneur à leur race et contribueraient à arracher leurs élèves à la pauvreté et au paganisme.

À New York, Deloria se trouva coupée des Grandes Plaines par la géographie, mais pas vraiment par l'histoire. La disparition de la frontière de l'Ouest était encore un souvenir récent. Son père avait fait partie de ceux qui avaient essayé de jouer les intermédiaires entre les autorités de la réserve et Sitting Bull, le légendaire chef sioux qui avait prophétisé la défaite de George Armstrong Custer à Little Bighorn[52]. Juste avant que Deloria fête ses deux ans, la police de l'agence avait tué Sitting Bull sur la réserve même où elle avait grandi. Pendant ce même mois de décembre 1890, une opération de la cavalerie américaine destinée à désarmer un groupe de Lakotas à Wounded Knee Creek dans le Dakota du Sud avait fait plus de deux cents morts, hommes, femmes et enfants – le plus grand massacre de civils indiens perpétré par des représentants des États-Unis au cours du XIXe siècle. Deloria vivait à une époque où les idées américaines sur les Indiens ne reflétaient pas seulement la récente expérience d'une conquête violente, mais aussi son souvenir réinterprété : un monde de romans de gare, de statues d'Indiens dressées devant les bureaux de tabac et du Wild West Show de Buffalo Bill, qui présenta sa version à grand spectacle de l'histoire américaine jusqu'en 1913, où il fit faillite alors même que Deloria commençait ses études supérieures.

Alors qu'elle achevait sa formation au Teachers College, cette dernière reçut une convocation inattendue. Le professeur Boas souhaitait la rencontrer. Elle franchit en toute hâte la brève distance de Broadway qui la séparait du campus principal de Columbia. Ayant appris qu'il y avait une jeune Sioux parmi les élèves du Teachers College, Boas se demandait si elle accepterait de lui prêter main-forte pour un certain nombre de projets en cours. Il l'interrogea sur la grammaire dakota et, convaincu qu'elle connaissait effectivement la langue, l'engagea pour assurer un cours en la matière trois fois par semaine, une activité qu'elle poursuivit jusqu'à la fin de sa dernière année d'études. Le salaire que lui versa Boas fut, dirait-elle plus tard, son premier vrai chèque de paye[53].

Diplôme en poche, Deloria quitta New York et repartit enseigner dans son ancienne école de Sioux Falls, exactement comme était censée le faire une élève diplômée du Teachers College. Elle obtint ensuite un poste au Haskell Institute de Lawrence, dans le Kansas. Haskell faisait partie du réseau d'internats fédéraux destinés aux enfants indiens, fer de lance d'un système national qui encourageait l'assimilation par la rééducation obligatoire des garçons et des filles, souvent par des méthodes brutales. En uniforme et soumis à un entraînement militaire, ils étaient régulièrement déployés en rangs d'oignons devant la façade de pierre de Hiawatha Hall, le principal bâtiment de l'établissement.

Après un certain temps, Deloria fut chargée d'organiser les programmes d'éducation physique des filles. Les cours se présentaient souvent comme une symbiose idéale entre les Indiens imaginaires des camps de vacances américains et les vrais êtres humains qui vivaient dans les prairies du Kansas. Il arriva ainsi que les enfants soient vêtus de costumes indiens appropriés – peaux de daim offertes par un antiquaire de Clinton, Nebraska – pour un spectacle historique qui présentait les « progrès indiens », l'ancienne existence nomade cédant la place à la vie d'Américains chrétiens sédentaires, éduqués, pleins d'esprit civique. Le texte rédigé par Deloria disait :

Chers camarades, qui avec nous avez tracé
La voie que notre race parcourut pendant des années :
Vous avez vu comment les dons de l'Église, de l'École et de l'État
Nous ont tous aidés à accéder à une nouvelle clarté[54].

C'était peut-être une sous-utilisation de son diplôme de Columbia, mais ses liens avec Haskell se révélèrent providentiels. Au printemps 1927, presque par hasard, Boas la croisa à Lawrence à l'occasion d'un de ses voyages sur la côte Ouest. Se rappelant l'aide qu'elle lui avait apportée plus de dix ans auparavant, il se montra tout disposé à la réembaucher si elle avait du temps libre. « Elle m'avait toujours attiré pour son intelligence peu commune », expliqua Boas à Elsie Clews Parsons, « mais je l'avais complètement perdue de vue[55]. » À la fin de l'année, Deloria décida de démissionner de son poste d'enseignante et de regagner New York pour reprendre là où elle s'était arrêtée. Elle arriva en février 1928, au moment même où Mead terminait *Adolescence à Samoa* et où Hurston menait sa première expédition de collecte dans le Sud[56].

Boas avait largement de quoi occuper la jeune femme. Il la chargea de la vérification des recherches qu'avaient effectuées dans les Plaines linguistes et voyageurs du XIXe siècle. Les rapports annuels du Bureau of American Ethnology et les nombreuses publications de l'American Museum of Natural History regorgeaient de détails sur le vocabulaire, les rituels et les systèmes de croyance. Mais seul un petit nombre de ces informations avaient été corroborées par un Indien, et aucune publication scientifique ne s'était attachée à tirer au clair les éventuelles divergences. Il ne fallut pas longtemps à Boas avant de comprendre toute l'utilité que Deloria pouvait avoir pour lui, et il lui demanda de s'atteler aux premières découvertes de James R. Walker, médecin sur une réserve, l'un des derniers grands collecteurs amateurs dans la tradition d'hommes tels que Dorsey.

Walker avait servi dans l'armée de l'Union pendant la guerre de Sécession avant de passer son diplôme de médecine à la Northwestern University. En 1896, il prit un poste de médecin d'agence à Pine Ridge, la deuxième plus grande réserve indienne du pays, située dans le Dakota du Sud. Durant les dix-huit années suivantes, Walker soigna des cas de tuberculose, s'efforça d'améliorer l'hygiène et apprit à collaborer avec des guérisseurs locaux dans le traitement des maladies des plus de sept mille habitants de la réserve, principalement des Lakotas Oglalas. En 1902, la rencontre fortuite de Clark Wissler, associé de Boas à l'American Museum of Natural History, alors de passage à Pine Ridge, transforma Walker en anthropologue amateur. À l'image de Dorsey parmi les Omahas, il fut embauché pour rassembler des informations sur la langue et la religion oglalas et consacrer une partie de son temps à mesurer des hommes, des femmes et des enfants sioux pour compléter les collections de données anthropométriques du musée. En 1917, l'établissement publia *The Sun Dance and Other Ceremonies of the Oglala Division of the Teton Dakota* de Walker, une étude exhaustive consacrée à la Danse du Soleil, l'une des principales cérémonies de plusieurs tribus des Plaines. Walker prit soin de remercier toute une série d'informateurs locaux – Little Wound, American Horse, Bad Wound, Short Bull, No Flesh, Ringing Shield, Tyon et Sword – qui avaient participé aux rites qu'ils décrivaient[57]. Mais tout cela exigeait d'être vérifié, revérifié et actualisé par quelqu'un qui connaissait bien la scène locale.

Avec de l'argent fourni par Boas, Deloria prit la route pour le Pays indien. Pendant que Hurston ratissait la côte du golfe de Floride en quête de contes populaires, Deloria passa l'été dans les Plaines, à parler, écrire et compiler. Elle regagna New York au début de l'année universitaire et s'efforça d'organiser ses informations, de les recouper et de les confirmer. En 1929, elle avait rassemblé toutes ses notes dans un manuscrit scientifique qu'elle présenta au *Journal of American Folklore*, dont Ruth Benedict était alors rédactrice en chef. L'article fut publié à l'automne[58]. Il remit immédiatement en question un grand nombre des allégations de Walker.

En tout état de cause, déclarait Deloria, il était difficile de définir une forme unique et parfaitement claire des cérémonies sioux, et plus particulièrement de la version lakota oglala de la Danse du Soleil. Dans plusieurs groupes tribaux, les jeunes hommes recherchaient des visions sacrées en subissant des épreuves douloureuses, par exemple en se faisant suspendre à un mât par des lanières de cuir passées sous la peau de leur poitrine et de leur dos. Mais il était quasiment impossible de tirer des conclusions définitives sur le déroulement du rituel et de préciser quand et par qui il était accompli – ainsi que Walker avait prétendu le faire. Elle soupçonnait que celui-ci, comme la plupart des observateurs extérieurs, avait eu du mal à trouver confirmation de ce qu'on lui disait. Il dépendait d'un petit nombre d'informateurs qui, même s'il s'agissait des chefs ou notables d'une communauté, n'en risquaient pas moins d'avoir des points de vue étroits ou partiaux.

À la demande de Boas, Deloria se repencha, encore et encore, sur le matériau de Walker. Et chaque fois, elle parut jeter un plus grand doute sur ce travail qui avait posé les bases mêmes de l'image des Sioux que se faisaient les Américains blancs. Walker semblait avoir inventé certains éléments, ou tout du moins présenté comme des faits des éléments dont aucun individu qu'elle rencontrait n'avait jamais entendu parler. Certaines de ses histoires ressemblaient à des gloses sur des thèmes bibliques et avaient donc probablement été influencées par des missionnaires chrétiens. D'autres éléments reflétaient peut-être des croyances ou des pratiques anciennes, datant de l'époque où Walker les avait collectés, mais on n'en trouvait plus trace. Même si certains récits de Walker pouvaient avoir été véridiques au moment où il les avait consignés, affirmait Deloria, la société sioux semblait avoir évolué. Les Sioux constituaient un peuple vivant, soulignait-elle, et non une culture désincarnée conservée dans l'ambre.

Boas était exaspéré. Il était impossible d'imaginer que Walker ait pu affabuler, insistait-il dans les lettres qu'il lui adressait. Certaines traces des renseignements qu'il avait catalogués devaient forcément exister encore, quelque part sur l'une des réserves sioux, et il fallait absolument que Deloria redouble de zèle pour les dénicher. Il convenait de procéder précautionneusement, protestait-elle ; on ne pouvait pas arriver comme ça, à l'improviste, et exiger des gens qu'ils vous racontent les histoires qu'ils connaissaient, ainsi que Walker l'avait visiblement fait. Pareille méthode vous donnait toutes les chances d'obtenir des informations aussi peu représentatives qu'éphémères. Le monde regorgeait de gens comme Two Crows des Omahas, qui niaient ceci et affirmaient cela. Il fallait du temps et un minimum de connaissances locales pour comprendre ce que la majorité des membres d'une communauté croyaient ou pensaient réellement, et distinguer à l'inverse ce que quelqu'un qui prétendait parler au nom de la communauté avait inventé de toutes pièces.

« Je ne saurais insister sur l'importance d'apporter de la viande ou quelque autre aliment chaque fois que je rends visite à un informateur », écrivit Deloria à Boas un été. « Faute de quoi, je me coupe moi-même des Dakotas pour me ranger dans le camp des étrangers[59]. » Il fallait connaître précisément la manière dont on faisait un présent, savoir bien choisir ledit présent, manger convenablement avec les gens, les appeler par les termes de parenté pertinents – oncles, frères, sœurs, tantes, cousins et toutes les nombreuses variantes de chacun de ces titres qui existaient dans les langues sioux. Autrement, il était impensable d'espérer pouvoir retourner sur place et obtenir des histoires ou des informations sur une cérémonie du passé. « Pour moi qui suis indienne, foncer bille en tête à la manière d'un Blanc, c'est dresser immédiatement une barrière entre mon peuple et moi[60]. » Comme pour prouver ses allégations, elle envoya un paquet de queues de rats musqués, considérés comme la source de certains des meilleurs tendons pour orner un vêtement de fins piquants de porc-épic. Pour extraire le tendon, expliquait-elle à Benedict dans une lettre d'accompagnement, il suffisait de prendre le bout de la queue entre ses dents et de tirer[61].

Deloria était bien connue dans le département, même si elle passait désormais plus de temps dans l'Ouest du pays qu'à Manhattan. Elle comptait sur Boas pour qu'il la guide dans son travail sur le terrain, et s'adressait fréquemment à Benedict, de facto aide de camp de Boas, pour obtenir des tuyaux et des conseils de rédaction. Elle découvrit les recherches de Mead dans le courant de l'hiver 1930-1931, après que celle-ci et Fortune revinrent de leur expédition parmi les Omahas[62]. Hurston et elle travaillèrent sur des projets communs commandités par d'autres professeurs de la Columbia University, mais elles ne se rencontrèrent probablement jamais personnellement[63].

Deloria n'étant pas inscrite dans le cursus doctoral, sa formation se limitait à ce qu'elle parvenait à attraper au vol lors de brèves leçons de Boas ou de Benedict dans leurs bureaux respectifs et dans les couloirs du département. Néanmoins, eu égard au style d'enseignement de Boas, ces leçons n'étaient probablement pas moins enrichissantes que celles dont bénéficiaient ses étudiants proprement dits. Elle pouvait assister à quelques cours quand elle était de passage à New York, ou griffonner rapidement des conseils de son mentor sur la meilleure façon d'organiser son travail. « Oubliez vos préjugés avant d'aller où que ce soit, nota-t-elle un jour. Les cultures sont multiples ; l'homme est un. Franz Boas[64]. »

Quand elle n'était pas sur la réserve de Standing Rock, elle occupait toutes sortes de domiciles plus ou moins fixes : de petits appartements à Manhattan et dans le New Jersey, une location à court terme dans l'Iowa, la maison d'un ami quelque part dans le Dakota du Sud et, de temps à autre, sa voiture. Elle affirma un jour ne posséder concrètement que six objets, et n'avoir même pas de machine à écrire, un outil pourtant essentiel pour une collectionneuse de mots[65]. Comme de nombreuses femmes liées au département d'anthropologie de Columbia, Deloria était par essence une sociologue itinérante, sans poste universitaire ni aide à la recherche, hormis les piges que lui assignaient Boas ou Benedict. Il fallait pourtant bien payer les factures. Pour gagner sa vie, elle écrivit et mit en scène de grands spectacles de musique et de danse indiennes qui furent donnés à travers le pays, un peu sur le modèle de ce qu'elle avait fait à Haskell. Certains, payants, étaient destinés à des touristes, d'autres aux enfants blancs de camps de vacances – avec de faux Indiens entraînés par une vraie[66]. Le temps passant, un autre projet se présenta cependant, qui lui promettait une plus grande stabilité qu'elle n'en avait jamais connu.

Boas travaillait depuis plus de vingt ans sur une étude exhaustive des langues indo-américaines. Il s'était engagé dans cette tâche lorsqu'il s'était adressé pour la première fois au Bureau of American Ethnology pour essayer d'obtenir le financement d'une série de manuels de parler autochtone. Le premier volume avait été publié en 1911, l'année qui avait marqué le véritable épanouissement de sa pensée et l'avait imposé comme un scientifique capable de toucher le grand public. Le deuxième, édité en 1922, contenait des contributions d'Edward Sapir sur la langue takelma du sud-ouest de l'Oregon et d'autres spécialistes sur les langues des Coos du Nord-Ouest Pacifique et des Tchoukches de Sibérie, entre autres. Il mettait en évidence les liens linguistiques entre les populations d'Amérique du Nord et celles d'Eurasie, renforçant la théorie d'un peuplement précoce des Amériques par des immigrés ayant franchi le détroit de Béring. Au moment où le troisième volume était prêt à voir le jour, en 1933, l'intérêt du Bureau pour ces manuels – une série de publications qui promettait d'être interminable – était retombé. Boas confia alors à un petit éditeur new-yorkais l'impression du reste du travail de son équipe, dont les contributions de Gladys Reichard sur les Cœurs d'Alène de l'Idaho et de Ruth Bunzel sur les Zunis du Nouveau-Mexique, la communauté qui avait occupé une si grande place dans les découvertes du cercle de Boas plus tôt dans le siècle.

Le financement de l'ambitieux projet de Boas fut assuré en grande partie par le Committee on Research in Native American Languages, soutenu par une subvention de la Carnegie Corporation de New York. Depuis sa fondation en 1927, la fondation avait fonctionné avec un budget serré, quelque quatre-vingt mille dollars en tout, déboursés au rythme de plusieurs milliers de dollars à la fois pour couvrir les trajets en train, le logement et les salaires des collecteurs autochtones[67]. En parcourant la liste des bénéficiaires, on a l'impression de lire l'histoire secrète de toute la profession, peuplée d'assistants à temps partiel, d'agents de terrain, de linguistes amateurs et d'aficionados du comité qui n'obtinrent jamais de titre professoral ni aucune autre nomination universitaire. Deloria était du nombre. Boas s'engagea à consacrer une partie du financement dont il bénéficiait à ses recherches sur le terrain et à ses frais quotidiens pendant qu'elle travaillait sur les documents sioux. L'argent qu'elle finissait par toucher – versé au compte-gouttes, souvent avec du retard, des chèques étant parfois expédiés à une mauvaise adresse – pouvait faire la différence entre la location d'un appartement et une nuit dans sa voiture.

Tout ce projet était d'une complexité déconcertante. Boas dirigeait des chercheurs de terrain et des spécialistes universitaires originaires des quatre coins des États-Unis et du monde entier, qui s'efforçaient tous de localiser des locuteurs tribaux, de dresser des listes de vocabulaire et de percer à jour des structures grammaticales complexes avant que les derniers fragments d'une langue ne tombent définitivement en poussière. Dans bien des cas, les anthropologues constituaient des Frères Grimm collectifs, archivant des histoires et des façons de parler pour les mettre à l'abri des aléas de la transmission de parent à enfant, moyen de survie traditionnel des langues. Dans bien des cas, ils créaient de A à Z une forme normalisée de langues qui ne possédaient pas de version écrite ou étaient parlées dans une multitude de dialectes. Ouvrir un des volumes du *Handbook of American Indian Languages* pouvait offrir une rencontre magique : la découverte d'une forme de discours dont on n'avait jamais entendu parler, avec sa logique, ses règles et sa beauté propres, sa vision du monde personnelle et parfaitement formée – un chemin d'accès aux secrets codés de gens qu'on avait considérés jusqu'alors comme des indigènes exotiques ou, pire, comme des sauvages de la Frontière.

Deloria se distinguait des autres membres de cette vaste équipe. « Dans tout son travail avec les Amérindiens », écrivit plus tard Benedict, « le professeur Boas n'a jamais trouvé une autre femme de son calibre[68]. » Elle avait pour langue natale le dakota et ses dialectes, et avait reçu peu de formation en linguistique en dehors des séances informelles dont Boas ou Benedict avaient pu la faire bénéficier. Mais son instinct et sa compréhension immédiate des méthodes de terrain, affirmait cette dernière, lui assuraient probablement une expertise supérieure à celle de nombreux doctorants. « Sa connaissance du sujet est unique[69] », écrivit sobrement Boas dans une lettre de recommandation, parmi toutes celles qu'il rédigerait au fil des ans.

Margaret Mead avait estimé que son propre travail effectué dans une communauté amérindienne, celle des Omahas, relevait essentiellement de ce qu'elle appelait de « l'ethnologie du trop tard[70] ». Tout ce qui présentait le moindre intérêt lui semblait mort depuis longtemps, tué par la pauvreté et l'invasion blanche. Deloria savait, elle, que ce n'était pas possible. Si c'était vrai, que serait-elle après tout, sinon un fantôme avec une valise en carton ? Une travailleuse de terrain aussi expérimentée que Mead elle-même pouvait se rendre coupable de ce que Deloria appelait « l'anthropologie de fauteuil[71] ». Mieux valait renoncer à essayer d'identifier les braises mourantes d'une civilisation plus ancienne et s'attacher à découvrir la culture vivante, immédiate, de ceux qui vous entouraient réellement – des femmes et des hommes qui n'étaient pas prisonniers de l'Histoire mais qui, à l'image de Deloria, avançaient tant bien que mal. À quoi bon céder à la nostalgie du passé si l'on pouvait découvrir la richesse kaléidoscopique du présent ? Simplement, ce dernier pouvait prendre des formes qui vous paraissaient surprenantes ou frustrantes, voire décevantes.

D'où l'importance primordiale de comprendre une langue, affirmait Deloria. La parole changeait constamment, elle aussi. À l'image des anneaux de croissance d'un arbre ou d'une fouille archéologique en pleine ville, elle était moins importante en tant que trace d'un unique moment passé que comme témoignage du changement, rencontre infiniment créative entre des mondes passés et celui du présent. Les langues amérindiennes faisaient grand cas de l'humour, des calembours, des coq-à-l'âne, des erreurs intentionnelles, des jeux de mots et des blagues bien racontées – autant d'éléments que pouvait permettre n'importe quelle autre langue. L'astuce consistait à commencer à *entendre* tout cela, à ne pas considérer les langues vivantes qui émaillaient encore les Plaines comme un affreux vestige, mais comme quelque chose qui existait dans le présent concret, accéléré. Pour écrire pertinemment à propos des Indiens, il fallait cesser d'écrire au passé.

Au cours de ses expéditions successives sur le terrain, à Standing Rock ou ailleurs, Deloria s'efforça de tout consigner par écrit. Elle s'était fixé pour objectif de constituer, à partir de sa masse de notes et d'entretiens, un texte qui décrirait la manière dont sa famille et ses voisins dakotas parlaient réellement, sans pour autant rendre leur langage inerte, comme Walker et d'autres agents de réserves l'avaient manifestement fait bien des années plus tôt. Lorsque Boas et Deloria échangeaient des lettres et des pages manuscrites, leurs conversations sur la langue dakota étaient souvent d'une grande technicité. Comment expliquer au mieux l'abondance de démonstratifs – les multiples formes de *ce, ça, ces* ? Et la capacité surprenante du dakota à exprimer le temps, le lieu et le point de vue de l'orateur en utilisant un seul mot ? Comment rendre les possessifs qui distinguaient des parties du corps que nous contrôlons facilement – les yeux ou le pied, par exemple, mais aussi, croyaient les Dakotas, l'esprit – de celles que l'on jugeait plus difficiles à maîtriser, comme le pouce ou la mâchoire ? Phrase après phrase, phonème après phonème, ils s'efforçaient de cartographier tout un cosmos de sens. Ils rédigèrent des descriptions des formes de langage propres aux hommes et celles, différentes, applicables aux femmes – un trait commun aux langues sioux –, rendirent compte de la diversité des manières d'exprimer l'approbation, la désapprobation ou l'indifférence et du sens profond que pouvait revêtir une structure complexe – la possibilité, par exemple, de dire succinctement quelque chose comme « Ma sœur m'a donné une pierre au lieu de pain » tout en disant en même temps : « Elle a très mal agi en faisant cela, et nos relations en ont pâti ». Des liens sociaux complexes pouvaient se concentrer dans une unique forme grammaticale.

Décrire une langue, c'était décrypter les chemins singuliers empruntés par une communauté pour cerner l'expérience, la décomposer en unités intelligibles, communicables. Pendant tout ce travail, Deloria habitait deux mondes à la fois. « Son enfance parmi [les Dakotas], sa position privilégiée dans la tribu et sa maîtrise de la langue ont permis un récit intime de ce groupe important, qui aurait été impossible autrement[72] », nota Benedict dans un rapport de recherche. Mais Deloria n'était pas insensible aux désagréments de cette façon de gagner sa vie. « Je suis très triste aujourd'hui parce que tout ce que j'avais prévu est tombé à l'eau et que je suis sans travail[73] », écrivit-elle à Boas vers la fin de l'année 1938 sur du vieux papier à lettres d'hôtel. Cela faisait dix ans qu'elle avait commencé à l'aider. Ses travaux sur le projet linguistique s'éternisaient. « Je n'arrive pas à obtenir d'emploi fédéral parce que j'ai la réputation d'être tellement instruite[74] ! »

L'été suivant, Boas reçut toutefois des nouvelles dont il espérait qu'elles lui mettraient du baume au cœur. « Vous serez heureuse d'apprendre que [notre travail] va être publié par la National Academy of Sciences[75] », lui annonça-t-il. La plus éminente institution de sciences naturelles du pays allait bientôt leur faire parvenir les épreuves, annonçait-il, et il aurait besoin d'elle pour les corriger. Le résultat final, sobrement intitulé *Dakota Grammar*, revint de chez l'imprimeur en 1941. Comme d'autres traités de linguistique technique, c'était un travail d'érudition redoutable qui n'était pas destiné aux esprits timorés. Mais un peu à la manière dont les mathématiciens peuvent dire d'une équation complexe qu'elle est élégante ou ingénieuse, une grammaire descriptive peut constituer une œuvre d'art collective. C'était une voie d'entrée dans une civilisation qui s'était jadis étendue sur toutes les Plaines du Nord, une civilisation qui se recréait encore, comme le savait Deloria, sur les réserves et au-delà. La parfaite maîtrise que celle-ci avait de la langue, expliquait Boas dans la préface de l'ouvrage, son remarquable sens de la nuance et des plus infimes différences d'expression, la richesse de son vocabulaire et, chose plus importante encore, son don pour la « tonalité émotionnelle » étaient d'un intérêt vital pour cette recherche[76].

Plus encore que Minik à la recherche des ossements de son défunt père ou qu'Ishi, littéralement transformé de son vivant en objet de musée, ou même que Two Crows, préservé entre parenthèses pour la postérité, la grande réussite de Deloria fut de vérifier enfin la théorie fondatrice de Boas : les peuples dont les restes avaient été exposés, dont on « relookait » les cultures en « primitivisme pop », étaient, après tout, pleinement humains. Tout cela permettait en même temps d'entrevoir une Amérique plus profonde, dissimulée par ses obsessions d'aptitude raciale et d'évolution culturelle linéaire. Si vous vouliez savoir ce que des chefs sioux avaient dit après la bataille de Little Bighorn ou comprendre les lamentations éplorées de mères devant les corps de leurs fils ramenés de Wounded Knee – autrement dit, si vous vouliez découvrir l'envers de l'histoire américaine telle qu'on l'enseignait habituellement dans les salles de classe et les camps de vacances –, Boas et Deloria vous montraient la voie.

Le point de départ se trouvait juste là, sur la page de titre. Boas avait rédigé des préfaces pour plusieurs des premiers grands ouvrages de ses élèves, à commencer par *Adolescence à Samoa* de Mead et *Mules and Men* de Hurston, mais à Deloria, il accorda un privilège plus rare. « Tant de gens m'interrogent sur notre grammaire », lui écrivit-elle l'année qui suivit la publication. « Je suis très fière d'être votre coauteure[77]. » Pour la première fois de sa carrière, lui qui rechignait de manière générale à cosigner un texte avec qui que ce soit cosigna en effet un ouvrage avec une de ses élèves.

11

THÉORIE VIVANTE

Au cours des années 1930, au milieu des exigences de rédaction de textes, d'orientation, de corrections et de collecte de fonds, Boas décida de revoir sa méthode d'enseignement. Les rencontres occasionnelles d'assistants et de scientifiques en visite qu'il avait organisées du vivant de son épouse seraient transformées en séminaires réguliers. Pendant une grande partie de cette décennie, tous les mardis soir, il présida ainsi des séances où étudiants et collègues étaient invités à venir discuter de leurs dernières découvertes. La vieille forêt dans laquelle les Boas avaient construit leur maison à pignon était en train de se transformer en banlieue, reliée à Manhattan par le pont George Washington qui venait d'être construit, et, chaque semaine, Benedict et quelques doctorants se tassaient dans une voiture pour prendre la route du New Jersey.

Ils ne manquaient pas de sujets de discussion. Entre les réunions du département et les conseils aux thésards, Benedict avait repris ses anciennes recherches en territoire zuni et révisé des articles destinés au *Journal of American Folklore.* Une grande partie d'un récent numéro avait été consacrée à une étude de cent pages sur la religion populaire à La Nouvelle-Orléans et sur la côte du golfe de Floride signée par Hurston. De leur côté, Mead et Fortune mettaient au propre le travail qu'ils avaient effectué chez les Omahas. Et, profitant d'un congé sabbatique, Alfred Kroeber débarqua de Berkeley, où il s'était affirmé comme la plus grande sommité sur les populations tribales de Californie.

Le vénérable Bronislaw Malinowski quittait parfois Londres pour une petite visite, espérant peut-être décrocher un poste le jour où Boas quitterait sa chaire. « Il est vain comme un paon et d'aussi mauvais goût qu'une blague de saloon[1] », cancana Benedict à l'adresse de Mead. Il était capable de s'incruster dans les fêtes du département avec une détermination obstinée, « un romantique agressif[2] », ainsi que l'appelait Sapir. Il aurait même, paraît-il, glissé un jour un billet de banque dans le bas de Hurston en guise d'invitation manifeste à coucher avec lui[3]. Quant à Mead, elle sentait un courant sous-jacent de mépris se diriger vers elle chaque fois que Malinowski entrait dans la pièce. Il avait fait l'éloge de son travail à Samoa dans des lettres qu'il lui avait envoyées, mais elle était persuadée que Sapir avait braqué le grand spécialiste du Pacifique contre elle[4].

Ce dernier avait l'art de remuer le couteau dans les plaies anciennes. « C'est une... salope détestable aplatie en une allégorie malodorante », écrivit-il à Benedict après avoir lu *Adolescence à Samoa*, « un symbole de presque tout ce que je déteste le plus dans la culture américaine contemporaine[5]. » Il publia peu après une attaque à peine voilée contre les « femmes libres », incapables de comprendre que la jalousie est un sentiment humain universel. « L'amour ayant été évincé du sexe, il se venge en prenant des formes contre-nature », écrivit-il dans l'*American Journal of Psychiatry*. « Le culte du "caractère naturel" de l'homosexualité ne dupe que ceux qui ont besoin de justifier leurs propres problèmes[6]. »

Mead répondit sur le même ton. La jalousie, affirma-t-elle dans un article personnel sur le sujet, se rencontrait fréquemment, comme le lui avait appris l'expérience, chez les hommes âgés médiocrement dotés[7].

Les affronts et les trahisons, les liaisons secrètes et les animosités bouillonnantes, les amitiés indéfectibles ainsi que les rivalités crispantes faisaient partie des soirées de séminaires à Grantwood au même titre que les verbes dakotas et les masques de Nouvelle-Guinée. Mais que les discussions portent sur le sexe, le succès ou tout autre aspect de la vie sociale, Boas avait appris à ses étudiants à résister à la tentation d'exposer d'ambitieux modèles généraux ou de grandes conclusions. Cela faisait longtemps qu'il avait mis le doigt sur ce qui était, selon lui, « le plus épineux problème de l'anthropologie[8] » : les cultures humaines obéissaient-elles à des lois universelles et, le cas échéant, comment pouvait-on entreprendre de les découvrir ? L'ancien professeur de Reo Fortune, A. R. Radcliffe-Brown, avait un jour pressé Boas de tirer au moins une généralisation de ses décennies d'expéditions, de collecte de documents et de publications. Tout ce que Boas se hasarda à affirmer fut : « Les gens n'utilisent pas ce qu'ils n'ont pas[9]. »

C'était un résumé simple mais profond de sa pensée. Importer des idées, des concepts, des systèmes et des catégories mentales de votre société dans une société très différente pouvait, certes, vous livrer quelques informations importantes : les taux de natalité et de mortalité sur Ta'u, comment le voile du palais s'abaisse pour former une consonne nasale en langue dakota, le moment où une histoire d'Eatonville s'écartait du factuel pour s'égarer dans l'imaginaire – autant d'éléments qu'un observateur extérieur pouvait comptabiliser ou identifier. Pour autant, il ne fallait pas prendre son propre regard pour une vérité incontestable. Votre analyse devait s'appuyer sur les outils intellectuels qui avaient du sens pour ceux qui les employaient concrètement. Si vous étiez en présence d'une société dont les membres ne semblaient pas reconnaître ce que vous appeliez un « cousin germain », une « liaison illicite » ou une « migraine », il ne servait à rien d'affirmer obstinément qu'ils existaient tout de même chez eux.

L'anthropologie devait être une science de la conversation, estimait Boas. Il devait s'agir d'un dialogue entre votre manière personnelle de voir les choses et celle d'autrui. Elle vous conduisait vers des histoires spécifiques et des expériences uniques, vers une communauté particulière – celle-ci, *ici* – et ses façons infiniment précieuses d'appréhender sa place dans le monde. Être anthropologue, c'était se livrer au perfectionnement critique de sa propre expérience. Voilà pourquoi on s'immergeait délibérément dans les lieux les plus étrangers et les plus reculés.

Il fallait rassembler les choses avant de les affiner. Les anthropologues devaient posséder un scepticisme inné pour ne pas se permettre de pontifier sur la Nature de l'Homme en s'appuyant trop volontiers sur leurs propres schémas culturels. Boas savait de quoi il parlait: il avait vu l'horreur qui pouvait surgir quand théoriciens raciaux et eugénistes affirmaient avec assurance avoir compris toute l'humanité.

Certains de ses étudiants plus âgés s'agaçaient cependant de la réticence de leur mentor à jouer le jeu de la généralisation. Lowie, Kroeber et Sapir, chacun à sa manière, voulaient que la théorie soit le moteur de la science ou, au moins, son but ultime. « De toute évidence, l'inconscient du Dr Boas a décrété voici longtemps que les cathédrales scientifiques appartenaient à l'avenir… que seuls les pierres angulaires, les murs inachevés ou même un portail isolé occasionnel sont strictement au service du Seigneur », écrivit Sapir dans un compte rendu agacé d'*Anthropology and Modern Life* de Boas[10]. C'était regrettable, estimait Sapir. Accumuler les histoires, les légendes, les tableaux de parenté et les vocabulaires autochtones n'avait pas grande utilité s'ils n'étaient pas placés au service d'une conclusion synthétique. L'anthropologie était devenue une science populaire, disait-il, et courait désormais le risque d'être rendue « médiocre et ennuyeuse, comme *Adolescence à Samoa* de Margaret Mead[11] ».

La recherche de lois générales avait animé Lewis Henry Morgan et John Wesley Powell. Ils avaient défendu l'idée d'une voie commune empruntée par toutes les cultures. C'était une hypothèse centrale de psychologues comme G. Stanley Hall, qui visaient à sonder les recoins les plus profonds de l'esprit humain. Au moment où Boas inaugura ses séminaires du mardi, cette idée occupait également une place centrale en sociologie, la discipline qui se développait comme une sorte de sœur de l'anthropologie : la première cherchait à comprendre les sociétés prétendument plus complexes de l'Occident développé, et la seconde se concentrait sur les sociétés probablement plus simples qui vivaient partout ailleurs.

Aux États-Unis, la recherche sociologique avait récemment été encouragée par *Middletown* (1929), une étude de la vie dans une petite ville américaine anonyme et censément typique (en réalité Muncie, dans l'Indiana). « Un certain nombre d'entre nous, tout à fait prêts à discuter objectivement des modes de comportement étranges qui constituent les coutumes de peuples non civilisés, répugnent clairement à se consacrer avec une égale sincérité à la vie dont nous sommes un ornement local », écrivaient ses auteurs, Robert et Helen Lynd. « Rien ne saurait pourtant être plus éclairant que d'accéder précisément au degré d'objectivité et de perspective avec lequel nous considérons les peuples "sauvages"[12]. »

À l'aide de tableaux statistiques et d'histoires bien tournées, les Lynd disséquaient la nature du travail, de la vie domestique, de l'éducation, de la religion et des loisirs des habitants de la ville. Ils ne présentèrent pas seulement une ethnographie de la vie d'un petit bourg, mais aussi une théorie générale à son sujet. Les habitudes culturelles, écrivaient-ils, semblaient en retard sur l'évolution des conditions matérielles. Les habitants de Middletown avaient moins de mal à installer des toilettes intérieures, par exemple, qu'à admettre que les femmes exercent un emploi salarié. Mais les auteurs passèrent sous silence de nombreux faits importants observés sur leur site de recherche. Malgré la présence d'une importante population noire à Middletown, le mot *Negroes* ne figurait ainsi que sur trois pages de leur livre. Ils avaient cependant démontré que les statistiques, les entretiens consciencieux et la recherche historique pouvaient aboutir au genre de théories générales novatrices que Sapir et d'autres souhaitaient imposer en anthropologie.

Les pressions en faveur d'une science plus ambitieuse, globale, ne laissaient pas non plus Mead indifférente. Elle ne pouvait revendiquer aucun progrès théorique, aucune découverte générale que les gens seraient susceptibles d'identifier comme sa contribution spécifique. « Je constate que je suis de plus en plus cynique à l'idée qu'un bon travail puisse l'emporter[13] », se plaignit-elle à Benedict au début du mois de décembre 1932. Elle avait lu Dostoïevski et sa carrière personnelle ne lui inspirait que pessimisme. Son salaire de conservatrice assistante n'atteignait pas tout à fait deux mille quatre cents dollars[14]. Benedict, au moins, avait un poste universitaire ; elle avait été nommée maître de conférence à Columbia l'année précédente, et gagnait trois mille six cents dollars – ce qui était encore nettement inférieur au salaire d'un professeur invité de sexe masculin[15]. (Elle n'était pas non plus autorisée à fréquenter la salle à manger des professeurs de l'université, réservée aux hommes[16].) Mead s'inquiétait à l'idée d'être vouée à n'être guère plus qu'une vulgarisatrice ou, comme elle s'en était plainte un jour, « cet affreux animal qu'est une "scientifique femme"[17] ». « Il ne me semble pas qu'occuper l'emploi le plus mal payé du musée sans qu'on m'ait jamais proposé d'autre poste et m'être fait éreinter ou condamner avec bien peu d'éloges dans toutes les revues consacrées à ma propre science constitue une reconnaissance fantastique[18] », écrivait-elle. Or le prestige universitaire était indispensable pour imposer ses idées, et jusqu'à présent il brillait par son absence.

Dans le pire des cas, elle passerait sa vie à apprendre à jeter les conventions par-dessus bord ou guère plus. L'anthropologie pouvait être passionnante, mais aussi extraordinairement dangereuse, sans que le jeu en vaille forcément la chandelle. Il suffisait de se rappeler l'exemple récent d'Henrietta Schmerler, l'une des nouvelles étudiantes de Boas. Rêvant de devenir la Margaret Mead des Apaches, Schmerler était partie pour l'Arizona dans le courant de l'été 1931 et s'était engagée dans des études détaillées des rituels de puberté dans le Sud-Ouest américain. « Le pays ici est tout simplement beau », écrivit-elle à Boas en juillet, « et bien qu'il m'arrive parfois d'être terriblement découragée, ce qui est, je suppose, tout à fait prévisible lors d'une première expédition sur le terrain, mon travail me procure un immense plaisir[19]. » Dans le courant du même mois, on la retrouva morte, assassinée par un jeune Apache alors qu'elle allait assister à une danse. Il était difficile de faire irruption chez quelqu'un et d'exiger qu'il vous livre ses secrets. Il était encore plus difficile de le faire en baissant vous-même votre garde. Le travail de terrain exigeait des chercheurs de sacrées contorsions pour réussir à être intrépides et vulnérables à égale mesure.

À Noël, Mead se colleta avec son ambition dans un des lieux les plus reculés de la planète. Elle était revenue en Nouvelle-Guinée avec Reo Fortune, cette fois dans un port fluvial détrempé de l'île principale.

Elle se retrouverait bientôt plongée dans les affres de ce qui serait, pensait-elle, sa plus grande réalisation de penseuse et d'auteure, une authentique percée théorique capable de rivaliser avec les idées les plus profondes des sciences sociales. Mais ce travail la conduirait aussi au bord de la folie.

Mead et Fortune avaient été impatients de retourner sur le terrain. Fortune avait finalement été transféré à la Columbia University pour son doctorat et avait présenté une thèse sur l'organisation sociale de Dobu. Mead quant à elle avait écrit deux ouvrages populaires et d'autres textes savants d'ethnographie, dont aucun, selon elle, ne s'attaquait à un problème traditionnel de théorie anthropologique. Au printemps 1931, ils entreprirent une nouvelle expédition en Mélanésie, qu'ils concevaient comme une recherche de longue durée au milieu des populations établies sur les rives du Sepik.

Les flots boueux de ce fleuve, le plus long de Nouvelle-Guinée, serpentent depuis les plateaux centraux en direction de l'est, jusqu'à la mer de Bismarck. Ce nom allemand était un legs des explorateurs européens qui avaient cartographié les régions de l'aval du Sepik dans les années 1880. Après la Première Guerre mondiale, la moitié est de l'île passa sous contrôle australien, tandis que l'autre restait aux mains de ses maîtres coloniaux, les Hollandais. En raison de cet héritage impérial, les autochtones jouaient un rôle considérable dans la recherche anthropologique, surtout parmi les auteurs britanniques, australiens et néo-zélandais. À l'image des États-Unis avec les groupes tribaux, les différents pays avaient tendance à fonder leurs théories sur la nature humaine en s'appuyant sur les prétendus sauvages qu'ils avaient sous la main.

Mead et Fortune étaient à la recherche d'un lieu aussi reculé que possible, à l'abri des influences corruptrices des missionnaires et des marchands. Ils furent bientôt « aussi tranquilles que des chatons[20] », écrivit Mead. Ils s'installèrent dans les hautes terres situées au nord du fleuve, au milieu d'un groupe humain qu'ils appelaient les Arapeshs et qui n'avaient guère eu de contacts avec des étrangers. (Leur nom était en réalité une invention de Mead, qui l'avait forgé à partir du terme local désignant les « êtres humains[21] ».) Elle se réveillait dans la fraîcheur de l'aube et restait au lit jusqu'au moment où s'élevaient les cris plaintifs d'oiseaux de l'autre côté de sa moustiquaire. Après le petit-déjeuner, qui se limitait à une tasse de thé, la journée de travail des deux anthropologues commençait : heures de conversation, cours de langue, dactylographie de notes, déplacements de-ci de-là pour assister à une cérémonie ou rendre visite à un nouveau-né jusqu'au coucher du soleil, où ils fermaient boutique. Ils auraient volontiers poursuivi leur travail de nuit, écrivit-elle à Benedict, mais n'avaient pas emporté de lanternes[22].

Il arrivait à Fortune de partir à la chasse en compagnie de plusieurs hommes, pendant que Mead restait avec les femmes et les bébés à cultiver les potagers d'ignames. « Je suis plus que jamais convaincue que la seule place logique pour un anthropologue est sur le terrain – la plupart du temps – pendant les dix voire les quinze premières années de sa vie anthropologique », écrivit Mead. « En plus d'ajouter à la somme de connaissances et de les recueillir à temps, c'est la meilleure manière de se faire un jugement et de poser des bases solides pour la théorie[23]. » Benedict lui manquait terriblement et elle avait accroché une photo d'elle dans leur cabane. Les enfants du coin étaient persuadés que c'était quelqu'un de très important pour qu'un aussi grand portrait d'elle soit suspendu au mur.

Plus elle en apprenait les Arapeshs, plus Mead en venait à la conclusion qu'ils avaient « résolu le problème du sexe[24] ». Pour autant qu'elle pût en juger, le concept de l'adultère était totalement inconnu. Les gens semblaient perplexes quand elle les interrogeait sur les relations sexuelles extraconjugales. Ils ne comprenaient pas vraiment de quoi elle parlait ni quel pouvait être l'intérêt d'un tel sujet. Elle s'entretint avec presque tous les membres de la communauté locale et apprit l'existence de nombreux cas de femmes mariées qui avaient quitté leur mari, ou d'hommes qui avaient cherché à nouer une relation avec une femme mariée. Mais l'attitude des Arapeshs sur ces questions paraissait on ne peut plus pragmatique. « Oui, le mari de la femme qui l'avait quitté pour retourner chez son frère était fâché parce qu'il avait payé à ce frère beaucoup de bagues et de cochons pour elle, expliqua-t-elle à Benedict, le frère avait l'obligation de protéger ses droits, et par le passé il se serait peut-être battu contre lui[25]. » Mais on ne faisait pas appel à la religion, à une moralité profonde ou à une quelconque théorie des droits naturels pour expliquer ou condamner cette transgression.

Mead et Fortune passèrent huit mois sur le plateau avant de décider d'explorer un autre site au bord du cours inférieur du Sepik. Ils quittèrent donc la terre des Arapeshs pour se rendre dans le domaine d'un groupe d'habitants de la plaine qu'ils connaissaient sous le nom de Mundugumors. C'était un endroit et des gens que Mead détestait, reconnut-elle plus tard. Les relations sexuelles elles-mêmes semblaient indissociables de morsures et de griffures. Les gens copulaient violemment dans le carré d'ignames d'un voisin, juste pour abîmer ses légumes[26]. Les Mundugumors étaient connus pour se livrer au cannibalisme et s'attaquaient notoirement aux habitants des marais d'une région voisine. « Oui, j'ai mangé de la chair humaine », lui dit un enfant, « un tout petit morceau du peuple Kalengama. Il était si petit que je n'ai pas bien senti le goût[27]. »

Alors que les Arapeshs semblaient pétris d'idées de liberté et d'ouverture d'esprit, les Mundugumors vivaient à l'impératif, entravés par un système complexe d'interdits. La première chose qu'un enfant apprenait était l'équivalent local de *Ne fais pas ça !*. Même parmi les cannibales, la vie pouvait être assommante. Mead releva peu de rituels, peu de création artistique et peu de mythes propres à intéresser un anthropologue. S'y ajoutaient les moustiques, qui s'abattaient par myriades comme des vampires sur tout fragment de chair exposé. Mead se promenait un balai à la main dans une vaine tentative pour s'en débarrasser[28]. Après avoir vécu trois mois dans ces conditions, nourris de beignets de maïs et d'œufs de crocodile, Fortune et elle estimèrent qu'ils en avaient suffisamment vu et projetèrent de remonter le Sepik[29].

Ils avaient pour ce faire une sorte de bouée de sauvetage. Gregory Bateson, une vieille relation de Fortune, connaissait bien la région.

Anthropologue lui aussi, ancien maître de conférence à l'université de Sydney et professeur à Cambridge, Bateson menait ses propres études le long du fleuve et proposa de les aider à repérer un site pour leurs nouvelles recherches. Ils avaient décidé de passer ce Noël tous ensemble à Ambunti, une ville portuaire à l'intérieur des terres, où le Sepik dessine l'un de ses nombreux méandres. Mead et Fortune embarquèrent sur la chaloupe gouvernementale, un petit bateau à vapeur qui livrait courrier et provisions, et partirent, emportant leurs bagages et leurs notes de terrain.

Sur la route d'Ambunti, ils s'arrêtèrent pour prendre Bateson à son campement. « Vous êtes fatiguée », dit-il dès qu'il vit Mead, et il lui offrit une chaise[30]. Cet instant resterait dans l'esprit de celle-ci comme le tout premier pressentiment d'une attirance réciproque. Durant l'année qu'elle avait passée avec Fortune, ils avaient connu des hauts et des bas, mais leur relation était alors plutôt au beau fixe. Ce nouveau sentiment était parfaitement inopiné.

Juste après Noël, Mead s'assit pour mettre Benedict au courant de la situation. « J'ai beaucoup de choses à te dire, lui écrivit-elle. C'est Gregory Bateson, bien sûr[31]. »

Tout comme Mead, Benedict connaissait Bateson de réputation. Aucun anthropologue de sa génération ne pouvait revendiquer plus illustre lignée scientifique. Son père, William Bateson, biologiste à l'université de Cambridge, avait été le premier à forger le terme de *génétique*. Sa mère, Beatrice, était issue d'une famille d'intellectuels renommés qui incluait sa sœur, Edith Durham – tante Dick pour la famille –, remarquable aventurière qui avait écrit des récits de voyages dans les Balkans. Gregory affichait son pedigree jusque dans son prénom : il avait été baptisé en hommage à Gregor Mendel, le moine autrichien pionnier de l'étude des caractères héréditaires, dont Bateson Senior avait contribué à faire connaître l'œuvre révolutionnaire au vaste monde scientifique. Scolarisé à Charterhouse, filière traditionnelle de l'élite britannique, Bateson s'était pris de passion pour la botanique et l'entomologie. Pendant les vacances scolaires, son père et lui partaient en randonnée dans les Alpes françaises avec sac à dos et filet à papillons, en quête de nouveaux spécimens[32]. À la mort de ses deux frères aînés – l'un sur le front pendant la Première Guerre mondiale, l'autre dans un suicide tragique à Piccadilly Circus –, il devint le seul détenteur de l'imposant héritage familial[33].

Un peu plus jeune que Mead et Fortune, Bateson affectionnait un négligé étudié, cheveux ébouriffés et vêtements usés, un style qu'il cultivait même quand il n'était pas sur le terrain. Il était par ailleurs gigantesque, lourd sans être disgracieux. Lors de leur première rencontre, il tint le crachoir de bout en bout. Peu après l'arrivée de Mead et de Fortune sur son site de recherche, il sortit un exemplaire d'*Une éducation en Nouvelle-Guinée* et la contesta sur un point précis à propos de menstruation[34]. La jeune femme tomba immédiatement amoureuse.

Bateson avait un air irrésistible de « beauté vulnérable[35] », déclara Mead à Benedict, ce que sa taille rendait encore plus touchant ; mesurant un mètre quatre-vingt-quinze, il devait se pencher pour discuter avec Mead et donnait l'impression, ce faisant, de s'enrouler littéralement autour d'elle. Fortune ne se sentait pas du tout menacé, relata Mead, et elle espérait que tout se passerait bien, sans « intervention de poudre à canon[36] ». Ils étaient tous adultes, après tout, et s'il leur fallait, à Fortune et elle, un exemple de la manière dont on pouvait régler les choses de façon directe et rationnelle, ils n'avaient qu'à tourner les yeux vers l'aval et songer aux Arapeshs. Ils venaient de passer plusieurs mois parmi des gens qui semblaient avoir bâti toute une société en évitant de laisser les complexités de l'amour les tracasser. « Je pense avoir appris définitivement qu'il faut empêcher le sexe de tout gâcher[37] », écrivit Mead.

Les réjouissances de fin d'année plongèrent les trois anthropologues dans un tourbillon de fêtes d'expatriés à Ambunti – une multitude d'étrangers nommés à des postes lointains, tour à tour frivoles et agressifs, carburant au gin et au whiskey, laissant fuser les piques verbales avant d'en venir aux poings, puis distribuant à la ronde des excuses qui faisaient revenir un peu de calme[38]. La nuit du 25 décembre, Fortune se saoula atrocement. En trois ans de mariage, Mead ne l'avait jamais vu dans un état pareil. Elle descendit elle aussi quatre cocktails puis s'affala dans son lit pour cuver. Fortune poursuivit de plus belle le lendemain, continuant à boire et à lancer des insultes. Mead et Bateson estimèrent alors qu'une remontée du fleuve leur ferait sans doute le plus grand bien à tous.

Ils montèrent à bord d'une chaloupe qui les conduisit jusqu'à un village qu'ils voulaient explorer dans l'idée d'en faire peut-être un site de recherche. Le voyage dura six heures, sous une chaleur de plomb que n'atténuait qu'à peine la légère brise soulevée par le lent déplacement du bateau. Fortune dormit, dessaoulant peu à peu, tandis que la musique d'un électrophone portatif qu'il avait emporté rivalisait avec le cliquetis du moteur. Chaque fois que Fortune émergeait et voyait Mead et Bateson discuter ou partager une cigarette, il piquait une colère.

Ils venaient d'arriver quand la nouvelle d'une attaque imminente menée par une communauté voisine arriva au village. Ils passèrent la nuit dans l'angoisse. Leur seul moyen de défense était un pistolet Webley chargé, mais Mead et Bateson craignaient qu'il ne représente une tentation dangereuse pour l'esprit visiblement confus de Fortune. La nuit s'acheva cependant sans incident, et le trio repartit bientôt vers l'aval. Mead et Bateson referaient un jour le voyage à Ambunti, là où tout avait commencé : la fin de son mariage avec Fortune et les premiers frémissements d'une nouvelle relation avec Bateson.

« Je t'aime terriblement », déclara l'un d'eux sur une véranda à leur retour. « Je sais[39] », répondit l'autre.

Ces péripéties avaient compliqué la situation, évidemment. Mais nul ne pouvait savoir de quoi l'avenir serait fait et, en attendant, il y avait du travail à accomplir. Début janvier, Fortune et Bateson s'étaient suffisamment réconciliés pour que ce dernier puisse les mener jusqu'à leur prochain terrain de recherche, situé parmi un peuple qu'ils appelaient les Chambulis et qui vivait sur les rives d'un lac relié au Sepik à la saison des crues. Les Chambulis habitaient des marais, au milieu d'îles flottantes de tourbe et de hautes herbes qui pouvaient se déplacer autour du lac et en modifier les contours du jour au lendemain. L'eau tourbeuse luisait comme de l'émail poli, incrusté de nénuphars aux couleurs vives, d'où surgissait occasionnellement un héron bleu enfoncé jusqu'aux genoux dans l'eau noire.

Les Chambulis, qui n'étaient pas plus de cinq cents au total, entretenaient leurs lopins de taro et sortaient en canoë pour pêcher dans le lac. Ils construisaient de grandes maisons de cérémonie aux lignes de faîte en forme de croissant, dans lesquelles ils organisaient des rituels complexes pour lesquels ils se revêtaient de masques sculptés et de coiffures faites de plumes de casoar et de coquillages[40]. Ils semblaient vivre dans un monde de quiétude et d'abondance, ce qui fut un grand soulagement pour Mead après les mois qu'elle avait passés au milieu des Mundugumors. « J'ai gravi des montagnes et j'ai marché au soleil, et le pays me plaît enfin », confia-t-elle à Benedict peu après son arrivée. « Il a fini par acquérir un caractère bien à lui, et j'ai enfoncé mes pieds dans la terre comme je ne l'avais pas fait depuis une bonne dizaine d'années[41]. » Elle se trouvait à présent devant une nouvelle langue à apprendre, un nouveau système de parenté à répertorier, avec des poignées de graines de lotus en guise d'en-cas pour la route.

Lorsque Bateson repartit pour son campement, Mead entretint avec lui une correspondance nourrie sous forme de notes écrites sur du papier-machine découpé en bandes rectangulaires, transportées à la rame par des messagers. Aux yeux de Mead, Bateson avait surgi comme une sorte de protecteur imaginaire, de guide spirituel. Il l'avait conduite en un lieu où elle pouvait être plus heureuse dans son rôle d'anthropologue qu'elle ne l'avait jamais été. Pour que son bonheur soit complet, il ne lui restait qu'à résoudre les problèmes personnels qui avaient débuté à Ambunti. « La vérité est que nous avons appris à faire des recherches sur le terrain sans plaisir », écrivit Mead à Bateson depuis Chambuli, « une mauvaise leçon que tu nous as aidés à désapprendre[42]. » Tandis qu'ils passaient de maison en maison pour rencontrer les habitants, Fortune notait les généalogies familiales à l'encre sur son avant-bras pour ne pas risquer un scandale en se trompant dans d'importantes relations de parenté[43]. La langue n'était pas moins complexe, avec une surabondance de genres grammaticaux – « tout un tas[44] », fit savoir Mead à Bateson. Elle en venait de plus en plus à considérer la rive du lac comme le lieu où elle pourrait se livrer à une tâche majeure et merveilleuse : arracher une culture à la nature, comme elle le disait[45]. Elle commençait à voir les êtres humains avec une clarté qu'elle n'aurait jamais imaginée.

En revanche, ses relations avec Fortune ne cessaient de se dégrader. Condamnés à cohabiter dans une petite maison avec une unique moustiquaire, ils ne disposaient d'aucun refuge. Impossible de s'enfermer à la salle de bain en attendant qu'une dispute s'apaise. Bateson venait de temps à autre leur rendre visite depuis son propre site de recherche, ce qui rendait l'espace encore plus exigu – et révélait clairement à Fortune que son union avec Mead était sur la mauvaise pente.

Comme si cela ne suffisait pas, celle-ci contracta le paludisme, assorti de fièvre et de douleurs gastriques. Elle vivait dans un brouillard mental qui ne se dissipait que lorsque Fortune, plongé dans un nouvel état de stupeur alcoolisée, s'emportait contre un enfant ou cherchait la bagarre avec un homme du coin. « Reo et moi allons nous coucher pour nous disputer, nous nous réveillons en pleine nuit pour nous disputer, nous nous levons le matin pour nous disputer[46] », écrivit-elle à Benedict. Ce n'était pas seulement la fin de leur couple, sentait-elle, mais aussi le début d'une nouvelle réflexion sur elle-même. Cette dernière année de travail de terrain l'avait plus ou moins obligée à entretenir une relation amoureuse exclusive pour la première fois de sa vie d'adulte, et elle en concluait qu'elle n'était pas faite pour cela. Elle sentait s'engourdir une partie de son âme. L'amour libre lui convenait mieux, remarqua-t-elle, avec différentes sortes de gens, et de différentes manières. Fortune devrait s'y faire s'il voulait rester avec elle, ainsi qu'elle l'avait exigé de Cressman des années plus tôt.

« Aussi ai-je le sentiment d'avoir accordé à la monogamie, au sens absolu, un procès vraiment équitable et de l'avoir jugée insatisfaisante », déclara-t-elle à Benedict. « Maintenant, il serait juste que, pour changer, ce soit lui qui fasse l'essai de "ma culture", si cela lui est possible sans qu'il doive faire violence à son propre tempérament[47]. »

Pendant ce temps, Mead et Bateson s'efforçaient de comprendre ce qui se passait entre eux. Comment admettre que l'on soit rongé de remords, s'interrogeaient-ils, alors qu'il était difficile de faire le moindre reproche à qui que ce soit ? Les individus naissaient avec des dispositions de personnalité innées qui s'exprimaient socialement de telle ou telle manière, estimait Mead. Elles consistaient en traits de caractère tels que la hardiesse ou la négligence, l'assurance ou la passivité, la vantardise ou la modestie. Dans toute société donnée, les conceptions de genre tendaient à standardiser certains sous-ensembles au sein de ces tempéraments, à les regrouper et à leur attribuer une notion de bienséance et de naturel. Pourtant, dans toutes les sociétés que Mead, Fortune et Bateson avaient étudiées, il existait des gens que leurs tempéraments semblaient opposer à ces normes.

Alors qu'ils discutaient tard dans la nuit à la lumière de lampes à kérosène, Mead et Bateson finirent par comprendre qu'ils étaient les déviants de leurs propres cultures – une femme, mais assurée et audacieuse ; un homme, mais un peu réservé et peu engageant, malgré sa stature imposante. Fortune, en revanche, était la masculinité incarnée : résistant, dur, vindicatif, se croyant raisonnable mais enclin à la colère et à l'irascibilité quand les choses ne se passaient pas comme il le voulait. Au sein de sa culture, il représentait le type d'homme accepté. Ici, sur les rives du Sepik, il était littéralement l'homme de trop.

Vers la fin du mois de mars, Mead écrivit à Benedict pour l'informer qu'elle débordait d'enthousiasme et concevait la vie avec plus d'optimisme que depuis de longs mois. Elle devait cette euphorie à une percée qu'elle considérait comme sa plus importante contribution à ce jour, une « découverte de grande ampleur[48] », disait-elle. Dans une brume paludique entretenue au gin, Mead et Bateson avaient griffonné un schéma qui devait expliquer, selon eux, comment les individus s'identifiaient à la culture dans laquelle ils naissaient. C'était un système qui leur permettait de mieux se comprendre – et, pensaient-ils, de mieux comprendre le monde – et qui apporterait enfin un semblant de clarté au tourbillon d'émotions, de susceptibilités blessées, de relations sexuelles et de conversations passionnées dont ils avaient fait l'expérience au bord du lac. Ils l'avaient baptisé la théorie des « carrés ».

Les êtres humains se divisaient naturellement en quatre types fondamentaux, ou « tempéraments », raisonnaient-ils. Les « Septentrionaux » avaient tendance à suivre les règles et à contrôler leurs émotions. Les « Méridionaux » étaient passionnés et amateurs d'expériences. Les « Turcs » étaient mystérieux et contemplatifs. Les « Visionnaires » étaient expansifs et créatifs. Passant en revue leurs propres vies et les personnalités de leurs amis et de leurs familles, il leur sembla que tout se mettait en place. Tous les gens qu'ils connaissaient pouvaient se ranger parfaitement dans l'une de ces cases : Fortune, un Septentrional évident, avec sa dureté et sa volonté de dominer ; Boas et Benedict, probablement septentrionaux eux aussi avec leur audace et leurs sensibilités calculatrices ; Sapir, un Turc, toujours en quête de la clé de l'univers ; les Ash Can Cats et Léonard de Vinci, des Visionnaires, tous autant qu'ils étaient. Amis, intimes, anciens béguins, professeurs, parents, les célèbres et les obscurs : tous se trouvaient à présent révélés dans leur essence la plus vraie, invétérée et intelligible.

« Nous passions sans cesse d'une analyse dont nous étions nous-mêmes l'objet en tant qu'individus à un examen des cultures que nous connaissions[49] », raconta Mead plus tard. Si son mariage avec Fortune avait été un échec, c'est parce qu'ils étaient constitutionnellement mal assortis, comme elle l'avait été avec Cressman. Bateson et elle, en revanche, se convenaient comme la main et le gant, leurs tempéraments innés se complétant au lieu d'entretenir un conflit inhérent. Quant à l'amour persistant de Mead pour Benedict, à son impossibilité de se fixer sur un type de relation, que ce soit avec une personne ou avec un genre, elle y voyait désormais moins un problème personnel et intime qu'une simple incompatibilité entre son propre tempérament et la société dans laquelle elle était née.

Ils n'avaient qu'à s'arracher à la moustiquaire pour voir tout cela en action. Mead et Fortune, rejoints désormais par Bateson, avaient passé des mois au milieu de gens qui se comportaient différemment. La langue des Arapeshs possédait de nombreuses catégories de genre, et ne se limitait pas au masculin et au féminin ; ils n'établissaient pas de divisions très nettes entre ce que les sociétés occidentales considéraient comme un comportement sexuel normal ou déviant. Les Mundugumors montraient, quant à eux, le visage que pouvait prendre une société quand elle cédait aux soupçons et à la jalousie. Les femmes de Chambuli se chargeaient des récoltes, tandis que les hommes s'adonnaient à des activités artistiques. Comme le soleil matinal se levant sur un lac d'ébène, le monde semblait se déployer devant Mead et Bateson dans une nouvelle lumière, clarificatrice. Ils avaient forgé sur eux-mêmes et sur les sociétés parmi lesquelles ils résidaient à présent une théorie qui renversait les anciens modes de pensée, tout en offrant une nouvelle explication, libératrice, à leur propre situation compliquée. « C'est l'apogée du travail que j'ai accompli cette année », écrivit Mead à Benedict, « une combinaison d'anthropologie et de biographie révisée[50]. »

La théorie des carrés serpentait désormais à travers les notes que Mead et Bateson échangeaient quand ils étaient séparés. Fortune adhéra d'abord à ce projet. Il écrivit à Luther Cressman pour lui annoncer que tout était devenu parfaitement limpide, maintenant que Mead et lui avaient compris précisément pourquoi ils n'avaient pu que tomber amoureux lors du voyage depuis Samoa[51]. Fortune et Bateson eux-mêmes étaient peut-être amoureux, supposaient-ils, l'affection mutuelle des deux hommes se réfléchissant dans leur passion commune pour Mead[52].

Pourtant, Fortune fut rapidement pris de doutes. Mead et Bateson avaient partagé leurs secrets les plus profonds en sa présence. Ils passaient de longues heures à ergoter sur leur nouvelle théorie, en le laissant accomplir seul le travail pratique sur le terrain. Après son engouement initial pour les carrés, il se sentait plus en porte-à-faux que jamais. Partager les intimités d'un partenaire avec un autre était la pire des trahisons, déclara-t-il à Mead, en amitié comme dans un couple. Elle avait même confié à Bateson où Fortune rangeait son pistolet et Bateson le lui avait alors confisqué, repris d'inquiétude à l'idée que Fortune n'en fasse usage dans une crise d'ébriété[53]. Les carrés, décréta ce dernier, n'étaient qu'un moyen de travestir le désir sexuel en science – un exercice d'étiquetage grossier, ridicule, dont le seul but était de se débarrasser de lui, une triade instable se transformant douloureusement en une harmonie binaire.

Au printemps 1933, la situation dans la minuscule maisonnée était passée de tendue à explosive. Les carrés s'étaient transformés en une sorte de culte privé, Mead inventant des formes d'art, des rituels et même des types de cuisine caractérisant, selon elle, les différents tempéraments. Quand elle partait en visite dans une maison chambuli, Fortune et Bateson tuaient le temps en jouant aux échecs, les cases de l'échiquier rappelant avec acuité le monde mental que Mead et ce dernier s'étaient créé. Au cours d'une énième dispute, Fortune envoya Mead à terre d'un coup de poing. Il s'avéra alors qu'elle était enceinte. Un médecin lui avait dit un jour qu'elle aurait les plus grandes difficultés à concevoir un enfant, et elle affirmerait plus tard qu'elle avait fait une fausse-couche à la suite de cet incident. La réaction de Fortune, se rappellerait-elle, avait été d'en imputer la faute à Bateson. « Gregory a mangé notre bébé[54] », n'avait-il cessé de répéter, pris de démence.

Hallucinations dues au paludisme, piqûres de moustiques, cliquètement d'une machine à écrire, lente rotation d'un gramophone à manivelle, forêt obscure et lac noir, huttes tribales froides et humides ornées de terrifiants masques sculptés, extase de la découverte et, toujours, l'éloignement, en amont de nulle part, un profond sentiment de solitude absolue : les trois anthropologues s'étaient enfoncés dans une folle spirale de cris et d'absences, suivis de retrouvailles et d'une paix glaçante, tout cela aboutissant à une quête de vision inventée de toutes pièces qui représentait, croyaient-ils, une nouvelle forme de science. « Il y avait une bonne dose de religion dans nos cœurs à tous », écrivit Mead à Benedict, « et tout paraissait clair[55]. »

La situation devenait intenable.

Fortune souffrait de fièvre. Mead se remettait d'une piqûre de scorpion et était plus ou moins immobilisée. Tout travail était impossible, même pour Bateson. Plus tard dans le courant de l'été, ils décidèrent qu'il était temps de quitter le terrain et d'essayer de mettre un peu d'ordre dans ce chaos – les carrés, le couple Mead-Fortune, l'avenir éventuel de Bateson avec Mead – dans un cadre plus posé et plus familier.

Embarquant à bord d'un schooner, ils descendirent lentement le fleuve à la voile et, depuis la côte, prirent un navire à vapeur à destination de l'Australie. Le voyage fut « atroce[56] », relata Mead plus tard. Ayant rencontré une ancienne petite amie à bord, Fortune décida de rester avec elle lors du débarquement. Mead espérait que ce nouveau centre d'intérêt lui ménagerait de plus nombreuses occasions de tête-à-tête avec Bateson. Un photographe de presse immortalisa leur arrivée à Sydney, un léger sourire aux lèvres, Mead prise en sandwich entre les deux hommes de sa vie, tous ayant troqué leurs cotonnades tropicales contre des vêtements de tweed, se glissant dans leurs peaux d'autrefois. Mais voilà qu'à cet instant précis, une ancienne amie de Bateson remonta le quai et le prit par le bras, condamnant Mead déconfite à les voir, Fortune et lui, s'éloigner de l'embarcadère avec une autre femme qu'elle.

Ils ne tardèrent cependant pas à se retrouver et prirent des appartements dans le même immeuble : Mead et Fortune à un étage, l'ex de Fortune sur le même palier, Bateson un étage plus bas. Mead voyait essentiellement ce dernier au restaurant, avec des amis. Les prises de bec et les querelles avec Fortune se poursuivirent. Un jour, au milieu d'une nouvelle dispute, Mead l'invectiva en samoan. Il la frappa violemment, sans doute au visage[57]. Elle l'avait « poussé à bout », lui expliqua-t-il ensuite, tout en se disant désolé[58]. Un peu plus tard, à la fin du mois d'août, elle lui prépara un déjeuner de fête dans leur appartement. Il enfila un costume neuf et apporta des fleurs, du sherry et du fromage. L'espace d'une heure, la vie sembla reprendre son cours normal. Mais après le repas, Mead sortit… et se dirigea droit vers l'embarcadère, où elle monta sur la passerelle d'un vapeur en partance pour Hawaï, puis pour les États-Unis[59].

« Oh, Ruth, c'est tellement merveilleux, tellement merveilleux de revenir vers toi », écrivit-elle à Benedict en plein Pacifique. « C'est tellement merveilleux d'aimer quelqu'un avec une telle assurance[60]. » À Sydney, Bateson et Fortune continuèrent à jouer aux échecs, s'efforçant calmement de tirer le meilleur parti de l'épouvantable pagaille dont ils étaient tous responsables, avant de reprendre eux aussi la route, pour regagner tous deux la Grande-Bretagne. « Il paraît qu'il y a des démons en Nouvelle-Guinée », expliqua plus tard Bateson à un ami. « Si c'est vrai, ils ont peut-être contribué à créer cette atmosphère insensée[61]. »

À bord du vapeur, Mead arpentait les ponts seule, n'adressant la parole à personne, sauf pour quelques conversations insipides pendant les repas. Il lui arrivait parfois de regarder un film, mais elle passait l'essentiel de son temps à ruminer : sur Fortune et Bateson, sur la poursuite de sa carrière, sur son mariage condamné et sur la liaison naissante qu'elle avait dissimulée à tout le monde ou presque[62]. Quand elle arriva enfin à New York, elle essaya d'expliquer la situation à l'unique personne qu'elle savait capable de la comprendre – Benedict –, mais le seul langage que Mead fut capable d'utiliser pour décrire ce qui s'était passé était celui des carrés : l'impossibilité d'un « mariage en diagonale » entre Septentrionaux et Méridionaux, le bonheur naturel de l'« endogamie » à l'intérieur du carré auquel on appartenait, la perversité d'une union qui semblait s'opposer de front à son propre tempérament[63]. Benedict resta perplexe, cherchant vainement à donner un sens à tout cela. Elle s'inquiétait pour la santé de Mead et pour sa réputation académique si elle s'aventurait à publier pareil fatras. « Il me semble que mon seul motif d'inquiétude est de te voir attaquée professionnellement pour ta kyrielle de maris[64] », lui déclara-t-elle.

Mead avait précédemment affirmé que l'année qui avait suivi son retour de Samoa avait été « l'enfer[65] ». Son mariage avec Cressman avait pris fin, et elle se consumait de désir pour Fortune. Et voilà qu'elle se retrouvait exactement au même point, Fortune assumant le rôle du conjoint abandonné. Tous les deux ou trois jours, Mead et Fortune s'adressaient réciproquement un message enflammé sur les heures agitées qu'ils avaient vécues sur les rives du Sepik. La lettre mettait des semaines à arriver, et de nouvelles semaines s'écoulaient avant que la réponse cinglante ne parvienne à l'expéditeur. Parfois, les missives arrivaient par lot, chacune ayant été écrite à un moment et dans un état d'esprit différents, livrées par les services postaux en une fois et lues par le destinataire dans une surdose de douleur et de dépit.

Ils revivaient la souffrance, l'euphorie et la trahison, ressassant le passé en se livrant à l'autopsie obsessionnelle commune aux unions qui se défont. Elle cherchait à manier calmement persuasion et fermeté. Il poignardait la page de la plume de son stylo à encre, sillonnant le papier avec rage avant de se complaire dans un compte rendu de ses propres émotions dans le plus pur style courant de conscience. Il était capable de décocher des flèches acérées avec la précision d'un guerrier de Nouvelle-Guinée, parfois empennées de théorie sociale ou des dernières avancées en psychologie.

> Cesse d'inventer de nouvelles constructions de tempérament pour tracer des cercles autour de tes préférences – admets que tes préférences sont celles de baiser qui tu veux sur le moment –, n'invente pas de sagas ni d'épopées à ce sujet, ne condamne pas le caractère de X simplement parce que tu as envie de baiser avec Y. Si tu ne peux pas obtenir Y autrement, passe-toi de lui. Je n'ai pas particulièrement envie de te baiser en ce moment – ton esprit a besoin de repos et tu le gardes trop près de tes subterfuges pour aimer[66].

Les théories de Mead, lui crachait Fortune depuis l'autre bout du monde, ne servaient qu'à justifier son comportement condamnable. Quant à lui, il fit un feu de joie de ses notes de terrain, un des nombreux brasiers qu'il allumerait au fil de sa carrière dans des crises de colère ou d'indifférence[67].

Parcourant les rues de Manhattan, Mead sentait son cœur bondir chaque fois qu'elle apercevait un homme de haute taille au milieu de la foule. Elle ne pouvait s'empêcher d'espérer que c'était Bateson, descendant du ciel pour la sauver tel le héros d'un conte traditionnel zuni[68]. Il lui disait que lorsqu'ils repenseraient à tout cela, ils verraient leur propre *ecdysis*, un mot qu'il avait appris pendant ses excursions d'enfant avec son père : le processus par lequel les arthropodes se dépouillent de leur vieille carapace pour en fabriquer une nouvelle[69].

Depuis que Mead avait rejoint Fortune pour leur première expédition en Mélanésie, Benedict et elle avaient conclu un pacte à propos de leur propre relation. Elles s'étaient juré un amour éternel, qu'aucun mariage et aucune aventure de traversée ne pourraient jamais ébranler. L'intimité physique entre elles n'était pas exclue, mais dépendrait des circonstances[70]. La rupture du couple que Benedict formait avec Stanley était désormais effective. Ils avaient longtemps vécu chacun de son côté, faisant leurs propres rencontres, et s'étaient officiellement séparés en 1930[71].

Durant tout le temps que Mead avait passé en Nouvelle-Guinée, Benedict avait été son étoile polaire – la personne avec laquelle elle partageait ses idées et ses triomphes, ses nouvelles du terrain, son désarroi concernant son avenir avec Fortune et l'apparition exaspérante, merveilleuse, inopinée, de Bateson. Benedict, quant à elle, lui adressait un flot régulier de lettres et de colis contenant les ragots du département, des articles de presse, quelques volumes de Virginia Woolf et d'autres de Dostoïevski. Elle lui envoyait aussi les fractions d'un manuscrit sur lequel elle travaillait et qu'elle espérait que Mead, Fortune et Bateson liraient[72].

Pendant que, sur les berges du Sepik, le trio décryptait les carrés, Benedict avait mis au point sa propre contribution à la grande théorie. Laissant Mead et Bateson chercher à organiser les données intimes de leurs passions et insatisfactions personnelles, Benedict espérait donner du sens aux masses d'informations ethnographiques que ses amis et collègues avaient rassemblées au fil des ans. Elle ne dessinait pas de cases et ne rangeait pas les gens dans de nouvelles catégories inventées de toutes pièces comme prétendaient le faire Mead et Bateson. Elle utilisait le terme plus modeste de *patterns**, « modèles ».

Benedict n'avait plus mis les pieds sur le terrain depuis la fin des années 1920, mais elle était l'amie de longue date, la confidente et la responsable du courrier du cœur de gens qui faisaient ce travail et qui cherchaient, pour beaucoup, à parler plus fort les uns que les autres

* Ce terme a été traduit par « échantillons » dans l'édition française du texte de Benedict.

aux séminaires du mardi chez Boas : les aventures de Fortune parmi les sorciers de Dobu, le travail de Ruth Bunzel dans les pueblos, les voyages de Mead chez les Samoans et les habitants de maisons sur pilotis à Pere, et même les notes qu'avait prises Boas lui-même bien longtemps auparavant sur les routes littorales et boueuses du Nord-Ouest Pacifique. « L'anthropologie est l'étude de la vie sociale chez les hommes[73] », affirmait Benedict catégoriquement au début du manuscrit. Au fil des centaines de pages qui suivaient, elle exposait précisément pourquoi cette idée était importante.

Il ne peut y avoir de vraie analyse des sociétés humaines sans prendre comme point de départ que notre conception du monde n'est pas universelle, expliquait-elle. Toutes les sociétés, y compris la nôtre, souffrent de la tyrannie de la lettre majuscule : nous avons tendance à faire de notre propre comportement le synonyme de ce que nous appelons Comportement, et des manières qui nous paraissent naturelles l'équivalent de ce que nous appelons Nature humaine. Or toutes les sociétés ne sont en réalité que les segments d'un « grand arc » de comportements possibles[74]. Le segment particulier que développe une société dépend d'une multitude de facteurs accidentels, d'éléments fournis par la géographie, l'environnement ou les besoins humains fondamentaux, jusqu'à des emprunts plus ou moins arbitraires aux sociétés voisines. Ces choix peuvent être relativement durables, ce qui permet aux anthropologues de les étudier dans leur contexte – de consigner, dans une société donnée, comment les bébés naissent, comment les garçons accèdent à l'âge adulte ou comment les filles sont mariées correctement et rapidement. Mais ils ne sont jamais immuables. Toutes les sociétés évoluent.

En même temps, poursuivait Benedict, les cultures ne sont pas un assortiment arbitraire de traits – « une sorte de monstre mécanique à la Frankenstein, avec un œil droit des îles Fidji, un œil gauche d'Europe, une jambe de la Terre de Feu et une autre de Tahiti[75] ». Elles ont du sens pour elles-mêmes ; elles possèdent une certaine cohérence, un sens de l'intégration, qui permet aux individus appartenant à telle ou telle société de trouver leur voie de l'enfance à l'âge adulte. Être un membre bien adapté d'une société, c'est comprendre ses modèles de vie fondamentaux – ses « configurations culturelles » de base, ou *Gestalt*, comme disait Benedict, empruntant un terme allemand issu de la psychologie : la complétude d'une chose, la somme de qualités qui la rendent unique. Elle emprunta deux termes supplémentaires à une autre source allemande, le philosophe Friedrich Nietzsche, qui les avait lui-même tirés de la mythologie grecque. Les sociétés « apolliniennes » étaient celles dont les configurations culturelles mettaient l'accent sur l'ordre, les règles, la communauté, le contrôle et les limites ; les sociétés « dionysiennes » favorisaient à l'inverse la disruption, la liberté, l'individualisme, l'expression et l'absence de limites.

Il serait absurde d'allonger n'importe quelle société humaine complexe sur le « lit de Procuste de quelque caractérisation tapageuse[76] », mettait-elle en garde. En revanche, prêter attention aux configurations générales permettait de saisir ce qui rendait une société à la fois différente de toutes les autres et intrinsèquement significative en soi – sa conception de la vie sociale, de la coutume et du rituel, sa définition des objectifs et des trajectoires de la vie elle-même. Benedict exposait ensuite comment tout cela fonctionnait dans des chapitres consacrés aux habitants des pueblos, de Dobu et de la côte Nord-Ouest – les premiers apolliniens, les deux autres dionysiens.

Vers la fin de son manuscrit, Benedict en venait à ce qui serait l'apport réel de son travail. En réalité, son ouvrage ne traitait ni des Zunis ni des Kwakiutls. C'était une remarquable illustration de ce que pouvait impliquer une perspective anthropologique de l'existence. Les sociologues avaient eu tendance à considérer que l'analyse culturelle prenait place dans des cases géographiques. On pouvait examiner telle culture *ici*, telle culture *là-bas*. Ces unités étaient habituellement désignées sous l'étiquette de tribus, peuples, villages ou groupes ethniques. Certains anthropologues avaient parlé de « zones culturelles » – une aire géographique que couvrait une seule et vaste culture – et les musées organisaient leurs collections en ce sens : une salle consacrée aux peuples du Pacifique, par exemple, ou une vitrine dédiée aux tribus des Grandes Plaines dont les membres tiraient des travois, exactement comme Boas l'avait conseillé avec force bien longtemps auparavant lors de sa querelle avec la Smithsonian Institution.

Il était pourtant possible de voir les choses différemment, faisait remarquer Benedict. La géographie pouvait, certes, délimiter certaines configurations culturelles. Un village isolé situé dans une forêt reculée, entretenant peu de contacts avec l'extérieur, pouvait constituer sa propre zone culturelle. Néanmoins, ainsi que l'avait suggéré Edward Sapir, une usine Ford ou Greenwich Village pouvaient présenter leurs propres comportements parfaitement intégrés, un certain sens de l'ordre moral, un accord tacite sur la bonne ou la mauvaise tenue vestimentaire, sur la façon correcte de s'exprimer, une série complexe de procédures et de règles admises par tous. Pour l'observateur extérieur, la clé consistait à devenir ce que Benedict appelait *culture-conscious*, « conscient de la culture » : comprendre avec une parfaite lucidité que votre propre réaction instinctive à la différence – quelque chose qui vous restait coincé dans la gorge, une certaine exaspération devant la stupidité d'une autre société, voire un dégoût viscéral – était en réalité un choc entre deux mondes, chacun doté de ses modèles personnels. Aucune institution, aucune habitude, aucune façon d'agir considérée comme fondamentale et normale par une société donnée n'était inéluctable. Elles étaient toutes – jusqu'aux déjeuners du Rotary Club et aux dîners de la table d'honneur – des sélections à partir du « grand arc de cercle des buts et des motifs humains en puissance[77] ».

Il n'y avait pas lieu de s'en affliger, concluait Benedict. Au contraire, cela devait nous inspirer un profond sentiment d'espoir au sujet de l'humanité et de notre aptitude à nous comprendre. Elle avait eu son dernier paragraphe à l'esprit dès les premières pages de son manuscrit et, d'une certaine manière, toute sa vie durant. « L'acceptation de la relativité culturelle », écrivait-elle, mentionnant clairement pour la première fois l'idée centrale du cercle de Boas dans un texte de grande envergure, « implique de nouvelles valeurs qui n'ont pas besoin d'être celles des philosophies absolutistes. »

> Elle défie les opinions habituelles et cause à ceux qui ont été nourris d'elles un malaise aigu. Elle engendre le pessimisme parce qu'elle met le désordre dans les vieilles formules, mais non parce qu'elle contient quelque chose d'intrinsèquement difficile. Dès que la nouvelle opinion est prise comme croyance habituelle, il se lève un nouveau rempart de la bonne existence. Nous arriverons ainsi à une foi sociale plus réaliste, en acceptant comme fondements d'espérance et comme nouvelles bases de tolérance les types de vie coexistants et tous également valides que l'humanité a bâtis pour elle-même avec les matériaux bruts de la vie[78].

En quelques lignes, elle réussissait non seulement à proposer un énoncé concis de la relativité culturelle, mais fournissait aussi une définition plus limpide que tous ses prédécesseurs de la manière dont la science sociale pouvait constituer son propre modèle de vie. Ses voyages dans le sud-ouest des États-Unis, la lecture des comptes rendus de recherches sur le terrain d'autres anthropologues, son propre sentiment de malaise presque partout où elle allait : elle avait fini par distiller tout cela dans un code à la fois analytiquement pénétrant et profondément moral.

« Le livre de Ruth est terminé, et il n'est pas très bon[79] », écrivit Mead à Bateson après en avoir vu un brouillon. Elle espérait plus d'ambition, plus de théorie, plus d'élan, autant de qualités que les collègues masculins de leur cercle appelaient de leurs vœux depuis longtemps et qu'elle-même avait cherché à réaliser avec ses carrés. En réalité, *Échantillons de civilisation* de Benedict, publié par Houghton Mifflin en 1934, exercerait une influence plus durable que tout ce qu'eux-mêmes écriraient jamais. On peut aller jusqu'à affirmer que ce livre devint l'ouvrage de grande théorie anthropologique le plus cité et le plus enseigné qui ait jamais existé, en même temps qu'une « propagande pour l'attitude anthropologique[80] », comme l'affirma Alfred Kroeber à l'époque. Par ce livre, Benedict fit découvrir aux lecteurs « la doctrine de la relativité culturelle », releva un critique du *New York Times*, premier journal national à employer cette expression[81]. Au cœur de cette doctrine, estimait Benedict, se trouvait une éthique fondatrice qui s'appliquait aux individus aussi bien qu'à des sociétés entières. C'était ce qu'elle s'efforçait de dire, d'une manière ou d'une autre, depuis son enfance, à travers les cris de sa mère désespérée, à travers son statut subalterne de femme professeure et son amour sans nom pour Mead : il n'existe pas d'être humain défectueux.

« C'est drôle, tu sais, je suis tout à fait prête à admettre que j'étais dans un état extraordinairement anormal quand je me suis livrée à ces réflexions sur les rives du Sepik et que j'ai élaboré un grand nombre de fausses analogies et de constructions impossibles[82] », écrivit Mead à Bateson au moment même où Benedict préparait *Échantillons de civilisation* pour l'impression. Tout cela avait été une sorte de fausse religion, estimait-elle, et elle cherchait encore à comprendre ce qui s'était passé. « C'était évidemment une forme de folie, un rythme de réflexion et de sentiment que l'on ne peut pas maintenir plus d'une semaine environ sans chercher à mordre dans quelque chose de trop vague pour avoir de l'importance ; mais il me semble que c'était le genre de folie grâce à laquelle, si on ne se brise pas net et si l'on a un minimum d'intelligence et d'expérience intellectuelle, on peut faire naître de nouvelles idées[83]. » Qu'ils aient tous été amoureux les uns des autres, ajoutait-elle, y avait également contribué, cet étrange triangle d'obsession, de passion physique et de vertige intellectuel, chacun s'efforçant de l'intégrer dans une sorte de cadre raisonnable.

Les recherches sur le terrain détruisaient des mondes. Les mariages se brisaient. De vieilles relations s'étiolaient. Les ambitions juvéniles finissaient par paraître dépassées. Pour faire un bon travail d'anthropologie, il fallait tourner le dos à tout ce qui était familier et rejeter ce qui passait pour votre version personnelle du bon sens en tâchant d'absorber le savoir d'un autre lieu. L'anthropologie pouvait créer son propre vertige intellectuel. La contrepartie était un regard libérateur et original sur votre propre société, dépouillée de ce qui la rendait spéciale et s'imposant par là même comme une des multiples manières de structurer le monde social. Et si vous vous étiez toujours senti vaguement en porte-à-faux dans votre propre culture – un « anormal » ou un « déviant », un « inverti » sexuel ou un « type mixte », comme l'écrivait Benedict dans son propre ouvrage –, vous pouviez ainsi acquérir une nouvelle panoplie d'outils qui vous permettraient de comprendre pourquoi votre vie personnelle avait été un tel combat.

Ces idées aidèrent Mead et Benedict à donner un sens à la relation qu'elles entretenaient depuis plus de six ans : tantôt physique, tantôt non, mais toutes deux toujours étroitement attachées l'une à l'autre par un lien éternel. « Le genre de sentiment que tu as classé comme "homosexuel" et "hétérosexuel" est en réalité un "sexe adapté à des tempéraments identiques ou compris" face à un "sexe adapté à une relation d'étrangeté et de distance[84]" », avait écrit Mead à Benedict depuis les rives du Sepik. « Je crois que tout être doté d'une sexualité ordinaire possède une faculté d'expression sexuelle "homosexuelle" diffuse et d'orgasme spécifique – en fonction du moment et du tempérament. Qualifier de "féminins" les hommes qui préfèrent l'expression différente et de "masculines" les femmes qui ne ressentent que l'expression spécifique ou les deux "types mixtes", c'est compliquer beaucoup les choses. » Dans une certaine mesure, tout était de l'ordre de la potentialité, jusqu'à ce que les circonstances et l'ensemble de règles dans lesquelles on est né vous entraînent dans une direction précise. Mead le constatait en elle-même, dans ses propres aspirations et désirs, et l'observait chez d'autres chaque fois qu'elle allait sur le terrain.

Le prix de cette méthode, toutefois, était une forme de folie intentionnelle. Si votre sens de la réalité était façonné par un temps et un lieu particuliers, la seule manière de vous libérer était de sortir de votre esprit : de dépasser les structures mentales que vous saviez réelles, vraies et évidentes. « Nous étions partis dans un long voyage de découverte sans repères culturels pour nous guider », déclara Bateson à Fortune à propos du Sepik. « Toutes les expéditions de ce genre se payent cher, et nous avons tous plus ou moins traversé l'enfer[85]. » Mais c'était le genre de démence qui pouvait, moyennant un minimum de contrôle, produire de nouvelles idées, et même des êtres nouveaux – éduqués dans l'art d'épouser une manière d'être étrangère. « Avant, je n'étais rien, un enfant », reconnaissait Bateson, « maintenant, je suis plus ou moins adulte et anthropologue… Cela valait-il ce que ça m'a coûté, je n'en sais rien – un nouveau savoir ne peut probablement s'acquérir qu'en s'éloignant de la culture (ancien savoir) et beaucoup le font sans rien y gagner[86]. »

Et les carrés dans tout cela ? Mead et Bateson avaient continué à entretenir une correspondance suivie depuis qu'elle avait quitté Sydney, sur le même type de feuillets que ceux qu'ils avaient échangés pendant des mois en Nouvelle-Guinée. Ils tapèrent à la machine des descriptions générales de la théorie des carrés et dessinèrent des diagrammes complexes représentant chacun des quatre types principaux. En pure perte. Cette théorie n'était ancrée dans aucune donnée observable, estimait Benedict. Fortune s'obstinait quant à lui à n'y voir que confusion – science d'amateur au mieux, fantasme au pire. « Tu as été tellement emballée par son utilité pour ta cause que tu y as cru », écrivit-il à Mead. « J'espère sincèrement que tu n'en as pas parlé à Boas[87]. » Elle s'en était effectivement abstenue.

Pourtant, quelques mois après son retour de Nouvelle-Guinée, Mead écrivait à Bateson pour lui faire part de nouvelles idées qui lui étaient venues à partir de tout le bazar du Sepik[88]. Et si la question clé n'était pas la case dans laquelle entraient les individus, mais plutôt la manière dont différentes sociétés uniformisaient certains tempéraments précis chez les individus ? C'était l'image inversée du problème auquel Benedict s'était attelée dans *Échantillons de civilisation.* Cette dernière cherchait à définir les formes dominantes que l'on pouvait attribuer à une société ; Mead se demandait quant à elle comment ces formes structuraient la vie des individus – ce qui, fondamentalement, était précisément ce que les théorisations échevelées à propos des carrés avaient cherché à faire.

C'était à propos des femmes et des hommes, disait Mead, qu'il était le plus facile de l'observer. En Nouvelle-Guinée, ils avaient vu des hommes qui s'habillaient en femmes, des femmes qui assumaient le rôle social d'hommes, ainsi que toutes les formes intermédiaires. Décrire les choses en ces termes tenait toutefois de la camisole de force conceptuelle. Mead cherchait à expliquer un monde social entièrement différent en ne s'appuyant que sur les catégories binaires de mâle et de femelle qu'elle connaissait à partir de sa propre société. Celle-ci – « nos cultures modernes personnelles[89] », comme elle disait – avait sélectionné un élément qu'elle avait appelé « sexe » et en avait fait le site du tempérament fondamental d'un individu. On attribuait aux hommes et aux femmes biologiques des caractéristiques essentielles que tous les membres de cette culture pouvaient décrire couramment. L'audace, l'agressivité et la domination avaient été cataloguées comme masculines ; la douceur, la fibre maternelle et la créativité comme féminines. Pourtant, personne au sein de sa société n'avait tendance à associer de grandes oreilles ou des yeux verts à des traits de caractère inhérents ; tout le monde aurait jugé complètement idiot de prétendre, par exemple, que les gens aux oreilles décollées manquaient de volonté. L'évolution de sa culture, disait-elle, avait érigé le fait d'être homme ou femme, et non celui d'avoir les oreilles décollées ou les yeux verts, en méthode fondamentale, binaire et profondément significative pour classer la réalité.

Or on pouvait très bien imaginer une façon différente d'organiser une société. Les carrés avaient été une tentative en ce sens, élaborée de toutes pièces du fond de sa déprime paludéenne. Les Arapeshs, les Mundugumors et les Chambulis en constituaient d'autres. Mead avait enfin trouvé comment relier tous ces exemples dans une vision d'ensemble.

Son nouveau livre, qu'elle intitula *Sex and Temperament* [*Trois sociétés primitives de Nouvelle-Guinée*] fut publié en 1935, tout juste un an après *Échantillons de civilisation* de Benedict. Il était dédié à Boas et incluait des remerciements destinés à Fortune – avec qui Mead était toujours mariée et formait en apparence, aux yeux de tous hormis leurs plus proches amis, un ménage heureux. William Morrow se chargea à nouveau de publier l'ouvrage à destination d'un vaste public. Elle en envoya un exemplaire à Fortune, qui lui répondit qu'il le trouvait « brillant[90] ».

Trois sociétés primitives de Nouvelle-Guinée représentait la tentative la plus sérieuse de Mead pour associer travail de terrain et théorie sociale de grande envergure. Elle s'efforçait également dans ces pages de rattacher à ses propres réflexions sur le sexe et le genre le regard sur la race que Boas avait cherché à inculquer à ses élèves[91]. Notre société investit beaucoup dans les différences sexuelles, écrivait-elle. Elle attend des hommes et des femmes qu'ils se comportent différemment, dès la naissance, simplement du fait de leur biologie. « Chacun courtise, se marie, a des enfants, selon un type de comportement qu'on croit inné, et par conséquent propre à son sexe[92]. » Nous élaborons notre argot, nos blagues, notre poésie, notre obscénité et même notre médecine autour de la conviction que sexe et comportement social vont de pair. Les gens qui ne s'intègrent pas dans le type qu'on leur désigne – ceux qu'on appelle des hommes efféminés, par exemple, ou des femmes hommasses – paraissent en décalage avec l'ordre naturel des choses.

Les sociétés occidentales considéraient que les différences entre hommes et femmes étaient naturelles, d'origine divine et évidentes. Toutes les sociétés attribuaient des rôles sociaux aux hommes et aux femmes biologiques. Mais que ces rôles sociaux soient obligatoirement et strictement liés à la biologie elle-même n'était pas une caractéristique universelle des cultures humaines, observait-elle. Même si l'on pouvait démontrer qu'en moyenne les hommes biologiques étaient enclins à se comporter de telle manière et les femmes biologiques de telle autre, vous vous retrouviez inéluctablement face au double problème que Boas avait identifié longtemps auparavant à propos de la race. Primo, le degré de différence au sein de chaque catégorie avait de bonnes chances d'être supérieur à celui qui distinguait les catégories entre elles : tous les hommes n'étaient pas séparés de toutes les femmes par un immense fossé comportemental. Secundo, il n'existait pas de méthode évidente permettant de distinguer les comportements qui étaient le produit de facteurs sociaux de ceux qui étaient censés être innés. La seule chose universelle, affirmait Mead, était l'existence indépendante de rôles sexuels et de différences de personnalité, c'est-à-dire de ce qu'elle appelait tempérament. Les sociétés différaient dans la manière dont elles établissaient des liens entre ces deux éléments – autrement dit, les tempéraments spécifiques *assignés* à la masculinité et à la féminité n'étaient pas forcément identiques d'une société à l'autre. On ne pouvait pas commencer à parler de différences profondes entre les sexes tant qu'on ne comprenait pas en amont les qualités prétendues qu'une société attribuait à chaque sexe. En fait, il fallait également chercher à savoir si une société se souciait vraiment d'assigner des qualités uniques à tel ou tel sexe. Elle avait sous la main trois sociétés très différentes qui, selon elle, ne le faisaient pas.

Prenez les Arapeshs et les Mundugumors, poursuivait-elle. Ces deux communautés attribuaient des rôles différents aux hommes et aux femmes. Les Mundugumors estimaient que la pêche était une activité essentiellement adaptée aux femmes, alors que les Arapeshs considéraient que la peinture en couleurs était le domaine réservé des hommes. Pourtant, aucune de ces sociétés ne semblait croire que ces rôles étaient liés de près ou de loin à des différences de tempérament naturel entre les sexes. Les femmes étaient plus compétentes pour transporter de lourdes charges, disaient les Arapeshs. Mais c'était uniquement parce qu'ils pensaient que les femmes avaient des têtes plus dures et plus solides, et non parce qu'ils estimaient que les femmes étaient adaptées par essence à accomplir des tâches serviles. Si l'éducation des enfants réclamait la coopération des hommes et des femmes, ce n'était pas parce qu'on attribuait aux deux sexes des qualités naturelles « maternelles » – au contraire, les Arapeshs pratiquaient aussi l'infanticide. C'était plutôt, dans l'interprétation locale, parce que la procréation était le fruit de multiples actes sexuels entre un homme et une femme. Les enfants étaient façonnés et « nourris » par le couple, à travers leurs relations sexuelles, pendant la période de gestation. Aussi semblait-il naturel que les parents continuent à collaborer pour élever l'enfant après sa naissance.

Si l'on avait insisté auprès des Arapeshs pour qu'ils exposent leur conception de l'individu idéal, ils auraient décrit quelqu'un de doux, de dévoué et de soucieux du bien de la communauté, pour recourir à un vocabulaire occidental. Les Mundugumors, en revanche, semblaient avoir adopté une optique absolument inverse : ils considéraient l'agressivité, la possessivité et la suspicion comme des qualités idéales.

C'était une société de rivalité et de méfiance, rapportait Mead, divisée en longs groupes de lignées complexes détenant collectivement des biens qu'ils défendaient contre toute une série d'agresseurs présumés. La seule activité qui semblait souder cette communauté était les opérations de chasseurs de têtes qu'ils menaient contre leurs voisins. Mais femmes et hommes étaient censés partager à égalité les caractéristiques préférées de toutes ces sociétés.

Et puis il y avait les Chambulis. Ceux-ci avaient tendance à confier le rôle d'artistes aux hommes, qui passaient leurs journées à réaliser des peintures sophistiquées, à sculpter des masques de bois et à danser – un *sing-sing*, disaient-ils – pendant que les femmes pêchaient et préparaient les repas. Toutefois, s'agissant de la répartition inhérente de leurs potentialités, les Chambulis n'établissaient pas non plus de distinction entre hommes et femmes. Ils organisaient même régulièrement des fêtes dans lesquelles les identités sexuelles s'inversaient, de grands bals masqués où les hommes s'habillaient en femmes et où les femmes mimaient l'accouplement.

Quelle était l'origine de tous ces rôles sexuels ? s'interrogeait Mead à la fin de son étude. Les sociétés occidentales avaient appris avec le temps à associer des tempéraments spécifiques aux rôles sociaux qu'elles attribuaient aux sexes biologiques. Dans la mesure où, de manière générale, les femmes se voyaient attribuer la fonction de mères nourricières, il était commode de penser que les femmes étaient naturellement prudentes, attentives, et soucieuses du bien-être des enfants. Les hommes se voyant confier le rôle de politiciens et de guerriers, il était tout aussi commode de croire que les hommes biologiques étaient dotés de discernement et de bravoure. Néanmoins, considérer que cet alignement entre sexe et tempérament était la seule possibilité d'organisation sociale revenait à confondre l'effet et la cause. Les rôles sexuels, affirmait Mead, étaient les premiers à apparaître, produit d'un long et complexe processus d'emprunts culturels, de compromis, de changement et de hasard. La « standardisation du tempérament sexuel », comme disait Mead, ne venait qu'ultérieurement, pour correspondre à ces rôles préexistants.

La vraie question qui se posait sur sa propre société, concluait-elle, était de savoir si les gens seraients prêts à admettre l'idée que le potentiel humain n'était pas inclus d'emblée dans les organes sexuels de chacun. Conformément aux usages sociologiques de son temps, Mead n'employait jamais le terme de *genre* dans un autre sens que linguistique. Toutes les langues qu'elle avait étudiées en Nouvelle-Guinée possédaient des genres multiples – les noms n'étaient pas seulement définis comme masculins, féminins et neutres, car il existait plus d'une dizaine d'autres catégories grammaticales permettant de classer un végétal, un oiseau ou un œuf de crocodile. Néanmoins, dans *Trois sociétés primitives de Nouvelle-Guinée*, elle chercha à établir une distinction éclatante entre le sexe-comme-biologie – tel ou tel type d'organes génitaux ou bien tel ou tel ensemble de caractères sexuels secondaires – et le sexe-comme-catégorie-sociale. Le premier pouvait être considéré comme une catégorie de faits biologiques, en tout cas pour tous les êtres humains à l'exception d'une petite minorité. Le second, que nous appelons aujourd'hui simplement « genre », était le produit d'un temps et d'un lieu précis – les positions sociales distinctes qu'une société donnée attribuait aux hommes et aux femmes, ou le répertoire de rôles, de comportements, d'attirances et de potentialités qu'elle mettait à la disposition des gens, sans guère se référer au sexe biologique.

C'était une adaptation du débat que Boas avait engagé plusieurs années auparavant à propos de la race, sur la distinction entre les différences physiques identifiables et la catégorie sociale. Les conclusions de Mead étaient le fruit de ce qu'elle avait appelé, dans sa correspondance avec Benedict, sa pratique de « biographie révisée », c'est-à-dire l'application des théories de sciences sociales à l'auto-analyse critique. Celle-ci avait produit les théorisations forcenées du Sepik, puis, de retour à New York, les textes académiques qui deviendraient *Trois sociétés primitives de Nouvelle-Guinée*. Mead avait enfin un moyen de comprendre sa propre nature mélangée, inadaptée, et cela lui permettait également de parler des tragédies et des passions d'un grand nombre des femmes et des hommes qu'elle avait connus dans sa vie depuis le temps de Barnard

College, de Benedict et de Fortune, et désormais de son plus récent amour, qui était aussi le plus libérateur : Bateson.

Les cultures sont des tailleurs rusés. Elles coupent des vêtements comme cela leur convient, puis travaillent dur à remodeler les individus pour que ces vêtements leur aillent. Benedict s'était penchée sur les modèles culturels d'une société donnée, et Mead s'était intéressée à la manière dont les sociétés limitent et canalisent les tempéraments individuels. La vraie libération ne consistait pas forcément à rendre les femmes plus masculines ni à permettre aux hommes d'être efféminés. Elle consistait à débarrasser le potentiel des êtres humains des rôles fabriqués par la société, à considérer chaque individu comme un ensemble de possibilités susceptibles d'être exprimées sous de multiples formes créatives. Le changement culturel intervenait quand suffisamment de gens commençaient à remarquer que les vieux habits ne leur allaient tout simplement pas.

La société occidentale cherchait obstinément à considérer les gens comme les « types » d'une réalité innée, plus profonde. Le genre ne fonctionnait pas autrement que la race ou la forme crânienne – c'était une autre manière encore de réduire l'aptitude individuelle en l'enfermant dans une case. « L'on peut concevoir que, au lieu de se régler sur des catégories aussi simples que l'âge ou le sexe, la race ou la position dans la lignée familiale », concluait Mead dans *Trois sociétés primitives de Nouvelle-Guinée,* « une civilisation puisse reconnaître droit de cité à des formes de tempéraments aussi nombreuses que variées[93]. » Agir autrement n'était pas, à la base, une question d'injustice ou d'oppression (comme on l'affirmerait plus tard), bien que cela produisît les deux en abondance. C'était simplement un terrible gâchis, un vaste gaspillage de talents, d'énergies et d'aptitudes, tous refoulés à l'intérieur d'individus contraints de vivre tragiquement comme des « moins que ».

12

ROYAUMES SPIRITUELS

Sex and Temperament [*Trois sociétés primitives de Nouvelle-Guinée*] de Mead fut publié la même année que *Mules and Men* de Hurston. L'ouvrage de la première fut présenté comme une audacieuse affirmation sur le sexe et les aptitudes, celui de la seconde comme l'exposé d'une auteure noire sur la culture noire, ou, pour reprendre la formule d'un critique de la *New Republic*, sur « la vie d'un Nègre simple dans les petites villes et les trous perdus de Floride[1] ». Ainsi, des textes sur les Samoans ou les Néo-Guinéens étaient salués comme des commentaires sur les traits universels de la société humaine, mais un livre sur les Afro-Américains n'était rien qu'un pittoresque spécimen d'art narratif.

Hurston se trouvait pourtant au sommet de sa puissance d'écrivaine et d'intellectuelle. Elle avait publié deux ouvrages dont les grands journaux s'étaient fait l'écho et préparait un doctorat. Fannie Hurst, auteure de best-sellers et vieille amie de Hurston, lui réclama une photo dédicacée à la sortie de *Mules and Men*[2]. Elle avait poursuivi son travail de collecte dans le sud des États-Unis, cette fois avec un jeune étudiant du nom d'Alan Lomax. Traînant un magnétophone dans leur sillage, Hurston et lui rapportaient dans leurs filets histoires, chansons de travail, spirituals et morceaux de blues pour la bibliothèque du Congrès, une forme d'accompagnement sonore des recherches personnelles de Hurston. En 1936, l'année qui suivit la publication de *Mules and Men,* elle obtint finalement une bourse Guggenheim, gratification qui avait échappé à Margaret Mead lors de la précédente session[3]. Sur le formulaire de demande de financement, Hurston avait indiqué comme domaine de recherche « science littéraire[4] ». C'était un intitulé pertinent pour ce qui l'intéressait par-dessus tout : faire œuvre de création littéraire et utiliser le folklore pour comprendre comment les gens réussissaient à se forger une vie riche de sens au milieu de leurs difficultés.

Pendant que Mead, Fortune et Bateson essayaient encore de définir la suite de leurs carrières, Hurston prit la route pour un nouveau site de travail sur le terrain avec deux mille dollars de fonds Guggenheim en poche – plus d'argent qu'elle n'en avait jamais possédé de sa vie. Elle avait l'intention d'entreprendre ce que les membres du conseil d'administration de la fondation avaient décrit dans leur présentation comme « une étude des pratiques magiques chez les Nègres des Indes occidentales[5] ». La recherche n'était, écrivit-elle plus tard, qu'une sorte de « curiosité formalisée[6] ». Vos préjugés céderaient à condition que vous vous donniez la peine de vous enfoncer jusqu'à la mine de secrets enfouis à l'intérieur de toute communauté humaine. « Accroupissez-vous un moment, disait-elle, après quoi il commence à se passer des choses[7]. » Ce printemps-là, elle débarqua d'un navire et posa le pied sur les quais de Kingston, en Jamaïque.

Kingston était la première étape de ce que Hurston considérait comme un processus d'autoformation qui devait durer un an. Le département d'anthropologie de Columbia semblait fait pour des gens comme Sapir, Benedict et Deloria, qui se concentraient sur les cultures amérindiennes. Il était moins ouvert à ceux dont les intérêts se portaient ailleurs. « Papa Franz connaît l'Indien, etc., mais il n'y avait rien pour m'aider dans mon étude du Nègre », se plaignit-elle à Melville Herskovits, alors professeur à la Northwestern University[8].

À l'image de Boas et de Mead lors de leurs précédentes expéditions, Hurston fit rapidement les gros titres de la presse locale, curieuse d'en savoir plus long sur cette chercheuse étrangère qui venait s'instruire auprès des autochtones. Il faut dire qu'elle ne passait pas inaperçue lorsqu'elle arpentait Kingston en jodhpurs et bottes d'équitation pimpantes. Même pour une femme qui avait l'art de se réinventer constamment, la Jamaïque fit à Hurston l'effet d'un lieu où les gens pouvaient être à peu près tout ce qu'ils voulaient – « un pays où le coq pond un œuf[9] », comme elle disait.

« Partout ailleurs, quelqu'un est blanc ou noir de naissance », affirmait-elle, « mais à la Jamaïque, les choses sont ainsi faites qu'une personne peut être noire de naissance, mais blanche par proclamation[10]. » Si votre carnation présentait suffisamment de nuances de rose ou de rouge, vous pouviez changer de situation par un simple acte de volonté. Tout Jamaïcain appartenant à cette catégorie semblait capable de se donner des airs d'Anglais, depuis une prononciation irréprochable jusqu'au *five o'clock tea*. Dans son propre pays, Hurston était profondément consciente du phénomène de *passing*, « se faire passer pour » – la faculté d'habiter deux catégories raciales à la fois : l'une privée, qui n'était connue que de soi et de sa famille, l'autre publique, avec laquelle on évoluait dans la société. « Se faire passer pour », comprit-elle, avait toujours lieu dans le même sens : vers davantage de pouvoir social. La Jamaïque semblait reproduire la hiérarchie raciale héritée des colonisateurs blancs, masquant délibérément les antécédents noirs sous un voile de blancheur apparente. Les gens pouvaient se livrer en toute innocence aux impostures les plus remarquables si la société dans laquelle ils vivaient leur rendait difficile de faire autrement. Hurston ne s'était pas attendue à apprendre grand-chose de nouveau sur la race, un sujet qu'elle s'était efforcée d'éviter dans ses propres écrits, mais son séjour à la Jamaïque donna à toutes ces questions un relief plus accusé. Elle comprit que la culture n'était pas une simple série de règles ou de rituels, mais pouvait également prendre l'aspect de chaînes que les individus continuaient à traîner avec eux alors que les gardiens de prison avaient déjà plus ou moins quitté la scène.

Hurston ne tarda pas à sortir de Kingston, partant en voiture avec des amis de l'autre côté des Blue Mountains sur la rive nord de l'île et dans la paroisse de Saint Mary, à la recherche de quelque chose d'intéressant. La mer était d'un bleu d'azur. Les rochers et les herbes du rivage surgissaient du monde comme ils avaient pu le faire au jour de la Création. Dans un village, un mariage paysan battait son plein. Hurston se trouva rapidement au cœur de l'action, au milieu de la musique et des danses, du voile de la mariée qu'on relevait et des plateaux de gâteaux et de ragoût de chèvre au curry qui circulaient de main en main.

Plus à l'ouest, dans la paroisse de St. Elizabeth, elle passa un certain temps parmi les Marrons, les descendants d'esclaves fugitifs qui s'étaient mêlés aux indigènes insulaires. Elle participa aussi à une chasse au sanglier de plusieurs jours, escaladant et dévalant les pentes montagneuses, traînant les pieds dans ses bottes de cheval, tandis que les chiens de chasse jappaient quand ils s'approchaient trop près des défenses acérées de leur proie[11]. Puis elle regagna la paroisse de St. Thomas à l'autre extrémité de l'île, où elle assista à un rituel des neuf nuits, une sorte de veillée funèbre destinée à apaiser l'esprit du défunt. En cette occasion, le cadavre avait été solidement cloué à l'intérieur de son cercueil pour l'empêcher de revenir à la vie jouer de mauvais tours aux villageois[12]. La mort, pour les Jamaïcains qui entouraient Hurston, représentait moins une fin qu'un changement d'état. L'essentiel était d'éviter que la matière sombre contenue dans tout individu – le *duppy* – ne s'envole au cours de ce processus. Le rituel des neuf nuits avait pour but de maintenir un cadavre dans sa tombe ou, si cela était impossible, de trouver le moyen de satisfaire les pulsions malveillantes du *duppy* une fois qu'il était lâché dans la communauté.

Il n'était pas très difficile de repérer les parcelles d'Afrique dans toutes ces croyances et pratiques. Hurston connaissait parfaitement le travail de nombreuses personnes qui s'y étaient employées : Elsie Clews Parsons, qui avait publié des recherches sur la religion des Caraïbes dix ans auparavant; Carter G. Woodson et James Weldon Johnson, dont les textes, du fait de la ségrégation raciale en vigueur dans les universités américaines, avaient essentiellement été publiés dans des revues dites nègres ou chez des éditeurs noirs; et, bien sûr,

Herskovits, qui n'avait pas ménagé sa peine dans ses propres études sur la religion, la linguistique et les liens folkloriques entre les sociétés d'Afrique de l'Ouest et le Nouveau Monde. Les cours qu'il donnait à la Northwestern University commençaient déjà à prendre forme pour donner naissance au premier programme d'études africaines mis en place dans un établissement d'études supérieures ou une université historiquement blancs.

Lors de son séjour à La Nouvelle-Orléans, Hurston avait observé par elle-même certaines des racines africaines des cultures noires des Amériques, mais à la Jamaïque il était impossible, même à la campagne, d'échapper à l'enduit britannique qui les recouvrait. Depuis ses idées sur la race jusqu'aux usages quotidiens, l'île tenait de l'Angleterre relookée. Hurston comprit rapidement qu'elle aurait du mal à creuser sous le vernis de l'empire. Si elle voulait vraiment distinguer ce qui avait été perdu ou gagné lorsque des êtres humains avaient été arrachés au Dahomey ou à la Côte de l'Or et déposés à l'autre bout du monde pour abattre des forêts et cultiver la canne à sucre, il n'y avait qu'une destination possible. Fin septembre, Hurston fit donc ses bagages et prit un bateau pour Port-au-Prince.

Frederick Douglass, qui avait été envoyé comme consul-général des États-Unis en Haïti, déclara un jour que retracer l'histoire du pays, c'était comme pister un homme blessé dans une foule : il suffisait de suivre la traînée de sang[13]. En 1791, les esclaves de la colonie française de Saint-Domingue, sur la partie occidentale de l'île d'Hispaniola, se soulevèrent et prirent les armes contre les propriétaires d'esclaves et les autorités coloniales. Cette révolution fut le prélude de l'indépendance, et la république haïtienne vit le jour en 1804, mais le prix de la victoire fut l'endettement et l'isolement du pays. Les puissances européennes obligèrent le nouveau gouvernement à verser une indemnité à la France pour la dédommager de la perte de ses esclaves. Les phases de relative stabilité et de réforme alternèrent avec les coups d'État, les assassinats, une révolte paysanne, la répression brutale et, finalement, en 1915, l'occupation militaire par les États-Unis, intervenus pour soutenir les investisseurs américains, alors à la tête de la banque nationale d'Haïti. Au moment de l'arrivée de Hurston, à l'automne 1936, les troupes américaines n'avaient plié bagage que deux ans plus tôt après avoir remis les rênes du pouvoir à un nouveau président élu.

« Les enterrements se croisaient sur les seuils[14] », écrirait plus tard Hurston à propos de l'histoire récente d'Haïti, mais le passé s'effaçait déjà devant ce que les élites locales appelaient la seconde indépendance. Les trois millions d'habitants de l'île réaffirmaient leur pouvoir. Les Américains qui avaient occupé des postes au gouvernement, dans l'armée, la police et l'enseignement étaient remplacés par des Haïtiens. Tous les soirs, dans les rues et les avenues de Port-au-Prince, le beau monde haïtien défilait devant les bâtiments à portique, la cathédrale avec son double clocher, la place de l'Indépendance et le Palais national, dont la façade de béton blanche se découpait sur la toile de fond des collines verdoyantes.

Hurston s'établit dans les faubourgs de la capitale. Elle travailla d'arrache-pied pour maîtriser la langue créole, et projeta d'autres visites à l'intérieur des terres. Le pays était en réalité formé de deux endroits, expliqua-t-elle : celui du Champ-de-Mars et de l'élégant centre de Port-au-Prince avec son architecture française et sa clientèle à peau claire, et celui de Bolosse, le quartier plus pauvre à proximité du cimetière municipal, avec ses cabanes abritant les gens au teint plus foncé[15]. Pour connaître ce lieu, il fallait quitter les portiques. Le mois de décembre trouva Hurston à La Gonâve, l'île aride et faiblement peuplée située dans le creux de la côte occidentale en forme de pince d'Haïti. Vue de la mer, l'île avait la forme d'une femme allongée. La vie paisible du village, l'eau calme et les repas frugaux de chèvre bouillie inspirèrent à Hurston, malgré les moustiques tenaces, « une paix [qu'elle n'avait] jamais éprouvée ailleurs sur terre[16] ».

Début janvier, elle regagna l'île principale et se rendit à Arcahaie, dont elle ferait une de ses bases pendant le reste de son séjour. Son logeur, un certain Dieu Donnez St. Léger, vivait dans un domaine regroupant plusieurs bâtiments et une grande maison. Il dirigeait des plantations dont il engrangeait les bénéfices, comme en témoignait l'opulence de son environnement : un porche d'entrée voûté peint de rayures vertes, blanches, bleues et orange vif, des murs verts et jaunes entourant son domaine et toute une armée de travailleurs, de subalternes et d'enfants qui couraient dans la poussière[17]. En réalité, Dieu Donnez devait moins son pouvoir à la richesse de ses fermes qu'à une particularité qui serpentait dans la société haïtienne comme un réseau électrique secret, découvrit Hurston. C'était la source de l'énergie indigène et l'aspect de la culture locale que les observateurs extérieurs semblaient avoir le plus de mal à appréhender : les pratiques et convictions que les Haïtiens appelaient *vodou*.

Peu après le départ de Hurston des États-Unis pour les Caraïbes, Melville Herskovits publia sa propre étude de la campagne haïtienne, qu'il intitula *Life in a Haitian Valley* (1937). Compilant le travail de recherche réalisé avec la collaboration de la femme de l'anthropologue, Frances, cet ouvrage offrait une étude détaillée de la vie religieuse des villageois haïtiens. « Le "voodoo", ou *vodun* », écrivait-il, utilisant encore une autre graphie de ce terme, « ... est un complexe de foi et de rituel africain qui gouverne largement la vie religieuse de la paysannerie haïtienne[18]. »

Dieu était le maître de l'univers, mais le monde était également habité par des saints ou des esprits, les *loas*, qui prenaient possession du corps des fidèles. Ils pouvaient chevaucher un humain comme on monterait à cheval. Les prêtres, appelés *houngans* ou *mambos*, disposaient d'un accès privilégié aux *loas* et comprenaient leurs manières, un savoir qui pouvait assurer des pouvoirs de guérison, de prophétie et d'autres prouesses extraordinaires. Les temples, appelés *hounfors*, étaient des lieux de cérémonie reliant le monde visible à l'invisible grâce à des offrandes, à des sacrifices et à la musique de tambours sacrés.

Différents villages ou districts possédaient des usages différents, faisait remarquer Herskovits, et dès que vous pensiez avoir caractérisé définitivement une foi ou un rituel, vous trouviez un Haïtien – une sorte de Two Crows créole – pour vous affirmer avec force qu'aucun être sensé ne pouvait ajouter foi à pareilles sornettes. Ce fait n'avait pourtant rien d'extraordinaire, comprit Herskovits. Si vous posiez des questions sur leur foi à un chrétien ou à un juif, à un musulman ou à un bouddhiste pratiquants, vous pouviez être sûr d'obtenir une multitude d'opinions sur les croyances correctes, les cérémonies adéquates, les éthiques pertinentes, le bon mode de vie, les prières efficaces et même le nombre de dieux. Les catholiques *disaient* qu'ils ne croyaient qu'en un dieu, par exemple, mais pour tout anthropologue ils *pratiquaient* une religion qui semblait en avoir plusieurs. La Trinité, la Vierge Marie et tous les saints ressemblaient à s'y méprendre à un vaste bazar polythéiste, chaque divinité occupant un rang céleste précis et possédant des pouvoirs magiques singuliers.

Les actes que l'on attribuait parfois aux adeptes du *vodou* – comme le culte du serpent, ou même le cannibalisme – n'étaient que le produit de l'imagination d'observateurs extérieurs, écrivait Herskovits. La plupart des Américains semblaient penser que les Haïtiens vaquaient à leurs tâches quotidiennes « dans un univers de terreur psychologique[19] ». Il tenait à corriger cette vision. Ce qu'il présenta était peut-être le portrait le plus complexe et le plus sensible de la vie d'un village haïtien qu'on ait jamais publié, un récit empreint d'humanité et de rationalité – la meilleure chose jamais écrite sur ce pays, pour reprendre la formule de Benedict[20].

Une finalité plus profonde de *Life in a Haitian Valley* était de cataloguer ce que Herskovits appelait « les africanismes non contaminés » présents dans la langue, la magie et l'organisation sociale[21]. En un sens, il se faisait ainsi l'émule de Boas. Les sociétés ont des histoires, et ces histoires expliquent les pratiques et les habitudes actuelles. S'agissant d'Haïti, cette histoire remontait au-delà de l'ère de l'indépendance et des siècles d'esclavage jusqu'à des modes de vie qui, à un océan de distance, étaient encore vivants et solides dans l'Afrique subsaharienne. Herskovits classerait plus tard Haïti juste derrière les Guyanes, le long de la côte nord-est de l'Amérique du Sud, comme un lieu idéal pour étudier les origines africaines des cultures des « Nègres du Nouveau Monde[22] ».

La capacité de ce dernier à identifier un mot, une expression, une divinité ou une technique de jeu de tambour comme originaire du

Dahomey ou du Sénégal, du Nigéria ou de l'Angola – au lieu de n'y voir qu'un primitivisme intemporel – méritait, selon lui, une insistance toute particulière. Elle allait en effet à contre-courant de ce que la plupart de ses lecteurs blancs auraient pensé à propos d'une société noire. « Si la vie du paysan nègre en Haïti aujourd'hui présente des aspects de dureté ou d'instabilité », écrivait-il, « il paraît juste de s'interroger sur la part qui peut en être attribuée aux exemples que leurs maîtres ont donnés à ces Nègres plutôt que de supposer sans équivoque qu'ils s'expliquent par des tendances raciales, ainsi qu'on le fait si souvent[23]. »

Quelques années plus tard, il mettrait l'accent sur ce point avec encore plus de force dans *The Myth of the Negro Past* (1941). Le titre de cet ouvrage contenait une double négation sous-entendue. En effet, il ne s'attaquait pas au mythe selon lequel les Nègres *avaient* un passé mais, bien au contraire, à l'idée – avancée tant par les propriétaires d'esclaves que par les historiens blancs – qu'ils n'en avaient pas. Affirmer que les Noirs s'inscrivaient dans une longue lignée culturelle que l'on pouvait même reconstituer de part et d'autre du canyon créé par l'esclavage n'avait rien de particulièrement original. Herskovits devait beaucoup à des penseurs comme Du Bois et Woodson, qui avaient avancé de telles opinions bien plus tôt mais s'étaient souvent adressés à des lecteurs noirs par le biais de revues et de maisons d'édition soumises à la ségrégation. Herskovits allait cependant plus loin que presque tous les auteurs blancs de l'époque. Les Noirs possédaient une histoire qui méritait de rester dans les mémoires, affirmait-il, et il était possible d'en distinguer les héritages actuels. Même les habitants blancs du Sud, soulignait-il, conservaient des souvenirs de l'Afrique dans leur manière de chanter, de cuisiner, de parler et de célébrer leur culte. Après tout, qu'était un *camp meeting*, une réunion de camp de Blancs protestants, avec son piano tonitruant et ses croyants émus qui suivaient une piste de sciure jusqu'à l'autel, sinon une forme de possession spirituelle aux racines partiellement africaines[24] ?

Comme de nombreux chercheurs blancs de l'époque, Herskovits regardait toutefois moins Haïti qu'*à travers* Haïti. Il était difficile de considérer les Haïtiens comme des individus à part entière si votre science vous incitait à voir essentiellement en eux l'incarnation de traditions tenaces – quand bien même cette idée pouvait paraître très progressiste comparée à son alternative raciste. *Life in a Haitian Village* s'intéressait à ce que Herskovits appelait l'« amalgame » de la culture haïtienne, l'imprégnation de racines africaines par des emprunts français. Cet ouvrage taisait en revanche tout ou presque du grand changement qui avait défini la vie de ceux que Herskovits rencontrait jour après jour dans son travail de terrain : l'occupation de l'armée américaine. « En ce qui concerne la vie intérieure de la population de cette vallée », écrivait Herskovits à propos de son site de recherche de Mirebalais, non loin d'Arcahaie sur la côte où travailla Hurston, l'occupation « semble s'être déroulée sans effet apparent[25] ».

Il était pourtant entouré de ses signes visibles. Il en consigna même un personnellement. Sur la place de Mirebalais, un vieux palmier solitaire se dressait, symbole de l'indépendance haïtienne et lieu de rassemblement de la population lors de manifestations publiques. Un Marine américain avait laissé un message gravé dans l'écorce tendre du tronc :

L. MARLOW
13 AOÛT 1920
U.S.M.C.
BOURRÉ COMME UN COING[26]

D'un bout à l'autre du pays, la présence américaine avait profondément marqué la société haïtienne. Les forces d'occupation avaient été obsédées par les discours sur la fausse religion et ses pratiques barbares. Les Marines en partance pour Haïti se voyaient infliger à bord des leçons sur les prétendues traditions haïtiennes, parmi lesquelles l'habitude de jeter des sorts et d'empoisonner ses ennemis. Des rituels locaux pratiqués depuis des générations furent dénoncés comme des voies de radicalisation. On estimait que les jeunes Haïtiens étaient particulièrement vulnérables à l'attrait de prêtres clandestins. Les autorités américaines interdirent officiellement les cérémonies *vodou* et lancèrent des opérations contre les *hounfors*. Des tambours furent saisis et détruits. Des *houngans* furent arrêtés ou contraints de se cacher[27].

Les Marines qui formaient le gros de la présence militaire sur l'île administraient un pays tout en luttant contre l'insurrection locale de ceux qu'on appelait les *cacos* – les combattants ruraux des hautes terres de l'intérieur. « Tous les chefs cacos sont probablement des prêtres Vaudoux [sic] », écrivit un visiteur américain, « et ils assurent la cohésion de bandes qui, affranchies de leurs scrupules religieux, renonceraient à leur objectif de brigandage[28]. » Les sous-officiers et les soldats chargés de venir à bout des guérilleros se virent confier des positions de très grand pouvoir au sein de l'administration locale. Leur autorité démesurée, associée aux préjugés raciaux, fut à l'origine d'abominables actes de violence, surtout dans les postes reculés. Les récits de travail forcé, de viols et d'assassinats de civils se multipliaient. L'explication habituelle était qu'il était impossible d'agir autrement en présence d'un peuple cruel et ignorant, sous l'emprise d'une religion hystérique. Que pouvait-on faire dans une société ravagée par la sorcellerie et la magie noire, où des paysans naïfs se laissaient manipuler par des grands prêtres de mèche avec des *cacos* et des politiciens sans scrupules ?

L'invasion américaine fut le premier épisode de l'histoire du XXe siècle où un occupant étranger prit une force surnaturelle pour ennemi numéro un : une série d'idées religieuses, ancrées dans une culture spécifique, dont l'indispensable éradication justifiait le recours à la violence. Lorsque les militaires et les journalistes qui couvraient les activités de ces derniers furent rentrés chez eux, leurs écrits sur la vie insulaire persuadèrent le grand public américain de l'exotisme d'Haïti en même temps que de sa sauvagerie naturelle. Des mémoires de soldats comme *The White King of La Gonave* (1931) et *Black Bagdad* (1933) retraçaient les efforts des Américains pour apporter la civilisation dans le Sud. *The Magic Island** (1929), un récit de voyage du journaliste

* *L'Île magique*, trad. G. des Hons, Paris, Firmin-Didot, 1929. Nouv. trad. F.-M. Watkins, Paris, J'ai Lu, 1971.

William Seabrook qui fut un best-seller, s'imposa comme l'une des descriptions les plus influentes d'ensorcellement « voodoo[29] ». Les rites extatiques d'Haïti étaient un rappel de temps antérieurs, le reliquat d'une phase primitive des coutumes religieuses où les émotions étaient brutes et les dieux plus proches. « En Haïti, le *vodou* est une véritable religion », écrivait-il, « aussi vivante que le christianisme l'était… quand les miracles étaient chose courante… malgré l'affleurement de naïvetés, de sauvageries, de grotesqueries, de charabia superstitieux et, parfois, de tromperies délibérées de sorciers charlatans[30]. »

Hurston avait lu *L'Île magique* pour préparer son voyage, mais elle connaissait déjà bien le *hoodoo*, ou *voodoo*, comme elle l'appelait dans ses propres textes, la religion populaire de certaines communautés noires du sud des États-Unis[31]. Pendant son séjour à La Nouvelle-Orléans, elle avait été initiée à des rites secrets par plusieurs adeptes experts. Elle avait passé des jours allongée, nue, dans la chaleur de l'été, des cierges allumés à sa tête et à ses pieds. Elle avait publié les résultats de sa recherche dans le *Journal of American Folklore* de Benedict.

En Haïti, Hurston n'eut pas de mal à s'entendre avec les prêtres qu'elle rencontra occasionnellement par l'intermédiaire d'amis et de collègues locaux. À Arcahaie, ses liens avec Dieu Donnez lui assurèrent un accès à cette société drapée de mystère. Elle rencontra certains des principaux *houngans* et *mambos* du pays et assista à des cérémonies nocturnes invoquant tout un panthéon – un conclave sacré rassemblant Jésus et ses saints aux côtés de divinités inhabituelles comme Damballah Ouedo et Erzulie Freda. Vit des gens se contorsionner et pleurer, chevauchés par un *loa*. Et sentit la nécessité urgente d'appréhender un autre niveau de réalité – de voir la méchanceté et la pureté, les choses les plus triviales et les plus exaltées, toutes entrelacées, toutes dotées de sens, pas plus bizarres ou irréelles, ni moins extatiques, qu'une réunion de prière baptiste à Eatonville. Chrétienne non pratiquante et fille de pasteur, elle n'ignorait rien du pouvoir qu'offrait l'accès à d'autres mondes.

Hurston commençait à comprendre que la religion reposait sur des catégories : le sacré et le profane, l'éthéré et le terrestre, le miraculeux et l'ordinaire. À Manhattan, il n'existait que deux cases, les vivants et les morts. Mais les Haïtiens en avaient ajouté une troisième, une manière de n'être ni l'un ni l'autre, ou peut-être les deux à la fois. *L'Île magique* de Seabrook avait déjà présenté cette idée aux Américains. Ce fut le premier livre à fixer la graphie d'un état que les Haïtiens appelaient *zonbi* ou, sous la plume de Seabrook, « zombie ».

Une créature particulière hantait en effet le paysage haïtien, écrivait Seabrook, « un corps humain sans âme, encore mort mais tiré de son tombeau et animé d'un semblant de vie par quelque sorcellerie[32] ». Au cours de leurs patrouilles, les forces d'occupation américaines avaient entendu parler de ces zombies. Une armée de morts-vivants semblait habiter les collines pelées et les villages reculés d'Haïti. Peut-être étaient-ils plus ou moins responsables de l'insurrection des *cacos*. Peut-être étaient-ce eux, suggéraient des villageois, qui avaient mené les raids nocturnes imprévisibles qui terrorisaient les sections de Marines.

Quelques années plus tard, les spectateurs américains purent voir des zombies à l'écran dans leur salle de cinéma locale. *Les Morts-Vivants (White Zombie)* mettait en scène Bela Lugosi sous les traits d'un maître *vodou* manipulateur exerçant ses pouvoirs maléfiques sur une fiancée américaine en vacances. Les malédictions d'Haïti pouvaient infester tout le monde – même une Blanche, d'où le titre anglais du film – et leur antidote apparaissait à l'écran. Le sortilège *vodou* de Lugosi n'est levé qu'à la mort de son personnage, qui chute du haut d'une falaise avec ses disciples noirs. Inspiré par le récit de voyage de Seabrook, *Les Morts-Vivants* était à la fois un film d'horreur et une forme d'ethnographie à distance. Cette œuvre de pure fiction semblait faire, pour Haïti et de façon plus sensationnelle, ce que *Nanouk l'Esquimau* et *Moana* avaient fait pour l'Arctique et les Samoa : rendre un lieu intelligible en le suspendant dans le domaine de l'exotique.

En Haïti, les histoires de zombies « s'infiltrent à travers le pays comme un courant souterrain d'air froid[33] », raconterait Hurston. Elle rencontra des légendes de zombies presque partout où elle alla, de Port-au-Prince à Arcahaie et au-delà. On parlait de zombies comme on parlerait du temps qu'il fait ou d'un mariage à venir, un tout petit peu plus bas peut-être. Tous les gens que connaissait Hurston en avaient rencontré un, ou connaissaient quelqu'un qui en avait rencontré un. Mais tout cela n'était que discours. Rien ne pouvait vraiment la préparer à son face-à-face personnel avec une telle créature.

À un moment de son séjour, Hurston se rendit dans un hôpital. Dans la cour, près de la clôture, elle découvrit une femme à qui l'on venait de servir son dîner. Recroquevillée dans une position défensive, elle avait à peine touché à son repas. Quand elle vit Hurston approcher, elle attrapa une branche d'un buisson voisin et entreprit de balayer le sol. La tête couverte d'un morceau d'étoffe, elle se montrait méfiante et craintive, comme si elle s'attendait à être frappée. Lorsqu'un médecin écarta le tissu de son visage, elle leva les bras et les replia autour de sa tête à l'image d'une tortue qui se réfugie sous sa carapace[34].

Hurston apprit qu'elle s'appelait Felicia Felix-Mentor. Elle avait grandi à Ennery, un village situé sur la route reliant Gonaïves à Cap-Haïtien, où son mari et elle avaient tenu une petite épicerie. Ce que cette femme avait de surprenant, c'est que d'après les dossiers médicaux elle était morte en 1907. Hurston prit plusieurs photos de Felix-Mentor, dont l'une au moins fut publiée plus tard. Il s'agit du premier portrait connu d'un être que ses voisins haïtiens qualifiaient de zombie.

Qu'était-il arrivé à Felix-Mentor ? Elle avait été enterrée vingt-neuf ans plus tôt. Sa famille l'avait pleurée, avant de reprendre le cours normal de sa vie. Son époux s'était remarié. Son fils était devenu un homme. Mais voilà qu'à l'automne qui avait précédé la visite de Hurston, les gendarmes avaient croisé une femme qui marchait, nue, sur une route de campagne. Elle s'était présentée dans une ferme et avait signalé que cette propriété lui avait appartenu, que c'était un héritage de son père. Les ouvriers agricoles avaient essayé de la chasser, mais le propriétaire était arrivé et, éberlué, avait déclaré que cette femme était bien sa sœur. On alla chercher son ancien mari, lequel confirma qu'il s'agissait effectivement de sa défunte épouse, Felicia. Mais il était impossible d'effacer le temps. En son absence, tout le monde, ainsi que Felix-Mentor elle-même, était devenu quelqu'un d'autre. Le frère était un agriculteur prospère, maître de l'ancienne propriété familiale qu'il aurait dû, dans d'autres circonstances, partager avec elle. Son ancien mari était un petit fonctionnaire du gouvernement d'après l'occupation et avait fondé une nouvelle famille. La seule solution semblait être de l'enfermer à nouveau, cette fois derrière les murs de l'hôpital où Hurston la rencontra.

Les médecins lui expliquèrent que Felix-Mentor avait vraisemblablement été victime d'un empoisonnement. Un sorcier adepte de la magie noire, un *bocor*, avait pu lui administrer une drogue simulant la mort, concoctée d'après une formule secrète qui se transmettait entre prêtres. Le *bocor* pouvait ensuite rappeler sa victime à la vie, atteinte de lésions cérébrales et n'étant plus que l'enveloppe de celle qu'elle avait été autrefois, seulement « animée d'un semblant de vie », aurait dit Seabrook. Peut-être avait-elle sillonné la campagne pendant des années, ou même vécu sous les yeux d'une communauté qui l'avait plus ou moins oubliée. Cette situation n'était pas totalement étrangère à Hurston, ce qui explique sans doute qu'elle ait décrit sa rencontre avec Felix-Mentor de façon aussi détaillée. Durant toute son enfance, elle-même n'avait jamais vraiment cru à la mort de sa mère. Son père, en revanche, avait tracé clairement les limites entre les mondes. Il avait très bien su échanger son ancienne famille contre une nouvelle.

Hurston caressa l'idée de retrouver la formule du poison et de découvrir le secret du phénomène des zombies. Peut-être pourrait-elle même creuser plus profondément dans le passé de Felix-Mentor et reconstituer cette parenthèse de vingt-neuf ans, ou faire le récit circonstancié de la manière dont elle s'était retrouvée parmi les morts-vivants. Mais durant l'été, Hurston fut prise de maux de ventre qui la persuadèrent de renoncer à ce projet[35]. Peut-être s'approchait-elle de trop près d'un savoir secret. Aurait-elle pu être elle-même victime de la fiole de poison d'un *bocor* inquiet qu'elle ne dévoile quelque vérité cachée ? Elle estima en savoir suffisamment. « Quelle est la vérité, toute la vérité et rien que la vérité à propos des zombies ? » écrirait-elle plus tard. « Je ne sais pas, mais je sais que j'ai vu dans un hôpital la relique, ou le déchet, de Felicia Felix-Mentor[36]. »

La clé de la compréhension des zombies, concluait Hurston, ne consistait pas à dénicher une potion secrète ni à dévoiler la mythologie d'autrui. C'était de croire vraiment en eux. Felix-Mentor n'était pas une femme que l'on *disait* être un zombie. Elle n'était pas un simulacre de zombie, comme son équivalent imaginaire dans un film hollywoodien. Elle en *était* réellement un. Si l'on pouvait obliger son cerveau à admettre ce fait, on avait accompli un immense pas en avant pour voir Haïti – et, chose essentielle, pour voir sa spiritualité – de l'intérieur. Fondamentalement, les zombies offraient une illustration des catégories indigènes, une manière de fractionner la réalité qui en disait long sur la façon dont la population rurale d'Haïti habitait son monde. À New York, les gens considéraient la mort comme une finalité, le terme de tout ; la réalité n'existait qu'en deux variétés, le présent et le néant. Les Haïtiens, en revanche, vivaient dans une société qui avait créé une autre condition, laquelle n'était pas vraiment ici sans être vraiment non plus de l'autre côté de la mort, un moyen terme entre être vivant et ne pas l'être.

On pouvait rechercher les origines profondes de cette façon de voir en Afrique de l'Ouest, comme l'avait fait Herskovits. La considérer comme la vague réminiscence de coutumes de gens arrachés à leurs cultures et réinstallés de force dans le Nouveau Monde revenait cependant à confondre l'Histoire avec le présent. C'était comme de découvrir, par exemple, que le christianisme trouvait ses racines en Palestine. Pour voir réellement une religion, il fallait fixer les yeux non pas sur le jusque-là et le par la suite, mais sur l'ici et maintenant. Le *vodou*, comme toutes les formes de foi, concernait le moment présent, la manière de comprendre le pouvoir social et de donner un sens à *ce* monde, aussi déréglé fût-il. Des gouvernements se constituaient et tombaient. Des États puissants envahissaient le pays et repartaient. La violence s'abattait sur les collines ou s'insinuait furtivement dans un village sous le couvert de l'obscurité, vêtue en *caco* ou en Marine américain. Une femme disparaissait – fort opportunément pour son frère et son mari – puis réapparaissait et créait des ennuis jusqu'à ce qu'elle soit reléguée dans un établissement psychiatrique, recroquevillée, désemparée, muette, plus du tout elle-même, vivante et pourtant morte. Les religions ne survivent pas parce que les gens aiment la foi de leurs pères, mais parce qu'elles nous aident à nous diriger dans le monde que nous trouvons devant nous.

La magie, Hurston l'avait appris dans les séminaires de Ruth Benedict, relève pour l'essentiel de la pratique consistant à définir le modèle d'un événement désiré[37]. Si vous voulez que votre fils soit vigoureux, vous lui donnez un nom qui incarne la force. Si vous voulez tuer un ennemi, vous enfoncez un pan de ses vêtements dans le gosier d'un serpent mort. La pensée magique était aussi proche d'un universel humain qu'on pouvait l'imaginer, et on la rencontrait jusque dans les sociétés modernes. Le jeu, la Bourse, et même le concept de propriété privée – la conviction que je peux élargir mon sens du moi pour y inclure un objet inanimé dont la perte m'inspirerait une angoisse et un déplaisir profonds –, tous dépendent dans une certaine mesure de systèmes de croyance magique. Ils impliquent d'invoquer l'improbable et l'invisible pour contrôler le monde tangible. La seule différence réside dans la manière dont nous relions le plan naturel au plan surnaturel, ce qui dépend de l'Histoire et de la situation locale.

En Haïti, Hurston put voir exactement ce que ses professeurs avaient eu en tête. Il était inutile de se former à la magie noire pour le comprendre, bien qu'elle ait déjà appris beaucoup de choses tant à La Nouvelle-Orléans que maintenant, à Arcahaie. Il suffisait d'ouvrir les yeux sur un monde de forces déchaînées, de miracles soudains et de tragédies déconcertantes. « Vous qui brandissez l'éclair zigzagant du pouvoir au-dessus du monde, vous dans le sillage de qui gronde le tonnerre[38] », écrirait plus tard Hurston, désignant des gens qui n'avaient jamais eu à penser à ce genre de choses. Contrairement à ceux qui avaient les pieds dans la poussière. Si votre société dominait les mers et pouvait obliger d'autres êtres à s'incliner devant vous, on pouvait supposer que vos dieux en étaient capables, eux aussi. Si vous étiez soumis aux aléas du destin, arrachés à un lieu pour être déposés ailleurs, hagards, alors vos dieux se comportaient à l'identique – capricieusement, leurs faces plus sombres et plus lumineuses luttant pour l'emporter et, de temps à autre, exigeant nourriture et apaisement.

« Les dieux se comportent toujours comme ceux qui les créent[39] », écrivit Hurston dans ses notes sur Haïti. Un esprit turbulent pouvait dire des choses qu'un paysan devait taire. Un individu chevauché par un *loa* pouvait maudire un contremaître ou un Américain coiffé d'un casque colonial. La possession par des forces invisibles, l'évasion dans une forme de mort, pouvait être une manière d'être vraiment, profondément vivant, surtout dans des lieux où il était difficile de dire la vérité autrement. Telle était l'histoire véritable de Felicia Felix-Mentor. Écartée, méprisée, internée, oubliée, souhaitée réellement morte par les autres, sa situation ressemblait beaucoup à celle de nombreuses personnes que connaissait Hurston, les femmes et les hommes noirs qu'elle avait rencontrés, depuis les camps de travail de Floride jusqu'aux universités réservées aux Blancs. La seule différence était que les Haïtiens avaient inventé un mot pour les désigner.

Mais si Hurston tenait à éprouver la puissance de la magie à l'œuvre, point n'était besoin de faire appel aux zombies. Elle l'avait découverte dès ses premières semaines en Haïti. Un livre qui avait été, disait-elle, « endigué[40] » en elle jaillissait à présent en une immense vague nourrie par l'esprit. C'était un roman dans lequel elle avait déversé une passion préservée – le vestige d'un amour passé et maintenu dans un état de suspension, entre réalité et souvenir, sa propre expérience intime d'entre-deux.

Peu après avoir rencontré Felix-Mentor, elle écrivit à la fondation Guggenheim qu'elle rentrerait bientôt des Caraïbes et en rapporterait deux livres, « un pour l'anthro., l'autre pour la manière dont *je* veux l'écrire[41] ». C'était le second qui finirait par lui offrir une forme d'immortalité.

Hurston avait passé en Haïti presque quatre fois plus de temps qu'Herskovits[42]. Son séjour avait été interrompu par un bref retour à New York mais, grâce à une seconde bourse Guggenheim, elle avait pu repartir et mener ses recherches à leur terme. Elle avait à présent à son actif presque une année complète de travail sur le terrain. À la fin de l'été 1937, son éditeur, Bertram Lippincott, réclama sa présence à New York. Après s'être encore donné le temps d'assister à une nouvelle cérémonie *vodou*, elle accepta à contrecœur de reprendre la route du nord.

À son arrivée à Manhattan, elle fut entraînée dans un tourbillon de réunions littéraires et prise sous une avalanche de messages de félicitations et de critiques de presse. Elle eut même droit à une notice dans *Who's Who in America*. Plusieurs années auparavant, Margaret Mead s'était jointe discrètement à d'autres filles de Barnard College pour déposer des fleurs à la porte d'une de leurs idoles, Edna St. Vincent Millay[43]. Ce fut au tour de cette dernière d'adresser à Hurston un télégramme dithyrambique[44]. La cause de tous ces éloges était la publication en ce mois de septembre du roman qui avait jailli d'elle en Haïti. Il avait pour titre *Their Eyes Were Watching God.*

L'expédition de Hurston aux Caraïbes avait été un exil volontaire. Quelques mois auparavant, elle était tombée amoureuse d'un séduisant étudiant de troisième cycle de la Columbia University, Percival McGuire Punter, dont elle avait fait connaissance alors qu'elle était encore mariée avec Herbert Sheen[45]. Punter était de vingt et un ans son cadet, ce qu'elle lui dissimula sans doute aussi habilement qu'elle cachait son âge à la plupart des gens. La flamme était ardente. Ils discutaient art, musique, théâtre et littérature. Il l'intriguait et la provoquait. Elle crépitait et grésillait avec lui, tour à tour follement éprise et furieuse lorsqu'elle le surprenait à suivre des yeux une femme sur la 7e Avenue. « Je ne peux pas dire que je suis "tombée" amoureuse », raconta-t-elle plus tard. « J'ai sauté en parachute[46]. »

Leur relation s'était poursuivie à distance, mais à chacun de ses retours à New York elle retombait dans ses bras. Ils s'étaient engagés dans une idylle tumultueuse, avec de la vaisselle cassée et une gifle occasionnelle – de sa part à elle – avant des réconciliations passionnées. Il lui avait demandé de l'épouser, mais elle était consciente que c'était impossible. La différence d'âge, son engagement à elle dans son travail, son désir à lui d'un type d'épouse bien précis qu'elle ne pourrait jamais être : elle le savait, tout s'opposait à un tel projet. La bourse Guggenheim était arrivée à point nommé et elle était partie pour les Caraïbes, laissant Punter derrière elle.

À son arrivée à Port-au-Prince, les mots se déversèrent littéralement sur la page, donnant naissance à une chronique romancée de son amour pour Punter, à laquelle s'ajoutaient bien d'autres choses – « embaumées », disait-elle, dans l'histoire d'une femme, de sa quête d'elle-même et de la difficulté de trouver un vrai compagnonnage. « Les navires au lointain transportent à leur bord tous les désirs d'un homme », écrivit-elle dans la première phrase, un aphorisme appelé à devenir l'un des plus célèbres incipit de la littérature américaine. Et la plus vieille aspiration humaine, affirmait Hurston à propos de son personnage principal, Janie Crawford, est la révélation de soi-même. Janie découvre son identité peu à peu, à l'image de Hurston quittant Eatonville pour la première fois. Mariée par sa grand-mère à un riche propriétaire foncier, elle s'impatiente devant les contraintes de la ferme et du ménage, ses entrailles bouillonnant d'autres désirs.

Alors elle s'enfuit pour Eatonville avec Joe Starks, un homme qui la traite correctement. Là, elle est libre d'écouter les histoires qu'on échange sur la véranda de la boutique et de savourer sa notoriété de femme d'un représentant de l'élite locale. Mais Joe peut se conduire en tyran mesquin, avec son goût pour le silence et les humiliations publiques dont il accable Janie. Quand il meurt, Janie est une riche veuve, plus âgée et plus expérimentée qu'auparavant. Elle ne tarde pas à devenir l'objet des attentions de Tea Cake, un joueur de grand chemin plus jeune qu'elle – une version romantique de Punter peut-être –, avec qui elle noue le type de compagnonnage qui lui a toujours échappé. Mais cela ne dure pas. Tea Cake se fait mordre par un chien enragé ; pris de démence, il menace sa femme d'un pistolet. Elle le tue d'un coup de carabine en état de légitime défense et, ayant été acquittée, contemple sa vie passée avec une sorte de satisfaction – l'innocence devenant expérience.

Ce roman était la compilation du travail que Hurston avait accompli dans le sud des États-Unis, alliée à la compréhension des lieux qu'elle acquérait à Port-au-Prince et Kingston. Comme dans une partie de son œuvre antérieure, les dialogues sont rendus en dialecte. Elle met dans la bouche de Janie Crawford la définition de la méthode de base de l'anthropologue : « Toi-même tu sais », dit Janie, « tu dois aller voir si tu veux savoir[47]. » Hurston n'avait pas fait autre chose depuis l'instant où elle était partie pour la Floride à bord de Sassy Susie, chargée du vocabulaire de la science. Elle avait affûté ses compétences en assistant à une multitude de cérémonies présidées par une série de *houngans* respectés. Aucun autre membre du cercle de Boas ne pouvait prétendre s'être plongé aussi profondément dans l'expérience vécue de ceux qu'elle cherchait à comprendre.

Mais leurs yeux dardaient sur Dieu présentait de multiples visages : c'était tout à la fois un récit d'apprentissage, une méditation sur la vie intérieure de femmes et sur les hommes qu'elles aimaient, une ethnographie littéraire de la côte du golfe de Floride. C'était aussi une géographie réinventée. Le Sud de Hurston est en réalité un Nord, une extension des Caraïbes, où les préjugés raciaux et l'apartheid quotidien ressemblent davantage à des vestiges du colonialisme qu'aux innovations de Jim Crow. Le mythe et la religion sont aussi puissants dans son portrait de la vie du Sud qu'un cercle de tambours *vodou* en Haïti. Les subtiles gradations d'appartenance raciale font l'objet d'une obsession qui n'a rien à envier à celle de la nuance de la carnation à la Jamaïque. Après un ouragan dévastateur auquel Janie et Tea Cake parviennent à échapper, les victimes sont enterrées dans des tombes distinctes ; les gardes blancs obligent les ouvriers noirs à classer les morts en fonction de la couleur et de la texture de leurs cheveux. Il n'est pas facile de savoir où commencer à expliquer, et plus encore à extirper, pareil système, suggère Hurston – une réalité où les cadavres eux-mêmes ont une race. Si vous pouviez croire une chose pareille, les zombies n'avaient rien que de très banal.

« Les romanciers en savent plus long sur les gens que la plupart des scientifiques[48] », avait confié Mead dans une lettre adressée à Bateson quelques années avant la publication de *Mais leurs yeux dardaient sur Dieu*. Les écrivains avaient la liberté de façonner le langage à leurs propres fins, et ne pouvaient pas se dissimuler derrière un jargon professionnel. Ils s'ouvraient à toutes les possibilités de l'expression et, ce faisant, bénéficiaient d'un accès particulier aux mots, pensées et expériences d'autrui.

Rien n'indique cependant que Mead ait lu la moindre ligne de fiction de Hurston au moment de sa publication. Le fossé racial séparait Hurston des autres membres du cercle de Boas, même en un temps où les étudiants de celui-ci niaient avec force que la race fût une division fondamentale des sociétés humaines. Mead vécut l'un des moments les plus embarrassants de son existence dans le courant de l'été 1935, lors d'une intervention à un colloque interracial en Pennsylvanie. Rendant compte de son travail en Nouvelle-Guinée, elle évoqua les bébés locaux en parlant de *pickaninnies* (négrillons), un terme de pidgin anglais qu'elle pensait entré dans le langage courant. Elle sentit immédiatement les Afro-Américains présents dans la salle se hérisser. Presque en larmes pour avoir commis cette maladresse, elle présenta promptement ses excuses et poursuivit son laïus. Mais la leçon qu'elle tira de cet incident ne concernait pas sa propre insensibilité ni ses préjugés désinvoltes – juger nécessaire de recourir à un vocable particulier pour distinguer les bébés noirs des bébés blancs était, après tout, la définition même du racisme. Ce fut plutôt la capacité des orateurs de rallier leurs auditoires pourvu qu'ils expriment du remords[49].

Hurston entretint peu de contacts avec Mead dans les années 1930, en raison des longues périodes qu'elles passèrent toutes deux sur le terrain en des lieux opposés de la planète. Lorsqu'il arrivait à Hurston de regagner New York, elle avait plus de chances d'aller rendre visite à des éditeurs et à d'anciens mécènes que de faire un tour au département d'anthropologie. Elle avait en effet renoncé à son doctorat presque aussi rapidement qu'elle l'avait commencé[50]. Le financement s'était révélé moins généreux qu'elle ne l'avait imaginé, et, en tout état de cause, elle commençait à prendre conscience que l'art l'intéressait plus que la science – ou, plus exactement, à comprendre que l'art constituait son mode d'expression personnel du travail de collecte scientifique auquel elle se livrait depuis des années. À son retour d'Haïti, elle fit de nouvelles expéditions dans le sud des États-Unis pour rassembler de la documentation sur le folklore et prendre des notes sur le culte charismatique des pentecôtistes. Elle restait dans les faits une ethnographe, sans nourrir cependant la moindre ambition de carrière universitaire. Les revenus générés par ses écrits l'aidèrent à financer ses recherches scientifiques non rémunérées.

Fut un temps où Mead avait imaginé que sa vie pourrait évoluer dans le même sens. Dans sa jeunesse, elle avait été convaincue que sa vraie vocation était la poésie et non la sociologie. À présent, après son retour du Sepik, elle était un peu perdue. Elle avait toujours son emploi de conservatrice au musée, mais envisageait l'avenir avec incertitude. Si ses relations avec Benedict restaient chaleureuses et amicales, pendant que Mead était à l'étranger Benedict était passée à d'autres passions, à d'autres relations. Et son propre mariage avec Fortune était condamné. Dans le courant de l'été 1935, elle remit le dossier de divorce au consulat mexicain de New York ; c'était la deuxième fois qu'elle empruntait cette voie pour mettre fin à une union[51]. Elle continuait à correspondre avec Bateson, et plus tard ils se livreraient à des réflexions sur ce moment d'avril 1935 où ils avaient cessé de s'écrire sur des bandes de papier découpé, comme ils l'avaient fait en Nouvelle-Guinée, pour utiliser du papier à lettres plus conventionnel[52]. Mais cette nouvelle relation réclamait tact et planification. Ils se retrouvaient furtivement, et uniquement quand il était possible de justifier leur rencontre par un autre engagement : des retrouvailles inattendues à l'occasion de vacances en Irlande, par exemple, ou une conversation lors d'une conférence que Bateson avait été invité à faire à Columbia.

L'attention publique que lui valait *Sex and Temperament* incitait particulièrement Mead à éviter tout risque de scandale[53]. La plupart des gens la croyaient heureuse avec Fortune, bien qu'ils n'aient pas vécu ensemble depuis son retour du terrain. En tout état de cause, elle avait besoin que son livre se vende bien. Les droits d'auteur l'aideraient à payer les frais de justice du divorce[54]. Elle n'en avait pas dit un mot à Papa Franz, bien sûr[55]. Ce ne fut que plus tard dans l'année qu'elle eut le courage de le lui annoncer – prétendant que Fortune l'avait laissée tomber, alors que la vérité était plus proche du contraire[56].

Bateson et elle avaient échafaudé un plan pendant des mois, lettre après lettre, afin de se retrouver sur un nouveau site de recherche et de se marier aussi discrètement que possible une fois son divorce prononcé cet automne-là. Ils préparèrent une expédition commune, à Bali cette fois, où ils voulaient entreprendre une étude sur la maladie mentale et la religion locale, parallèlement à des travaux plus généraux sur la culture et le tempérament. Ils imaginèrent un stratagème compliqué pour convaincre famille, amis et collègues qu'ils s'étaient retrouvés par hasard et étaient tombés éperdument amoureux. La folie du Sepik resterait soigneusement cachée à tous, exception faite de Benedict. « En tout cas, je pense que c'est une excellente chose de mener le monde en bateau pendant un mois ou deux en faisant croire que nous travaillons ensemble, que nous sommes jaloux l'un de l'autre et désapprouvons réciproquement nos méthodes respectives et tout ce qu'on voudra, pour habituer les gens à l'idée d'un mariage imminent avant qu'il ne se fasse », écrivit Bateson à Mead peu avant Noël 1935, comme s'il rédigeait le texte d'une comédie burlesque. « Ensuite, le mariage lui-même ne fera pas l'effet d'une bombe mais d'une recherche de respectabilité. Qu'ils nous pensent vaguement bohèmes pendant un mois et nous rendent leur respect quand nous nous marierons[57]. »

À présent, elle n'était plus « Margaret » dans les lettres qu'il lui adressait, mais plutôt *my grub*, « mon asticot ». Au printemps suivant, quand ils arrivèrent tous deux sur l'île de Bali, on l'appelait déjà « Mrs Gregory Bateson ». Ils s'étaient mariés à Singapour, et Bateson écrivit rapidement à sa mère pour lui annoncer qu'elle avait une bru : une Américaine, hôtesse accomplie, anthropologue, athée par tradition familiale et anglicane par choix. Physiquement, ajoutait Bateson, elle avait même « un visage presque darwinien », une comparaison qui devait être aux yeux de sa mère – sinon de Mead – un compliment insigne[58].

Mead et Bateson travaillaient bien ensemble. Ils s'attaquaient à une nouvelle série de problèmes, à l'intersection entre psychologie et anthropologie, se consacrant essentiellement au domaine des déterminants culturels de la santé mentale, un thème qui les intriguait tous deux depuis un certain temps. Ils s'intéressaient également à la foi et à la pratique religieuses, et plus particulièrement au phénomène des transes à Bali, et avaient l'intention de consigner toutes les informations qu'ils dénicheraient. Ils avaient emporté des tonnes de matériel – un dictaphone, des machines à écrire, des appareils photo – et avaient le projet de documenter leur travail de A à Z, utilisant la pellicule de la même manière que Hurston l'avait fait dans le sud des États-Unis. Au cours des mois suivants, ils prendraient quelque vingt-cinq mille clichés[59]. Mead évoquerait cette période en parlant d'« une association avec un partenaire parfait tant sur le plan sentimental que sur le plan intellectuel[60] » – elle se sentait physiquement à l'aise et travaillait en tandem avec un être qu'elle respectait et aimait.

Elle n'avait encore jamais passé autant de temps sur le terrain : elle resta deux ans à Bali puis regagna en 1938, pour six mois, les rives du Sepik, où Bateson et elle purent étudier un autre peuple de Nouvelle-Guinée, les Iatmuls, affranchis de l'effroyable triangle amoureux qui avait écourté leur précédente expédition parmi les Chambulis. Mais il n'était pas facile de se concentrer. La radio parlait de nuages de guerre sur l'Europe. Au mois de septembre, un bateau chinois qui remontait péniblement le fleuve annonça que les puissances européennes avaient négocié un accord autorisant l'Allemagne nazie à annexer une partie de la Tchécoslovaquie[61]. « Les crises sont toujours passées avant que nous en soyons informés », écrivit Mead, « et nous font espérer une fois de plus que s'il est possible d'éviter la guerre assez longtemps il se passera quelque chose, du genre de quelques morts bien choisies en haut lieu[62]. »

Le monde extérieur avait la fâcheuse habitude de faire irruption, jusqu'au paradis. Bateson et elle se réfugièrent dans leurs recherches.

Ils construisirent une cabane d'écriture entourée d'une moustiquaire pour pouvoir taper leurs notes sur un petit bureau double. Les villageois s'attroupaient parfois devant, les regardant comme les visiteurs d'un zoo pourraient observer des hyènes. « Je me sens vraiment moche de mener une vie aussi agréable », écrivit Mead à une amie. « Nous sommes en vérité si contents que nous passons au moins une heure par jour simplement à ronronner[63]. » La seule ombre au tableau était que Mead avait décidé qu'elle était prête à essayer d'avoir un bébé, ce qui leur avait été refusé, à Fortune et elle. Or le moment était évidemment peu propice. « Il ne fait pas de doute », observait-elle, « que les tropiques ne sont pas un très bon endroit pour se reproduire[64]. »

À l'automne 1938, alors que Mead et Bateson étaient plongés dans leurs recherches sur les Iatmuls, Hurston publia son travail sur la Jamaïque et Haïti. Elle intitula son nouveau livre *Tell My Horse* [« Parle à mon cheval »], une expression utilisée dans les séances *vodou* quand quelqu'un est possédé par un *loa*. L'ouvrage ne rencontra pas un grand succès, malgré la reproduction du portrait de Felicia Felix-Mentor, le premier zombie photographié au monde. Hurston prit soin de l'identifier par son nom, sans mettre son état entre guillemets. L'ouvrage, mélange de souvenirs et de description ethnographique, était plus boiteux que le précédent travail de Hurston sur le sud des États-Unis. Les critiques furent mitigées, sans pour autant être malveillantes. Les revenus d'une édition britannique, rebaptisée *Voodoo Gods* [« Dieux *vodou* »] dans l'espoir de doper les ventes, dépassèrent dès la première semaine l'avance de cinq cents dollars que Hurston avait touchée et lui assurèrent des royalties modestes mais régulières[65].

Au cours des années suivantes, elle roula sa bosse, réapparaissant inopinément de temps à autre en demandant pardon à ses amis de s'être absentée aussi longtemps. Un retour à New York fut suivi d'un autre voyage dans le Sud, de nouvelles collectes de matériaux, d'une brève période d'enseignement universitaire et d'un mariage déconcertant qui dura six semaines[66]. Ayant dépensé depuis longtemps les fonds de ses deux bourses Guggenheim, elle s'inscrivit au Federal Writers'

Project, un système d'aide aux journalistes et écrivains au chômage mis en place pendant la crise économique. À l'image de la plupart des programmes créés par le gouvernement fédéral de l'époque, celui qui était destiné aux écrivains était divisé en deux parties, le personnel régulier – intégralement blanc – d'un côté, et des « unités nègres » spéciales de l'autre. Celle dont elle faisait partie fut chargée de travailler sur un guide de la Floride et sur un volume complémentaire intitulé *The Florida Negro*. Avec une équipe de folkloristes et un gros magnétophone, elle retourna dans les mines de phosphate et les camps d'extraction de térébenthine qu'elle avait découverts bien des années auparavant, enregistrant des blues, des chansons de travail et des plaisanteries, comme elle l'avait fait en compagnie d'Alan Lomax avant son expédition aux Caraïbes.

À l'image de Mead et de Benedict, Hurston n'avait pas que des amis. Chaque fois ou presque qu'elle publiait un livre, elle pouvait s'attendre à ce qu'un petit groupe de critiques, exclusivement masculins, rédigent des comptes rendus tièdes, voire négatifs. Richard Wright et Ralph Ellison, qui prenaient alors la suite de Langston Hughes dans le rôle de jeunes auteurs abordant le problème de la race dans la société américaine, considéraient l'un comme l'autre les descriptions que donnait Hurston des coutumes du Sud comme au mieux pittoresques, au pire embarrassantes. Son ancien mentor, Alain Locke, se joignit au chœur des détracteurs. *Mais leurs yeux dardaient sur Dieu*, regrettait-il dans les pages d'*Opportunity*, n'était que de la « fiction folklorique » trop imprégnée de couleur locale pour offrir un portrait convaincant des personnages principaux aussi bien qu'un exposé sérieux sur les relations raciales[67].

La critique de Locke fut particulièrement blessante pour Hurston. C'était grâce à son soutien qu'elle avait pu quitter Washington pour New York plus de dix ans auparavant. « J'en ai assez des envieux qui trouvent toujours quelque chose à redire[68] », déclara-t-elle à James Weldon Johnson, se faisant ainsi l'écho de propos similaires tenus par Mead et Benedict. Elles avaient toutes publié des ouvrages et obtenu des recensions – plus que favorables – dans les grandes revues et les principaux journaux du pays. Et pourtant, la plupart des hommes de leur vie les trouvaient toujours indignes de faire partie de leur cercle. Bien décidée à riposter, Hurston fulminait et vitupérait dans ses lettres à des amis et, quand elle avait l'occasion de commenter le travail de Wright et d'autres, elle rendait coup pour coup. Elle ne tarda pas à rompre formellement avec Locke, comme elle l'avait fait avec Hughes.

Elle n'était toutefois aucunement isolée. Des chèques de droits d'auteur arrivèrent régulièrement tout au long des années 1930 : les revenus de ses précédents romans, *Jonah's Gourd Vine* et *Mais leurs yeux dardaient sur Dieu,* et les bénéfices de ses deux ethnographies, *Mules and Men* et *Tell My Horse*, auxquels s'ajouta en 1939 une avance pour un autre roman, *Moses, Man of the Mountain*, une réécriture de l'histoire du Moïse biblique sous les traits d'un habitant d'Eatonville. Quand ce dernier ouvrage fut publié, Ralph Ellison déclara qu'il ne contribuait vraiment pas à faire progresser la « fiction nègre[69] ». Telle était l'aune à laquelle Hurston était généralement jugée, en tout cas par ses collègues romanciers : qu'apportait-elle à la fiction noire, en tant qu'auteure noire ? En anthropologie, elle fréquentait une communauté professionnelle qui, le plus souvent, la considérait avant tout comme une chercheuse de terrain et comme une collègue, au lieu de ne voir en elle qu'une représentante de sa race.

Au printemps 1940, elle s'engagea avec Mead et Jane Belo, une anthropologue dont Mead avait fait la connaissance à Bali, dans un projet de recherche sur les comportements de transe dans les églises du sud des États-Unis et prit bientôt la route des basses terres du littoral de Caroline du Sud et de Géorgie. Avec Belo, elle enregistra des chansons et filma les cultes des églises dites « sanctifiées », où les cymbales s'entrechoquaient et où les tambourins s'agitaient pour accompagner des prières extatiques. On la reconnaît sur certaines séquences filmées : en train de jouer de la conga, le tambour coincé entre ses jambes, de se déplacer avec des maracas, de louer Dieu parmi ses saints, ancienne croyante parmi les convertis.

Ses notes de terrain, qu'elle dactylographia et envoya à Mead, s'inspiraient de la forme de travail qu'elle avait réalisé dans les Caraïbes

– s'intégrer à une communauté, participer pour de vrai, s'efforcer de tout voir de l'intérieur. Belo et elle s'étaient installées à Beaufort, en Caroline du Sud, où les choux palmistes résonnaient du craquètement des cigales et où les sons émanant d'une petite église « de sainteté » flottaient dans l'air épais. C'était un culte fait pour vous transporter, avec des prophéties improvisées et des glossolalies, le langage des anges offert aux êtres humains l'espace d'un instant afin de mieux rendre gloire à Dieu. Tout le monde priait en même temps, la voix de chacun se noyant dans un grand chœur cacophonique que n'interrompaient qu'une mélopée ou une exclamation de louange. « La forme de la prière ressemble aux branches d'un arbre », écrivit-elle, « entraperçues par moments à travers les feuilles qui les dissimulent[70]. »

Mead ne fut pas particulièrement emballée. Elle exhorta Hurston à se montrer plus systématique dans son travail de collecte et à ne pas se contenter de décrire les scènes telles qu'elle les voyait. Quelles étaient les caractéristiques des gens qui avaient l'air en transe ? Leur comportement coïncidait-il avec des périodes de difficultés financières ou avec une histoire d'amour qui avait mal tourné ? « Je suis sûre que ça va être un truc fascinant[71] », écrivit-elle laconiquement. Mead n'en avait pas conscience sur le moment, mais en réalité Hurston reproduisait dans son style poétique exactement ce qu'elle avait appris de Papa Franz bien des années auparavant. Vous pouviez penser avoir saisi l'essence de la religion, le tronc d'une culture enfoui dans un système racinaire caché. Vous pouviez croire possible de la caractériser avec précision, de définir son essence, de disséquer ses valeurs centrales. Or on ne pouvait jamais faire tout cela qu'imparfaitement, insistait Hurston, presque à l'aveugle, les feuilles d'arbre s'interposant constamment. Mais en réalité, peut-être était-ce aux feuilles d'arbre qu'il fallait d'abord prêter attention : aux rituels secrets, à l'asile de fous abritant un zombie, aux rythmes martelés de l'hommage divin et de la joie ineffable, la descente de l'Esprit saint submergeant la nuit humide. Dans son propre langage, Hurston réaffirmait les consignes de Boas sur la manière d'être ambitieux en tant que scientifique et modeste comme être humain : renoncer à rechercher des lois universelles et ouvrir les yeux aux individus qui sont là, qui chantent et psalmodient juste devant vous.

En 1940, pendant qu'elle était en Caroline du Sud, une sorte d'histoire officielle de la Renaissance de Harlem était déjà entre les mains d'un éditeur : l'autobiographie de Langston Hughes, *The Big Sea**. Dans ce récit, Hurston apparaissait comme un peu joueuse, une fêtarde difficile à vivre, haute en couleur, culottée, une femme qui n'avait pas grand-chose d'une penseuse ni d'une ethnographe de terrain, et encore moins d'une scientifique. « Les filles sont de drôles de créatures ! » concluait-il avec dédain, évoquant leurs querelles passées[72]. Ce même printemps, *Native Son*** de Richard Wright ouvrirait un tout nouveau chapitre de la littérature américaine[73]. Éclipsant l'œuvre des intellectuels de la précédente génération, il plaçait les difficultés des hommes noirs – leurs entraves sociales et leurs frustrations dévastatrices, les conséquences incommensurables d'un système de réalité créé par des Blancs – au premier plan de l'art et des commentaires sociaux noirs. La Renaissance de Harlem et ses femmes s'estompaient déjà dans l'Histoire.

Lippincott suggéra à Hurston d'essayer d'écrire sa propre autobiographie, peut-être en réaction à celle de Hughes, en exposant son point de vue personnel sur son enfance, sur Boas et son cercle influent, sur la gloire flétrie de Harlem. Cela permettrait à Hurston de réexaminer à la fois son art et sa science. Pouvait-on savoir véritablement ce que signifiait être une personne de foi sans avoir jamais éprouvé soi-même cette impulsion ? Pouvait-on comprendre l'univers mental d'une communauté sans prendre au sérieux, ne fût-ce qu'un instant, sa perception des mondes de l'au-delà ? Avec son doctorat inachevé, Hurston avait renoncé à l'idée de faire carrière sur ces questions. Mais plus que Mead, Benedict, et même plus que Boas lui-même, elle avait entrevu ce qu'en faire sa vie pouvait impliquer. Mead avait cherché à le faire, brièvement, sur les rives du Sepik : baisser sa garde, s'abandonner

* *Les Grandes Profondeurs*, sans traducteur, Paris, Seghers, 1947.

** *Un enfant du pays*, trad. H. Bokanowki et M. Duhamel, Paris, Gallimard, 1950.

pleinement à quelque chose, suspendre son engagement en faveur de la science en blouse blanche assez longtemps pour laisser son cerveau glisser intégralement dans un nouveau style de pensée. Pour voir réellement les gens, sans fard et dépouillés de vos propres préjugés, il fallait « aim[er] sans égoïsme », comme l'écrivit Hurston dans le manuscrit auquel elle travaillait, et « manipul[er] la haine avec les pincettes rougeoyantes de l'enfer[74] ».

Elle intitula ses souvenirs *Dust Tracks on a Road**. Mais en 1942, quand l'ouvrage fut enfin publié, son éditeur avait tronqué le texte original au point de le rendre méconnaissable. Ses critiques sévères du colonialisme européen furent jugées trop polémiques ; sa manie de mettre le doigt sur les contradictions entre le soutien que les Américains accordaient à l'étranger aux mouvements de libération nationale et le racisme approuvé par le gouvernement à l'intérieur même du pays paraissait mal venue. Les États-Unis étaient désormais en guerre et Hurston découvrit que les gens avaient plus de mal que jamais à vivre de la manière qu'elle trouvait la plus naturelle. Elle avait intitulé un des chapitres supprimés : « Voir le monde tel qu'il est[75] ».

* *Des pas dans la poussière,* trad. F. Brodsky, Paris, L'Aube, 1999.

13

GUERRE ET NON-SENS

Quand Boas prit officiellement sa retraite de l'enseignement en 1936, Benedict était prête à le remplacer. Nul n'était plus qualifié qu'elle pour prendre la direction du département d'anthropologie le plus réputé du pays, dont les anciens élèves ensemençaient la plupart des autres grandes universités. Elle avait fait toute sa carrière sous la tutelle de Boas, d'abord comme assistante, puis comme maître de conférence. « Je vais être directrice intérimaire du département l'année prochaine[1] », annonça-t-elle avec enthousiasme à Reo Fortune, qui était passé de poste en poste avant d'obtenir enfin une chaire à Guangzhou, en Chine.

Il restait pourtant un obstacle à franchir, relevait-elle. « Être une femme est un lourd handicap lorsqu'il s'agit d'obtenir un statut officiel à Columbia[2]. » Et quand les autorités universitaires se décidèrent à nommer un nouveau directeur, le poste revint de fait à un scientifique extérieur au département, un certain Ralph Linton, lequel n'était autre que le Linton qui avait abandonné le programme doctoral de Columbia pour passer à Harvard près de vingt ans auparavant. De toute évidence, il fallait s'attendre à des changements.

Linton avait indéniablement toutes les compétences requises pour exercer ses fonctions. Dans sa plus récente affectation, à l'université du Wisconsin, il avait rapidement gravi les échelons du corps enseignant.

Il s'était imposé comme une autorité reconnue sur les sociétés indigènes, de Madagascar aux îles Marquises, et avait créé un modèle de ce que devait être un bon enseignement de l'anthropologie : une manière de détourner les étudiants de la certitude que leurs propres obsessions culturelles possédaient une validité universelle. Son manuel d'initiation, *The Study of Man** (1936), se vendrait bientôt comme des petits pains dans les librairies du campus.

Mais Linton s'était toujours méfié du cercle de Boas. Il estimait que les élèves de celui-ci – et les femmes en particulier – étaient pour l'essentiel des vulgarisateurs, guidés par un collecteur d'histoires anciennes plus que par un scientifique à proprement parler. Cette opinion était peut-être précisément ce qui faisait l'attrait de Linton aux yeux de Nicholas Murray Butler, alors encore président de la Columbia University. Cela faisait longtemps que Butler voyait dans le corps enseignant du département d'anthropologie un refuge pour les inadaptés et les dissidents, les patriotes inconstants, voire pour les bolcheviks occasionnels. Il était temps de le renouveler et de libérer l'université de l'emprise de Boas sur ce département.

Après l'arrivée de Linton, les étudiants de troisième cycle se divisèrent en deux camps, ceux qui étaient « à lui » et ceux qui étaient « à elle », les uns se rangeant sous la bannière de Linton, les autres sous celle de Benedict[3]. Boas fut autorisé à conserver un bureau[4] – emprunté –, mais obligé de soumettre des notes détaillées justifiant tous ses frais de secrétariat[5]. Ses fonds de recherche dépendaient désormais principalement de dons privés que Benedict réussissait à obtenir[6]. « Je me suis fait à l'idée que l'époque où j'ai pu être utile est révolue[7] », avoua-t-il à sa vieille bienfaitrice Elsie Clews Parsons.

En réalité, il était sur le point de livrer la plus grande bataille de sa carrière. Toutes les idées fausses qu'il s'était employé à démonter pendant des décennies dans sa patrie d'adoption étaient en train de se statufier en dogme approuvé par l'État dans son pays natal. Bien que sa famille immédiate fût en sécurité aux États-Unis ou décédée depuis

* *De l'homme,* trad. Y. Delsaut, Paris, Éditions de Minuit, 1968.

longtemps, comme ses parents Meier et Sophie, Boas devrait bientôt faire face à une révélation traumatisante. Allemand et juif, immigré défiguré entouré de Nègres, de primitifs, de femmes qui aimaient d'autres femmes, et encore plus de juifs, lui-même et tous ceux qui l'entouraient de près auraient été des cibles de choix pour l'emprisonnement ou la mort s'ils avaient vécu en Allemagne.

En même temps, Boas n'ignorait pas une réalité tout aussi inquiétante concernant le pays qui lui avait tant donné depuis qu'il y avait débarqué en 1884. L'idéologie qui aurait scellé son sort en tant que juif, immigré et intellectuel dissident – le nazisme – reposait sur une série de fondements pseudo-scientifiques dont l'empreinte était incontestablement américaine.

Depuis des années, Boas se rendait presque tous les étés en Europe, et il avait observé avec un accablement croissant les événements qui se déroulaient sur le continent. En Allemagne, les brutes nazies s'étaient infiltrées dans les institutions de l'État, voyous et faux intellectuels en venant à former, du jour au lendemain semblait-il, une élite politique. Au printemps 1933, Boas adressa une lettre ouverte au président Paul von Hindenburg, le suppliant d'empêcher Adolf Hitler d'établir une dictature de parti unique[8]. Il rédigea à la va-vite un essai sur les « Aryens et Non-Aryens » qui dénonçait le fanatisme nazi et une science dévoyée ; traduit en allemand, il fut largement diffusé dans les milieux antinazis clandestins. Il profita de toutes les interviews qu'il donnait à la presse, de toutes ses interventions à des colloques pour critiquer Hitler et sa politique. Les conséquences furent immédiates dès que les nazis eurent accédé au pouvoir : les autorités universitaires de Kiel invalidèrent le doctorat de Boas, puis ses livres furent retirés des rayonnages des bibliothèques allemandes et rejoignirent dans des autodafés les volumes de Marx, Freud et autres penseurs juifs[9].

Le département d'anthropologie commença bientôt à recevoir une avalanche de lettres de collègues allemands à la recherche d'un poste de professeur invité ou d'une autre issue de secours. Il arrivait à Boas de passer inopinément au bureau que Mead conservait au musée, espérant qu'elle-même ou d'autres collègues auraient des idées pour aider « ses juifs dépossédés[10] », comme cette dernière les appelait. Avec Benedict et d'autres enseignants des quatre coins du pays, Boas créa ainsi le Committee for Democracy and Intellectual Freedom – le Comité pour la démocratie et la liberté intellectuelle. Son objectif était de combattre le racisme, de défendre la liberté d'expression et de trouver des points de chute pour les universitaires déplacés dont les établissements avaient été envahis par les nazis et leurs émules d'Italie ou d'ailleurs.

Lors d'une série d'émissions radiophoniques diffusées dans tout le pays sur WNYC, Boas mit en garde contre la nature à double tranchant du langage de la science. On pouvait l'employer pour encourager un sentiment d'humanité commune aussi bien que pour étayer de dangereuses doctrines de différence fondamentale. « Dans de nombreux pays européens, la liberté intellectuelle a été détruite par l'intolérance et l'oppression politique[11] », déclara-t-il au micro avec ses « r » allemands rocailleux et sa diction confuse. Mais il fallait également la défendre en Amérique, en lançant ce qu'il appelait une campagne « pour faire de nos écoles des remparts de la démocratie[12] ». Son nom figura bientôt sur les en-têtes d'organisations d'intérêt général, d'associations de défense de la démocratie et de comités d'aide aux réfugiés. Il mobilisa ses réseaux d'amis et de collègues pour faire quelque chose, n'importe quoi, en faveur de ceux qui fuyaient les persécutions à l'étranger – et aussi pour préserver les valeurs progressistes aux États-Unis. Des pétitions contre les lynchages, contre les poursuites gouvernementales dont les professeurs accusés de sédition faisaient l'objet et contre le bannissement de la littérature « immorale » des établissements scolaires affluaient dans les boîtes aux lettres de tout le pays, accompagnées d'une lettre personnelle de sa part demandant à ses collègues de bien vouloir signer et transmettre ces manifestes à d'autres amis.

Ce déferlement d'intolérance était loin d'être une exclusivité allemande aux yeux de Boas. À cette époque, tout Américain de droite pouvait estimer qu'un grand nombre des idées épousées par les nazis étaient conformes à la nature et parfaitement avérées, même si elles n'étaient pas accompagnées de la croix gammée. Les Allemands avaient moins consacré les années 1930 à inventer un État obsédé par la race qu'à en rattraper un. La majeure partie des États-Unis, bien au-delà du vieux Sud confédéré, était en effet dominée par une forme ou une autre de ségrégation raciale obligatoire dans les écoles, la fonction publique, les théâtres, les piscines, les cimetières et les transports. La plupart des États interdisaient les mariages interraciaux ou traitaient les couples mixtes comme s'ils avaient commis un délit. La majorité recourait à la stérilisation forcée comme instrument d'amélioration eugénique ou comme sanction pénale. Dans toutes les juridictions, les comportements homosexuels masculins étaient interdits par la loi.

Des groupes paramilitaires comme le Ku Klux Klan, souvent partenaires de fait de gouvernements locaux, d'Anaheim en Californie à Dayton dans l'Ohio, utilisaient les défilés publics, les incendies criminels et le meurtre pour intimider les communautés minoritaires. Le service de surveillance intérieure des États-Unis, le FBI, constituait des fichiers détaillés sur les universitaires, les artistes, les écrivains et les journalistes soupçonnés de déloyauté, surtout s'ils étaient, de surcroît, noirs ou juifs. Les lois fédérales sur l'immigration avaient été explicitement conçues pour augmenter le pourcentage de la population représenté par ceux que les nazis appelaient des Aryens. À plusieurs reprises dans le courant des années 1930, des milliers de chemises brunes se regroupèrent sur Madison Square à New York en hurlant des slogans en faveur d'un « américanisme à 100 % », défilant même une fois sous un portrait de George Washington haut comme un immeuble de trois étages. Certains Américains avaient pris l'habitude d'utiliser des acronymes comme MIAFA, « My interests are for America » (« Je défends l'Amérique »), pour afficher leur soutien aux valeurs prônées par le Klan et d'autres organisations prétendument patriotiques[13]. Et jusqu'au début des années 1940, il était même courant que les écoliers américains commencent leur journée de la même manière que les Allemands : par un salut obligatoire, bras tendu en direction de leur drapeau. (Le « salut de Bellamy », comme on l'appelait, était le geste recommandé par l'auteur même du serment d'allégeance, Francis J. Bellamy.)

Les juristes et les décideurs politiques nazis examinèrent en détail ce qui était à leurs yeux le régime d'exception raciale national des États-Unis, lequel constituait alors le plus vaste système de sensibilisation au problème racial et de privation des droits civiques pratiqué par n'importe quelle grande puissance. Adolf Hitler lui-même en avait fait l'éloge dans *Mein Kampf.* L'engagement de ce pays en faveur de l'amélioration raciale, sa politique d'extermination des Indiens primitifs, sa volonté d'empêcher les immigrés étrangers à la race de piller la nation et les restrictions qu'il imposait aux mariages mixtes, toutes ces mesures, suggérait Hitler, avaient permis au colon aryen de s'imposer à la tête de l'Amérique du Nord : « Il en restera le maître aussi longtemps qu'il ne succombe pas à la contamination raciale[14]. » Hitler possédait même dans sa bibliothèque personnelle une traduction du *Déclin de la grande race* de Grant, reliée en toile jaune vif. (L'ouvrage a survécu à la guerre et est aujourd'hui conservé dans la section des livres rares de la bibliothèque du Congrès.)

Cela faisait des années que des spécialistes allemands étudiaient les théories de Grant et de ses successeurs, qu'ils se penchaient sur les rapports de l'Eugenics Record Office et assistaient aux congrès d'eugénisme organisés par l'American Museum of Natural History. Heinrich Krieger, l'un des plus grands théoriciens du droit dont les écrits façonnèrent la politique nazie, s'était familiarisé avec les lois raciales américaines lorsqu'il était étudiant et qu'un échange l'avait conduit à l'université de l'Arkansas[15]. Quant aux universités allemandes, elles accordèrent des diplômes honoris causa à certains des principaux eugénistes d'Amérique, parmi lesquels Henry Fairfield Osborn, président du Museum of Natural History et vieil adversaire de Boas[16]. Dans leurs revues et leurs journaux, les nazis dressaient l'inventaire des multiples façons dont les États-Unis avaient donné forme à leurs institutions politiques nationales en s'appuyant sur des critères de propriété, des impôts locaux, des tests d'alphabétisation, des violences électorales et des redécoupages de circonscriptions. « Dans la plupart des États du sud de l'Union, enfants blancs et enfants de couleur sont envoyés dans des écoles différentes en vertu de réglementations légales. La plupart des Américains exigent également que la race figure sur les actes de naissance, les certificats de non-opposition au mariage et les actes de décès[17] », rapportait un universitaire allemand dans le *Manuel national-socialiste de droit et de législation* publié en 1934. « Les législations de nombreux États américains vont jusqu'à exiger des installations séparées pour les gens de couleur et pour les Blancs dans les salles d'attente, les wagons de chemin de fer, les wagons-lits, les autobus, les bateaux et même dans les prisons et les centres de détention. » Selon ces observateurs, tous les Américains naissaient dans une race, enregistraient leurs enfants dans une race et mouraient dans une race – sous le contrôle scrupuleux des institutions fédérales, étatiques et locales, du Bureau du recensement jusqu'à l'école de quartier. Bien avant que les universités américaines ne créent des programmes d'*area studies*, l'étude des grandes régions du monde, pour aider les étudiants à se familiariser avec les nations étrangères, les Allemands s'efforçaient de comprendre à quoi les États-Unis devaient la remarquable réussite de leur politique raciste.

En 1935, quand le gouvernement nazi adopta sa propre législation raciale – les lois de Nuremberg –, ces nouvelles règles s'inspiraient de plusieurs années d'étude consciencieuse du « modèle américain », comme l'appelaient les autorités nazies[18]. La différence étant, évidemment, que les juifs remplaçaient les Afro-Américains comme objet de rejet. La race juive était définie comme le produit d'une essence biologique, héréditaire, qui se transmettait de parent à enfant : les juifs purs, qui avaient trois ou quatre grands-parents juifs ; les *Mischlinge*, ou individus mixtes, qui en avaient un ou deux ; les Aryens purs qui n'en avaient aucun. (Les théoriciens nazis avaient craint que la version américaine de l'identification raciale – la *one drop rule*, ou règle de l'unique goutte de sang, en vertu de laquelle toute trace d'ascendance africaine décelable, aussi infime fût-elle, suffisait à ranger une personne dans la catégorie des Nègres – ne soit d'un radicalisme inapplicable s'agissant des juifs.) Les mariages et les relations sexuelles qui transgressaient ces lignes étaient déclarés illégaux. La citoyenneté était redéfinie comme le privilège des *Deutschblütiger*, les individus de « sang allemand », et de leurs cousins nordiques. Les délinquants récidivistes, les malades mentaux, les handicapés et les homosexuels faisaient l'objet de lois complémentaires prévoyant l'incarcération ou la stérilisation des inaptes, ou, pour reprendre les termes de la recherche médicale allemande, la destruction de toute *Lebensunwertes Leben* – vie indigne de la vie. Après tout, ainsi que l'aurait déclaré Rudolf Hesse, l'adjoint d'Hitler : « Le national-socialisme n'est rien d'autre que de la biologie appliquée[19]. » Une nouvelle traduction allemande de *The Kallikak Family*, l'étude d'Henry H. Goddard de 1912 qui avait contribué à lancer le mouvement eugéniste américain, était saluée dans les publications nazies comme une recherche novatrice justifiant la nouvelle loi allemande sur l'éradication de la déficience mentale[20].

Un anthropologue allemand avait récemment publié un ouvrage dans lequel il prétendait que les juifs possédaient une odeur corporelle spécifique et répugnante, écrivit Mead à Bateson l'été qui précéda l'entrée en vigueur des lois de Nuremberg. « C'est un des remparts des préjugés raciaux dans notre pays », ajoutait-elle, faisant allusion à des allégations similaires des Américains blancs à propos des Noirs[21]. La logique rattachant telle ou telle prétendue différence à un sentiment de répulsion semblait s'imposer « automatiquement dès que les préjugés raciaux entrent en jeu ». Aux États-Unis, le Bureau du recensement avait longtemps utilisé des équivalents anglais du *Mischling* allemand avec les termes de *mulatto* (mulâtre) et *quadron* (quarteron), qui désignaient les individus déclarés à moitié ou à un quart noirs. Ces termes, apparus épisodiquement dans les recensements américains, n'avaient été finalement supprimés que dans celui de 1930, lorsque les autorités gouvernementales blanches regroupèrent les Afro-Américains dans une unique catégorie réservée à tous ceux qui possédaient ce qu'on appelait couramment du « sang nègre ».

Quelques années plus tard, à l'occasion d'un congrès organisé à Paris en 1937, Boas put découvrir de ses propres yeux le vrai visage de ces idées dans leurs versions à la fois américaine et allemande. Il assista à l'exposé d'un représentant de l'American Eugenics Society sur les avancées réalisées aux États-Unis. « Heureuse la nation qui sera la première à découvrir et à imposer les conditions sociales favorables à une forte proportion de naissances parmi ses citoyens les plus aptes[22] », déclara Frederick Osborn, l'un des fondateurs de cette institution. Il laissa ensuite la parole à plusieurs Allemands qui abondèrent en son sens, abordant des sujets allant de la détection des tares au stade embryonnaire jusqu'aux tendances à la psychose inhérentes à certaines races.

Quand la parole fut donnée à Boas, il conclut son allocution par une dénonciation pure et simple de l'essentiel de ce qu'il avait entendu. « Notre étude tant de la forme anatomique que des fonctions du corps, activités mentales et sociales comprises », déclara-t-il, n'apporte « aucun soutien à l'idée que les habitudes de vie et les activités culturelles puissent être déterminées de manière notable par l'origine raciale[23] ». L'idée que quoi que ce soit, tant positif que négatif, puisse être inhérent à une « race » précise – il avait même commencé à mettre ce mot entre guillemets – « est au mieux une fiction poétique et dangereuse[24] ». Si votre définition fondamentale de l'État-nation était celle d'un lieu réservé à une communauté spécifique, créé par et pour elle, vous aviez déjà fait un pas dans la mauvaise direction. Dès que vous vous accrochiez à l'idée que votre groupe ou votre mode de vie était lié par l'Histoire et par la destinée nationale à un morceau de territoire, vous auriez beau organiser toutes les élections libres que vous vouliez, le résultat serait le même : un monde où chaque société se réduisait à un peuple, un pays, et même un chef – chacune exprimant sa volonté nationale particulière, s'entourant de murs et de soupçons.

Ce fut l'un des derniers congrès scientifiques majeurs auxquels Boas serait en mesure d'assister. En septembre 1939, lorsque la guerre éclata, il était officiellement à la retraite depuis trois ans. Il était émacié, les joues creuses, avec des mèches de cheveux rebelles qui se dressaient dans tous les sens. Voilà plus d'un an, déclara-t-il à Benedict, qu'il souffrait d'une faiblesse insupportable, ainsi que de tachycardie et d'essoufflements[25]. Pourtant, dans ses écrits et ses conférences publiques, il conservait sa fougue et sa pugnacité. Si les dirigeants américains n'avaient pas de mal à admettre que le racisme allemand était une idéologie odieuse, c'était, selon lui, en grande partie parce que les individus exclus, expulsés ou emprisonnés leur ressemblaient beaucoup. En pareils moments, il était primordial de se considérer comme partie intégrante du problème. Il fallait comprendre en quoi votre propre comportement reflétait l'atrocité que vous releviez chez autrui. Il suffisait de se pencher sur les programmes scolaires et les manuels de géographie américains, déclara-t-il au *Baltimore Sun*, pour trouver un modèle de théorie raciale comparable à celle que les nazis enseignaient aux écoliers allemands[26]. Les deux systèmes étayaient leurs préjugés par une fausse science. L'unique différence était que le modèle américain attribuait aux Afro-Américains le rôle que les nazis réservaient aux juifs.

Les seules positions morales inattaquables, estimait Boas, étaient celles qui reposaient sur des données irréfutables. Au cours des deux décennies qui s'étaient écoulées depuis la Première Guerre mondiale, les chercheurs allemands avaient obtenu davantage de prix Nobel que ceux de tout autre État. Mais à présent les scientifiques allemands, comme nombre de leurs homologues américains, faisaient passer la théorie avant l'observation. Aucune donnée solide ne soutenait l'allégation voulant que certains groupes humains soient naturellement inférieurs – moins intelligents, moins beaux, moins aptes à accomplir des exploits susceptibles de changer le monde. Mais si votre prétendue science vous disait le contraire, qu'est-ce qui vous empêchait de mettre ces groupes à part, de les opprimer, voire de les supprimer ?

La découverte que les communautés humaines fabriquent des cases mentales – les morts, les vivants et les zombies, comme disait Hurston – apporte un éclairage important, admettait Boas. Mais la multiplicité de formes que prend ce comportement doit nous interdire de considérer que les catégories de telle ou telle société, la nôtre comprise, sont les seules utilisables. Le découpage des êtres humains en différentes catégories est le produit de notre propre imagination et n'a rien à voir avec les lois de la nature. De surcroît, cette division est dangereuse. Croire à l'existence de hiérarchies naturelles implique de croire à la légitimité de la domination, qu'elle prenne la forme du « sourire apitoyé » dont Boas avait parlé dans *The Mind of Primitive Man* ou celle de l'État autoritaire coupable d'épuration qui s'imposait en Allemagne. Les modèles moraux les plus solides reposent sur la vérité prouvée que l'humanité constitue un tout indivisible.

Boas ne voyait rien d'incompatible dans le fait de croire au relativisme culturel d'une part et à la démocratie et au gouvernement représentatif d'autre part. La science prônait l'élargissement progressif du cercle de gens à l'égard desquels nous devions avoir un comportement moral, quelle que fût la définition que nous en donnions, et la démocratie libérale était le meilleur moyen d'assurer que ce cercle s'élargirait au moins jusqu'aux frontières de notre propre pays. L'étape suivante consistait à trouver comment l'élargir à toute la planète. Les États-Unis n'avaient pas de compétence particulière en la matière, estimait Boas. Il avait pu constater avec quelle rapidité les portes ouvertes de l'Amérique pouvaient se refermer, surtout en un temps de guerre ou de peur, comme cela s'était produit au moment de la Première Guerre mondiale et avec la politique anti-immigration qui avait suivi. Quand votre gouvernement faisait grand cas de la loyauté et encourageait l'idée que votre propre société était pure et providentielle, il était d'autant plus important de ne pas proclamer votre allégeance à un drapeau ou à un hymne national, mais à une série de principes. La première des lois de Nuremberg ne déclarait-elle pas que la croix gammée était le symbole de la germanité elle-même – l'emblème sacré d'un *Volk* ethnique – et pas seulement celui de l'État allemand ? Les Kwakiutls et les Samoans avaient eux aussi leurs totems, mais ni les uns ni les autres ne les avaient rattachés à des institutions nationales, ne les avaient recouverts de science et n'avaient emprisonné ou tué ceux qui avaient l'audace de les offenser. Seule l'une des plus grandes civilisations du monde moderne pouvait agir ainsi.

Alors que le conflit en Europe s'aggravait – l'invasion de la Pologne à l'automne, un long printemps d'espoirs de paix suivi de l'attaque éclair contre la France et les Pays-Bas –, personne, et pas plus Boas que quiconque, n'aurait pu prédire les horreurs que les passions nationalistes de l'Allemagne finiraient par provoquer. Mais si l'avenir demeurait aussi obscur, c'était parce qu'il s'était déjà en grande partie concrétisé. L'obsession de la séparation des races, le traitement des immigrés comme des individus indésirables et potentiellement criminels, la campagne pour l'élimination des impurs et des inférieurs, le recours à une science bancale pour améliorer la société : la version nazie de toutes ces idées n'était que le prolongement de croyances et de pratiques déjà solidement établies aux États-Unis et dans d'autres pays avancés. Les réfugiés allemands avaient un mot pour désigner le souci de pureté collective et la séparation des populations sanctionnée par l'État : *Rassenwahn* – la « folie raciale ». C'était un terme qui, selon Boas, s'appliquait pareillement des deux côtés de l'Atlantique. « Je vais m'efforcer de faire le ménage dans les absurdités que l'on répand ces derniers temps à propos de race », déclara-t-il dans son discours d'adieu à la Columbia University. « Ici aussi, les gens deviennent fous[27]. »

Pendant que Boas accueillait scientifiques itinérants et universitaires réfugiés, la vie de Mead et celle de Benedict connurent de profondes transformations. Stanley, qui était encore légalement l'époux de Benedict malgré leur séparation de fait depuis près de dix ans, mourut d'une crise cardiaque à la fin de l'année 1936[28]. Sapir le suivit moins de trois ans plus tard, début 1939, succombant lui aussi à une pathologie cardiaque dont il souffrait depuis longtemps. Benedict rédigea sa notice nécrologique officielle pour l'*American Anthropologist.* Elle le présentait comme un homme tout aussi « brillant » que « stimulant[29] », usant d'une sorte de code privé qui en disait long sur une histoire qu'elle était seule à connaître, avec Mead et Sapir. La vraie cause de sa mort, suggéra Mead un peu plus tard, était « un ressentiment corrosif[30] ».

Les relations entre Mead et Bateson s'étaient effilochées en partie à cause de problèmes de famille et de carrière. Elle n'avait pas l'intention de devenir le genre d'épouse et de mère qu'il aurait voulu. Peu après son retour de Samoa, un médecin lui avait annoncé qu'elle n'aurait jamais d'enfant[31]. Il était difficile à présent de fermer les yeux sur l'inquiétante chronologie de départs et d'arrivées. Au cours des derniers mois qu'ils avaient passés à Bali, Bateson et elle avaient essayé d'avoir un bébé. Les fausses couches étaient consignées par une marque prosaïque sur le calendrier[32]. « Je vais travailler très modérément à la maison et, pour l'essentiel, être d'une paresse constructive et me bourrer de vitamine E », annonça-t-elle à sa belle-mère après une nouvelle fausse couche. De retour à New York, bien à l'abri dans son bureau des combles, elle apprit qu'elle était à nouveau enceinte[33]. « L'Angleterre déclare la guerre », nota-t-elle dans son agenda le 2 septembre 1939, et, quatre jours plus tard : « *Vu* le bébé bouger pour la première fois[34]. » En décembre, assistée par un jeune pédiatre du nom de Benjamin Spock, elle mena sa grossesse à terme. Les nouveaux parents appelèrent leur fille Mary Catherine – une enfant impérieuse, enjouée et irritable, comme la décrivait Mead, et qui « n'apprécie pas beaucoup d'être portée[35] ».

Ces nouvelles contraintes familiales, ainsi que l'arrivée de la guerre, rendaient impossibles les recherches sur le terrain telles qu'ils en avaient mené autrefois. Les mois passant, Mead, Bateson et Benedict commencèrent tous à imaginer un moyen de poursuivre leur travail sans avoir à se rendre dans des lieux lointains et dangereux. Benedict avait consacré de plus en plus de réflexions à sa propre société et à ses insuffisances, et plus particulièrement à son adhésion au racisme. « Le slogan de "science" fait vendre presque n'importe quoi aujourd'hui », regrettait-elle dans un livre concis et accessible intitulé *Race : Science and Politics*, publié en 1940, « et il fait vendre la persécution aussi facilement que du fard à joues[36] ». Mais qu'en était-il des autres sociétés modernes ? Un anthropologue était-il capable de décrypter leurs codes à distance – de « craquer » une culture, comme disait Bateson – en observant certaines des idées reçues colportées dans ses œuvres d'art, ses journaux, ses films et ses romans ?

Juste avant la guerre, ce dernier s'était lancé dans une entreprise du même genre, mais dans un cadre prémoderne. Dans *Naven** (1936),

---

* *La Cérémonie du Naven*, trad. J. P. Latouche et N. Safouan, Paris, Éditions de Minuit, 1971.

il avait cherché à rendre compte de l'image de soi d'un peuple – en l'occurrence les Iatmuls de Nouvelle-Guinée – en analysant l'un de ses principaux rituels (qui donnait son titre anglais au livre). À ses yeux, toute la complexité de la société du cours moyen du Sepik était illustrée par un carnaval populaire qui inversait par le costume et la danse les rôles admis de rang et de genre. Ce qu'une société créait et faisait, considéré sous un angle anthropologique, pouvait offrir un accès aux pensées de ses membres. À ce moment-là, de nombreux autres anthropologues, sociologues et psychologues cherchaient déjà à définir ce qu'on appellerait l'approche « culture et personnalité » en sciences sociales. La psychanalyse, le travail de longue durée sur le terrain, la psychologie expérimentale ainsi que des évaluations standardisées, pensait-on, permettaient à eux tous de comprendre quel sens une société spécifique et ses habitants donnaient à la réalité. On pouvait étudier un comportement individuel et en tirer des conclusions sur les traits dominants d'une société tout entière, ou procéder en sens inverse et, à partir d'une société, tirer des conclusions sur les habitudes et les tendances des individus.

La guerre s'intensifiant, la nécessité de comprendre à la fois les opérations militaires et ce qui se passait à l'arrière prêta une urgence nouvelle au décodage culturel. Boas avait toujours affirmé avec insistance qu'un bon chercheur devait savoir sortir de sa tour d'ivoire universitaire, tout en évitant de s'asservir aux intérêts du gouvernement. À présent, pour les enfants et petits-enfants intellectuels de Boas, les enjeux étaient grands : l'ennemi était un ensemble de puissances – l'Allemagne, le Japon et leurs alliés – qui se considéraient comme naturellement plus aptes et meilleures que les nations qui les entouraient. Si l'on réussissait à percer à jour les pensées et les comportements réels des citoyens allemands moyens – en faisant abstraction des mythes racistes et nationalistes que leurs dirigeants leur rabâchaient –, peut-être pourrait-on définir une propagande et une stratégie militaire qui viseraient les bonnes cibles. La même approche pouvait également être efficace aux États-Unis mêmes. Quels étaient les principaux clivages sociaux, les sources majeures de mécontentement ? Les gens seraient-ils prêts à soutenir un engagement coûteux à l'étranger ? La démocratie et la vérité resteraient-elles compatibles avec la sécurité en ces temps de désordre mondial ?

Bateson et Mead passèrent rapidement à l'action, rejoignant un groupe chargé de conseiller le président Franklin D. Roosevelt, le Committee for National Morale, une cohorte d'éminents chercheurs incluant le spécialiste des sondages d'opinion George Gallup et le psychologue Erich Fromm, tous décidés à mobiliser les outils de la sociologie pour lutter contre la désinformation nazie. Le bureau de Mead au musée devint le nouveau siège du Council on Intercultural Relations (rebaptisé ultérieurement « Institute »), un organisme qu'elle créa pour gérer des bourses de recherche, mettre un peu d'ordre dans ses masses croissantes de documents et de notes de terrain, rassembler ses assistants et donner une carte de visite à Bateson – toujours sans poste universitaire permanent. Grâce aux relations de Benedict, elle réussit à obtenir un poste rémunéré au Committee on Food Habits, une branche du National Research Council chargée d'étudier la disponibilité et la distribution alimentaires aux États-Unis. Qu'y avait-il de plus étroitement lié au sentiment de soi d'une société que ce qu'elle mangeait ? Mead allait devoir reprendre un congé du musée et s'installer à Washington, au moins à temps partiel, mais cela lui donnerait l'occasion de mettre en pratique plusieurs des idées sur lesquelles elle travaillait depuis des années – ce qu'elle appelait déjà « anthropologie appliquée ». Sa nomination officielle lui fut notifiée le 7 décembre 1941[37].

À son arrivée à Washington, Mead découvrit une ville qui grouillait de spécialistes des sciences sociales. Près de la moitié de ceux qui revendiquaient l'étiquette d'anthropologues – dont beaucoup avaient été formés par Sapir, Lowie, Kroeber et, bien sûr, Boas – travaillaient à temps plein pour des missions gouvernementales[38]. Leurs connaissances culturelles et leurs compétences linguistiques s'avéraient utiles dans presque tous les bureaux exécutifs. Leur familiarité avec les contrées étrangères alimentait l'activité de cartographes et de géographes descriptifs fort occupés à produire des cartes et des guides consacrés à tous les théâtres de la guerre. L'été suivant, Mead publia un nouveau livre, *And Keep Your Powder Dry*, une tentative désinvolte pour « craquer » sa propre société. La vie américaine, concluait-elle, se caractérisait par l'insistance sur le succès et le mouvement, la propension à la violence, une singulière obsession de la vertu et du péché, l'urgence du présent par rapport au passé et une réelle ambivalence à propos de la valeur des autres cultures. Cet ouvrage se vendit bien et Mead fit l'objet d'une nouvelle avalanche d'articles de revues, allant jusqu'à figurer sur les listes des femmes les plus remarquables de notre temps[39].

Sa routine comprenait désormais les réunions du comité, les consultations à son bureau, les rapports sur les habitudes nutritionnelles des Américains et des navettes entre New York et Washington. Ses deux domiciles – une maison de ville à Greenwich Village, où Bateson s'occupait de Mary Catherine avec l'aide d'une nounou et d'amis de la famille, et une résidence près de Dupont Circle à Washington – devinrent de remarquables expériences de vie en communauté et de « craquage » culturel. De célèbres sociologues lui rendaient visite. Les deux filleules adolescentes de Bateson arrivèrent d'Angleterre pour échapper à la guerre. Mead envisagea de réaliser un documentaire sur le concept de confiance chez l'enfant, prenant des notes pendant que Mary Catherine dévalait les pentes de Central Park. Peut-être n'avait-elle jamais été aussi près de réaliser son idéal d'un mode de vie familial naturel depuis Samoa : hétéroclite, géographiquement fluide et parfois chaotique, avec des enfants qui couraient d'un bout à l'autre de la maison, menaçant de renverser les tables couvertes de photographies ethnographiques ou de fichiers. Elle parla ainsi d'une « grande "maison commune" organisée pour le temps de guerre[40] ».

Lorsque les États-Unis s'engagèrent dans la Seconde Guerre mondiale, Boas avait presque quatre-vingt-cinq ans et sa santé laissait à désirer. Il était contraint de refuser les invitations à participer à des comités ou à présider de nobles causes. Il continuait toutefois à recevoir des lettres sur tous les sujets imaginables et faisait de son mieux pour y répondre. « Je viens d'apprendre que selon la Bible, Adam a été le premier homme », écrivait Leon J. Fish, sept ans et demi, de Cincinnati dans l'Ohio. « S'il était blanc, j'ai du mal à comprendre pourquoi il existe aujourd'hui des gens de couleur, et des jaunes, et des bruns[41]. » « Mon cher Leon », répondit Boas avec un soupçon de lassitude. « Nous ne pensons pas que le récit biblique doive être considéré comme une histoire réelle[42]. »

À l'aube de la nouvelle année 1942, il avait vécu suffisamment longtemps pour assister au triomphe intégral du racisme scientifique dans son pays de naissance. Des gouvernements fascistes sous une forme ou une autre contrôlaient la majeure partie de l'Europe, les escadrons de la mort nazis avaient abattu plusieurs centaines de milliers de juifs au bord de ravins de l'Union soviétique occupée, et un plus grand nombre encore serait gazé dans de nouvelles installations meurtrières construites à cette fin dans la Pologne asservie – dans des lieux comme Belzec, Treblinka et Auschwitz-Birkenau. Il fallut attendre pour que les puissances alliées publient enfin une déclaration commune reconnaissant que les Allemands étaient « en train de rendre effective l'intention maintes fois répétée d'Hitler d'exterminer les personnes juives en Europe[43] ».

Quelques jours plus tard, le lundi 21 décembre, Boas retrouva une dizaine de collègues au Columbia Faculty Club autour d'un déjeuner donné en l'honneur de Paul Rivet, l'éminent fondateur du musée de l'Homme, le plus grand musée d'ethnographie de France. Chassé de son poste par l'occupation allemande de Paris, Rivet était l'un des universitaires déplacés que Boas avait cherché à aider.

Ce dernier était impatient d'apprendre les dernières informations en date. Il avait lu récemment que des savants allemands reconnaissaient qu'ils avaient bien du mal à trouver des données solides pour étayer leurs théories de différences physiques absolues entre les types raciaux. C'était une bonne nouvelle. « Nous ne devons jamais cesser de répéter que le racisme est une erreur monstrueuse et un mensonge éhonté[44] », déclara-t-il à Rivet.

À cet instant précis, Boas s'interrompit, puis se redressa légèrement avant de retomber sur sa chaise en émettant un gargouillement rauque.

Tout le monde se précipita, renversant assiettes et verres. Un jeune visiteur français, Claude Lévi-Strauss, prétendrait par la suite avoir été juste à côté de Boas au moment où son souffle s'était fait de plus en plus ténu – passage mystique de flambeau à celui qui s'affirmerait comme l'un des plus éminents anthropologues et intellectuels publics français[45]. Mais Lévi-Strauss ne connaissait pas très bien Boas et, en tout état de cause, la scène fut probablement chaotique, des gens défaisant la cravate de Boas, échangeant des cris en français et en anglais ou se hâtant d'appeler une ambulance[46]. Quelques minutes plus tard, son cœur avait cessé de battre.

L'annonce de la mort de Boas fit le tour du monde par téléphone et télégraphe. Les journaux publièrent de remarquables nécrologies, dont un certain nombre relevaient que Boas avait disparu au moment même où la planète avait le plus besoin de lui. « Il pensait que le monde devait pouvoir accueillir les différences en toute sécurité[47] », écrivit Benedict dans *The Nation*. Le département d'anthropologie reçut une avalanche de lettres de condoléances, dont la plupart étaient adressées à Benedict en qualité de plus proche parente professionnelle de Boas. D'autres messages s'empilèrent sans obtenir de réponse – à propos de manuscrits inachevés, de projets de recherche en cours, d'organisation d'hommages et de commémorations aux quatre coins du monde. Un chantier naval de Baltimore fit connaître sa décision de baptiser l'un des bâtiments d'une nouvelle catégorie de cargos construits pour l'effort de guerre, un Liberty ship, le *Franz Boas*. « Il en aurait été heureux[48] », répondit Benedict.

À la Columbia University, la disparition de Papa Franz laissa un vide immense. Benedict et ses doctorants durent désormais se passer de la protection que sa présence avait pu leur assurer. Elle était maître de conférence, ayant obtenu ce titre en 1937, mais gagnait toujours moins que tous les autres enseignants titulaires[49]. Le département était, dans les faits, dirigé par Linton, lequel détestait Benedict qui le lui rendait bien. Toutes les rivalités professionnelles semblaient se jouer dans ses couloirs : Harvard contre Columbia, les hommes qui occupaient les chaires de professeurs contre les femmes qui devaient se contenter de postes d'assistantes de recherche (au mieux), l'anthropologue insatiable et sûr de lui qui gobait les cultures et recrachait des théories grandioses contre celui qui rassemblait soigneusement des données sur le terrain. Les partisans de Linton avaient l'image d'un homme pour le moins « susceptible[50] ». Quant à Benedict, elle estimait purement et simplement que c'était une « ordure[51] ». Elle était probablement communiste, laissait entendre Linton, et détournait des fonds de recherche pour venir en aide à ses propres thésards[52].

S'agissant du grand public, Benedict devint la cible de tous les défoulements, surtout en matière de questions raciales. Avec la collaboration d'un jeune professeur du département, Gene Weltfish, elle avait condensé une partie de ses écrits antérieurs sur le sujet dans un bref opuscule intitulé *The Races of Mankind*, publié en 1943. Cet ouvrage en format de poche s'attaquait de front aux idées fausses qui circulaient couramment. « Certaines personnes ont prétendu haut et fort que si coule dans nos veines le sang de quelqu'un dont la forme de tête, la couleur d'yeux, la texture de cheveux ou la couleur de peau sont différentes, nous aurons forcément certaines des caractéristiques physiques et mentales de cette personne », écrivaient Weltfish et elle. « La science a révélé que c'est pure superstition[53]. »

La réaction fut aussi massive qu'inattendue. La haine suintait du courrier qui remplissait sa boîte aux lettres à l'université. « Le Nègre est peut-être l'égal du juif, mais pas des Blancs », protestait ainsi un lecteur de Palm Beach. « Ils ont toujours été esclaves, depuis l'époque des Romains. Je suis certain que les juifs de New York vous ont payée pour publier ce rapport stupide parce qu'ils veulent l'égalité sociale[54]. » L'armée américaine renonça à se servir de leur texte pour remonter le moral des troupes et attiser leur hostilité contre les nazis. L'USO* déclara ce texte subversif et incendiaire. Le message de cette brochure

* United Service Organization, association créée en 1941 pour apporter un soutien moral aux troupes américaines.

était recevable s'agissant des juifs, insista un membre du congrès du Kentucky, mais l'idée qu'il n'existe aucune différence intellectuelle liée à la race entre les Américains noirs et blancs était pure « propagande communiste[55] ». Le FBI envoya des inspecteurs vérifier ce qui se passait au département de la Columbia University[56].

La controverse publique stimula les ventes. Des églises et des groupes de défense des droits civiques commanderaient en définitive jusqu'à sept cent cinquante mille exemplaires de *The Races of Mankind*, qui fut ainsi l'un des textes les plus largement diffusés de son temps sur ce sujet. Mais les lettres anonymes au vitriol continuaient d'affluer. « Vous ne valez pas mieux que le plus noir de ceux que nous avons ici, et je soupçonne que vous puez bien plus encore », écrivait un « citoyen du Mississippi ». « Comment peut-on avoir l'idée d'écrire une cochonnerie pareille en ces moments difficiles ? Vous auriez mieux fait de consacrer tout votre temps à l'effort de guerre[57]. »

Benedict approuva cette recommandation, sinon sa justification. Et à l'automne 1943, elle prit le train vers le sud pour rejoindre Mead à Washington[58].

Dans la capitale fédérale bourdonnante, il n'était pas difficile de trouver de quoi s'occuper. Benedict rejoignit rapidement une équipe gouvernementale nommée Office of War Information, ou OWI, fondée un peu plus d'un an auparavant, qui avait pour mission d'assurer à l'intérieur du pays un service central d'informations dignes de foi sur le déroulement de la guerre. Ce service coopérait avec des journalistes, mais réalisait également ses propres films, émissions de radio et campagnes publicitaires sur tous les sujets, de la vie dans les États ennemis au moral de l'arrière. Sa section étrangère était spécialisée dans la riposte à la désinformation allemande, italienne et japonaise et cherchait à faire évoluer l'opinion publique étrangère en faveur des Alliés. Un grand nombre des films d'actualité classiques en noir et blanc de l'époque, aussi bien ceux qui représentaient le chaos des combats que ceux qui offraient des images chaleureuses de l'Amérique pour laquelle les soldats étaient censés se battre, furent produits par les auteurs, animateurs de radio, réalisateurs et sociologues qui émargeaient au budget de l'OWI.

Les analystes d'un autre bureau s'étaient donné une étiquette qui aurait fort bien convenu aux collègues de Benedict à l'OWI : « the Chairborne Division[*59] ». Les journalistes travaillaient aux côtés de professeurs titulaires et de cadres de la publicité. Des employés polyglottes réalisaient des traductions à la chaîne. Des techniciens radio surveillaient les émissions de l'étranger. Des flots de ramettes de rapports, de transcriptions et de recommandations se dirigeaient vers les stratèges, les diplomates et les commandants du front. Comme le confia plus tard le directeur de l'OWI, Leonard W. Doob, professeur de psychologie à Yale, s'agissant d'analyse, « les rapides et ceux qui avaient la parole facile[60] » tendaient à l'emporter. Le rôle de Benedict consistait à élaborer des études sur les sociétés étrangères en exploitant la sensibilité qu'elle avait développée en tant qu'anthropologue pour décrire des lieux où elle n'était jamais allée et dont elle ignorait les langues – version ultime du « craquage » culturel à distance, tel que Bateson et Mead l'avaient imaginé. Dès qu'un membre de l'OWI se voyait confier une nouvelle mission, une équipe d'assistants se déployait pour faire main basse sur toutes les bribes d'informations qu'ils pouvaient dénicher : interroger les ressortissants de tel ou tel pays étranger, discuter avec des gens qui s'y étaient rendus récemment, lire des œuvres littéraires en traduction, rassembler tous les artéfacts que l'on pouvait trouver à la Smithsonian Institution… Des vies humaines dépendaient de la connaissance des lieux que posséderaient ceux qui étaient chargés de les bombarder, de les libérer et de les patrouiller.

En juin 1944, les supérieurs de Benedict la chargèrent de réaliser une analyse détaillée du Japon. La guerre entrait en effet dans une nouvelle phase décisive. Les Alliés dirigeaient toute leur puissance de feu contre l'Allemagne, l'attaquant depuis l'ouest avec l'opération Overlord et depuis l'est avec l'opération Bagration de l'Union soviétique. Dans le Pacifique, les bombardiers américains à longue portée ciblèrent le

* Contraction entre « airborne division », division aéroportée, et « chair », fauteuil.

Japon lui-même pour la première fois en deux ans. Des groupes aéronavals alliés intervenaient de la Nouvelle-Guinée à Guam. Des lieux que Benedict connaissait essentiellement par les lettres que Mead lui avait adressées du temps de ses recherches sur le terrain étaient devenus des champs de bataille ou des bases d'opération avancées à travers l'ensemble du Pacifique Sud.

Elle accumulait toutes les informations qu'elle parvenait à se procurer, tandis que d'autres collègues rédigeaient des notes sur l'histoire japonaise. Juste au début de la guerre, John Embree, un anthropologue formé à Chicago, analyste à l'OWI, avait écrit un important ouvrage sur la vie d'un village japonais, *Suye Mura*. Geoffrey Gorer, un confrère britannique expérimenté et fascinant, excellent ami de Mead, proposait des interprétations psychanalytiques de la culture japonaise, se livrant parfois à des spéculations un peu trop débridées au goût de Benedict. S'y ajoutaient des films, des romans, des pièces de théâtre, des transcriptions d'émissions de radio, des guides de voyage, des livres d'histoire, des souvenirs de missionnaires, des mémoires, des masses de haïkus et de charades, des exposés sur le bouddhisme zen – tout ce qui pouvait éclairer cette société[61].

Cette mission était plus ardue que tout ce qu'avait entrepris Benedict jusque-là, mais la difficulté tenait en grande partie aux a priori de son propre pays sur le Japon et sur les Japonais, qui empêchaient toute compréhension véritable. La vision habituelle du gouvernement américain, du département de la Guerre à l'OWI lui-même, était que le conflit qui se déroulait dans le Pacifique différait par essence de celui du théâtre européen. L'Allemagne était une société normale, civilisée, qui avait cédé à une idéologie démoniaque et à un dictateur barbare. Les Allemands ordinaires étaient, à leur manière, des victimes, des gens corrects qui s'étaient laissé duper ou subjuguer par une élite politique avide d'expansion et de conquête. La guerre contre les Japonais, au contraire, n'était rien moins qu'une lutte pour la domination raciale. « En Europe, nous avions le sentiment que nos ennemis, aussi atroces et meurtriers fussent-ils, étaient encore des êtres humains », commenta le célèbre journaliste Ernie Pyle après son transfert dans le Pacifique.

« Mais là-bas, j'ai rapidement compris que les Japonais étaient [considérés par les soldats américains] comme des êtres inhumains et répugnants ; comme ce que certains éprouvent pour les cafards ou les souris[62]. » Si la guerre européenne était une question de sol, celle du Pacifique était une question de sang.

Les films, affiches, romans et journaux américains décrivaient couramment les Japonais comme des Asiatiques sournois, traîtres, indignes de confiance par définition et enclins à manifester une fidélité combative, fanatique, envers leurs parents et leurs proches. Peu après Pearl Harbor, la revue *Life* publia un guide intitulé COMMENT DISTINGUER LES JAPONAIS DES CHINOIS[63]. Des photographies annotées présentaient les caractéristiques physiques permettant de distinguer un saboteur de Tokyo d'un homme d'affaires de Pékin : taille, forme du nez et des yeux, carnation. Dans ses déclarations publiques, l'amiral William Halsey Jr., l'un des plus grands commandants de la flotte du Pacifique, n'hésitait pas à qualifier les ennemis d'« hommes singes », de « salauds de jaunes ». « Les Japonais étaient le produit d'un accouplement entre des guenons et les pires criminels chinois qui avaient été bannis de Chine[64] », expliqua-t-il un jour à une conférence de presse – compliquant quelque peu le guide publié par *Life*.

Pour Benedict et les autres spécialistes de sciences sociales de l'OWI, ces idées n'étaient pas seulement parfaitement erronées, mais aussi contreproductives. Toute déclaration raciste d'un responsable américain faisait grand bruit dans les médias japonais et servait à inspirer la peur et à renforcer la volonté de tout faire pour remporter la victoire. La combativité des Japonais pouvait être aussi inconstante que celle de n'importe quelle autre puissance belligérante, estimaient les analystes de l'OWI ; rien ne permettait de penser que les Japonais se battraient jusqu'au bout, ni que les citoyens lambda étaient aveuglés par une loyauté indéfectible au gouvernement en place. Les analystes de l'OWI commençaient à penser à l'avenir, à la fin ultime de la guerre et à ce qui pourrait être fait dans l'éventualité d'un débarquement allié massif au Japon ou d'une occupation de longue durée. Quels qu'aient été les traits que Washington pouvait attribuer à l'empereur du Japon – incarnation, aux yeux des Américains, d'objectifs guerriers intransigeants et de militarisme invétéré et culturel –, ce n'était pas l'image que les Japonais se faisaient de lui[65]. Si l'on voulait terminer correctement la guerre, il fallait impérativement éduquer les décideurs politiques et le grand public américains à propos d'un peuple qu'ils méconnaissaient entièrement.

L'anthropologie exigeait de nombreuses compétences voisines de celles du commandement militaire : une organisation irréprochable, une certaine intrépidité, la faculté de voir intuitivement davantage que ce qui apparaissait à l'œil nu. Il fallait être capable d'observer les reliefs d'un champ de bataille – un fanion de régiment par ici, une ligne de képis qui s'agitaient là-bas, de l'autre côté du quai, le calme et le chaos – puis d'imaginer tout cela en plan. Trois dimensions réduites à deux, des symboles remplaçant les noms exacts. La réalité désordonnée matérialisée en abstraction bien nette, s'agençant en une description intelligible d'un temps, d'un lieu et d'une situation, avec des termes et des abréviations capables de voyager facilement d'un bout à l'autre de la planète. Un système complexe de parenté pouvait être représenté par un organigramme : des triangles pour les hommes, des cercles pour les femmes, des signes égal pour les couples reproducteurs. Toute une culture pouvait, en théorie, être résumée sous forme d'une série de propensions, d'obsessions et de dispositions essentielles. Il s'agissait simplement d'essayer d'exposer avec concision ce qui rendait le comportement des gens d'ici différent de leur comportement là-bas – non pas effrayant, stupide ou illogique : simplement différent.

Cela n'avait rien de nouveau pour Benedict – cette technique avait déjà donné naissance à certaines idées clés d'*Échantillons de civilisation.* Mais au milieu des bureaux gris et des classeurs métalliques de l'OWI, elle était dépassée. Elle était entourée de spécialistes chevronnés du Japon qui connaissaient la langue et qui, dans certains cas, avaient publié des travaux majeurs sur ce pays avant la guerre. Néanmoins, pendant qu'elle épluchait les piles de rapports et de sources primaires, elle disposait d'un atout secret : un homme qui deviendrait son principal allié pour comprendre l'ennemi et qui était, du moins à en croire le gouvernement américain, lui-même un ennemi.

Deux ans auparavant, en 1942, plusieurs centaines de familles étaient descendues de cars bondés au nord-est de Los Angeles. Elles en avaient sorti des ballots de vêtements, d'ustensiles de cuisine ainsi que de précieuses enveloppes contenant des contrats de prêts immobiliers et des relevés bancaires. Les San Gabriel Mountains se dressaient au loin, brumeuses et coiffées de neige. Au fond de la vallée voisine, des tribunes Art déco, peintes en bleu turquoise et jaune pâle, surplombaient un hippodrome circulaire. Du haut des gradins, les canons de deux mitrailleuses étaient pointés vers le bas[66].

Un grand nombre de ces passagers auront facilement reconnu le lieu où ils se trouvaient, même sans voir le panneau Santa Anita. Tous les journaux en avaient en effet publié des photos. Peu de temps auparavant, un cheval de course dégingandé, blessé, nommé Seabiscuit, avait franchi la ligne d'arrivée de ce terrain, remportant un prix faramineux et renforçant la foi des Américains dans les outsiders. Mais ce jour-là, des milliers de familles nippo-américaines durent franchir une barrière de barbelés et passer devant des cordons de soldats armés qui les observaient depuis des miradors pour se diriger vers les écuries, équipées de lits de camp.

Le 19 février, le président Roosevelt avait promulgué l'Executive Order 9066, qui donnait pouvoir à l'armée américaine de désigner des zones du pays d'où il était possible d'expulser n'importe qui pour des raisons de sécurité nationale. Le mois suivant, des commandants militaires en poste sur la côte Ouest avaient ordonné l'« évacuation obligatoire », pour reprendre le langage de l'époque, des citoyens japonais et des Américains d'origine japonaise. Leur destination était un réseau de camps spécialement conçus à cette fin situé plus à l'est, des lieux comme Santa Anita servant de centres de rassemblement intermédiaires.

« Dans la guerre que nous menons actuellement, l'immigration n'empêche pas les affinités raciales », expliqua le lieutenant-général John

L. Dewitt, chargé des évacuations, au ministre de la Guerre, Henry L. Stimson. « La race japonaise est une race ennemie, et si un grand nombre de Japonais de deuxième et de troisième générations nés sur le sol américain et devenus citoyens des États-Unis sont "américanisés", les lignées raciales ne sont pas diluées[67]. » Certaines des personnalités les plus éminentes du pays lui donnaient raison. « Je pense que si Seattle devait être bombardé, vous pourriez probablement lever les yeux et voir des pulls de l'université de Washington sur les gars qui larguent les bombes[68] ! » déclara ainsi le journaliste Edward R. Murrow à un auditoire. « Je crois qu'on nous berce d'un faux sentiment de sécurité », renchérissait dans une déposition devant le Congrès Earl Warren, procureur général de Californie, futur gouverneur de cet État et qui serait, encore plus tard, juge président de la Cour suprême des États-Unis. « Il faudra bien qu'on nous rende des comptes un jour[69]. »

Un nouveau service gouvernemental, la War Relocation Authority, fut mis en place pour superviser un réseau d'établissements de détention pour les familles déplacées. Le Bureau du recensement fournit à la WRA les adresses, immeuble par immeuble, d'habitants qui s'étaient déclarés japonais sur les formulaires de recensement américains mentionnant la race[70]. Fin octobre, les chiffres officiels indiquaient que 117 116 personnes avaient été regroupées dans des centres de rassemblement temporaires ou dans l'un des dix camps permanents bâtis au milieu des champs et des broussailles de l'Arizona, du Colorado, du Wyoming, de l'Idaho, de l'Utah, de l'Arkansas et d'autres régions de Californie[71]. La WRA, dont la direction était intégralement blanche, donna des consignes très claires sur la désignation pertinente des différents éléments de ce système. « Les zones de travail… devraient être désignées sous le nom de "centres de relocalisation" ou "projets de relocalisation" et non sous celui de "centres d'internement" ou de "camps de concentration" », précisait une directive confidentielle. « Il convient même d'éviter d'utiliser le terme de "camp", qui sous-entend une forme d'internement et de surveillance militaire étroite[72]. » La population de Santa Anita ne tarda pas à atteindre près de dix-neuf mille détenus, avant de décliner au fur et à mesure que les familles étaient transférées vers des installations plus pérennes. Entre le printemps et l'automne 1942, cent quatre-vingt-quatorze enfants virent le jour dans les anciennes écuries de Seabiscuit et dans de nouvelles baraques recouvertes de papier goudronné[73].

Robert Seido Hashima avait une petite vingtaine d'années quand il arriva à Santa Anita. Il était né à Hawthorne, au sud-ouest de Los Angeles, mais ses parents étaient repartis avec lui en 1932 pour leur village ancestral dans la préfecture d'Hiroshima, dans le sud du Japon. Hashima fréquenta un lycée japonais avant de prendre un emploi dans un établissement de formation des maîtres. Au début de l'année 1940, il regagna la Californie pour s'inscrire en première année d'université, travaillant à temps partiel comme ouvrier agricole et employé d'hôtel pour subvenir à ses besoins.

Le décret de Roosevelt le rendit passible d'évacuation forcée. On lui donna un matricule, le n° 23 146, il subit un examen médical, on le dépouilla de tout éventuel rasoir et autres objets interdits et on lui attribua un lit. L'issue de la guerre restant imprévisible, il n'y avait pas d'autre solution à long terme que de garder les gens comme lui emprisonnés indéfiniment. À la fin mai 1942, il fut transféré de Santa Anita à Poston, un camp permanent établi dans l'ouest de l'Arizona.

Poston était situé en plein désert. Le camp était entouré de barbelés, mais les perspectives d'évasion étaient si minces qu'on ne prit même pas la peine de construire les miradors habituels. Des bâtiments en adobe remplaçaient les baraques en bois et en toile goudronnée des autres camps. Des champs irrigués permettaient de compléter les rations en conserve. En novembre, une grève de protestation contre les traitements inhumains paralysa le camp, les internés refusant de travailler et se massant devant la prison du camp. La presse locale rapporta que le camp avait été victime d'une « émeute jap ». Lors d'une autre grève qui éclata le mois suivant à Manzanar, un camp du centre de la Californie, les soldats tirèrent sur la foule, faisant deux morts.

À Poston, la situation fut réglée pacifiquement, mais la montée des tensions fit prendre conscience aux autorités qu'elles en savaient bien peu sur ceux qu'elles étaient censées surveiller. À la fin de l'année, le personnel de chacune des dix installations avait été complété par un « analyste de communauté » permanent, chargé de participer à la définition de stratégies propres à éviter les émeutes et à assurer le bon fonctionnement des usines, écoles et centres de loisirs[74]. Les documents des services de relations publiques et les rapports gouvernementaux montraient des photographies de concours du plus gros mangeur de pastèques, d'adolescents en bleu de travail, d'orchestres de détenus et de transports en bon ordre, en car et en train. « Un grand soin était accordé au confort des évacués qui quittaient des centres de rassemblement pour se rendre dans des centres de relocalisation de guerre », affirmait un rapport. « Chaque train transportait un médecin et deux infirmières caucasiens[75]. » Mais les exposés des spécialistes de sciences sociales présents sur le terrain traçaient une interminable chronique de choc, d'incrédulité et de tristesse. « Une évacuation massive de gens fondée sur leurs origines japonaises... a inspiré à de nombreux évacués un sentiment de désillusion voire d'amertume à l'égard de la démocratie américaine », écrivait l'un d'eux. « Gardiens en armes, clôtures de barbelés, projecteurs, visites d'agents gouvernementaux, tout cela donne l'impression d'être dans un camp de concentration[76]. »

Poston devint rapidement le pivot du programme de sciences sociales appliquées. Alexander Leighton, psychiatre et officier de réserve de la marine, constitua tout un groupe de jeunes anthropologues et sociologues non japonais, dont certains n'avaient pas dépassé le niveau universitaire de la maîtrise. Ils étaient chargés de donner des conseils sur la bonne gestion d'une installation tentaculaire dont tous les résidents étaient là contre leur gré. Leighton recruta des détenus pour mener des enquêtes, rédiger des notes de terrain et donner des avis d'experts sur tous les sujets, des normes culturelles à la nourriture servie à la cantine.

Dans la hiérarchie raciale des camps, les *issei* étaient au plus bas de l'échelle : immigrés de la première génération et donc, en application de la loi racialement restrictive de 1924 sur l'immigration, inéligibles à la citoyenneté. Les *nisei* étaient des citoyens américains d'origine japonaise, dont les enfants étaient quant à eux des *sansei*, des Nippo-Américains de la troisième génération. Ces catégories pouvaient déterminer l'accès à des logements et à des soins médicaux de meilleure qualité, et même assurer au quotidien une attitude plus bienveillante de la police militaire ou du commandant de camp. Hashima, quant à lui, était un *kibei*, un Américain de souche élevé au Japon, et, en tant que tel, il occupait l'échelon le plus élevé. Dans le chaos de 1942, où les gens entassaient des ballots d'affaires dans des trains, fermaient leur commerce et cherchaient désespérément un voisin blanc qui accepterait de garder un œil sur leur maison ou leur appartement, cette étiquette pouvait tout changer.

Par l'intermédiaire de John Embree, l'un des spécialistes de sciences sociales employés à Poston, Leighton fit la connaissance d'Hashima et saisit immédiatement l'importance que ce jeune homme pouvait avoir à l'extérieur du camp. Connaissant le Japon et les États-Unis de l'intérieur, Hashima était plus apte que quiconque à jouer le rôle d'interprète culturel. Peu après, les autorités du camp lui annoncèrent sa libération pour une mission spéciale. Il prit ainsi la route de Washington pour rejoindre le personnel de l'OWI. C'est là qu'il fit la connaissance d'« une dame, élancée et aux superbes cheveux gris[77] », comme il le raconta plus tard.

Ils se rencontrèrent le jour où Benedict se présenta devant son bureau pour lui demander de lui traduire un haïku[78]. Au cours des mois qui suivirent, Hashima permit à Benedict de tester de nouvelles idées. Elle s'était jusque-là appuyée sur le travail d'Embree et d'autres experts et avait dévoré les notes de ses collègues de l'OWI, mais Hashima lui apportait autre chose. Dans leurs conversations et leur correspondance, « Bob », comme elle en vint à l'appeler, assuma le rôle de professeur particulier sur une foule de sujets, de la cérémonie du thé aux journaux intimes confisqués à des soldats japonais, des rituels de bizutage des établissements scolaires au cinéma populaire. Quand elle avait besoin dans ses rapports d'un terme ou d'une expression japonais en caractères *kanji*, elle faisait appel à lui[79].

Tout au long du printemps et au début de l'été 1945, Benedict rédigea de brèves notes et des rapports de recherche, qu'elle rassembla dans un volume classé secret défense de soixante pages consacré aux « échantillons de comportement japonais », un titre qui faisait écho à celui du livre qu'elle avait publié un peu plus de dix ans auparavant. C'est alors qu'on apprit la nouvelle du double bombardement d'Hiroshima et de Nagasaki, et Benedict éprouva le désir accru de faire circuler certaines de ses conclusions au-delà des allées du pouvoir. Les États-Unis avaient plus que jamais besoin d'un guide d'interprétation du pays qu'ils se préparaient à occuper. Il existait, estimait-elle, toutes sortes de façons, bonnes et mauvaises, d'être une puissance victorieuse et il fallait convaincre les administrateurs américains – ainsi que les citoyens lambda – des vertus de la retenue. Une société ne pouvait jamais espérer en rebâtir une autre de fond en comble, même après une défaite militaire.

Le 15 août 1945, le jour où l'empereur du Japon annonça la décision de mettre fin à la guerre, Benedict était de retour dans la ferme familiale de Norwich, dans l'État de New York. Elle écrivit immédiatement à Hashima. Elle avait pleuré en apprenant que l'empereur allait proclamer cette nouvelle à la radio. « Je voudrais savoir comment dire au Japon qu'aucune nation occidentale n'a jamais manifesté autant de dignité et de vertu que lui dans la défaite et que l'Histoire l'honorera pour la manière dont il a mis fin à la guerre[80]. » De retour de ses vacances d'été, elle ajouta : « Il faudra que vous m'aidiez à le dire. »

Au cours des mois suivants, elle réfléchit avec son éditeur de toujours au titre qu'ils pourraient donner à une étude de l'envergure d'un livre. Elle avait déjà tout le matériau nécessaire, emprunté à son rapport de l'OWI. Il lui restait à trouver comment le présenter. Ils rejetèrent des titres tels que *Les Japonais et nous* et *Le Caractère japonais*[81], ainsi que *La Baguette émaillée*[82], avant de se décider pour une formule à la fois poétique et suggestive, *The Chrysanthemum and the Sword* [*Le Chrysanthème et le Sabre*]. « Cela me gêne », confia Benedict à Mead, mais elle se consola à l'idée qu'un sous-titre plus sobre, « Modèles culturels japonais », serait utilisé dans la campagne de promotion[83]. Quand l'ouvrage fut publié à l'automne 1946, Benedict en envoya un exemplaire à Hashima, qui découvrit en l'ouvrant qu'il était la première personne citée dans les remerciements. À cette date, il avait quitté Washington pour aller s'installer à Tokyo. Mais il était présent, sous une forme ou une autre, sur chaque page de ce livre ou presque.

« De tous ceux que les Américains combattirent jamais dans une guerre totale, les Japonais furent pour eux les plus différents[84] », commençait Benedict. La guerre du Pacifique n'avait pas seulement été une affaire de lignes de ravitaillement et de têtes de pont ; la distance perçue entre les Américains et leurs adversaires y avait aussi joué un rôle. Chaque interaction entre sociétés est un acte de traduction, qui consiste à vous emparer de concepts étrangers et à vous forcer à les considérer comme ordinaires. « L'anthropologue a, lui, tiré de son expérience la preuve irréfutable que la bizarrerie d'un comportement n'empêche pas qu'on le comprenne », écrivait-elle. « Plus qu'aucun spécialiste des sciences sociales, il a, sur le plan professionnel, usé des différences comme d'un atout au lieu de les considérer comme un obstacle[85]. » Il fallait commencer par accepter d'être « perplexe », un mot que Benedict utiliserait à maintes reprises dans le texte. La désorientation était le principal pont reliant votre propre sentiment de l'ordinaire à celui d'autrui.

Il n'existait pas de clé unique qui permettrait de tout comprendre du Japon, estimait Benedict. À l'image de n'importe quelle société, celle du Japon était contradictoire et complexe, faite de valeurs et de comportements qui se manifestaient parallèlement même quand ils semblaient incompatibles. C'était le sens de la juxtaposition du chrysanthème et du sabre dans le titre de son ouvrage : une société qui se faisait une idée délicate de la beauté et de l'expression créative pouvait aussi accorder de la valeur au militarisme, à l'honneur et à la servilité. Néanmoins, toutes contradictions mises à part, « une société humaine quelle qu'elle soit doit se confectionner un modèle de vie[86] », disait-elle. La culture n'est autre que la manière dont nous interprétons à maintes et maintes reprises notre comportement et celui de nos familles élargies, de nos voisins de longue date et de ceux que nous considérons à notre image. C'est la manière dont des convictions, des pratiques, des rituels, des hypothèses et des façons de parler pour le reste aléatoires « s'imbriquent les uns dans les autres[87] ».

Benedict cherchait à étudier « les habitudes qui paraissent naturelles et que nul ne songerait à remettre en cause au Japon[88] ». La plus importante de celles-ci était l'objet même de la guerre qui venait d'avoir lieu. Les responsables politiques et militaires du Japon estimaient que le monde souffrait d'une profonde anarchie, attisée par les Européens et les Nord-Américains. Il convenait donc de rétablir l'ordre, d'instaurer une nouvelle hiérarchie internationale dans laquelle le Japon jouerait le rôle majeur parmi les États asiatiques. Pareille idée ne devait pas paraître insolite aux Américains : ce n'était qu'une transposition de la volonté de domination raciale qui animait la politique étrangère américaine depuis Theodore Roosevelt, les races plus aptes, plus blanches, imposant leur volonté aux races plus foncées, inférieures. Mais au Japon, ce sens de la hiérarchie se reproduisait également à l'échelle domestique. Chaque individu occupait un rang défini au sein de sa communauté ou de sa maisonnée. Réussir dans la vie, c'était avoir conscience de sa place à l'intérieur d'un modèle plus vaste, s'y tenir et le faire correctement. « Chacun à sa place » était l'essence des relations entre les individus eux-mêmes, entre les individus et l'État, et entre l'État japonais et les pays étrangers[89].

Les relations hiérarchiques s'accompagnaient aussi d'un système complexe de devoirs et d'obligations, d'un sentiment de dette qui s'exprimait par le concept japonais de *on*. Pour Benedict, *on* était une sorte de fardeau que l'on assumait dans presque toutes les interactions sociales. Il était contenu dans les devoirs que l'on avait à l'égard d'un supérieur social, par exemple un créancier, ou dans la dévotion mutuelle de deux époux. Mais *on* se mêlait toujours d'un sentiment réciproque de honte, expliquait-elle. C'était une dette dont on ne pouvait jamais s'acquitter intégralement, ce qui maintenait chacun dans un état d'anxiété mutuelle nourri par la conscience de son insuffisance. Hiérarchie, honneur, honte, poids de la dette : pour Benedict, il s'agissait moins de secrets permettant de « craquer » la société japonaise que d'idées qui pouvaient vous rendre plus facilement japonais

– autrement dit, faire de vous le genre d'individu capable d'évoluer confortablement dans la société japonaise.

Les sociétés qui privilégient l'idée de culpabilité s'expriment en termes de moralité absolue. Elles considèrent que dans une vie éthique, l'individu se bat entre les pôles du bien et du mal. Elles possèdent des notions telles que la transgression, l'illégitimité, le péché et la confession. Leurs rituels visent à l'expiation – le désir d'effacer un acte qui a enfreint un code de conduite explicite. Les sociétés qui privilégient la honte, en revanche, voient les choses autrement. Les mauvaises actions ne sont pas celles qui franchissent une ligne explicite mais plutôt celles qui sont déplacées, inconvenantes ou en porte-à-faux avec une situation donnée. Contrairement à la culpabilité, il est difficile de se décharger de la honte. Aucun aveu ne peut l'atténuer, aucune expiation la soulager. Le sentiment de honte est toujours le produit du regard que d'autres jettent sur vos actions, ce qui vous oblige à être constamment sur vos gardes : il est impossible de savoir *exactement* quels comportements seront honteux et lesquels ne le seront pas. Vous ne pouvez avoir que de vagues notions de ce qui est convenable et approprié, notions auxquelles s'ajoute, s'agissant du Japon, le concept de *on*, vos obligations à l'égard de cercles d'individus qui se chevauchent partiellement. Mais dans la mesure où vos obligations peuvent fort bien être en conflit – est-il préférable de rester tard au bureau ou d'aller voir votre mère malade ? –, le comportement vertueux est toujours un « dilemme », comme le disait Benedict. Être celui que vous êtes censé être est une recherche éternelle pour assurer un équilibre entre différents engagements profonds, dont chacun est éternellement en guerre avec les autres.

Aux yeux de Benedict, ces idées étaient au cœur de la plus importante institution politique du Japon : la personne de l'empereur. La proclamation de la fin de la guerre par Hirohito lui-même le 15 août, un peu plus de deux semaines avant la signature de la capitulation sans conditions à bord du USS *Missouri,* était un événement historique sans pareil. S'il s'agissait d'un moment crucial, ce n'était pas, toutefois, parce que l'empereur était le symbole vivant de l'identité japonaise. Au demeurant, le citoyen japonais moyen ne le considérait pas comme un dieu – une idée qui était, selon Benedict, le produit des idées occidentales de divinité davantage que de la spiritualité japonaise. L'élément capital était que l'empereur occupait le sommet d'une hiérarchie qui englobait toute la société et qui était on ne peut plus réelle. Il incarnait l'essence de l'équilibre et de la vertu qui touchaient aussi bien les relations familiales au sein d'une maisonnée que l'image que se faisaient les citoyens japonais de leurs traditions nationales.

Sur ce point, Benedict n'innovait pas. Tous les employés de l'OWI qui s'intéressaient au Japon étaient conscients du respect que suscitait l'empereur. Benedict avait présenté la même affirmation plusieurs années auparavant dans ses notes, dont l'une était spécifiquement consacrée à la place de l'empereur au sein de la société japonaise. Les forces d'occupation américaines, sous la conduite du général Douglas MacArthur, avaient déjà adopté une mesure capitale en autorisant le souverain à rester en place au lieu de l'obliger à abdiquer. Cette décision reflétait sans doute les penchants personnels de MacArthur lui-même, et plus particulièrement l'idée que l'empereur n'avait pas d'importance particulière dans une société qui serait bientôt, en tout état de cause, transformée par l'exemple de la démocratie américaine[90]. En revanche, Benedict offrait un exposé argumenté expliquant pourquoi pareille attitude était sensée – autrement dit, pourquoi les États-Unis, un pays qui avait été brutalement attaqué par une puissance étrangère, devait réagir dans la victoire par une politique modérée, attentive aux coutumes locales et affirmant des ambitions limitées. *Le Chrysanthème et le Sabre* constituait ainsi moins un manuel sur le Japon qu'un ouvrage d'initiation destiné à un public spécifiquement américain. C'était une sorte d'antidote : une façon de contrer l'idée que les Japonais étaient par nature aussi impénétrables qu'abominables – une idée gravée dans la culture américaine bien avant Pearl Harbor, puis renforcée par la guerre et par la décision du gouvernement américain d'interner des individus en raison de leur prétendue « race », comme Boas aurait écrit ce mot.

Benedict reconnaissait en première page la dette de son ouvrage à l'égard des citoyens japonais de l'Amérique trahis par celle-ci. « Les Japonais et les Japonaises qui, après être nés et avoir été élevés au Japon, vivaient aux États-Unis pendant la guerre se trouvaient dans une situation des plus délicates », écrivait-elle sobrement. « Beaucoup d'Américains se méfiaient d'eux[91]. » Elle éprouvait un plaisir tout particulier, affirmait-elle, à écrire un livre qui s'attachait à prendre au sérieux ce qu'ils avaient à dire d'eux-mêmes.

En quelque trois cents pages, elle s'était livrée à une démonstration de la technique chère à Boas consistant à transformer l'altérité en différence – une idée qui, un an seulement après la guerre, constituait une forme de révélation. « Tous ceux qui liront ce livre adopteront une nouvelle attitude à l'égard du Japon », écrivit le Club du livre du mois à ses membres[92]. Pour certains lecteurs, ceux qui avaient perdu une partie de leur vie derrière des barbelés, ce livre représentait aussi une miette de justice. « C'est comme un brouillard qui se lève[93] », écrivit une Nippo-Américaine à Benedict.

Au cours des années suivantes, *Le Chrysanthème et le Sabre* put se flatter d'être l'ouvrage d'anthropologie le plus lu de l'Histoire. En cinq ans, il fut réédité sept fois, et une traduction en japonais publiée en 1948 se vendit à plusieurs millions d'exemplaires[94]. Les spécialistes japonais critiquèrent toutefois certaines parties de l'exposé de Benedict, jugeant qu'il lui arrivait d'être trop vague dans ses descriptions et ses généralisations. Son appréciation de la culture japonaise tenait par moments du portrait idéalisé de la classe moyenne du Japon ou de son élite militaire, ceux que Hashima et d'autres informateurs connaissaient précisément le mieux. Mais en un temps où la société japonaise traversait une profonde réévaluation de sa propre histoire et de ses valeurs, ce livre était un présent rédempteur : le récit d'une lointaine Américaine qui faisait de réels efforts pour apprendre la vérité à propos d'un vieil adversaire.

L'ouvrage de Benedict rendait un magnifique hommage aux promesses et aux limites de deux sociétés qui se regardaient en chiens de faïence, de part et d'autre d'une vitre, mélancoliquement. Et une ironie fondamentale se cachait dans les remerciements. L'ouvrage américain le plus influent exhortant à mieux traiter un pays ennemi devait beaucoup à des gens que les Américains eux-mêmes avaient enfermés en les considérant comme les représentants d'une race ennemie. Il aurait évidemment été préférable que Benedict se rende au Japon pour vérifier ses conclusions sur place. De fait, elle en avait eu l'intention. Juste après la guerre, elle avait espéré pouvoir rejoindre les forces d'occupation du général MacArthur et œuvrer, aux côtés de la population locale et d'étrangers, à la transformation du gouvernement et de la société. Sa demande avait été rejetée en haut lieu pour une raison fort simple : ses supérieurs américains n'étaient pas favorables à la mutation d'une femme de plus de quarante-cinq ans[95].

« Pourquoi ne me suis-je pas travestie quand j'étais jeune[96] ? » demanda-t-elle à Mead.

14

HOME

« J'ai lu avec intérêt votre publication qui a tellement agacé les gradés, et elle m'a fait sourire », écrivit Hurston à Benedict dans le courant de l'été 1945, faisant allusion à son ouvrage controversé, *The Races of Mankind*. « Il y a des gens qui ont bien du mal à admettre les faits[1]. » La Seconde Guerre mondiale avait été une lutte globale entre nations, économies et systèmes politiques, mais la vérité gênante était qu'elle avait également opposé des frères et sœurs intellectuels. Comme Boas l'avait appris à ses élèves, les idéologies qu'incarnaient le nationalisme japonais, la folie raciale allemande et l'eugénisme américain puisaient à la même source. Elles étaient toutes les produits d'une fiction d'une intense modernité : celle que la voie du développement social humain conduisait tout droit vers nous. Adolf Hitler lui-même ne se disait pas hostile à la liberté, à la justice ou à la prospérité. Ses homologues et lui estimaient plutôt proposer des versions perfectionnées, plus avancées, de ce que les Américains avaient, pensaient-ils, cherché à réaliser. La vraie liberté passait par l'asservissement des races inférieures. La vraie justice permettrait aux individus et aux pays les plus aptes d'occuper leur place légitime sur la scène mondiale. Le vrai progrès consistait à purifier et à séparer, à favoriser les aptes et les avancés et à éliminer les primitifs et les arriérés.

Vaincre un ennemi était une chose. Triompher d'un ensemble d'idées que votre propre société avait contribué à faire naître en était une autre. Aussi n'était-il pas toujours facile d'envisager l'avenir avec optimisme. « Le monde sent l'abattoir[2] », déclara Hurston sombrement. Le président Roosevelt avait défini les États-Unis comme un « arsenal de démocratie », rappelait-elle dans le *Negro Digest*, une version noire du *Reader's Digest* essentiellement blanc, mais peut-être voulait-il dire un « *ass-and-all** de démocratie[3] ». « Je suis folle de cette idée de Démocratie », mais « la seule chose qui m'empêche de me propulser dans ce machin bille en tête est la présence des nombreuses lois Jim Crow dans les codes législatifs de la nation ». Cette guerre avait-elle vraiment eu pour effet d'écraser une forme de tyrannie afin d'en préserver une autre, du sud des États-Unis à l'Inde sous domination britannique ? « Je me battrai pour mon pays », déclarait-elle dans un passage supprimé de son autobiographie, « mais ne mentirai pas en son nom[4]. »

Hurston était passée de *houseboat* en *houseboat* à Daytona Beach en Floride, donnant occasionnellement des conférences pour les GI noirs en permission dans le cadre d'un programme supervisé par l'épouse du gouverneur[5]. Depuis ce poste d'observation privilégié – s'adressant à des soldats victimes de la ségrégation dans un État qui n'avait commencé que tout récemment à condamner des prévenus blancs dans des affaires de lynchage – , la guerre semblait bien différente de celle dans laquelle Mead et Benedict s'étaient engagées. Pour Hurston, l'événement emblématique de l'arrière était le massacre de Detroit en 1943, lors duquel plus de trente civils, noirs pour la plupart, avaient été tués par la police et des troupes fédérales[6]. Ce bain de sang était apparemment passé plus ou moins inaperçu des autres membres du cercle de Boas, qui n'y avaient guère vu qu'un désagrément en même temps qu'une opportunité. « Aussi dérangeantes que soient nos "minorités ethniques" pour notre corps politique », déclara Robert Lowie à l'American Anthropological Association l'année suivante, « elles constituent des champs de recherche gratifiants et pourtant insuffisamment exploités[7]. »

* « Un cul et tout ça. »

Le ralentissement de l'effort de guerre permit à Mead de regagner New York de façon permanente et d'y poursuivre son travail scientifique. Elle noua bientôt avec Benedict le genre de relation inébranlable qu'elle s'était toujours promis de forger un jour. Bateson s'était longuement absenté pendant la guerre, envoyé en mission à Ceylan et en Birmanie pour l'Office of Strategic Services, le bureau gouvernemental qui donnerait bientôt naissance à la Central Intelligence Agency. Le poids de la distance et les vagabondages sentimentaux de Bateson ne laissèrent pas leur mariage indemne[8]. L'année qui suivit la fin de la guerre, il quitta le foyer familial ; en 1950, leur divorce était prononcé[9]. « Le mariage est comme le métro de New York », lança Mead plus tard. « Il faut monter dans une rame pour savoir si c'est la mauvaise[10]. »

Elle passa alors en revue l'histoire de ses relations avec Bateson avec une méticulosité d'ethnographe. Elle prit des notes sur des conversations dont elle gardait le souvenir, cherchant à comprendre pourquoi le frisson grisant des rives du Sepik s'était dissipé[11], et Benedict reprit son rôle de confidente et d'auditrice. Mais pour la première fois, en grande partie grâce au succès de *Le Chrysanthème et le Sabre*, la notoriété de cette dernière éclipsa sans doute celle de tout autre membre du cercle de Boas. Ralph Linton, le président du département, avait quitté la Columbia University pour prendre un poste de professeur à Yale en 1946. Après son départ, Benedict obtint enfin le rang de professeur titulaire – première femme à se voir accorder ce titre dans tous les départements universitaires de sciences sociales des États-Unis. Elle prit également la présidence de l'American Anthropological Association, alors que les bourses de recherche affluaient pour soutenir de nouvelles études sur le modèle de celle qu'elle avait consacrée au Japon. Elle fut invitée à participer à des colloques et à donner des conférences, ce qui l'amena à entreprendre un voyage exigeant en Europe, lequel la conduisit en France, en Hollande, en Belgique et en Tchécoslovaquie, où le rideau de fer n'était pas encore entièrement tombé. Elle put ainsi observer de près un système social très différent en pleine création, un système qui prétendait défendre la libération et l'égalité mais s'enfonçait rapidement dans son propre type d'autoritarisme.

Benedict était au faîte de sa renommée : auteure d'un best-seller, conférencière recherchée, cheffe de file de ses pairs scientifiques et l'une des spécialistes de sciences sociales les plus connus du grand public américain. La lecture d'*Échantillons de civilisation* et de *Le Chrysanthème et le Sabre* était devenue incontournable pour les étudiants, les diplomates et tous ceux qui étaient dotés d'une conscience civique. Ses cheveux avaient blanchi. Ses yeux restaient mystérieux et envoûtants, comme ils l'avaient été pour Mead un quart de siècle plus tôt.

Mais quand Benedict regagna les États-Unis dans le courant de l'été 1948 après sa tournée européenne, elle était pâle et visiblement épuisée. Quelques jours plus tard, un infarctus la terrassa et elle fut conduite en toute hâte à l'hôpital. Mead passa des journées et des nuits à son chevet. Sa chambre était pleine de vieux amis qui discutaient doucement avec elle de travail et de dispositions à venir. Elle mourut le 17 septembre. C'était la date anniversaire de la mort de son père, l'homme dont la propre disparition prématurée avait, pour reprendre ses termes, déterminé le cours de toute son existence. Elle avait fait de l'anthropologie presque jusqu'à sa dernière heure. Quand ses amis passèrent en revue le contenu de son sac à main, ils y trouvèrent les fragments habituels de la vie quotidienne – reçus de banque, brouillons – ainsi qu'un carnet dans lequel elle avait griffonné des réflexions sur les différences entre Autrichiens et Norvégiens[12].

On adressa des condoléances à Mead comme si elle était sa plus proche parente[13]. Ce qui était le cas après tout, dans presque tous les domaines qui comptaient. « La découverte de l'anthropologie – et du Dr Boas – a été son salut. C'est là que vous avez débarqué dans sa vie, Margaret », écrivit Margery Freeman, la jeune sœur de Benedict. « L'une des plus profondes satisfactions de son existence a été le privilège de stimuler votre intelligence puis de vous voir porter le flambeau dans des régions où elle n'aurait jamais pu aller[14]. » Quelle qu'ait pu être l'intensité du chagrin intime de Mead, elle serra les dents pour se consacrer aux tâches indispensables, tant en matière d'organisation que de sentiments, réconfortant la famille, témoignant sa sympathie aux amis et prévenant le plus de monde possible – elle adressa des télégrammes à tous ceux qu'elle put localiser, de longues lettres à ceux qui étaient plus difficiles à joindre, regrettant de ne pouvoir informer de vieux collègues dont elle n'arrivait pas à retrouver la trace.

Elle envoya ainsi un télégramme à Deloria pour lui indiquer la date d'une cérémonie de commémoration, mais cette dernière était dans l'incapacité de se payer le voyage depuis le Dakota du Sud. Elle expliqua qu'elle se sentait le devoir de rester à sa place pour continuer à faire ce qui l'occupait depuis la publication de sa grammaire dakota : essayer de maintenir à flot l'école que son père avait dirigée autrefois sur la réserve de Standing Rock. Quand Mead finit par prendre le temps de rédiger son propre hommage public – un pot-pourri de textes universitaires, de souvenirs et de poèmes qu'elle intitula *An Anthropologist at Work* –, elle veilla à en faire parvenir un exemplaire à Deloria. « Et merci aussi de me qualifier d'anthropologue[15] », répondit celle-ci. Savoir que Mead la concevait comme telle et se doutait qu'elle serait heureuse de lire les grappillages de la vie scientifique et littéraire de Benedict la ragaillardit. C'est l'une des dernières pièces de correspondance entre les deux femmes à nous être parvenues. Deloria poursuivit ses études et ses écrits personnels, mais l'essentiel en restait inédit lorsqu'elle mourut en 1971. Sa dernière adresse postale était celle d'un motel.

Si Mead chercha à joindre Hurston pour l'informer de la date des obsèques de Benedict, nous n'en avons pas conservé de témoignage. À la fin des années 1940, celle-ci avait perdu tout contact avec de nombreuses connaissances passées, à la Columbia University comme à Harlem. Au fil des ans, il lui était arrivé d'envisager de retourner sur le terrain. « Ensemble, nous pourrons réaliser quelque chose qui fera ressembler “SAMOA” du Dr Margaret Meade [*sic*] au compte rendu de la WCTU[16] » – la Women's Christian Temperance Union, l'union chrétienne féminine de tempérance –, déclara-t-elle à sa vieille coéquipière, Jane Belo, en 1944. Mais la vie pouvait ressembler à un marécage de Floride dans lequel on s'enfonçait, encore et encore, sans que vos orteils touchent jamais la terre ferme. L'année de la mort de Benedict, Hurston fut arrêtée pour avoir prétendument agressé trois jeunes voisins[17]. Elle fut finalement acquittée, mais eut du mal à reprendre pied. Elle sombra dans une nouvelle dépression et envisagea le suicide[18].

Des décennies s'écoulèrent avant qu'une information sur ce qui était arrivé à Hurston depuis sa quasi-disparition ne trouve le chemin du bureau de Mead, par une voie inattendue : un article de la revue *Ms*. En 1975, la jeune poétesse et romancière Alice Walker relata ses propres tentatives pour retracer le long chemin qui avait éloigné Hurston de la gloire. Son article passait en revue les premiers travaux de celle-ci et rappelait aux lecteurs l'univers depuis longtemps disparu des *rent parties* de Harlem et de la mode nègre. Il plaçait Hurston directement aux côtés d'hommes tels que Ralph Ellison et James Baldwin, qui lui avaient succédé comme porte-parole de l'expérience noire. Hurston était, affirmait Walker, « l'un des auteurs non lus les plus importants d'Amérique[19] ».

Mead apprit par cette dernière que Hurston avait continué à écrire des nouvelles et des chroniques de presse ainsi que de petits essais, sans compter une multitude de requêtes adressées à des éditeurs autour de projets qui n'aboutissaient jamais. Ses romans et ses volumes de folklore étaient épuisés depuis longtemps. Elle avait multiplié les petits boulots pour gagner sa vie en attendant de nouvelles avances d'éditeurs. Elle avait classé des livres dans une bibliothèque, surveillé des élèves indociles à l'étude, fait des ménages, été expulsée de son logement et, après un AVC, s'était installée dans un pavillon en parpaings entouré d'une pelouse d'herbe des marais qui crissait sous les pieds[20]. C'était un logement pour indigents géré par le comté, dans une petite ville littorale de Floride – pratiquant la ségrégation raciale, bien entendu. Au moment où Mead lut l'article qui lui était consacré, cela faisait quinze ans que Hurston était morte. Son nom avait été mal orthographié sur son acte de décès[21].

Mead glissa ce texte dans ses dossiers, sorte d'artéfact provenant d'une vieille salle de cours, exhumé au terme de longues années[22]. S'ensuivirent des conversations entre collègues, un déluge de lettres, les souvenirs d'un nom déjà presque oublié, puis des tentatives pour retrouver les notes et les films des recherches sur le terrain de Hurston, dont certains avaient été rangés dans des classeurs et des collections de musée aux quatre coins du pays. La plupart de ses manuscrits et de ses papiers personnels avaient été égarés au fil des ans. Un concierge zélé avait brûlé une partie de ce qui restait après sa mort, avant qu'un adjoint du shérif qui passait par là n'attrape un tuyau d'arrosage et ne récupère ce qui pouvait être sauvé[23]. « Si c'est pas honteux, comme les gens deviennent intéressants quand ils sont morts », observa Alan Lomax, éminent collecteur d'enregistrements folkloriques et ancien partenaire de recherche de Hurston. « Pauvre Zora[24]. »

Nul n'aurait pu prévoir la notoriété qui finirait par l'entourer. L'article de Walker fit redécouvrir Hurston à un plus large public et marqua le début d'une renaissance qui la ferait accéder au panthéon des grands auteurs américains, objet de l'adulation quasi religieuse d'une cohorte d'adeptes. Walker avait réussi à localiser le cimetière reculé de Fort Pierce en Floride où elle avait été enterrée, mais le temps et des archives mal tenues avaient effacé l'emplacement précis de sa tombe. Elle n'en paya pas moins une pierre tombale érigée en un lieu approximatif qu'elle choisit elle-même. Un visiteur la trouvera peut-être aujourd'hui jonchée de fleurs fanées, d'une bouteille d'alcool ou d'une note personnelle adressée à une écrivaine dont la réputation a dépassé celle de Langston Hughes, d'Alain Locke et d'autres contemporains de la Renaissance de Harlem. Walker lui a également accordé un honneur tout particulier : l'inscription gravée sur la tombe de Hurston est la seule de toutes celles des membres essentiels du cercle de Boas où figure le mot d'*anthropologue*.

Mead avait entrepris un jour de dresser la carte de toutes ses relations, tant personnelles que professionnelles, comme si elle représentait les réseaux de parenté d'un village de Nouvelle-Guinée. Il y avait des traits fins pour les influences mineures, des traits gras pour les plus importantes, des doubles lignes pour ses amants : Luther, Edward, et puis Reo et Gregory reliés également l'un à l'autre par une double ligne. Des marques au crayon menaient à Boas, puis aux Ash Can

Cats, à d'autres membres du département de la Columbia University, puis à des cercles et des triangles, les symboles ethnographiques désignant les femmes et les hommes. Ruth était à part – nœud distinct, qui n'avait besoin d'aucune ligne –, comme un soleil jumeau partageant son espace au centre d'une galaxie[25].

Mead survécut à la plupart d'entre eux. Ses locaux dans les combles de l'American Museum of Natural History étaient un capharnaüm de carnets et d'artéfacts étiquetés, de lettres manuscrites et de ronéos dactylographiés, de notes de conférences et de photos, des milliers et des milliers de pages et d'objets – jusqu'au vieux pistolet Webley de Reo Fortune, que Bateson et elle avaient caché bien longtemps auparavant, durant ces quelques mois de folie sur les berges du Sepik[26]. Tous les jours de la semaine, on pouvait la voir déambuler d'un air décidé dans les couloirs, enveloppée dans sa cape de feutre caractéristique, une coquetterie d'âge mûr. Elle avait pris l'habitude de se servir d'une grande canne marquée d'encoches pour soulager sa cheville toujours fragile qui l'avait tourmentée depuis qu'elle avait rejoint le rivage de Pago Pago pour la première fois en boitillant.

Ses activités officielles d'enseignement étaient pour l'essentiel celles d'attachée temporaire ou de professeur invité, et elle ne fut jamais membre titulaire de son ancien département. Ce fut pourtant par l'intermédiaire de Mead que les idées maîtresses de Boas survécurent et touchèrent un public plus vaste que Papa Franz n'aurait jamais pu le rêver. Ses premiers ouvrages sur Samoa et la Nouvelle-Guinée connurent chacun jusqu'à dix-sept éditions et vingt traductions[27]. Sa production annuelle courante pouvait comprendre un ouvrage scientifique, des articles destinés à des revues savantes, des essais repris dans des recueils édités, des notices d'encyclopédies, une ribambelle de recensions et de brefs articles publiés dans *Camp Fire Girl, Good Housekeeping* et *Rebook*, qui accommodaient des découvertes anthropologiques en conseils pratiques et techniques. La presse et les organisateurs de conférences lui demandaient son avis sur l'éducation des enfants, la sexualité, le mariage, la race, la Guerre froide et à peu près tous les sujets qui préoccupaient l'opinion publique. Son dossier du FBI, l'un de tous ceux qui furent consacrés aux intellectuels publics du temps de J. Edgar Hoover, finit par atteindre près de mille pages de rapports sur ses faits et gestes ainsi que sur ses amis[28]. Comme cela avait été le cas pour Boas, de parfaits inconnus lui écrivaient pour lui demander un conseil ou un avis d'expert. « Chère Dr Mead », disait ainsi une de ces missives envoyée du Bronx en 1958 :

> Votre autorité bien connue en Anthropologie m'a incitée à prendre la liberté de vous consulter.
> Mon problème est que je désire ardemment écrire un livre en raison d'une documentation factuelle. Cependant, l'absence de talent m'en empêche.
> Est-ce un comportement normal ou une frustration profondément enracinée dans [mon] héritage africain, amérindien et anglo-saxon [29]?

La réponse de Mead, envoyée une semaine plus tard, tenait de la sociologie appliquée :

> Vous constaterez, j'imagine, qu'il est parfaitement normal que des gens de toutes les régions du monde aient l'impression d'avoir énormément de documents factuels qu'ils ont envie de mettre dans un livre, mais ne possèdent pas de talent particulier pour l'écriture. Il ne me semble pas que vous deviez y voir la conséquence de votre héritage ethnique très intéressant[30].

Elle devint le visage de sa discipline, l'incarnation de la scientifique engagée, même si d'autres éminents universitaires continuaient à la traiter en marginale, ainsi qu'ils le faisaient depuis des dizaines d'années. « Le monde entier est mon terrain », déclara-t-elle dans un long portrait d'elle que publia le *New Yorker*. L'article reprenait pour titre la formule qu'elle employait pour apprendre aux gens à se connaître : « Tout est anthropologie[31] ».

L'époque regorgeait de nouvelles sciences sociales qui mettaient les vieux modes de pensée sens dessus dessous. Les méthodes et les sensibilités issues de la vision du monde de Boas se ramifiaient pour atteindre presque tous les domaines. Juste après la Seconde Guerre mondiale, la Carnegie Corporation de New York confia à l'économiste suédois Gunnar Myrdal une vaste étude du problème racial aux États-Unis. Avec une perspicacité anthropologique, ce dernier associa récits et statistiques pour montrer les effets concrets, sur des êtres humains véritables, d'institutions américaines conçues pour perpétuer les différences et les inégalités raciales. Les constatations de Myrdal, réunies dans son monumental ouvrage intitulé *An American Dilemma*, influenceraient la décision de la Cour suprême *Brown v. Board* mettant fin à la ségrégation. Alfred Kinsey dressa pour sa part le catalogue de l'immense diversité de pratiques sexuelles qui avaient pour cadre les chambres à coucher de banlieue. Quant à William H. Masters et Virginia E. Johnson, ils réalisèrent en laboratoire des études de la réaction érotique humaine, qui ne présentaient pas l'attirance entre personnes du même sexe comme une anomalie mais comme une forme de sexualité qu'il fallait comprendre. Leur œuvre conduirait en partie à retirer l'homosexualité, à la fin des années 1980, de la liste des maladies diagnosticables par les psychologues.

À l'image de Boas, qui avait été en relation avec presque tous les spécialistes contemporains de sciences sociales et d'autres disciplines, Mead était au cœur de son propre réseau de créateurs d'idées. La liste dactylographiée de ses principaux correspondants couvrait plus de cent pages. Son carnet d'adresses était un véritable *who's who* des plus éminents sociologues, philosophes, politologues, psychologues et responsables politiques de son temps. Elle avait le chic pour énoncer des formules marquantes qui la rendaient incontournable sur les campus universitaires comme dans les débats télévisés. C'était une ambassadrice-née, qui enchaînait les commentaires sur le mouvement des droits civiques, la révolution sexuelle et les multiples définitions de la maladie mentale, et une combattante apparemment infatigable qui exhortait sa propre société à prendre conscience de ses œillères culturelles.

En un temps d'évolutions rapides, cependant, elle put elle-même paraître conservatrice, sa rectitude épiscopalienne et son progressisme du comté de Bucks se trouvant de plus en plus en décalage avec les idées de réformateurs plus radicaux qu'elle. En 1963, Betty Friedan cita son nom dans le titre d'un chapitre de *La Femme mystifiée*. Elle reprochait à Mead ses idées dépassées de la féminité et l'accusait d'accorder trop d'importance aux différences biologiques entre femmes et hommes. Selon Friedan, Mead avait « tronqué sa vision des femmes en s'extasiant sur le mystérieux miracle de la féminité que la femme accomplit en se contentant d'être femelle, de regarder pousser ses seins, venir ses menstrues, sentir le bébé boire à son sein gonflé[32] ». C'était une caricature du travail de Mead, mais cette dernière refusa de monter au créneau. Elle craignait qu'une nouvelle génération de féministes ait perdu de vue le caractère révolutionnaire de ses propres recherches[33]. Elle s'était battue pour que les femmes soient reconnues comme des êtres humains à part entière et jouissent du droit de choisir le rôle social qu'elles voulaient jouer – mères et éducatrices aussi bien qu'anthropologues ou poètes.

Elle disposait d'une tribune mondiale, avec de nouveaux séjours à Samoa et Manus, des conférences à guichets fermés, des mentions sur les listes des femmes les plus célèbres de la planète et des controverses qu'elle attisait avec un indéniable goût du scandale. Le temps passant, il put lui arriver de trouver les feux de la rampe irrésistibles. Boas lui avait appris qu'il fallait éviter de trop parler tant que l'on ne disposait pas de faits incontestables, mais elle pouvait se montrer délibérément ignorante, voire capricieuse et exaspérante lors de ses apparitions publiques. Elle affichait un air d'autorité présumée, affirmait le *New York Times*, « acquis au fil de longues années consacrées à dire à des étudiants, des anthropologues et autres des choses pour leur propre bien[34] ». Comme elle était régulièrement invitée à parler des grands problèmes de son temps, les gens la connaissaient même s'ils ne savaient plus très bien comment. Mary Catherine Bateson se plaignit un jour d'avoir « une mère qui est à moitié célèbre… parce que quand je crois que les gens te connaissent, je m'aperçois souvent qu'ils ne te connaissent pas[35] ».

Pour ses soixante-quinze ans, en décembre 1976, le *New York Times* lui consacra une pleine page. Moins de deux ans plus tard, au printemps 1978, Mead apprit qu'elle était atteinte d'un cancer du pancréas. Elle mourut en novembre de la même année. Au cours des décennies suivantes, la Poste américaine imprimerait un timbre à son effigie et elle se verrait décerner la Presidential Medal of Freedom à titre posthume en récompense de sa lutte pour montrer, comme le disait l'éloge de la Maison-Blanche, « que des modèles culturels différents expriment une unité humaine sous-jacente ». Sa cape et sa canne finirent par être exposées de façon permanente à côté des salles de l'American Museum of Natural History dédiées aux cultures du Pacifique. Quand les visiteurs s'y rendent aujourd'hui, un écriteau les accueille dans la salle Margaret Mead.

En 1987, le philosophe Allan Bloom publia son traité sur la situation précaire de la société américaine et sur le fourvoiement des universités du pays. *The Closing of American Mind* [*L'Âme désarmée*] devint immédiatement un best-seller et une référence incontournable pour les critiques conservateurs de la vie culturelle américaine. La lecture de cet ouvrage s'imposa rapidement au sein d'un mouvement international – allant des États-Unis à la Grande-Bretagne et au-delà – visant à arracher les vertus occidentales aux griffes de ce qui prendrait le nom de multiculturalisme et de politique identitaire. Le concept de relativisme culturel était la cible majeure de l'attaque de Bloom. « S'il y a une chose dont tout professeur qui enseigne dans une université américaine peut être sûr, c'est que *chacun de ses élèves*, au moment où il entreprend des études supérieures, *croit ou dit qu'il croit que la vérité est relative*[36] », écrivait Bloom dans la première phrase de son livre. Il poursuivait en citant ceux qui avaient conduit les jeunes gens dans ce fourré immoral :

> Il y avait aussi ceux qui estimaient que les États-Unis étaient trop étroits d'esprit. Des chercheurs aventureux, curieux des mœurs sexuelles, telle Margaret Mead, nous expliquaient que non seulement il nous fallait

> connaître d'autres cultures et apprendre à les respecter, mais que nous pouvions nous-mêmes profiter de leur expérience. S'ils font certaines choses, nous pouvons agir de même : leur exemple nous libère et nous débarrasse de l'idée que nos tabous puissent découler d'autre chose que des contraintes sociales. Selon ces auteurs, nous pourrions ainsi nous rendre au bazar des cultures et y découvrir ce que nous pouvons faire pour consolider des tendances qui sont refoulées par des sentiments de culpabilité puritains. Tous ceux qui nous ont ainsi enseigné l'"ouverture d'esprit" se désintéressaient complètement de la déclaration d'Indépendance et de la Constitution, à moins qu'ils n'y fussent carrément hostiles[37].

Son ouvrage prétendait passer en revue l'intégralité de la pensée occidentale, mais Bloom voyait fort peu de femmes dignes d'être mentionnées. Margaret Mead et Ruth Benedict étaient du nombre, ainsi que Jane Austen, Hannah Arendt, Yoko Ono, Erica Jong et Marlene Dietrich – qui faisaient toutes partie du problème, selon Bloom. La perspective intellectuelle de l'Occident s'était transformée de fond en comble. Elle s'était détournée de la tradition pour adopter l'idée erronée selon laquelle l'expérience américaine de la démocratie n'avait rien de spécial. L'éducation moderne, affirmait Bloom, avait le sombre objectif d'« établir une communauté mondiale et [d']en former les membres qui doivent être des individus sans préjugés[38] ». La relativité de la moralité, de l'histoire et de la réalité sociale s'était imposée comme la nouvelle orthodoxie, empêchant les jeunes gens de chercher en toute indépendance ce qui constituait une vie bonne, authentique, riche de sens.

S'ils avaient été encore de ce monde, Mead, Benedict et Boas auraient été fort surpris d'apprendre qu'ils avaient triomphé. Leur vie n'avait été que lutte. Ils s'étaient habitués à répéter les mêmes arguments philosophiques encore et encore. Chaque année semblait faire surgir un nouveau front dans leur combat contre les colporteurs de vieilles certitudes, une nouvelle frontière sur laquelle essayer de prouver qu'il ne fallait pas avoir peur de la différence. De leur vivant, ils avaient dû affronter ce que nous identifions aujourd'hui comme de redoutables fléaux moraux : le racisme scientifique, l'oppression des femmes, le fascisme génocidaire, le traitement des homosexuels comme des détraqués entêtés. Boas savait bien que ceux qui proclamaient la supériorité de la civilisation européenne et de l'« Occident » avaient également inventé les lois Jim Crow, stérilisé Carrie Buck et envoyé des convois de juifs vers les camps. Le manifeste de Bloom ne l'aurait guère ému.

« Nous avons été les premiers à insister sur un certain nombre de choses », écrivit le respecté théoricien et chercheur de terrain Clifford Geertz, membre de la génération d'anthropologues qui succéda à Boas et Benedict et contribua à consolider le relativisme culturel en tant que philosophie fondatrice de la discipline. « Que le monde ne se divise pas entre les pieux et les superstitieux ; qu'on trouve des sculptures dans la jungle et des peintures dans les déserts ; ... que les normes de la raison n'ont pas été définies en Grèce, que l'évolution de la moralité ne s'est pas parachevée en Angleterre. Et surtout, nous avons été les premiers à affirmer que nous voyons la vie des autres à travers des lentilles que nous avons polies nous-mêmes et que les autres contemplent la nôtre à travers leurs propres lentilles[39]. »

Il ne faut pas s'étonner qu'en découvrant ces idées, beaucoup de gens aient eu l'impression que le ciel leur tombait sur la tête – et c'est d'ailleurs encore le cas aujourd'hui. Presque tous les membres du cercle de Boas furent régulièrement dénoncés comme naïfs, incultes, antipatriotiques et immoraux. Boas était un hurluberlu qui niait la grandeur de l'Amérique. Mead était une traînée qui prétendait que le sexe n'était pas forcément intime, déconcertant et vaguement répréhensible. Benedict était une harpie. Deloria et Hurston étaient, inutile d'en dire davantage, une Indienne et une Négresse. Mais leur objectif même était d'être dérangeants. Se dépasser ne pouvait qu'être difficile. La contrepartie était que l'on devenait plus intelligent – à propos du monde, à propos de l'humanité, à propos des multiples façons possibles de mener une vie épanouie et riche de sens.

Certaines conclusions particulières de Boas n'ont pas résisté à des recherches plus approfondies et à des données plus solides. Et l'anthropologie ne se pratique plus aujourd'hui exactement comme du temps de Mead ou de Benedict. Les scientifiques actuels jettent un regard sceptique sur certaines généralisations que se permettaient les boasiens. Les chercheurs de terrain finiraient par remettre en question l'idée même que la « culture » constitue une *chose* distincte que l'on peut décrire et analyser facilement, comme si l'on plaçait une aile de papillon de nuit sur une lame de microscope. (Two Crows le nie.) Mais entre les années 1880 et 1940, ces intellectuels ont contribué à pousser le savoir humain dans une direction tout à fait particulière : vers le renoncement à la conviction que nous sommes l'aboutissement inexorable de toute l'Histoire.

Le travail sur les communautés humaines se poursuit. La génétique démontre ce que l'on peut dire et ce que l'on ne peut pas dire des populations humaines. L'épigénétique révèle l'effet multigénérationnel, au niveau des gènes, de conditions environnementales. Nous sommes tous le produit d'une ascendance particulière, mais ces origines ne se présentent pas soigneusement emballées sous film plastique à l'intérieur de ce qu'on appelle races ou ethnies, du moins pas telles que nous les avons longtemps conçues. La raison pour laquelle nous nous référons volontiers à nos ancêtres en leur collant des étiquettes telles qu'Écossais, Italiens ou Coréens – mais jamais, par exemple, Babyloniens, Scythes et Axoumites – est une conséquence de notre histoire, et non de notre code génétique. La définition que nous donnons de l'intelligence est le résultat d'un processus social, et non d'un processus biologique. Ce que nous entendons par rôles de genre appropriés, comportement sexuel correct ou esprit anormal, par exemple, est la création d'êtres humains en interaction réitérée les uns avec les autres – autrement dit, d'une société – et non de nos entrailles. Que nous ayons encore envie d'ancrer nos préjugés liés à la société dans quelque chose de prétendument plus profond que notre propre imagination collective est la meilleure preuve de la pertinence persistante des idées du cercle de Boas.

Distinguer le bien du mal est une question philosophique, mais qui repose sur un fait : notre conception préalable de ce qui est évident ou admis, par rapport à ce qui est ridicule ou absurde. Pour élargir notre sens de la moralité, il faut d'abord élargir le domaine du pensable. Ce qui exige souvent, comme ce fut le cas de Boas et de ses disciples, de se rendre courageusement, maladroitement, dans des lieux où nous sommes certains de rencontrer des gens différents de nous par essence – une île glaciale, un campement en pleine forêt tropicale, ou à l'autre bout de la ville. Le relativisme culturel était une théorie de la société humaine, mais aussi un manuel de vie. Il était censé raviver notre sensibilité morale et non l'éteindre. Dans tous les lieux que nous connaissons, il y a des gens qu'on peut tuer et d'autres non; des gens avec qui il faut être honnête et des gens à qui il faut mentir; des gens avec qui les relations sexuelles sont prohibées et des gens avec qui elles sont encouragées. Peut-être existe-t-il une sorte de code moral universel, enseignait Boas, mais aucune société – pas même la nôtre – n'a la mainmise sur son contenu. Une culture donnée se flatte généralement de croire que ses coutumes alimentaires, sa structure familiale, sa religion, son esthétique et son système politique sont les seuls à répondre à une vraie logique. En admettant qu'un progrès moral puisse exister, il réside dans notre faculté de rompre avec cette habitude : de développer une vision toujours plus large de l'humanité elle-même – un réseau croissant d'êtres qui méritent un comportement éthique de notre part, quel que soit le sens que nous donnons à celui-ci.

« Il n'existe pas d'évolution des idées morales[40] », écrivait succinctement Boas en 1928. Tout ce qui change, c'est la définition de ceux que nous jugeons devoir être traités en humains à part entière, utiles et dignes. Voilà la découverte scientifique et l'attitude éthique que Franz Boas et ses disciples voulaient faire partager au monde. Concentrez-vous moins sur les règles d'un comportement correct – mange ça, ne touche pas à ça, épouse cet homme, n'adresse pas la parole à cette femme – et davantage sur le cercle d'humanité auquel vous pensez que s'appliquent les règles. Tâchez de prendre vos distances avec les idées qui nourrissent votre propre sentiment de différence. Définissez ce que votre société considère comme le comportement le meilleur et appliquez-le au bénéficiaire le moins évident de votre bienveillance – quelqu'un qui vit peut-être à l'autre bout du monde, ou au coin de votre rue. Faites-le même si ses convictions et ses pratiques vous répugnent.

Rétrospectivement, il est facile d'identifier dans la science raciale, l'eugénisme, le colonialisme et les excès du nationalisme les égarements qu'ils constituèrent – et constituent encore, sous leurs formes modernes. Le plus difficile, même pour des cosmopolites convaincus, est de reconnaître en soi-même les erreurs que Boas et ses élèves cherchaient à corriger. « J'ai vu et entendu », écrivait Hurston dans un passage supprimé de son autobiographie. « J'ai passé jugement sur la manière de vivre des autres, et dans le calme sans voix de la nuit, je me suis convoquée devant mon tribunal[41]. » Les préjugés les plus tenaces sont les plus confortables, ceux qui se dissimulent juste à côté de vous ; voir le monde tel qu'il est exige de prendre un peu de distance, une certaine hauteur. Admettre les limites de votre propre culture, même si celle-ci prétend être sans culture et globale ; sentir la puissance de la prière, même si vous rejetez le dieu d'autrui ; comprendre la logique interne de préférences politiques déconcertantes ; sentir l'inquiétude et la dépression, le trouble et la colère que peuvent susciter chez autrui des visions de la réalité qui vous paraissent on ne peut plus naturelles : ce sont là des compétences qui s'édifient tout au long de la vie. Ce qu'elles promettent, c'est que, moyennant un effort suffisant de notre part, nous parviendrons à connaître l'humanité dans toute sa complexité, par intermittence, avec de vagues aperçus d'un monde différent émergeant des brumes de la coutume, nous transformant, nous désarçonnant, nous détruisant en un sens – la libération déroutante, terrifiante, des vérités établies qui s'écroulent.

REMERCIEMENTS

Ce livre est le fruit de longues conversations que j'ai eues avec ma femme, Margaret Paxson, l'anthropologue de notre foyer. Chaque journée passée à ses côtés est un miracle, et elle m'a guidé à travers ce qui s'est transformé en une sorte de cours particulier de théorie sociale, de méthodes de travail de terrain et de bien d'autres choses encore. Sans elle, je n'aurais jamais envisagé d'écrire ce livre – et je l'aurais encore moins écrit pour de vrai. Cela m'a permis de constater par moi-même que les relations les plus proches peuvent faire fleurir de grandes idées, comme ce fut le cas pour Franz Boas et son cercle. Merci, ma chérie.

Au cours des cinq dernières années, j'ai eu une autre Margaret dans ma vie. Nous savons beaucoup de choses sur le cercle de Boas parce que Margaret Mead gardait tout. Ses archives, conservées à la bibliothèque du Congrès, contiennent un demi-million de pièces de toutes formes et de toutes natures : un billet d'excuse pour absence, les recommandations d'une conseillère en corsets, la police d'assurance d'un ex-mari, des carnets de notes et des comptes rendus de travail de terrain, ainsi que des lettres à, de, et entre ses amis, amants et collègues. Je remercie de tout cœur les assistants de Mead et sa famille, et tout particulièrement Mary Catherine Bateson, sans oublier les spécialistes actuels de la division des manuscrits de la bibliothèque qui ont préservé ce trésor.

Les autres collections que j'ai consultées pour ce projet sont riches, elles aussi, chacune à sa manière, et toute ma reconnaissance va aux archivistes et bibliothécaires des établissements suivants : l'American Indian Studies Research Institute, de l'Indiana University ; l'American Museum of Natural History, et plus particulièrement Kristen Mable, Rebecca Morgan, Gregory Raml et Diana Rosenthal, qui m'ont fait visiter avec enthousiasme l'ancien bureau de Mead et le grenier labyrinthique ; l'American Philosophical Society, et plus particulièrement le conservateur des documents de Boas, Bayard Miller ; la Rare Book and Manuscript Library de la Columbia University ; le Keep de Brighton, Sussex ; à la Harvard University, le Peabody Museum, la Francis A. Countway Library of Medicine, la Houghton Library et la Tozzer Library ; la bibliothèque et les archives de la Haskell Indian Nations University, et plus particulièrement Dacotah R. Hasvold ; à Vassar College, la division des Archives and Special Collections de la Thompson Memorial Library, et plus particulièrement Dean M. Rogers ; la Lauinger Library de la Georgetown University, et plus particulièrement le Booth Family Center for Special Collections et le service de prêt interbibliothèques ; les National Anthropological Archives de la Smithsonian Institution, et tout particulièrement Caitlin Haynes et Katherine Crowe ; sans oublier les Rare Books and Special Collections Reading Room et Main Reading Room de la bibliothèque du Congrès.

Les biographies collectives n'existeraient pas sans biographies et je dois beaucoup au travail de détective et aux interprétations de nombreux auteurs qui m'ont précédé. Bien qu'il me soit arrivé de tirer mes propres conclusions et de choisir des angles différents des leurs, je n'aurais pas pu mener à bien ce projet sans leurs recherches. Ces auteurs incluent Lois Banner, Valerie Boyd, Margaret Caffrey, Douglas Cole, María Eugenia Cotera, Regna Darnell, Robert Hemenway, Jane Howard, Carla Kaplan, Hilary Lapsley, Herbert S. Lewis, David Lipset, Ludger Müller-Wille, Virginia Heyer Young, Rosemary Lévy Zumwalt, et les précurseurs de l'étude historique de l'anthropologie en tant que science et vocation, George W. Stocking Jr, Lee D. Baker, et David H. Price. Le professeur Zumwalt a pris du temps sur sa propre biographie de Boas pour lire l'intégralité de mon tapuscrit et, ce faisant, m'aider à contourner bien des précipices.

Andrew Bickford et Marjorie Mandelstam Balzer, collègues anthropologues de Georgetown, m'ont aidé à affûter mes idées et ma prose. D'autres m'ont offert des pistes, des idées et des conseils utiles et m'ont souvent prodigué leur temps avec une immense générosité. Je tiens à mentionner ici

Kristy Andersen, Raymond Arsenault, Tom Banchoff, Katherine Benton-Cohen, Warren Cohen, Darcy Courteau, Desley Deacon, Philip J. Deloria, Lois Gaston, John Leavitt, Gary Mormino, Terry Pinkard, Charles Weiss et Sufian Zhemukhov. Krisztina Samu, d'East-West Concepts, s'est chargée des traductions du samoan. Merci aussi infiniment à « notre petit groupe », comme aurait dit Boas – mes assistants de recherche au cours de toutes ces années, qui ont déniché des documents d'archives, établi des bibliographies et, d'une manière générale, aidé ce projet à avancer : Abraham Fraifeld, Rachel Greene, Erum Haider, Rabea Kirmani, Andrew Schneider et Andrew Szarejko.

Je remercie infiniment pour son soutien mon établissement de rattachement, la Georgetown University, et plus particulièrement son Edmund A. Walsh School of Foreign Service et le Georgetown College, ainsi que les doyens Joel Hellman, Chester Gillis et Christopher Celenza. Certaines parties de ce projet ont bénéficié du financement d'un National Endowment for the Humanities Public Scholar Award (bourse numéro FZ-250287-16). Tous les points de vue, découvertes, conclusions ou recommandations exprimés ici ne reflètent pas nécessairement ceux de la NEH.

Mon agent au moment où le contrat de ce livre a été signé, Will Lippincott, n'a pas pris ses jambes à son cou quand je lui ai confié mon intention d'écrire un livre sur l'anthropologie. Il a joué le double rôle de *cheerleader* et de conseiller tout au long de l'évolution entre vague intuition et raisonnement. Merci aussi à Rob McQuilkin et Maria Massie de Massie & McQuilkin d'avoir géré les multiples aspects du parcours allant de l'idée au produit fini. Rob a été le premier lecteur du manuscrit complet et j'imagine mal qu'un ouvrage puisse voir le jour sous un regard éditorial plus créatif et plus bienveillant. J'ai la chance indicible de travailler chez Doubleday avec Kris Puopolo, magicienne et chuchoteuse de prose, dont les encouragements ont permis à ce livre d'être bien meilleur qu'il ne l'aurait été sans elle, et avec Bill Thomas, qui a piloté ce texte pour le conduire à son public. Janet Biehl, Maria Carella, Rose Courteau, Marina Drukman, Kathleen Fridella, Michael Goldsmith, Lorraine Hyland, Lisa Kleinholz, Diane McKiernan, Daniel Meyer, John Pitts, Carolyn Williams et Michael J. Windsor ont manié gentillesse, aiguillon et professionnalisme avec un dosage irréprochable. Will Hammond chez Bodley Head s'est affirmé comme un défenseur de premier ordre de ce projet quand celui-ci lui a été présenté à Londres.

Une écriture honnête impose de chercher à utiliser les mots tels qu'ils l'ont été lorsqu'ils ont été prononcés ou écrits initialement, même si ces significations peuvent paraître aujourd'hui obsolètes ou erronées. Dans cet ouvrage, il m'arrive d'employer le terme de *primitif* pour décrire ce que nous appellerions aujourd'hui sociétés traditionnelles ou prémodernes, car c'était le terme couramment utilisé par Boas et ses contemporains. Eux-mêmes lui donnaient un sens légèrement différent de celui de leurs prédécesseurs. D'autres mots et expressions – *indigène, Nègre, Indien* et *faible d'esprit*, par exemple – sont employés dans leurs propres contextes adéquats. J'ai également adopté les noms collectifs des peuples indigènes qu'employaient les personnages principaux de ce livre quand ils les évoquent ou que je me fais l'interprète de leurs idées. Dans certains cas, les noms ne sont pas ceux qu'utilisent les membres de ces communautés, tels que les Biwats (Mundugumors) et les Chambris (Chamboulis) de Papouasie-Nouvelle-Guinée ou encore les Kwakwaka'wakw (Kwakiutls) de Colombie-Britannique. La distance entre ce monde-ci et celui-là, entre maintenant et alors, s'appelle l'Histoire.

NOTES

ABRÉVIATIONS

AAW	Mead, *An Anthropologist at Work*
APS	American Philosophical Society
BRC	Boas-Rukeyser Collection, APS
CU	Columbia University Rare Book and Manuscript Library
ECD	Ella Cara Deloria
ECD Archive	Ella Cara Deloria Archive
ECP	Elsie Clews Parsons
ECP Papers	Elsie Clews Parsons Papers, APS
EFB	Rohner, *The Ethnography of Franz Boas*
ES	Edward Sapir
FB	Franz Boas
FB Papers (numérisé)	Franz Boas Papers, APS Digital Library
FB Papers (microfilm)	Franz Boas Papers, exemplaire de la bibliothèque du Congrès
FB Prof. Papers	Franz Boas Professional Papers, APS
FBAI	Müller-Wille, *Franz Boas Among the Inuit of Baffin Island*
GB	Gregory Bateson
JH Papers	Jane Howard Papers, Columbia University
LC	Luther Cressman
MM	Margaret Mead

MM Papers	Margaret Mead Papers and South Pacific Fieldwork Archives, bibliothèque du Congrès
NAA	National Anthropological Archives, Smithsonian Institution
PM	Peabody Museum, Harvard University
RB	Ruth Benedict
RB Papers	Ruth Fulton Benedict Papers, Vassar College
RF	Reo Fortune
ZNH	Zora Neale Hurston

CHAPITRE I : PARTIR

1. MM, « News Bulletin IX », 11 décembre 1925, MM Papers, Box N1, Folder 5.
2. FB à MM, 7 novembre 1925, MM Papers, Box N1, Folder 1.
3. MM, « News Bulletin IV », 31 août 1925, MM Papers, Box N1, Folder 5.
4. MM à RB, 29 mars 1926, MM Papers, Box S3, Folder 3.
5. MM à RB, 29 mars 1926, *ibid.*
6. MM à RB, 15 décembre 1925, MM Papers, Box S3, Folder 2.
7. FB à MM, 25 janvier 1926, MM Papers, Box N1, Folder 1.
8. RB, « Younger Generation ».
9. FB, « Préface » dans MM, « Adolescence à Samoa », in *Mœurs et sexualité en Océanie*, p. 362.

CHAPITRE II : L'ÎLE DE BAFFIN

1. Notes d'interview de FB, RB Papers, Folder 115.2.
2. FB, « Curriculum Vitae », FB Prof. Papers, Box 13, File « Boas – Curriculum Vitae #2 ».
3. Hedwig Boas Lehmann, souvenirs, FB Prof. Papers, Box 20, File « Lehmann, Hedwig Boa – Reminiscences of Franz Boas ».
4. Cité dans Wulf, *Invention of Nature*, p. 333. [*L'Invention de la nature*, chap. 20].
5. Cité dans Clark, *Iron Kingdom*, p. 429 [*Histoire de la Prusse*, chapitre 12].

6. Hedwig Lehmann, souvenirs, BRC, Box 1, File « Boas – Biographical – Reminiscences of relatives » ; Helene Yampolsky, souvenirs, FB Prof. Papers, Box 3, File « Boas – Boas Family Life » ; Cole, *Franz Boas*, p. 13.

7. Cole, *Franz Boas*, p. 16.

8. Lehmann, souvenirs, BRC.

9. FB à ses parents, 20 février 1869, FB Prof. Papers, Box 3, File « Boas – Corresp. – Early 1869 ».

10. FB, « Curriculum Vitae », FB Prof. Papers, Box 13, File « Boas – Curriculum Vitae #2 ».

11. Lehmann, souvenirs, FB Prof. Papers.

12. FB, « Curriculum Vitae » ; Lehmann, souvenirs, BRC.

13. Cité dans Cole, *Franz Boas*, p. 28.

14. Ibid., p. 37.

15. Lehmann, souvenirs, BRC.

16. Cole, *Franz Boas*, p. 41.

17. Ibid., p. 61.

18. Cole et Müller-Wille, « Franz Boas' Expedition », p. 39-40.

19. Clyde Kluckhohn et Olaf Prufer, « Influences During the Formative Years », in Goldschmidt, *Anthropology of Boas*, p. 8.

20. Cole, *Franz Boas*, p. 52.

21. Ludger Müller-Wille, « Introduction : Germans and Inuit on Baffin Island in the 1880s », in *FBAI*, 6.

22. Voir le document dans FB Prof. Papers, Box 2, File « Boas – Arctic Expedition – Outline of proposed trip, 1883 ».

23. Müller-Wille, « Introduction », in *FBAI*, p. 9.

24. FB à ses parents, 23 janvier 1883, in *FBAI*, p. 36.

25. FB à Abraham Jacobi, 26 novembre 1882, in *FBAI*, p. 33.

26. Journal de FB, 9 juin 1883, in *FBAI*, p. 42.

27. Journal de FB, 20 juin 1883, in *FBAI*, p. 45.

28. Ibid.

29. FB à ses sœurs, 14 mai 1882, in *FBAI*, p. 33.

30. FB, résumé de projet sans titre pour l'expédition sur l'île de Baffin, FB Prof. Papers, Box 2, File « Boas – Arctic Expedition – Outline of proposed trip, 1883 ».

31. Settle, *Laste Voyage*, sans pagination. [*La Navigation du marin Martin Forbisher, Anglois*, 1578, https://static.torontopubliclibrary.ca/da/pdfs/37131055375067d.pdf.]

32. *Ibid.*

33. Vaughan, *Transatlantic Encounters*, p. 1-10.

34. FB à Abraham Jacobi, 26 novembre 1882, in *FBAI*, p. 35.

35. FB à Marie Krackowizer, 25 juin 1883, in *FBAI*, p. 48.

36. FB à Marie Krackowizer, 17 août 1883, in *FBAI*, p. 65.

37. FB, souvenirs écrits pour ses enfants, BRC, Box 1, File « Boas – Arctic Expedition – Reminiscence written for his children, n.d., #1 ». Lorsqu'il rédigea ces souvenirs plus tard dans le style d'un roman d'aventures, Boas y fit figurer des détails tirés de ses lettres et de ses carnets de l'époque.

38. FB, souvenirs écrits pour ses enfants, BRC.

39. Notice du journal de FB, 28 août 1883, in *FBAI*, p. 72-73.

40. Au moins un de ces spécimens a survécu, friable mais toujours vert, dans les archives de Boas. Voir FB Prof. Papers, Box 2, Files « Boas – Arctic Expedition – Plants, c. 1883 ».

41. FB, « Year Among Eskimo ».

42. Cole, *Franz Boas*, p. 72.

43. FB, souvenirs écrits pour ses enfants, BRC.

44. Boas publia plus tard ces chansons dans FB, « Poetry and Music », et d'autres articles.

45. Voir les carnets de terrain de FB dans FB Prof. Papers, Box 22.

46. Cole et Müller-Wille, « Franz Boas' Expedition », p. 52.

47. Cole, *Franz Boas*, p. 75. Notice du journal de FB, 23 octobre 1883, in *FBAI*, p. 126.

48. Cole, *Franz Boas*, p. 75.

49. FB à Marie Krackowizer, 18 novembre 1883, in *FBAI*, p. 140.

50. FB à ses parents et à ses sœurs, 31 octobre 1883, in *FBAI*, p. 130.

51. Cole, *Franz Boas*, p. 76 ; notices du journal de FB, 17-20 janvier 1884, in *FBAI*, p. 168-169.

52. FB à Marie Krackowizer, 13 décembre 1883, in *FBAI*, p. 151.

53. FB à Marie Krackowizer, 23 décembre 1883, in *FBAI*, p. 159.

54. FB, souvenirs rédigés pour ses enfants, BRC.

55. FB à Marie Krackowizer, 23 décembre 1883, in *FBAI*, p. 159.

56. *Ibid.*

57. FB à Marie Krackowizer, 21 décembre 1883, in *FBAI*, p. 157.

58. Cole et Müller-Wille, *Franz Boas' Expedition*, p. 54.

59. Douglas Cole, « "The Value of a Person Lies in His *Herzensbildung*" », in Stocking, *Observers Observed*, p. 16.

60. Notice du journal de FB, 23 décembre 1883, in *FBAI*, p. 159.

61. Cole, *Franz Boas*, p. 77.

62. *Ibid.*, p. 78.

63. Cole and Müller-Wille, « Franz Boas' Expedition », p. 42.

64. Kroeber *et al.*, *Franz Boas*, p. 7 ; Ernst Boas, souvenirs, FB Prof. Papers, Box 17, File « Boas, Ernst – Reminiscences of his father ».

65. Hinsley, *Smithsonian and American Indian*, p. 65-66.

66. Davis, *Bibliographical Memoir*, p. 14.

67. Powell, *Exploration of the Colorado River*, p. 1.

68. Davis, *Biographical Memoir*, p. 56.

69. Cole, *Franz Boas*, p. 83-86.

70. *Fifth Annual Report of the Bureau of Ethnology, 1883-84*, Washington, D.C., U.S. Government Printing Office, 1887.

71. Cole, *Franz Boas*, p. 83.

72. *Ibid.*, p. 85.

73. *Ibid.*, p. 86.

74. *Ibid.*, p. 88.

CHAPITRE III : « TOUT EST INDIVIDUALITÉ »

1. Sophie Boas à Abraham Jacobi, 20 avril 1885, FB Papers (microfilm), Reel 1.

2. Tylor, *Anthropology*, p. 2.

3. Tylor, *Primitive Culture*, vol. 1, p. 12. [*La Civilisation primitive*, vol. 1, p. 30, http://classiques.uqac.ca/classiques/tylor_edward-b/civilisation_primitive_tome_I/La_civilisation_primitive_t1.pdf.]

4. Frazer, *Golden Bough*, vol. 1, p. xviii. [« Le Roi magicien dans la société primitive », in *Le Rameau d'or*, vol. 1, préface, p. 5-6.]

5. *Ibid.*, p. 6.

6. Deloria, *Playing Indian*, p. 77.

7. *Ibid.*, p. 79.

8. Morgan, *League of Ho-de'-no-sau-nee*, vol. 1, p. ix.

9. Darnell, *Along Came Boas*, p. 89.

10. Les citations de l'allocution de Powell sont extraites de Powell, « From Barbarism to Civilization ». Bien que prononcé au printemps 1886, le texte ne fut publié que deux ans plus tard.

11. Nadel, *Little Germany*, p. 19, 21.

12. *Ibid.*, p. 1.
13. Cole, *Franz Boas*, p. 99.
14. *Ibid.*, p. 99.
15. FB à ses parents, 24 août 1886, *ibid.*, p. 99.
16. FB, « Letter Diary to Parents (1886) », notice du 16 décembre, in *EFB*, p. 76.
17. FB, « Boas' Introduction », in *EFB*, p. 5.
18. *Ibid.*
19. *Ibid.*, p. 7.
20 FB, « Letter Diary to Parents (1886) », notice du 23 octobre, in *EFB*, p. 45.
21. Cole, *Franz Boas*, p. 102; et FB, « Letter Diary to Parents (1886) », in *EFB*, différentes notices.
22. Sur le rôle essentiel de Hunt, voir Isaiah Lorado Wilder, « Friends in This World : The Relationship of George Hunt and Franz Boas », in Darnell *et al.*, *Boas as Public Intellectual*, p. 163-189.
23. FB, « Letter Diary to Parents (1886) », notice du 18 novembre, in *EFB*, p. 61.
24. *Ibid.*, notice du 8 novembre, in *EFB*, p. 55.
25. *Ibid.*, notice du 20 novembre, in *EFB*, p. 63.
26. *Ibid.*, notice du 6 novembre, in *EFB*, p. 53.
27. *Ibid.*, notice du 15 novembre, in *EFB*, p. 60.
28. *Ibid.*, notice du 16 décembre, in *EFB*, p. 77.
29. Cole, *Franz Boas*, p. 104-105.
30. FB, « Study of Geography », p. 137.
31. FB à J. W. Powell, 12 juin 1887, in Stocking, *Shaping of American Anthropology*, p. 60.
32. *Ibid.*
33. *Ibid.*
34. FB, « Occurrence of Similar Inventions », p. 485.
35. *Ibid.*
36. Mason, « Occurrence of Similar Inventions », p. 534.
37. *Ibid.*, p. 534.
38. FB, « Letter Diary to Parents (1886) », notice du 31 octobre, in *EFB*, p. 50.
39. FB, « Museums of Ethnology » (premier article de 1887), p. 589.
40. Powell, « Museums of Ethnology », p. 613.
41. FB, « Museums of Ethnology », p. 614.

42. Cole, *Franz Boas*, p. 129.
43. *Ibid.*, p. 115.

CHAPITRE IV : SCIENCE ET CIRQUES

1. Ross, *G. Stanley Hall*, p. 196.
2. Cole, *Franz Boas*, p. 121, 138.
3. *Ibid.*, p. 137 ; Hall, *Life and Confessions*, p. 291.
4. Cole, *Franz Boas*, p. 138.
5. Hall, *Life and Confessions*, p. 293.
6. Cité dans Cole, *Franz Boas*, p. 140.
7. Cole, *Franz Boas*, p. 145 ; Hall, *Life and Confessions*, p. 296.
8. Cole, *Franz Boas*, p. 154.
9. Worcester Superior Court, Worcester, Mass., 23 février 1892, documents de naturalisation disponibles sur www.ancestry.com.
10. *Chicago Tribune*, 31 mai 1890, cité dans Freed, *Anthropology Unmasked*, 1, p. 121.
11. *Ibid.*, 1, p. 122.
12. *Worcester Daily Telegraph*, 5 mars 1891, cité dans Cole, *Franz Boas*, p. 142-143.
13. *Ibid.*, p. 154.
14. *Plan and Classification : Department M* (Chicago, World's Columbian Exposition, 1892), brochure dans PM, Frederic Ward Putnam Papers, Box 4, Folder 43.
15. Cole, *Franz Boas*, p. 155.
16. Voir Putnam Director Records, Box 9.
17. FB, « Report on the Section of Physical Anthropology », Putnam Director Records, Box 8, Folder 8.
18. *Ibid.*
19. *Ibid.*
20. FB, « On Alternating Sounds », p. 47-53.
21. *Ibid.*, p. 51.
22. *World's Columbian Exposition Illustrated* (1893), cité dans Curtis M. Hinsley, « Anthropology as Education and Entertainment : Frederic Ward Putnam at the World's Fair », in Hinsley et Wilcox, *Coming of Age in Chicago*, p. 26.
23. Hinsley, « Anthropology as Education and Entertainment », p. 27.

24. Holmes, « World's Fair Congress of Anthropology ».
25 Cole, *Franz Boas*, p. 156.
26. Légende d'une photographie des acteurs kwakiutls, PM, World's Columbian Exposition Photograph Collection, Box 1.
27. Cité dans Cole, *Franz Boas*, p. 156.
28. *Ibid.*, p. 158-159.
29. FB à William J. McGee, 17 février 1894, NAA, Bureau of American Ethnology Records, Box 264, Folder « Boas 1889 ».
30. Hinsley et Holm, « Cannibal in National Museum », p. 306.
31. Cité dans Cole, *Franz Boas*, p. 172.
32. *Ibid.*, p. 185.
33. Freed, *Anthropology Unmasked*, 1, p. 31.
34. *Ibid.*, 1, p. 41.
35. *Ibid.*, 1, p. 43.
36. Cole, *Franz Boas*, p. 213.
37. FB, « Some Recent Criticisms of Physical Anthropology », p. 105.
38. FB, « Limitations of Comparative Method », p. 908.
39. *Ibid.*, p. 902.

CHAPITRE V : CHASSEURS DE TÊTES

1. Nott et Gliddon, *Types of Mankind*, p. 50.
2. Aleš Hrdlička, « Beauty Among the American Indians », in *Boas Anniversary Volume*, p. 38.
3. Cité dans Harris, *Rise of Anthropological Theory*, p. 256.
4. Jefferson, *Observations sur l'État de Virginie*, p. 175.
5. Cité dans Gould, *Mismeasure of Man*, p. 77. Sur Agassiz et ses relations avec d'autres penseurs contemporains, voir Menand, *Metaphysical Club*, plus particulièrement chap. 5-6 ; et Painter, *History of White People*, p. 190-200.
6. Darwin, *La Descendance de l'homme*, trad. E. Barbier, p. 147-148.
7. *Ibid.*, p. 149.
8. Anderson, *White Rage*, p. 17.
9. López, *White by Law*.
10. Nott et Gliddon, *Types of Mankind*, p. xxxii-xxxiii.
11. Spiro, *Defending Master Race*, p. 61-67. Je dois à l'étude exhaustive de Spiro ma compréhension de l'influence de Grant sur les visions américaines de la race.

12. Cité *ibid.*, p. 97.
13. Voir Ripley, *Selected Bibliography.*
14. Stocking, *Race, Culture and Evolution*, p. 52-53.
15. *Ibid.*, p. 60.
16. *Ibid.*, p. 61.
17. Spiro, *Defending Master Race*, p. 93.
18. Ripley, *Races of Europe*, p. 273.
19. Spiro, *Defending Master Race*, p. 143-146.
20. Grant, *Le Déclin de la grande race*, p. 43.
21. *Ibid.*, p. 44.
22. *Ibid.*, p. 6.
23. *Ibid.*, p. 57.
24. *Ibid.*, p. 58.
25. *Ibid.*, p. 49.
26. *Ibid.*, p. 60.
27. *Ibid.*, p. 52.
28. *Ibid.*, p. 50.
29. *Ibid.*, p. 208.
30. Spiro, *Defending Master Race*, p. 168.
31. Statistiques tirées de Singer, « Contemporary Immigrant Gateways ».
32. Gustavo López et Lynnah Radford, « Statistical Portrait of the Foreign-born Population in the United States », Pew Research Center, 3 mai 2017, www.pewhispanic.org/2017/05/03/facts-on -u-s-immigrants-current-data/.
33. Singer, « Contemporary Immigrant Gateways ».
34. Grant, *Le Déclin de la grande race*, p. 49.
35. FB à Zelia Nuttall, 16 mai 1901, FB Papers (microfilm), Reel 4.
36. FB à Nicholas Murray Butler, 15 novembre 1902, *ibid.*
37. Helen Boas Yampolsky, souvenirs, FB Prof. Papers, Box 3, File « Boas – Boas Family Life » ; Ernst Boas, souvenirs, FB Prof. Papers, Box 17, File « Boas, Ernst – Notes on a conversation with Franz Boas, 1940 or 1941 ».
38. FB à Nicholas Murray Butler, 13 novembre 1908, FB Papers (microfilm), Reel 9.
39. FB à Felix Adler, 6 janvier 1908, *ibid.*
40. FB à A. L. Kroeber, 6 janvier 1908, *ibid.*
41. Rapport sans titre sur l'enseignement du département d'anthropologie, s.d. [env. 1908], FP Paper (microfilm), Reel 9.

42. Voir Zeidel, *Immigrants, Progressives* ; et Benton-Cohen, *Inventing Immigration Problem.*

43. Jeremiah W. Jenks à FB, 11 mars 1908, FB Papers (microfilm), Reel 9.

44. FB à Jenks, 23 mars 1908, *ibid.*

45. FB à F. W. Hodge, 14 mars 1910, NAA, Bureau of American Ethnology Records, Box 138, Folder « Blumenthal, Walter Hart-Boas, Franz ».

46. *Reports of Immigration Commission : Changes in Bodily Form*, 2.

47. *Ibid.*, 5. À partir de 1912 et tout au long des années 1920 et 1930, des chercheurs ont repris les données de Boas ou leur ont ajouté leurs observations personnelles. Certains ont confirmé ses constatations sur les différences crâniennes entre parents et progéniture, les attribuant essentiellement à des facteurs environnementaux. D'autres ont relevé des divergences dans les mesures ou dans l'analyse statistique de Boas. De nouvelles études ont été réalisées en 2002 et 2003. Deux groupes de chercheurs travaillant indépendamment sont parvenus à des conclusions différentes à propos de l'ampleur de la variabilité, mais ils ont tous deux confirmé la réalité fondamentale de la plasticité crânienne. Comme l'a fait remarquer une équipe de recherche, la révélation de la moindre variance réfutait intégralement l'allégation centrale des racistes scientifiques : « Au moment où Boas a conçu cette étude, l'opinion dominante des anthropologues physiques était que l'humanité était constituée de quelques races ou types immuables… L'étude de Boas sur les immigrés est significative, car elle traitait cette hypothèse comme un sujet empirique. Le résultat le plus important était que l'indice céphalique… est sensible à l'environnement. Eu égard à la foi dominante dans la permanence absolue de la forme crânienne, la démonstration par Boas d'un changement – quel qu'il soit – de l'indice céphalique en l'espace d'une seule génération était absolument révolutionnaire. » Gravlee, Bernard et Leonard, « Boas' *Changes in Bodily Form* », p. 331. Aucun scientifique sérieux n'accepterait plus aujourd'hui la vision de la race antérieure à Boas comme une classification stable, héréditaire et anatomiquement mesurable des différents êtres humains. Pour aller plus loin sur ce sujet, voir aussi Allen, « Franz Boas' Physical Anthropology » ; Gravlee, Bernard et Leonard, « Heredity, Environment, and Cranial Form » ; Sparks et Jantz, « Changing Times, Changing Faces » ; Sparks et Jantz, « Reassessment » ; et Teslow, *Constructing Race.*

48. FB, *Mind of Primitive Man*, p. 4.

49. *Ibid.*, p. 17.

50. *Ibid.*, p. 22.

51. *Ibid.*, p. 33.

52. *Ibid.*
53. *Ibid.*, p. 44.
54. *Ibid.*, p. 94.
55. *Ibid.*, p. 98.
56. *Ibid.*, p. 226.
57. *Ibid.*, p. 107.
58. *Ibid.*, p. 208-209.

CHAPITRE VI : L'EMPIRE AMÉRICAIN

1. FB, *Handbook of American Indian Languages*, vol. 1, p. 14.
2. Weatherly, « First Universal Races Congress », p. 318.
3. FB, « Instability of Human Types », in Spiller, *Papers on Inter-Racial Problems*, p. 99.
4. *Reports of Immigration Commission : Dictionary of Races or Peoples*, 5, p. 3.
5. *Ibid.*, 1, p. 13.
6. Jens Manuel Krogstad et Michael Keegan, « From Germany to Mexico : How America's Source of Immigrants Has Changed over a Century », Pew Research Center, 7 octobre 2015, http://www.pewresearch.org/fact-tank/2015/10/07/a-shift-from-germany-to-mexico-for-americas-immigrants/.
7. Cité dans Luebke, *Bonds of Loyalty*, p. 146.
8. *Ibid.*, p. 255-256.
9. *Ibid.*, p. 252.
10. Il s'agit du jugement de la Cour suprême *Meyer v. Nebraska* (1923), par lequel la Cour décréta qu'une loi adoptée par le Nebraska en 1919 interdisant l'enseignement dans d'autres langues que l'anglais violait la clause de garanties d'une procédure régulière inscrite dans le 14e amendement.
11. Adam Hochschild, « When Dissent Became Treason », *New York Review of Books*, 28 septembre 2017, p. 82.
12. FB, « Warns of German Wrath », *New York Times*, 11 décembre 1915.
13. FB, « Nationalism in Europe », p. 13-14.
14. FB, « Why German-Americans Blame America », *New York Times*, 8 janvier 1916.
15. « Professor Boas Dissents », *New York Times*, 9 février 1917.
16. Cité dans McCaughey, *Stand, Columbia*, p. 248.
17. « Professor Boas' Views », *New York Times*, 13 février 1917.

18. Cité dans McCaughey, *Stand, Columbia*, p. 253.

19. FB à Pliny Goddard, 15 juillet 1915, Elsie Clews Parsons Papers, Series I, Folder 1.

20. Les citations qui suivent sont tirées de FB, « Inventing ».

21. W. H. Holmes *et al.* à J. Walter Fewkes, 24 décembre 1919, NAA, Bureau of American Ethnology Records, Box 267, Folder « Boas, Franz – 1919-1920 ».

22. Cité dans Spiro, *Defending Master Race*, p. 318.

23. Freed, *Anthropology Unmasked*, 1, p. 431.

24. FB à Elsie Clews Parsons, 26 novembre 1925, Elsie Clews Parsons Papers, Series I, Folder 3.

25. On trouvera un aperçu de la législation anti-immigration de cette période dans Daniels, *Guarding Golden Door*, p. 49-58.

26. Cité par Spiro, *Defending Master Race*, p. 233.

27. McCaughey, *Stand, Columbia*, p. 269.

28. *Ibid.*, p. 270.

29. *Ibid.*, p. 267.

30. Spiro, *Defending Master Race*, p. 357 ; Kühl, *Nazi Connection*, p. 85 ; Ryback, *Hitler's Private Library*, p. 109-110. [*Dans la bibliothèque privée d'Hitler*, trad. G. Morris-Dumoulin.] L'authenticité de cette citation a été contestée, car la famille de Grant détruisit ses documents après sa mort, mais Kühl a localisé une source fiable : les mémoires inédites de Leon Whitney, un eugéniste américain qui se rappelait avoir vu cette lettre sur le bureau de Grant. Grant fut publié en Allemagne par J. F. Lehmanns Verlag, qui devint le plus important éditeur d'ouvrages sur la théorie raciale nazie et un fournisseur majeur des livres destinés à la bibliothèque personnelle d'Hitler.

31. Adolf Hitler, *Mein Kampf*, trad. fr., p. 123.

32. *Ibid.*, p. 552.

33. FB à Ernst Boas, 24 juillet 1917, BRC, Box 3, dossier étiqueté « Box 79 ».

34. Helen Boas Yampolsky, souvenirs, FB Prof. Papers, Box 3, File « Boas – Boas Family Life ».

35. FB à ECP, 25 juin 1925, Elsie Clews Parsons Papers, Series I, Folder 3.

36. FB à Ernst Boas, 14 juin 1915, BRC, Box 3, dossier étiqueté « Box 79 ».

37. Yampolsky, souvenirs, FB Prof. Papers.

38. Formulaire de relevé anthropométrique de FB, NAA, Aleš Hrdlička Papers, Box 127, File « Anthropometry Data Sheets on Members of the NAS ».

39. FB à Ernst Boas, 15 novembre 1917, BRC, Box 3, File labeled « Box 79 ».

40. FB à Ernst Boas, 29 juillet 1917, *ibid.*

41. FB à Ernst Boas, 15 novembre 1917, *ibid.*

42. Goldfrank, *Notes on Undirected Life*, p. 4 ; *AAW*, p. 344.

43. FB à Ernst Boas, 21 juillet 1917, BRC, Box 3, dossier étiqueté « Box 79 ».

44. FB à Ernst Boas, 29 juillet 1917, *ibid.*

45. Caffrey, *Ruth Benedict*, p. 100 ; Kroeber *et al.*, *Franz Boas*, p. 15-16.

46. Yampolsky, mémoires, FB Prof. Papers.

47. Meyer, *It's Been Fun*, p. 9.

48. *Ibid.*, p. 5. Sur l'histoire plus générale de Barnard College et des femmes à la Columbia University, voir Rosenberg, *Changing the Subject*.

49. Darnell, *Along Came Boas*, p. 294 ; Kroeber *et al.*, *Franz Boas*, p. 14-15.

50. Darnell, *Along Came Boas*, p. 295.

51. L. C., *Golden Journey*, p. 105-106.

52. Kroeber *et al.*, *Franz Boas*, p. 14.

53. Kluckhohn, *Ralph Linton*, p. 238 ; Banner, *Intertwined Lives*, p. 379.

54. Young, *Ruth Benedict*, p. 42.

55. FB à Nicholas Murray Butler, 13 novembre 1908, FB Papers (microfilm), Reel 9.

56. Cité dans Goldfrank, *Notes on Undirected Life*, p. 36.

57. Cité dans Deacon, *Elsie Clews Parsons*, p. 255.

58. RB, journal à la date du 7 mars 1923, *AAW*, p. 98.

59. *Ibid.*

60. *Ibid.*, p. 99.

61. Caffrey, *Ruth Benedict*, p. 94.

62. *Ibid.*, p. 81.

63. RB, journal [s.d.], octobre 1920, *AAW*, p. 143.

64. Cité dans Caffrey, *Ruth Benedict*, p. 81.

65. Banner, *Intertwined Lives*, p. 138.

66. Parsons, *Fear and Conventionality*, p. xv.

67. *Ibid.*, p. 216.

68. Parsons, *Social Freedom*, p. 8.

69. Caffrey, *Ruth Benedict*, p. 96.

70. Banner, *Intertwined Lives*, p. 148.

71. RB, journal [s.d.], janvier 1917, in *AAW*, p. 140.

72. Benedict, « Vision in Plains Culture », p. 21.

73. *Ibid.*

74. Caffrey, *Ruth Benedict*, p. 102-103.

75. Frank R. Lillie à Elsie Clews Parsons, 23 mai 1924, RB Papers, Folder 1.1.

76. Cushing, *My Adventures in Zuñi*, p. 14-15.

77. Cité dans Caffrey, *Ruth Benedict*, p. 110.

78. Cité *ibid.*, p. 109.

79. RB, « Anthropology and Abnormal », in *AAW*, p. 263.

80. *Ibid.*, p. 276.

81. *Ibid.*, p. 275.

CHAPITRE VII : « UNE FILLE AUSSI FRAGILE QUE MARGARET »

1. MM, livre de souvenirs, 1914, MM Papers, Box 12, Folder 7.

2. MM, journal, 1911-1914, Box Q7, Folder 5.

3. *Ibid.*

4. Howard, *Margaret Mead*, p. 23.

5. Geoffrey Gorer, « Margaret Mead », tapuscrit (1949), GG Papers, SxMs52/2/3/10/5.

6. LC, interview par Jane Howard, 3 novembre 1979, JH Papers, Box 38.

7. Howard, *Margaret Mead*, p. 22n.

8. Banner, *Intertwined Lives*, p. 75. La jeune Mead présenta cet événement, fin décembre 1912, comme « l'un des jours les plus heureux de [s]a vie ». MM journal, 1911-1914, MM Papers, Box Q7, Folder 5.

9. Mead se trompa dans le nom de la révolutionnaire qu'elle appela « Catherine Buchovka ». MM, *Blackberry Winter*, p. 87. [*Du givre sur les ronces*, p. 90, où ce nom figure sous la forme d'Ekaterina Brechkovskaia.]

10. Howard, *Margaret Mead*, p. 33.

11. *Ibid.*, p. 98.

12. *Ibid.*, p. 90.

13. MM, « Life History », 1935, MM Papers, Box S9, Folder 7.

14. MM, *Du givre sur les ronces*, p. 106.

15. MM, « Life History », 1935, MM Papers, Box S9, Folder 7.

16. John S. Wurtz à MM, 14 mai 1921, et John S. Wurtz à MM, 14 juin 1921, MM Papers, Box R9, Folder 8.

17. MM, « Life History », 1935, MM Papers, Box S9, Folder 7.

18. Melville Herskovits à MM, 9 juin 1923, MM Pbapers, Box C1, Folder 8.

19. MM à Emily Fogg Mead, 19 novembre 1922, MM Papers, Box Q2, Folder 7 ; carnet de bal pour le bal « Classe de 1923 », 4 février 1921, MM Papers, Box Q7, Folder 3.

20. MM, brouillon du manuscrit de *Blackberry Winter*, MM Papers, Box I204, Folder 4.

21. MM, notes de cours, MM Papers, Box A15, Folder 2.

22. MM, notes de Barnard College, MM Papers, Box Q14, Folder 8.

23. MM à Edward Mead, 6 février 1923, MM Papers, Box Q1, Folder 17.

24. MM à Emily Fogg Mead, 31 janvier 1923, MM Papers, Box Q2, Folder 8 ; MM à Edward Mead, 6 février, 1923, MM Papers, Box Q1, Folder 17.

25. Banner, *Intertwined Lives*, p. 177.

26. « Two College Girls Suicides Same Day », *New York Times*, 8 février 1923.

27. MM, « Life History », 1935, MM Papers, Box S9, Folder 7. Voir aussi MM, *Du givre sur les ronces*, p. 115-116.

28. MM à Emily Fogg Mead, 11 février 1923, MM Papers, Box Q2, Folder 8.

29. RB à MM, 8 février [1923], MM Papers, Box B1, Folder 5.

30. RB, notice de journal à la date du 7 mars 1923, in *AAW*, p. 67.

31. Banner, *Intertwined Lives*, p. 182.

32. MM, *Du givre sur les ronces*, p. 115.

33. RB à MM, s.d. [1923], MM Papers, Box T4, Folder « Benedict, Ruth. Miscellany, 1923, Undated ».

34. MM à RB, s.d. [mars 1923], MM Papers, S3, Folder 1.

35. LC, *Golden Journey*, p. 91-92.

36. Notes « Anthropometry », 1924, MM Papers, Box A15, Folder 4.

37. FB, « Evolution or Diffusion ? », p. 340

38. *Ibid.*, p. 341.

39. Banner, *Intertwined Lives*, p. 226-227.

40. MM, « Life History, », 1935, MM Papers, Box S9, Folder 7.

41. MM, « Apprenticeship Under Boas », in Goldschmidt, *Anthropology of Boas*, p. 42.

42. MM, brouillon du manuscrit de *Blackberry Winter*, MM Papers, Box I204, Folder 4.

43. Banner, *Intertwined Lives*, p. 227.

44. ES à RB, 1er septembre 1925, MM Papers, Box S15, Folder 2.

45. Banner, *Intertwined Lives*, p. 227.

46. *Ibid.* ; LC, interview par Jane Howard, 25 septembre (sans année), JH Papers, Box 38.

47. MM, interview par Jean Houston, 1975, transcription, MM Papers, Box Q18, Folder 4, f. 426.

48. Voir Sapir, *Language*, chap. 1.

49. Sapir, « Culture, Genuine and Spurious », p. 402.

50. *Ibid.*

51. Sapir, *Anthropologie*, tome 2, *Culture*, trad. C. Baudelot et P. Clinquart, p. 86, http://www.anthropomada.com/bibliotheque/SAPIR-Eward-Anthropologie2.pdf.

52. *Ibid.*, p. 88.

53. ES à RB, 8 août 1925, MM Papers, Box S15, Folder 2.

54. ES à RB, 11 août 1925, *ibid.*

55. Mead, *Du givre sur les ronces*, p. 117 ; LC, *Golden Journey*, p. 127.

56. Howard, *Margaret Mead*, p. 63.

57. LC, interview par Jane Howard, s.d., JH Papers, Box 38 ; LC, *Golden Journey*, p. 82, 88-91.

58. LC, *Golden Journey*, p. 117-118.

59. ES à RB, 17 juillet 1925, MM Papers, Box T4, Folder « Benedict, Ruth. Correspondence. Sapir, Edward, 1922-1925 ».

60. ES à RB, 11 août 1925, MM Papers, Box S15, Folder 2. Boas, quant à lui, soutint bec et ongles le désir de Mead d'aller aux Samoa. Il estimait que Sapir avait lu « trop de livres de psychiatrie ». FB à RB, RB Papers, Folder 114.1.

61. Sur la relation ambiguë de Sapir avec Benedict, voir Darnell, *Edward Sapir*, p. 172-183.

62. ES à RB, 1er septembre 1925, MM Papers, Box S15, Folder 2.

63. MM, interview par Jean Houston, 1975, transcription, MM Papers, Box Q18, Folder 4, f. 427.

64. Feuilles de code, MM Papers, Box N4, Folder 4.

65. Banner, *Intertwined Lives*, p. 233.

66. RB à MM, 24 août 1925, MM Papers, Box R7, Folder 13. Quant à savoir exactement quand et dans quelle mesure Mead et Benedict devinrent physiquement intimes, cette question a fait l'objet de maintes spéculations. La recherche la plus récente, effectuée par Lois W. Banner, suggère que les deux jeunes femmes « sont devenues amantes » vers « la fin de l'année 1924 ». Banner, *Intertwined Lives*, p. 225. Banner ne donne cependant pas de preuve incontestable de cette date. Si l'on se fonde sur leur correspondance, l'été 1925 paraît

plus probable. Les deux jeunes femmes s'engagèrent manifestement dans une nouvelle phase de leur relation au cours de leur voyage en train vers l'Ouest. Jusqu'alors, leurs contacts, écrivit Mead, s'étaient limités à de « merveilleuses rêveries… cachées… si soigneusement, même à moi-même par moments ». Cependant, au début du mois d'août, elle eut enfin le sentiment que Benedict « tenait » à elle et qu'elle pouvait « le sentir maintenant et toujours ». Benedict a mentionné avoir tenu Mead dans ses bras pendant ce voyage en train. Voir MM à RB, 6 août 1925, MM Papers, Box S3, Folder 1 ; et RB à MM, 19 août 1925, MM Papers, Box R7, Folder 13.

67. MM à RB, s.d. [début août 1925], MM Papers, Box S3, Folder 1.

68. RB à MM, 25 août 1925, MM Papers, Box R7, Folder 13.

69. MM à RB, 6 août 1925, MM Papers, Box S3, Folder 1.

70. *Ibid.*

71. MM à RB, 6 août 1925, MM Papers, Box S3, Folder 1.

72. MM à RB, août 1925 [pas de jour, indiqué « 4e jour en mer »], MM Papers, Box S3, Folder 1 ; LC, *Golden Journey*, p. 131-132.

73. RB à MM, 4 août 1925, MM Papers, Box S4, Folder 6 ; MM à RB, 15 août 1925, MM Papers, Box S3, Folder 1.

74. Feuilles de code, MM Papers, Box N4, Folder 4.

75. MM à RB, 15 août 1925, MM Papers, Box S3, Folder 1.

76. Young, *Malinowski*, p. 292-293.

77. Voir Douglas, *Science, Voyages* ; et Tcherkézoff, « Long and Unfortunate Voyage ».

78. Chris Ballard, « "Oceanic Negroes" : British Anthropology of Papuans, 1820-1869 », in Douglas et Ballard, *Foreign Bodies*, p. 157-204.

79. Malinowski, *Les Argonautes du Pacifique*.

80. MM à RB, s.d. (« août 1925 ») [30 août 1925], MM Papers, Box S3, Folder 1 ; MM, « News Bulletin IV », s.d. (« 5e jour de mer ») [août 1925], MM Papers, Box N1, Folder 5.

81. MM, « News Bulletin V », 2 septembre 1925, MM Papers, Box N1, Folder 5.

82. *Ibid.*

83. MM, « News Bulletin V », 14 septembre 1925, *ibid.*

84. MM, « News Bulletin VI », 27 septembre 1925, *ibid.*

85. MM, « News Bulletin V », 14 septembre 1925, *ibid.*

86. MM, « News Bulletin VII », 31 octobre 1925, *ibid.*

87. MM, « News Bulletin VI », 27 septembre 1925, *ibid.* Mead n'était pas toujours scrupuleuse avec la chronologie et il lui arrivait de dater un bulletin mais d'y inclure des notes prises à des dates ultérieures.

88. MM à FB, 11 octobre 1925, MM Papers, Box N1, Folder 1.

89. MM, « News Bulletin V », 2 septembre 1925, MM Papers, Box N1, Folder 5.

90. MM, « News Bulletin VI », 27 septembre 1925, note du 3 octobre, *ibid.*

91. MM, « News Bulletin V », s.d. (« Labor Day » [1er mai]), *ibid.*

92. MM à FB, 3 novembre 1925, MM Papers, Box N1, Folder 1.

93. MM, « News Bulletin VI », 27 septembre 1925, note du 13 octobre, et « News Bulletin VIII », 14 novembre 1925, les deux dans MM Papers, Box N1, Folder 5.

94. MM à FB, 11 octobre 1925, MM Papers, Box N1, Folder 1.

95. MM, « News Bulletin VIII », 14 novembre 1925, MM Papers, Box N1, Folder 5.

96. MM, « News Bulletin IX », 11 décembre 1925, *ibid.*

97. MM, « News Bulletin XII », 9 février 1926, *ibid.*

98. MM, « News Bulletin VIII », 14 novembre 1925, *ibid.*

99. MM, « News Bulletin XI », 16 janvier 1926, *ibid.*

100. MM à RB, 3 avril 1926, Box S3, Folder 3. Mead raconterait plus tard avoir fait un grand feu et brûlé toutes les lettres de Sapir sur la plage avant son départ de Samoa. MM, interview par Jean Houston, 1975, transcription, Box Q18, Folder 4, f. 429.

101. ES à RB, 1er septembre 1925, MM Papers, Box S15, Folder 2.

102. MM à RB, 15 décembre 1925, MM Papers, Box S3, Folder 2.

103. Fa'amotu à MM, 5 janvier 1926, MM Papers, Box N1, Folder 4.

104. MM, « News Bulletin X », 10 janvier 1926, note du 12 janvier, MM Papers, Box N1, Folder 5.

105. MM à FB, 5 janvier 1926, MM Papers, Box N1, Folder 1.

106. MM, « News Bulletin XI », 16 janvier 1926, MM Papers, Box N1, Folder 5.

107. Voir les carnets de notes de terrain dans MM Papers, Box N2, Folders 1-2.

108. MM, « News Bulletin XIV », 24 mars 1926, MM Papers, Box N1, Folder 5.

109. Faapua'a à MM, 17 avril 1926, MM Papers, Box N1, Folder 4.

110. MM à RB, 28 mars 1926, MM Papers, Box S3, Folder 3.

111. MM, « News Bulletin XIV », 24 mars 1926, MM Papers, Box N1, Folder 5.

112. Coupure de presse non datée, MM Papers, Box Q2, Folder 8.

CHAPITRE VIII : ADOLESCENCE

1. Fa'amotu à MM, 4 juillet 1926, MM Papers, Box N1, Folder 4.
2. MM à Sallie Jones, 21 décembre 1926, MM Papers, Box I4, Folder 16.
3. MM à RB, 27 mai 1926, MM Papers, Box S3, Folder 4.
4. MM à RB, 27 mai 1926, *ibid.*
5. On doit cette comparaison avec Blake à Gregory Bateson, qui sera le troisième mari de Mead. GB à « E. J. », 27 février 1936, MM Papers, Box S1, Folder 8.
6. MM, interview par Jean Houston, 1975, transcription, MM Papers, Box Q18, Folder 4, f. 438.
7. Mon récit des péripéties de l'arrivée de Mead s'inspire de « Note by MM on What Really Happened », 9 juillet 1957, MM Papers, Box S11, Folder 1 ; LC, interviews par Jane Howard, 3 novembre 1979 et 25 septembre [sans année], JH Papers, Box 38 ; Banner, *Intertwined Lives*, p. 245-247 ; et LC, *Golden Journey*, p. 175-181.
8. MM à RB, 15 juillet 1926, MM Papers, Box S3, Folder 4.
9. RB à MM, 2 août 1926, MM Papers, Box S5, Folder 1.
10. Banner, *Intertwined Lives*, p. 247.
11. LC, interview par Jane Howard, 25 septembre [sans année], JH Papers, Box 38.
12. MM à RB, 17 juillet 1925, MM Papers, Box S3, Folder 1.
13. MM, *Du givre sur les ronces*, p. 24-27.
14. MM à Herbert E. Gregory, 20 décembre 1926, MM Papers, Box I4, Folder 16.
15. *Ibid.*
16. MM à William Ogburn, 27 avril 1927, MM Papers, Box Q11, Folder 20.
17. Traduit en français sous le titre *Adolescence à Samoa* par G. Chevassus, publié en même temps que *Trois sociétés primitives de Nouvelle-Guinée* sous le titre *Mœurs et sexualité en Océanie,* Paris, Plon, 1963.
18. Voir le tapuscrit original de « The Adolescent Girl in Samoa », MM Papers, Box I2, Folder 2.

19. Brochure publicitaire de William Morrow, MM Papers, Box L3, Folder 1.

20. MM, « Adolescence à Samoa », in *Mœurs et sexualité en Océanie*, p. 434.

21. MM, *ibid.*, p. 449-450.

22. *Ibid.*, p. 466-467.

23. *Ibid.*, p. 490.

24. *Ibid.*, p. 551.

25. *Ibid.*, p. 548.

26. Plus tard dans la carrière de Mead, son critique le plus acerbe serait l'anthropologue néo-zélandais Derek Freeman, qui consacra une grande partie de sa vie, entre le milieu des années 1960 et sa mort en 2001, à démolir une personne qu'il considérait comme une mauvaise scientifique, voire comme un charlatan. Freeman s'intéressait particulièrement au travail effectué par Mead à Samoa, à la fois parce que c'était la recherche qui, lui semblait-il, avait établi son autorité, et parce que Freeman lui-même avait effectué un travail de terrain dans ces îles (mais surtout dans les Samoa occidentales et non dans les Samoa américaines).

Loin d'être marquée par la liberté sexuelle et l'absence de gêne, affirmait Freeman, la société samoane était soumise à des règles et à des contraintes très fortes, et à une grande violence sexualisée. Il prétendait aussi que les données de Mead étaient déformées parce qu'elle s'était appuyée sur les propos de jeunes informatrices. Ces jeunes femmes s'étaient amusées à lui raconter des plaisanteries sexuelles et des vantardises que Mead, en étrangère crédule, avait prises au pied de la lettre. Sur ces points, voir Freeman, *Margaret Mead and Samoa* et *Fateful Hoaxing*.

La réaction contre Freeman fut presque aussi impitoyable que sa critique de Mead. Certains spécialistes lui reprochèrent exactement ce dont il avait accusé Mead : utiliser des preuves de façon sélective et manipuler les données d'entretiens, tout en présentant ses affirmations originales de façon fallacieuse. Mead avait sans doute grossi le trait sur bien des éléments de la société samoane, comme presque tous les ethnographes qui cherchent à extrapoler à une société entière les données issues d'une série limitée d'informateurs. Mais quand on étudie aujourd'hui les carnets de Mead, nul ne pourrait l'accuser d'être une chercheuse de terrain cavalière ou naïve. De même, le ton des lettres qu'elle échangea ensuite avec les filles de Samoa est loin de suggérer une tromperie ou des mensonges systématiques. Ces carnets sont aujourd'hui intégralement accessibles à la bibliothèque du Congrès, permettant aux lecteurs d'en juger par eux-mêmes

– ce que Freeman ne fit jamais, car son ouvrage original sur Mead fut publié avant que ces documents soient intégralement disponibles. On trouvera une étude consacrée à toute cette controverse dans Shankman, *Trashing of Mead*; sur Freeman lui-même, voir Hempenstall, *Truth's Fool.*

27. S. T. Galeai Pulefano à MM, 5 mai 1926, MM Papers, Box N1, Folder 4.

28. Cité dans Lutkehaus, *Margaret Mead*, p. 50.

29. Bronislaw Malinowski à William Morrow, 22 août 1928, MM Papers, Box S9, Folder 2.

30. Alfred Kroeber à MM, 11 octobre 1929, MM Papers, Box I2, Folder 1.

31. ES à RB, 4 septembre 1928, MM Papers, Box S15, Folder 2.

32. William Morrow à MM, 11 janvier 1929, MM Papers, Box I2, Folder 1.

33. MM à Stella Jones, 24 mai 1928, MM Papers, Box I4, Folder 16.

34. « Phila. Girl Plans Cannibal Sojourn », *Philadelphia Public Ledger*, 25 août 1928.

35. RF à MM, 26 juin 1928, MM Papers, Box S1, Folder 15.

36. MM à RF, 29 août 1928, MM Papers, Box R4, Folder 6.

37. MM à RB, 3 septembre 1928, MM Papers, Box S3, Folder 4.

38. MM à RB, 5 septembre 1928, et MM à RB, 4 septembre 1928, les deux dans MM Papers, Box S3, Folder 4.

39. MM à RB (télégramme), 15 octobre 1928, MM Papers, Box S3, Folder 5.

40. MM à RB, 13 octobre 1928, *ibid.*

41. Mead, *Du givre sur les ronces*, p. 166.

42. MM à RB, 29 novembre 1928, MM Papers, Box S3, Folder 5.

43. Mead, *Du givre sur les ronces*, p. 166.

44. MM à FB, 22 décembre 1928, MM Papers, Box R7, Folder 16.

45. MM, brouillon du manuscrit de *Blackberry Winter*, MM Papers, Box I204, Folder 4; MM à RB, 8 avril 1929, MM Papers, Box S3, Folder 6.

46. MM, *Du givre sur les ronces*, p. 171.

47. Voir MM Papers, Box I1, Folder 2. Elle publia les résultats de ce travail dans MM, « Methodology of Racial Testing », l'un de ses premiers articles scientifiques.

48. Boas, *Anthropology and Modern Life*, p. 206.

49. Goddard, *The Kallikak Family*, p. 11-12.

50. Voir Gould, *Mismeasure of Man*.

51. Davenport, *State Laws Limiting Marriage*, p. 7.

52. Kühl, *Nazi Connection*, p. 17.

53. Black, *War Against Weak*, p. 236-238, 298.

54. Voir Laughlin, *Second International Exhibition of Eugenics.*

55. *Buck v. Bell* (1927), https://caselaw.findlaw.com/us-supreme-court/274/200.html.

56. Cohen, *Imbeciles*, p. 300.

57. Reilly, *Surgical Solution*, p. 97.

58. Kluchin, *Fit to Be Tied*, p. 17.

59. Cité dans Lovett, *Conceiving the Future*, p. 144.

60. Sanger, *Pivot of Civilization*, p. 283.

61. C'était en fait la méthode utilisée par Mead. Voir MM à GB, 3 décembre 1934, MM Papers, Box R2, Folder 6.

62. FB, *Anthropology and Modern Life*, p. 15.

63. *Ibid.*, p. 16.

64. *Ibid.*, p. 23.

65. *Ibid.*, p. 84.

66. *Ibid.*, p. 108.

67. *Ibid.*, p. 205.

68. *Ibid.*, p. 124.

69. Kroeber, « Totem and Taboo », p. 51.

70. MM à William Ogburn, 27 avril 1927, MM Papers, Box Q7, Folder 20.

71. MM au Social Science Research Council, 17 avril 1929, MM Papers, Box I4, Folder 11.

72. MM au Social Science Research Council, 12 février 1929, *ibid.*

73. *Ibid.*

74. MM au Social Science Research Council, 17 avril 1929, *ibid.*

75. MM au Committee on Research Fellowships, Social Science Research Council, 30 novembre 1928, MM Papers, Box I4, Folder 11.

76. MM, *Éducation en Nouvelle-Guinée*, p. 18.

77. MM, brouillon du manuscrit de *Blackberry Winter*, MM Papers, Box I204, Folder 4.

78. William Morrow à MM, 4 juin 1930, MM Papers, Box Q12, Folder 5.

79. MM à RF, 30 avril 1934, MM Papers, Box R4, Folder 10.

80. Henry Neil à MM, 3 janvier 1929, MM Papers, Box I2, Folder 1.

81. R. F. Barton à MM, 6 juillet 1929, *ibid.*

82. Contrat avec Harry Blake, 8 décembre 1930, MM Papers, Box Q2, Folder 2.

83. Merritt Hulburb à MM, 9 décembre 1930, MM Papers, Box I5, Folder 2.

84. MM, *Du givre sur les ronces*, p. 197.

85. *Ibid.*, p. 181.

CHAPITRE IX : MASSES ET SOMMETS

1. Voir le tableau des étudiants dans Darnell, *Along Came Boas*, p. 171-72.

2. ZNH, *Dust Tracks*, p. 140. [*Des pas dans la poussière*, p. 169.]

3. *Ibid.*, p. 23, 31.

4. ZNH, « How It Feels to Be Colored Me », in *Folklore, Memoirs, and Other Writings*, p. 828.

5. Hemenway, *Zora Neale Hurston*, p. 17-19.

6. Washburn, *Cosmos Club*, p. 149.

7. ZNH, *Des pas dans la poussière*, p. 30.

8. Hemenway, *Zora Neale Hurston*, p. 13 ; Kaplan, *Zora Neale Hurston*, p. 773.

9. ZNH, *Des pas dans la poussière*, p. 7. La traduction française de cet ouvrage traduit ce passage par « une ville noire », édulcorant ainsi le propos de Hurston.

10. Boyd, *Wrapped in Rainbows*, 15.

11. ZNH, *Des pas dans la poussière*, p. 21.

12. *Ibid.*, p. 85.

13. Boyd, *Wrapped in Rainbows*, p. 78

14. Anderson, *White Rage*, p. 52.

15. Asch et Musgrove, *Chocolate City*, p. 220.

16. *Ibid.*, p. 209.

17. *Ibid.*, p. 237.

18. *Ibid.*, p. 232-234.

19. ZNH, *Des pas dans la poussière*, p. 157.

20. *The Bison* (Howard University Yearbook, 1923), s.p.

21. Hemenway, *Zora Neale Hurston*, p. 9 ; ZNH, *Des pas dans la poussière*, p. 167.

22. ZNH, *Des pas dans la poussière*, p. 169.

23. ZNH à Countee Cullen, 11 mars 1926, in Kaplan, *Zora Neale Hurston*, p. 83.

24. Hughes, *Big Sea*, p. 238-239.

25. Du Bois, « Criteria of Negro Art », *Crisis* (octobre 1926), reproduit dans Gates et Jarrett, *New Negro*, p. 259.

26. Stewart, *New Negro*, p. 511.

27. Hughes, *Big Sea*, p. 239.

28. ZNH, *Des pas dans la poussière*, p. 207. Cette fois encore, le texte original emploie le mot *Negroe*, évité dans la traduction française.

29. *Ibid.*, p. 32.
30. *Ibid.*, p. 169.
31. *Ibid.*
32. ZNH à Melville Herskovits, 20 juillet 1926, in Kaplan, *Zora Neale Hurston*, p. 87.
33. Hemenway, *Zora Neale Hurston*, p. 63 ; Hughes, *Big Sea*, p. 236.
34. Herskovits, *Anthropometry of American Negro*, p. 39.
35. Hughes, *Big Sea*, p. 239.
36. ZNH, *Des pas dans la poussière*, p. 173.
37. « Chronology », in Kaplan, *Zora Neale Hurston*, p. 775.
38. ZNH, *Des pas dans la poussière*, p. 173.
39. Mon récit du massacre d'Ocoee s'inspire d'Ortiz, *Emancipation Betrayed*, p. 220-224, lequel s'appuie sur Hurston en la recoupant avec d'autres sources.
40. Cité *ibid.*, p. 223.
41. ZNH à Annie Nathan Meyer, 7 mars 1927, in Kaplan, *Zora Neale Hurston*, p. 91.
42. *Ibid.*, p. 92.
43. ZNH à Lawrence Jordan, 24 mars 1927, *ibid.*, p. 94. *Cracker* était un terme largement utilisé pour désigner les gardiens de troupeaux blancs des bois et des prairies du nord et du centre de la Floride. Il n'était pas considéré comme une insulte racialement connotée et reste aujourd'hui couramment employé pour désigner les vieilles familles de Floride dont les racines remontent aux XVIIIe et XIXe siècles.
44. Mormino, *Land of Sunshine*, p. 45.
45. *Ibid.*, p. 7.
46. Miller, *Crime, Sexual Violence*, p. 16.
47. *Ibid.*
48. Cité dans Sellers et Asbed, « Forced Labor in Florida Agriculture », p. 37.
49. FB à ZNH, 24 mars 1927, FB Papers (numérisé).
50. ZNH à FB, 29 mars 1927, FB Papers (numérisé).
51. ZNH à Carl Van Vechten, 26 août 1927, in Kaplan, *Zora Neale Hurston*, p. 103.
52. Boyd, *Wrapped in Rainbows*, p. 145.
53. Hurston, *Des pas dans la poussière*, p. 174.
54. ZNH à Annie Nathan Meyer, in Kaplan, *Zora Neale Hurston*, p. 100.
55. ZNH à Dorothy West, 24 mars 1927, *ibid.*, p. 96.
56. ZNH à FB, 29 mars 1927, FB Papers (numérisé).
57. *Ibid.*

58. ZNH à Lawrence Jordan, 3 mai 1927, in Kaplan, *Zora Neale Hurston*, p. 98-99.

59. ZNH à Carl Van Vechten, 26 août 1927, *ibid.*, p. 105.

60. ZNH à Langston Hughes, 8 mars 1928, *ibid.*, p. 114.

61. Hemenway, *Zora Neale Hurston*, p. 96-99 ; Boyd, *Wrapped in Rainbows*, p. 153-154.

62. ZNH, *Des pas dans la poussière*, p. 174.

63. FB à ZNH, 3 mai 1927, FB Papers (numérisé).

64. Kaplan, *Miss Anne in Harlem*, p. 197.

65. ZNH à Langston Hughes, 12 avril 1928, in Kaplan, *Zora Neale Hurston*, p. 115-116.

66. ZNH, manuscrit (MS 7532), NAA.

67. ZNH à FB, 8 juin 1930, FB Papers (numérisé).

68. Baker, *From Savage to Negro*, p. 121.

69. Boas, *Mind of Primitive Man*, p. 271.

70. Kroeber, *Anthropology*, p. 505.

71. FB, « Mythology and Folk-Tales », p. 379.

72. RB, « Folklore », p. 288.

73. Woodson, *African Background Outlined*, p. v.

74. Herskovits, « Negro in the New World », p. 153.

75. Gershenhorn, *Melville Herskovits*, p. 66, 69-70.

76. ZNH, *Des pas dans la poussière*, p. 174.

77. Boyd, *Wrapped in Rainbows*, p. 226.

78. ZNH à RB, 4 décembre 1933, in Kaplan, *Zora Neale Hurston*, p. 284.

79. ZNH, *Des pas dans la poussière*, p. 211-212.

80. *Ibid.*, p. 212.

81. Edwin Rogers Embree à ZNH, 19 décembre 1934, FB Papers (numérisé).

82. ZNH à FB, 4 janvier 1935, FB Papers (numérisé).

83. ZNH, *Des pas dans la poussière*, p. 258.

84. ZNH à RB, s.d. [hiver-printemps 1932], in Kaplan, *Zora Neale Hurston*, p. 248.

85. ZNH à FB, 20 août 1934, FB Papers (numérisé).

86. FB, « Préface » à ZNH, *Mules and Men*, p. xiii.

87. ZNH, *Mules and Men*, p. 1-2.

88. Cité dans Boyd, *Wrapped in Rainbows*, p. 318-319.

89. ZNH, *Mules and Men*, p. 184.

90. Cité dans Boyd, *Wrapped in Rainbows*, p. 285.

CHAPITRE X : LE PAYS INDIEN

1. Jürgen Langenkämper, « Franz Boas' Correspondence with German Friends and Colleagues in the Early 1930s », in Darnell *et al.*, *Boas as Public Intellectual*, p. 279.

2. Edward L. Bernays à FB, 8 octobre 1930, RB Papers, Folder 1.1.

3. Maurice Geller à FB, 15 mars 1939, FB Papers (microfilm), Reel 42.

4. FB à Geller, 16 mars 1939, *ibid.*

5. FB à Wood, 3 avril 1941, *ibid.*

6. FB à Ernst Boas, 12 avril 1919, BRC, Box 3, dossier étiqueté « Box 79 ».

7. FB, « The Dream of the Biting Mice », 27 février 1928, MM Papers, Box A3, Folder 9. Parmi les réunions de cette journée avait figuré un vain effort pour inciter le National Research Council et le Social Science Research Council, deux importantes sources de financement, à coordonner leurs activités.

8. RB à Marie Eichelberger, 23 avril 1932, MM Papers, Box S15, Folder 1.

9. ZNH à FB, 23 octobre 1934, FB Papers (numérisé).

10. Helene Boas Yampolsky, souvenirs, FB Prof. Papers, Box 3, File « Boas – Boas Family Life ».

11. FB à ses parents, 1er novembre 1897, cité dans Cole, *Franz Boas*, p. 209.

12. *Ibid.* ; Harper, *Minik*, p. 84-85.

13. Cole, *Franz Boas*, p. 209.

14. Hrdlička, « Eskimo Brain », p. 500.

15. Jacknis, « First Boasian », p. 522.

16. Harper, *Minik*, p. 229-232.

17. George Hunt à FB, 10 janvier 1899, FB Papers (microfilm), Reel 4. Les fautes d'orthographe et de grammaire du document original ont été corrigées à des fins de clarté.

18. George Hunt à FB, 24 avril 1899, *ibid.*

19. Harper, *Minik*, p. 2.

20. Voir Bradford et Blume, *Ota Benga* ; et Newkirk, *Spectacle*.

21. Cité dans Victor Golla, « Ishi's Language », in Kroeber et Kroeber, *Ishi in Three Centuries*, p. 215.

22. Kroeber, *Ishi in Two Worlds*, p. 128.

23. En 2000, le cerveau et le corps incinéré d'Ishi furent restitués à la tribu de la Pit River et aux Indiens de la Rancheria de Redding avant d'être inhumés en un lieu secret. Sackman, *Wild Men*, p. 296-298. Voir aussi Starn, *Ishi's Brain*.

24. Madley, *American Genocide*, p. 346.

25. Starn, *Ishi's Brain*, p. 77.

26. Cité dans Kroeber, *Ishi in Two Worlds*, p. 234. Sur Sapir et Ishi, voir aussi Darnell, *Edward Sapir*, p. 79-82.

27. Ignacita Suina à RB, 26 février 1926, RB Papers, Folder 35.5.

28. Melville Herskovits à MM, 23 août 1923, MM Papers, Box C1, Folder 8.

29. Fa'amotu à MM, 31 octobre 1928, MM Papers, Box S11, Folder 11.

30. Redman, *Bone Rooms*, p. 193.

31. *Ibid.*

32. ZNH, « The Florida Expedition », Committee on Native American Languages Collection, APS, File 46.

33. MM à RB, 31 juillet 1930, MM Papers, Box S3, Folder 7.

34. Dorsey, *Omaha Sociology*, p. 347.

35. Sapir, « Why Cultural Anthropology Needs », p. 2.

36. *Ibid.*, p. 3.

37. *Ibid.*, p. 6.

38. *Ibid.*

39. Sapir, « Do We Need A "Superorganic" ? ».

40. Deloria, *Playing Indian*, chap. 4 et 5.

41. Bederman, *Manliness and Civilization*, p. 94.

42. Hall, *Adolescence*, vol. 2, p. 650.

43. Paris, *Children's Nature*, p. 28-30. Voir aussi Van Slyck, *Manufactured Wilderness*, p.169-213.

44. Hall, *Adolescence*, vol. 1, p. 206.

45. Cité dans Bederman, *Manliness and Civilization*, p. 105.

46. Sargent, *Handbook of Summer Camps*, p. 38.

47. Cité dans Cotera, « Native Speakers », p. 41.

48. Les détails sur les débuts de la vie de Deloria sont empruntés au récit qu'elle en fit elle-même, rédigé pour Mead. MM à ECD, 30 janvier 1942, MM Papers, Box I58, Folder 10.

49. ECD, « Indian Chief Helped to Build Kingdom », ECD Archive.

50. ECD, « The Study I Like Best ; and Why » (6 novembre 1902), *ibid.*

51. Relevé de notes, All Saints School (1906-1910), ECD, *ibid.*

52. Deloria, *Indians in Unexpected Places*, p. 23.

53. Cotera, *Native Speakers*, p. 237, n. 13.

54. ECD, « Indian Progress : A Pageant », 11 novembre 1927, ECD Archive.

55. FB à ECP, 20 juin 1927, ECP Papers [boîte non numérotée], Folder 3.

56. Cotera, *Native Speakers*, p. 46.

57. Walker, *Sun Dance*, p. 58-59.

58. Deloria, « Sun Dance of the Oglala Sioux ».
59. ECD à FB, 11 juillet 1932, FB Papers (numérisé).
60. *Ibid.*
61. ECD à RB, 23 novembre 1935 [1925 dans le texte], RB Papers, Folder 28.3.
62. MM à ECD, 30 janvier 1942, MM Papers, Box C5, Folder 13.
63. Cotera, *Native Speakers*, p. 47.
64. ECD, notes diverses, s.d., ECD Archive.
65. Susan Gardner, « Introduction », in Deloria, *Waterlily*, p. vi.
66. ECD à MM, 28 janvier 1942, MM Papers, Box C8, Folder 11.
67. Leeds-Hurwitz, *Rolling in Ditches*, p. 132.
68. RB à Roland S. Morris, 27 septembre 1943, RB Papers, Folder 28.3.
69. FB à « Whom It May Concern », 7 juillet 1937, ECD Archive.
70. MM à RB, 2 septembre 1930, MM Papers, Box S3, Folder 7.
71. ECD, notes diverses, s.d., ECD Archive.
72. RB, « Special Report to the Council for Research in the Social Sciences », s.d. [probablement 1934], Department of Anthropology Records, CU, Box 1, Folder « Research – CRSS, Project 35, Acculturation, 1930-1938 ».
73. ECD à FB, « fin 1938 », FB Papers (numérisé).
74. *Ibid.*
75. FB à ECD, 20 juillet 1939, ECD Archive.
76. FB et ECD, *Dakota Grammar*, p. vi.
77. ECD à FB, 15 juillet 1941, FB Papers (microfilm), Reel 44.

CHAPITRE XI : THÉORIE VIVANTE

1. RB à MM, 25 avril 1933, MM Papers, Box S5, Folder 7.
2. ES à RB, 11 mai 1926, MM Papers, Box T4, Folder « Benedict, Ruth. Correspondence. Sapir Edward, 1922-1925 » ; et MM, *Du givre sur les ronces*, p. 156.
3. MM, interview par Jean Houston, 1975, transcription, MM Papers, Box Q18, Folder 4, f. 434.
4. Banner, *Intertwined Lives*, p. 28.
5. ES à RB, 29 avril 1929, MM Papers, Box S15, Folder 2.
6. ES, « Observations on Sex Problem », p. 529.
7. MM, « Jealousy : Primitive and Civilised », in Schmalhausen et Calverton, *Woman's Coming of Age*, p. 35-48 ; et Banner, *Intertwined Lives*, p. 280-281.
8. FB, « Limitations of Comparative Method », p. 903.

9. MM à RB, 4 juillet 1931, MM Papers, Box S3, Folder 8.

10. Sapir, « Franz Boas », p. 278.

11. *Ibid.*, p. 279.

12. Lynd et Lynd, *Middletown*, p. 5.

13. MM à RB, 2 décembre 1932, MM Papers, Box S4, Folder 1.

14. Documents fiscaux de MM pour 1933, MM Papers, Box Q24, Folder 12.

15. Department of Anthropology Records, CU, Box 2, Folder « Administrative – Budget, 1931-1954 » ; et échelles de salaire dans RB Papers, Folder 42.5.

16. Banner, *Intertwined Lives*, p. 378.

17. MM à RF, 6 janvier 1928, MM Papers, Box R4, Folder 6.

18. MM à RB, 2 décembre 1932, MM Papers, Box S4, Folder 1.

19. Henrietta Schmerler à FB, 4 juillet 1931, Department of Anthropology Records, CU, Box 1, Folder « Research – Fieldwork Expenditures. Schmerler (Henrietta) murder, correspondence, 4 July 1931-18 January 1932 ».

20. MM à RB, 16 janvier 1932, MM Papers, Box S3, Folder 8.

21. Mead, *Mountain Arapesh*, 1, p. 11, n. 1.

22. MM à RB, 16 janvier 1932, MM Papers, Box S3, Folder 8.

23. MM à RB, 23 avril 1932, MM Papers, Box S3, Folder 9.

24. MM à RB, 25 avril 1932, *ibid.*

25. *Ibid.*

26. MM, *Du givre sur les ronces*, p. 201.

27. MM, notes de terrain, MM Papers, Box N101, Folder 1.

28. MM à RB, 9 octobre 1932, MM Papers, Box S4, Folder 1.

29. MM à RB, 11 octobre 1932, *ibid.*

30. MM, *Du givre sur les ronces*, p. 204.

31. MM à RB, « Lendemain de Noël 1932 », Box S4, Folder 1.

32. GB à Martin Bateson, 4 septembre 1921, MM Papers, Box Q1, Folder 2.

33. Lipset, *Gregory Bateson*, p. 70-92.

34. MM, *Du givre sur les ronces*, p. 204.

35. MM à RB, « Lendemain de Noël 1932 », Box S4, Folder 1.

36. *Ibid.*

37. *Ibid.*

38. Ce compte rendu d'Ambunti, du voyage vers l'amont et des origines du triangle Mead-Fortune-Bateson est tiré de MM à RB, 30 décembre 1932, MM Papers, Box S4, Folder 1 ; Lipset, *Gregory Bateson*, p. 135-138 ; Howard, *Margaret Mead*, p. 154-166 ; Banner, *Intertwined Lives*, p. 324-339 ; et MM, *Du givre sur les ronces*, p. 206 sq.

39. MM à GB, 3 novembre 1934, MM Papers, Box R2, Folder 7 ; Banner, *Intertwined Lives*, p. 324.

40. Description des Chambulis dans Mead, *Sex and Temperament*, p. 221-228. [« Sexe et tempérament », in *Mœurs et sexualité en Océanie*, p. 312-320.]

41. MM à RB, 9 janvier 1933, MM Papers, Box S4, Folder 1.

42. MM à GB, s.d. (« vendredi »), de « Tsambuli », MM Papers, Box R1, Folder 6.

43. *Ibid.*

44. MM à GB, s.d. (« dimanche matin »), MM Papers, Box R1, Folder 6.

45. MM, *ibid.*

46. MM à RB, 23 février 1933, MM Papers, Box S4, Folder 1.

47. MM à RB, 14 février 1933, *ibid.*

48. MM à RB, 29 mars 1933, Box R7, Folder 13.

49. Mead, *Du givre sur les ronces*, p. 212.

50. MM à RB, 29 mars 1933, MM Papers, Box R7, Folder 13.

51. RF à LC, 9 avril 1933, MM Papers, Box R4, Folder 7.

52. MM à RB, 16 juin 1933, MM Papers, Box S4, Folder 1 ; MM à GB, 12 juin 1934, MM Papers, Box R2, Folder 7.

53. RF à MM, 12 septembre 1933, MM Papers, Box R4, Folder 7.

54. MM, interview par Jean Houston, 1975, transcription, MM Papers, Box Q18, Folder 5, f. 441.

55. MM à RB, 16 juin 1933, MM Papers, Box S4, Folder 1.

56. *Ibid.*

57. MM à RF, 10 septembre 1933, MM Papers, Box R4, Folder 7. Mead raconterait plus tard que Fortune l'avait fait tomber quand ils étaient encore à Chambuli, provoquant ainsi une fausse couche. MM, interview par Jean Houston, 1975, transcription, Box Q18, Folder 5, f. 441.

58. RF à MM, 25 juin 1934, MM Papers, Box R4, Folder 11 ; RF à RB, s.d. (« fin octobre ») [indication au crayon : 1934], Box R5, Folder 2.

59. MM à RB, 26 août 1933, MM Papers, Box S4, Folder 1.

60. *Ibid.*

61. GB à « E. J. », 27 février 1936, Box S1, Folder 8.

62. MM à GB, s.d. [annotation au crayon : 2 octobre 1933], MM Papers, Box R1, Folder 6.

63. MM à GB, s.d. [apparemment septembre 1933 ; deuxième moitié de la lettre datée du 18 septembre 1933], *ibid.*

64. RB à MM, 19 juillet 1933, MM Papers, Box S5, Folder 7.

65. MM à RF, 29 août 1928, MM Papers, Box R4, Folder 6.

66. RF à MM, 25 juin 1934, MM Papers, Box R4, Folder 11.

67. Ann McLean, « In the Footprints of Reo Fortune », in Hays, *Ethnographic Presents*, p. 37.

68. MM à GB, 1er novembre 1933, MM Papers, Box R1, Folder 7.

69. GB à MM (télégramme), 3 septembre 1933, Box R1, Folder 6.

70. Banner, *Intertwined Lives*, p. 272-273.

71. *Ibid.*, p. 315.

72. GB, interview par Jane Howard, s.d., JH Papers, CU, Box 38.

73. RB, *Patterns of Culture*, p. 1. [*Échantillons de civilisation*, p. 4, http://www.anthropomada.com/bibliotheque/Ruth-BENEDICT-Echantillons-de-civilisation.pdf.]

74. *Ibid.*, p. 24.

75. *Ibid.*, p. 49.

76. *Ibid.*, p. 228.

77. *Ibid.*, p. 237.

78. *Ibid.*, p. 278.

79. MM à GB, 9 octobre 1933, MM Papers, R1, Folder 6.

80. Kroeber, « Review of *Patterns of Culture* », p. 689.

81. « Review of *Patterns of Culture* », *New York Times*, 21 octobre 1934.

82. MM à GB, 12 juin 1934, MM Papers, Box R2, Folder 7.

83. *Ibid.*

84. MM à RB, 29 mars 1933, MM Papers, Box R7, Folder 13.

85. GB à RF, 22 janvier 1935, MM Papers, Box R2, Folder 9.

86. *Ibid.*

87. RF à MM, s.d. [annotation au crayon : 1933], MM Papers, Box R4, Folder 8.

88. MM à GB, 21 décembre 1933, MM Papers, Box R1, Folder 7.

89. *Ibid.*

90. RF à MM, 19 juillet 1935, MM Papers, Box R5, Folder 5.

91. Banner, *Intertwined Lives*, p. 405.

92. MM, « Trois sociétés primitives de Nouvelle-Guinée » in *Mœurs et sexualité en Océanie*, p. 15.

93. *Ibid.*, p. 350.

CHAPITRE XII : ROYAUMES SPIRITUELS

1. Henry Lee Moon, « Big Old Lies », *New Republic*, 11 décembre 1935, p. 142.
2. Boyd, *Wrapped in Rainbows*, p. 284.
3. MM à GB, 18 avril 1934, MM Papers, Box R2, Folder 5.
4. Boyd, *Wrapped in Rainbows*, p. 286.
5. *Ibid.*
6. Hurston, *Des pas dans la poussière*, p. 173.
7. Cité dans Boyd, *Wrapped in Rainbows*, p. 288.
8. ZNH à Melville Herskovits, 15 avril 1936, in Kaplan, *Zora Neale Hurston*, p. 372.
9. ZNH, *Tell My Horse*, p. 6 .
10. *Ibid.*, p. 7.
11. *Ibid.*, p. 31-37.
12. *Ibid.*, p. 39-56.
13. Discours au pavillon d'Haïti, Exposition universelle de Chicago, 1893, texte disponible sur www.faculty.webster.edu/corbetre/haiti/history/1844-1915 /douglass.htm.
14. ZNH, *Tell My Horse*, p. 71.
15. *Ibid.*, p. 73.
16. *Ibid.*, p. 135.
17. *Ibid.*, p. 139.
18. Herskovits, *Life in a Haitian Valley*, p. 139.
19. *Ibid.*
20. Gershenhorn, *Melville Herskovits*, p. 84.
21. Herskovits, *Life in a Haitian Valley*, p. 268.
22. Herskovits, « Problem, Method and Theory in Afroamerican Studies », *Afroamerica* 1 (1945), reproduit dans Herskovits, *New World Negro*, p. 53.
23. Herskovits, *Life in a Haitian Valley*, p. 47.
24. Herskovits, « Some Next Steps in the Study of Negro Folklore », *Journal of American Folklore* 56 (1943), reproduit dans Herskovits, *New World Negro*, p. 174.
25. Herskovits, *Life in a Haitian Valley*, p. 12.
26. *Ibid.*, p. 13.
27. Renda, *Taking Haiti*, p. 213.
28. Cité dans Dubois, *Haiti*, p. 272.
29. *Ibid.*, chap. 6 ; Ramsey, *Spirits and Law*, chap. 3.

30. Seabrook, *L'Île magique,* trad. F.-M. Watkins, p. 14.
31. ZNH, *Tell My Horse*, p. 134.
32. Seabrook, *L'Île magique*, p. 113.
33. ZNH, *Tell My Horse*, p. 179.
34. La description de la rencontre de Hurston avec Felicia Felix-Mentor figure *ibid.*, p. 179-181 et 195-197.
35. Boyd, *Wrapped in Rainbows*, p. 299-300.
36. ZNH, *Tell My Horse*, p. 179.
37. RB, « Magic », p. 39.
38. ZNH, *Des pas dans la poussière*, p. 282.
39. ZNH, *Tell My Horse*, p. 219.
40. ZNH, *Des pas dans la poussière*, p. 213.
41. ZNH à Henry Allen Moe, 26 août 1937, in Kaplan, *Zora Neale Hurston*, p. 404.
42. Melville et Frances Herskovits passèrent un peu plus de trois mois à Mirebalais. Herskovits, *Life in a Haitian Valley*, p. 320.
43. Howard, *Margaret Mead*, p. 71.
44. Boyd, *Wrapped in Rainbows*, p. 300-306.
45. Boyd, *ibid.*, p. 271-274 et 286-288.
46. ZNH, *Des pas dans la poussière*, p. 248.
47. ZNH, *Mais leurs yeux dardaient sur Dieu*, p. 250.
48. MM à GB, 12 septembre 1933, MM Papers, Box R1, Folder 1.
49. MM à GB, 21 juin 1935, MM Papers, Box R2, Folder 9.
50. Boyd, *Wrapped in Rainbows*, p. 270.
51. MM à GB, 7 juin 1935, MM Papers, Box R2, Folder 9.
52. MM Papers, Box R2, Folder 8.
53. MM à GB, 10 mai 1935, MM Papers, Box R2, Folder 9.
54. MM à GB, 27 juin 1934, MM Papers, Box R2, Folder 7.
55. MM à GB, 3 septembre 1935, MM Papers, Box R2, Folder 9.
56. MM à GB, 17 octobre 1935, *ibid.*
57. GB à MM, 14 décembre 1935, *ibid.*
58. Cité dans Lipset, *Gregory Bateson*, p. 151.
59. MM, *Du givre sur les ronces*, p. 229.
60. *Ibid.*, p. 220.
61. MM, brouillon du manuscrit de *Blackberry Winter*, Box I204, Folder 4.
62. MM à Eleanor Pelham Kortheuer, 21 mai 1938, MM Papers, Box Q12, Folder 9.

63. MM à Eleanor Pelham Kortheuer, 16 décembre 1936, *ibid.*

64. MM à Kortheuer, 21 mai 1938, *ibid.*

65. ZNH à Edwin Osgood Grover, 12 octobre 1939, in Kaplan, *Zora Neale Hurston*, p. 422.

66. Boyd, *Wrapped in Rainbows*, p. 326.

67. Cité dans Stewart, *New Negro*, p. 748.

68. ZNH à James Weldon Johnson, février 1938, in Kaplan, *Zora Neale Hurston*, p. 413.

69. Boyd, *Wrapped in Rainbows*, p. 336.

70. ZNH, « Ritualistic Expression from the Lips of Communicants of the Seventh Day Church of God, Beaufort, South Carolina » (1940), MM Papers, Box C5, Folder 13.

71. MM à ZNH, 29 mai 1940, *ibid.*

72. Hughes, *Big Sea*, p. 332.

73. Boyd, *Wrapped in Rainbows*, p. 345-46.

74. ZNH, *Des pas dans la poussière*, p. 281. [Les chapitres supprimés de la première édition ont été publiés en 1995. Ils figurent en appendice dans la traduction française de Françoise Brodsky].

75. Boyd, *Wrapped in Rainbows*, p. 349.

CHAPITRE XIII : GUERRE ET NON-SENS

1. RB à RF, 8 juin 1936, MM Papers, Box R5, Folder 8.

2. *Ibid.*

3. Goldfrank, *Notes on Undirected Life*, p. 110. Sur l'évolution des relations de Benedict avec Linton et les successeurs de Boas, voir Young, *Ruth Benedict*, p. 47-51.

4. Ralph Linton à FB, 24 février 1942, FB Papers (microfilm), Reel 44.

5. FB à ECP, 5 janvier 1940, ECP Papers, Box 1.

6. Voir Department of Anthropology Records, CU, Box 2, Folder « Administrative – Executive Officers and Chairman. Benedict, Ruth – re. Franz Boas Support Fund, 1936-1938 ».

7. FB à ECP, 3 septembre 1936, ECP Papers, Box 1.

8. Herskovits, *Franz Boas*, p. 117.

9. « Dr. Boas on the Blacklist », *New York Times*, 6 mai 1933.

10. MM à GB, 14 novembre 1933, MM Papers, Box R1, Folder 7.
11. FB, « On Democracy and Freedom ».
12. *Ibid.*
13. Gordon, *Second Coming of KKK*, p. 73.
14. Hitler, *Mein Kampf*, p. 286.
15. Whitman, *Hitler's American Model*, p. 114.
16. Kühl, *Nazi Connection*, p. 86.
17. Cité dans Whitman, *Hitler's American Model*, p. 122.
18. Cité dans Kühl, *Nazi Connection*, p. 37.
19. *Ibid.*, p. 36.
20. *Ibid.*, p. 41-42.
21. MM à GB, 12 juin 1935, MM Papers, Box R1, Folder 9.
22. Frederick Osborn, « The Application of Measures of Quality », in *Congrès international de la population*, 8, p. 121-122.
23. FB, « Heredity and Environment », *ibid.*, 8, p. 91.
24. *Ibid.*, p. 92.
25. FB à RB, 20 décembre 1939, RB Papers, Folder 114.4.
26. « Freedom of Mind in Schools Urged », *Baltimore Sun*, 22 août 1939.
27. « The Race Question », *New York Times*, 5 juillet 1936.
28. Caffrey, *Ruth Benedict*, p. 286.
29. RB, « Edward Sapir », p. 465.
30. MM, interview par Jean Houston, 1975, transcription, MM Papers, Box Q18, Folder 4, f. 429.
31. MM à RB, 28 août 1926, MM Papers, Box S3, Folder 4.
32. MM, agenda de 1939, MM Papers, Box Q8, Folder 4.
33. MM à Caroline Beatrice Bateson, 15 mars 1939, MM Papers, Box R1, Folder 1.
34. MM, agenda de 1939, MM Papers, Box Q8, Folder 4.
35. MM à Caroline Beatrice Bateson, 27 février 1940, MM Papers, Box R1, Folder 1.
36. RB, *Race : Science and Politics*, p. 147.
37. Banner, *Intertwined Lives*, p. 416.
38. Mandler, *Return from Natives*, p. 65.
39. *Ibid.*, p. 80-84.
40. Mead, *Du givre sur les ronces*, p. 260.
41. Leon J. Fish à FB, 5 février 1942, FB Papers (microfilm), Reel 44.
42. FB à Fish, 19 février 1942, *ibid.*

43. « 11 Allies Condemn Nazi War on Jews », *New York Times*, 18 décembre 1942.

44. Rivet, « Franz Boas ». Rivet fit plus tard, en 1958, un récit légèrement différent (Rivet, « Tribute to Franz Boas »), mais la version écrite en 1943, peu après les faits, en constitue sans doute une description plus exacte. Mead fut la source d'un compte rendu plus sensationnel, dans lequel Boas présentait une nouvelle théorie de la race à l'instant même de sa mort. Cette allégation paraît sans fondement, et n'a pas été confirmée par la suite par d'autres participants. Voir Goldfrank, *Notes on Undirected Life*, p. 121.

45. Loyer, *Lévi-Strauss*, p. 316.

46. Boas n'avait jamais entendu parler de Lévi-Strauss à l'automne 1940, lorsque quelqu'un chercha à obtenir une lettre de recommandation pour lui. Benedict se chargea des présentations dans le courant de l'été 1941. FB à Alvin Johnson, 21 octobre 1940, FB Papers (microfilm), Reel 43 ; Claude Lévi-Strauss à FB, 26 août 1941, FB Papers (microfilm), Reel 44.

47. RB, « Franz Boas », *Nation*, 2 janvier 1943, p. 15.

48. RB à J. M. Willis, 27 septembre 1943, RB Papers, Folder 114.10.00.

49. Voir les barèmes de salaires dans RB Papers, Folder 42.5.

50. Kluckhohn, *Ralph Linton*, p. 244.

51. Cité dans Banner, *Intertwined Lives*, p. 379.

52. *Ibid.*

53. RB et Weltfish, « The Races of Mankind », in RB, *Race : Science and Politics*, p. 174.

54. Fred Hastings à RB, 4 mars 1944, RB Papers, Folder 12.3.

55. Violet Edwards, « Note on *The Races of Mankind* », in RB, *Race : Science and Politics*, p. 167-168 ; Mandler, *Return from Natives*, p. 77.

56. Price, *Threatening Anthropology*, p. 111.

57. « A Citizen of Mississippi » à RB, 7 mars 1944, RB Papers, Folder 12.3.

58. MM, « The Years as Boas' Left Hand », in *AAW*, p. 252-253.

59. Mandler, *Return from Natives*, p. 66.

60. Doob, « Utilization of Social Scientists », p. 655.

61. Voir Kent, « Appendix », pour la reconstitution d'une liste de sources établie à partir des documents personnels de Benedict.

62. Cité dans Dower, *War Without Mercy*, p. 78.

63. « How to Tell Japs from the Chinese », *Life*, 22 décembre 1941, p. 81-82.

64. Cité dans Dower, *War Without Mercy*, p. 85.

65. Mandler, *Return from Natives*, p. 163-169.

66. Hayashi, *Democratizing Enemy*, p. 92.
67. Départment américain de la Guerre, *Final Report*, p. 34.
68. Cité dans Daniels, *Prisoners Without Trial*, p. 38.
69. Cité *ibid.*, p. 37.
70. Seltzer et Anderson, « After Pearl Harbor » ; Steven A. Holmes, « Report Says Census Bureau Helped Relocate Japanese », *New York Times*, 17 mars 2000.
71. Départment américain de la Guerre, *Final Report*, p. 362.
72. Cité dans Suzuki, « Overlooked Aspects », p. 230-231, note 25.
73. « Santa Anita », *Densho Encyclopedia*, disponible sur www.encyclopedia.densho.org/Santa_Anita_%28detention_facility%29/.
74. Voir Starn, « Engineering Internment ».
75. Départment américain de la Guerre, *Final Report*, p. 505.
76. Cité dans Spicer, « Use of Social Scientists », p. 20.
77. Suzuki, « Ruth Benedict, Robert Hashima », p. 58.
78. *Ibid.*
79. Suzuki, « Overlooked Aspects », p. 219. Sur le rôle de Hashima, voir aussi C. Douglas Lummis, « Ruth Benedict's Obituary for Japanese Culture », in Janiewski et Banner, *Reading Benedict/Reading Mead*, p. 126-140 ; et les notes d'interviews de Benedict avec Hashima dans RB Papers, Folder 105.8.
80. Cité dans Suzuki, « Overlooked Aspects », p. 225.
81. Nanko Fukui, « The Lady and the Chrysanthemum : Ruth Benedict and the Origins of *The Chrysanthemum and the Sword* », in Janiewski et Banner, *Reading Benedict/Reading Mead*, p. 123.
82. RB à MM, 25 juillet 1946, MM Papers, Box Q11, Folder 6.
83. *Ibid.*
84. RB, *Le Chrysanthème et le Sabre*, p. 17.
85. *Ibid.*, p. 27.
86. *Ibid.*, p. 28.
87. *Ibid.*, p. 29.
88. *Ibid.*, p. 33.
89. *Ibid.*, p. 62.
90. Mandler, *Return from Natives*, p. 168-69 ; Price, *Anthropological Intelligence*, p. 171-199.
91. RB, *Le Chrysanthème et le Sabre*, p. 15.
92. Tiré à part du *Book of the Month Club News*, décembre 1946, in RB Papers, Folder 50.2.

93. Cité dans Caffrey, *Ruth Benedict*, p. 326.

94. Bennett et Nagai, « Japanese Critique », p. 404.

95. RB au capitaine Donald V. McGranahan, 12 septembre 1945, RB Papers, Folder 13.7 ; Mandler, *Return from Natives*, p. 169. Plus d'un an après la guerre, en décembre 1946, Benedict fut personnellement invitée par le quartier général de MacArthur à se rendre au Japon pour une mission de deux ou trois mois. Sa réponse ne figure pas dans ses archives personnelles. Voir D. Donald Klous à RB, 26 décembre 1946, RB Papers, Folder 13.10.

96. RB à MM, 20 septembre 1945, MM Papers, Box Q11, Folder 6.

CHAPITRE XIV : HOME

1. ZNH à RB, 19 juin 1945, in Kaplan, *Zora Neale Hurston*, p. 523.
2. Cité dans Hemenway, *Zora Neale Hurston*, p. 301.
3. Hurston, « Crazy for This Democracy », p. 45-46.
4. Hurston, *Des pas dans la poussière*, p. 316.
5. Hemenway, *Zora Neale Hurston*, p. 297.
6. *Ibid.*
7. Lowie, « American Contributions », p. 327.
8. Bateson, *Regard sur mes parents*, p. 59.
9. Banner, *Intertwined Lives*, p. 433 ; Lipset, *Gregory Bateson*, p. 175-176.
10. Cité dans Michael Kernan, « Ringing the Tocsin », *New York Times*, 1er avril 1976.
11. Voir les notes dans MM Papers, Box R3, Folder 9.
12. Voir RB Papers, Folder 39.8.
13. Howard, *Margaret Mead*, p. 281.
14. Margery Freeman à MM, 18 septembre 1948, RB Papers, Folder 117.2.
15. ECD à MM, 28 décembre 1958, MM Papers, Box C41, Folder 7.
16. ZNH à Jane Belo, 1er octobre 1944, in Kaplan, *Zora Neale Hurston*, p. 507.
17. Boyd, *Wrapped in Rainbows*, p. 387-390.
18. *Ibid.*, p. 396-397.
19. Walker, « In Search of Hurston », p. 74
20. Boyd, *Wrapped in Rainbows*, p. 426-431.
21. Hemenway, *Zora Neale Hurston*, p. 348.
22. Voir MM Papers, Box K57, Folder 9.

23. Boyd, *Wrapped in Rainbows*, p. 436.

24. Alan Lomax à Solon Kimball, 15 février 1978, MM Papers, Box K57, Folder 9.

25. MM, schéma de ses aventures amoureuses et de ses influences, MM Papers, Box S11, Folder 1.

26. Bateson, *Regard sur mes parents*, p. 164.

27. Molloy, *Creating Usable Culture*, p. 14.

28. Price, *Threatening Anthropology*, p. 255.

29. Lenora De Lusia à MM, 20 février 1958, MM Papers, Box C38, Folder 4.

30. MM à De Lusia, 28 février 1958, *ibid.*

31. Sargeant, « It's All Anthropology », p. 32.

32. Friedan, *Feminine Mystique*, p. 122. [*La Femme mystifiée*, p. 244.]

33. Howard, *Margaret Mead*, p. 363-364.

34. Sargeant, « It's All Anthropology », p. 31.

35. Mead, *Du givre sur les ronces*, p. 278.

36. Bloom, *Closing of American Mind*, p. 25. [*L'Âme désarmée*, trad. P. Alexandre et P. Haas, p. 27.]

37. *Ibid.*, p. 36.

38. *Ibid.*, p. 40.

39. Clifford Geertz, « Anti-Anti-Relativism », in Geertz, *Available Light*, p. 65.

40. Boas, *Anthropology and Modern Life*, p. 227.

41. ZNH, *Des pas dans la poussière*, p. 319.

BIBLIOGRAPHIE

Archives et documents privés

American Indian Studies Research Institute, Indiana University
Ella Deloria Archive (en ligne)
American Philosophical Society
American Council of Learned Societies Committee on Native American Languages
Boas Family Papers
Boas-Rukeyser Collection
Elsie Clews Parsons Papers
Franz Boas Field Notebooks and Anthropometric Data Franz Boas Papers
Franz Boas Professional Papers
Barnard College Archives
Alumnae Biographical Files
Columbia University, Rare Book and Manuscript Library
Department of Anthropology Records
Nicholas Murray Butler Papers
Jane Howard Papers
Harvard Medical School, Center for the History of Medicine
Francis A. Countway Library of Medicine
Walter B. Cannon Papers
Harvard University, Houghton Library

Oswald Garrison Villard Papers
Harvard University, Peabody Museum
Frederic Ward Putnam Papers
Frederic Ward Putnam Peabody Museum Director Records
Charles P. Bowditch Papers
World's Columbian Exposition Photograph Collection
Harvard University, Tozzer Library
Cora Alice Du Bois Papers
The Keep, Brighton
Geoffrey Gorer Archive
Library of Congress
Franz Boas Papers (microfilm)
Margaret Mead Papers and South Pacific Ethnographic Archives
Smithsonian Institution, National Anthropological Archives
Anthropological Society of Washington Records
Bureau of American Ethnology Records
Esther Schiff Goldfrank Papers
Aleš Hrdlička Papers
Zora Neale Hurston Gulf Coast manuscript (MS 7532)
Ruth Schlossberg Landes Papers
Vassar College, Archives and Special Collections
Ruth Fulton Benedict Papers

Sources publiées

Adams, William Y., *The Boasians : Founding Fathers and Mothers of American Anthropology*, Lanham, Md., Hamilton Books, 2016.

Allen, John S., « Franz Boas' Physical Anthropology : The Critique of Racial Formalism Revisited », *Current Anthropology* 30, nº 1 (fév. 1989), p. 79-84.

Anderson, Carol, *White Rage : The Unspoken Truth of Our Racial Divide*, New York, Bloomsbury, 2016.

Annual Reports of the Bureau of Ethnology to the Secretary of the Smithsonian Institution, 15 vols, Washington, D.C., U.S. Government Printing Office, 1881-1897.

Asch, Chris Myers, et George Derek Musgrove, *Chocolate City : A History of Race and Democracy in the Nation's Capital*, Chapel Hill, University of North Carolina Press, 2017.

Baker, Lee D., *Anthropology and the Racial Politics of Culture*, Durham, N.C., Duke University Press, 2010.

—, « The Cult of Franz Boas and His "Conspiracy" to Destroy the White Race », *Proceedings of the American Philosophical Society* 154, n° 1 (mars 2010), p. 8-18.

—, « Franz Boas Out of the Ivory Tower », *Anthropological Theory* 4, n° 1 (2004), p. 29-51.

— , *From Savage to Negro : Anthropology and the Construction of Race, 1896-1954*, Berkeley, University of California Press, 1998.

Banner, Lois W., *Intertwined Lives : Margaret Mead, Ruth Benedict, and Their Circle*, New York, Vintage, 2003.

Barnes, R. H., *Two Crows Denies It : A History of Controversy in Omaha Sociology*, Lincoln, University of Nebraska Press, 1984.

Bateson, Gregory, *Naven*, 2e éd., Stanford, Calif., Stanford University Press, 1958. [*La Cérémonie du naven*, trad. J. P. Latouche et N. Safouan, Paris, Minuit, 1971.]

Bateson, Mary Catherine, *With a Daughter's Eye : A Memoir of Margaret Mead and Gregory Bateson*, New York, William Morrow, 1984. [*Regard sur mes parents*, trad. J. P. Simon et Y. Coleman, Paris, Seuil, 1989.]

Bederman, Gail, *Manliness and Civilization : A Cultural History of Gender and Race in the United States, 1880-1917*, Chicago, University of Chicago Press, 1995.

Benedict, Ruth, « Animism », in *Encyclopedia of the Social Sciences*, éd. par Edwin R. A. Seligman, 2, New York, Macmillan, 1935, p. 65-67.

—, *The Chrysanthemum and the Sword : Patterns of Japanese Culture*, Boston, Houghton Mifflin, 2005 [1946]. [*Le Chrysanthème et le Sabre*, trad. Lise Mécréant, Arles, Piquier, 1987, nouv. éd. 1995.]

—, « Edward Sapir », *American Anthropologist* 41, n° 3 (juillet-septembre 1939), p. 455-477.

—, « Folklore », in *Encyclopedia of the Social Sciences*, éd. par Edwin R.A. Seligman et Alvin Johnson, 6, New York, Macmillan, 1931, p. 288-293.

—, « Franz Boas », *Nation*, 2 janvier 1943, p. 15-16.

—, « The Future of Race Prejudice », *American Scholar* 15, nº 4 (automne 1946), p. 455-461.
—, « Human Nature Is Not a Trap », *Partisan Review* 10, nº 2 (mars-avril 1943), p. 159-164.
—, « Magic », in *Encyclopedia of the Social Sciences*, éd. par Edwin R. A. Seligman, 10, New York, Macmillan, 1933, p. 39-44.
—, *Patterns of Culture*, Boston, Houghton Mifflin, 2005 [1934]. [*Échantillons de civilisations*, trad. Weill Raphael, Paris, Gallimard, 1950.]
—, *Race : Science and Politics*, éd. rév., New York, Viking, 1959 [1940].
—, « Racism Is Vulnerable », *The English Journal* 35, nº 6 (juin 1946), p. 299-303.
—, « Tales of the Cochiti Indians », *Bureau of American Ethnology Bulletin*, nº 98, Washington, D.C., U.S. Government Printing Office, 1931.
—, « Transmitting Our Democratic Heritage in the Schools », *American Journal of Sociology* 48, nº 6 (mai 1943), p. 722-727.
—, « Victory Over Discrimination and Hate : Differences vs. Superiorities », *Frontiers of Democracy* 9, 15 décembre 1942, p. 81-82.
—, « The Vision in Plains Culture », *American Anthropologist* 24, nº 1 (janvier-mars 1922), p. 1-23.
—, « The Younger Generation with a Difference », *New Republic*, 28 novembre 1928.
—, *Zuni Mythology*, 2 vols, New York, Columbia University Press, 1935.
Bennett, John W., et Michio Nagai, « The Japanese Critique of the Methodology of Benedict's "Chrysanthemum and the Sword" », *American Anthropologist* 55, nº 3 (1953), p. 404-411.
Benton-Cohen, Katherine, *Inventing the Immigration Problem : The Dillingham Commission and Its Legacy*, Cambridge, Mass., Harvard University Press, 2018.
Berkhofer, Robert F., Jr., *The White Man's Indian : Images of the American Indian from Columbus to the Present*, New York, Alfred A. Knopf, 1978.
Berman, Marshall, *All That Is Solid Melts into Air : The Experience of Modernity*, New York, Penguin, 1988. [*Tout ce qui est solide se volatilise. L'expérience de la modernité*, trad. J. Guazzini, Genève/Paris, Entremonde, 2018.]
Black, Edwin, *War Against the Weak : Eugenics and America's Campaign to Create a Master Race*, New York, Four Walls Eight Windows, 2003.

Bloom, Allan, *The Closing of the American Mind*, New York, Simon and Schuster, 1987. [*L'Âme désarmée : essai sur le déclin de la culture générale*, trad. P. Alexandre et P. Haas, Paris, Les Belles Lettres, 2018.]

Boas Anniversary Volume : Anthropological Papers Written in Honor of Franz Boas, New York, G. E. Stechert and Co., 1906.

Boas, Franz, « The Aims of Anthropological Research », *Science* 76, nº 1983 (30 décembre 1932), p. 605-613.

—, « An Anthropologist's Credo », *Nation*, 27 août 1938, p. 201-204.

—, « Anthropology », *Science* 9, nº 212 (20 janvier 1899), p. 93-96.

—, *Anthropology*, New York, Columbia University Press, 1908.

—, *Anthropology and Modern Life*, New York, Dover, 1986 [1928].

—, « Are the Jews a Race ? », *World Tomorrow* 6 (janvier 1923), p. 5-6. Reproduit sous le titre « The Jews » in Franz Boas, *Race and Democratic Society*, New York, J. J. Augustin, 1945, p. 38-42.

—, *Aryans and Non-Aryans*, New York, Information and Service Associates, s.d.

—, *The Central Eskimo*, in *Sixth Annual Report of the Bureau of Ethnology to the Secretary of the Smithsonian Institution, 1884-1885*, Washington, D.C., U.S. Government Printing Office, 1888, p. 399-670.

—, « Changes in the Bodily Form of Descendants of Immigrants », *American Anthropologist* 14, nº 3 (juillet-septembre 1912), p. 530-562.

—, « The Coast Tribes of British Columbia », *Science* 9, nº 216 (25 mars 1887), p. 288-289.

—, « Cumberland Sound and its Eskimos », *Popular Science Monthly* (26 avril 1885), p. 768-779.

—, « The Eskimo of Baffin Land », *Transactions of the Anthropological Society of Washington* 3 (2 décembre 1884), p. 95-102.

—, « Eskimo Tales and Songs », *Journal of American Folk-Lore* 7, nº 24 (janvier-mars 1894), p. 45-50, et 10, nº 37 (avril-juin 1897), p. 109-115.

—, « An Eskimo Winter », in *American Indian Life by Several of Its Students*, éd. par Elsie Clews Parsons, New York, Viking Press, 1922, p. 363-380.

—, « Evolution or Diffusion ? », *American Anthropologist* 26, nº 3 (juillet-septembre 1924), p. 340-344.

—, éd. *General Anthropology*, Boston, D.C., Heath & Co., 1938.

—, éd. *Handbook of American Indian Languages*, part 1. Washington, D.C., U.S. Government Printing Office, 1911. [Introduction du *Handbook of*

American Indian Languages, trad. A. Eastman et C. Laplantine, Limoges, Éditions Lambert-Lucas, 2018.]
—, « History and Science in Anthropology : A Reply », *American Anthropologist* 38, nº 1 (janvier-mars 1936), p. 137-141.
—, « The History of Anthropology », *Science* 20, nº 512 (21 octobre 1904), p. 513-524.
—, « Human Faculty as Determined by Race », *Proceedings of the American Association for the Advancement of Science* 43 (août 1894), p. 301-327.
—, *Indian Myths & Legends from the North Pacific Coast of America : A Translation of Franz Boas' 1895 Edition of Indianische Sagen von der Nord-Pacifischen Küste Amerikas*, Vancouver, Talonbooks, 2006 [1895].
—, « Individual, Family, Population, and Race », *Proceedings of the American Philosophical Society* 87, nº 2 (août 1943), p. 161-164.
—, « Introductory », *International Journal of American Linguistics* 1, nº 1 (juillet 1917), p. 1-8.
—, « Inventing a Great Race », *New Republic* (13 janvier 1917), p. 305-307.
—, « A Journey in Cumberland Sound and on the West Shore of Davis Strait in 1883 and 1884 », *Journal of the American Geographical Society of New York* 16 (1884), p. 242-272.
—, « The Limitations of the Comparative Method of Anthropology », *Science* 4, nº 103 (18 décembre 1896), p. 901-908.
—, « The Method of Ethnology », *American Anthropologist* 22, nº 4 (octobre-décembre 1920), p. 311-321.
—, *The Mind of Primitive Man*, New York, Macmillan, 1922 [1911].
—, « Museums of Ethnology and Their Classification », *Science* 9, nº 228 (17 juin 1887), p. 587-589, et nº 229 (24 juin 1887), p. 614.
—, « Mythology and Folk-Tales of the North American Indians », *Journal of American Folklore* 27, nº 106 (octobre 1915), p. 374-410.
—, « Nationalism in Europe », in *Germany and the Peace of Europe*, éd. par Ferdinand Schevill, Chicago, Germanistic Society of Chicago, 1915, p. 3-15.
—, « Notes on the Ethnology of British Columbia », *Proceedings of the American Philosophical Society* 24 (juillet-décembre 1887), p. 422-428.
—, « The Occurrence of Similar Inventions in Areas Widely Apart », *Science* 9, nº 224 (20 mai 1887), p. 485-486.
—, « On Alternating Sounds », *American Anthropologist* 2, nº 1 (janvier 1889), p. 47-53.

—, « On Democracy and Freedom of Thought », WNYC broadcast, 3 mai 1939, http://www.wnyc.org/story/leader-american-anthropology-launches-wnyc-series/.

—, « Poetry and Music of Some North American Tribes », *Science* 9, nº 220 (22 avril 1887), p. 383-385.

—, « The Problem of the American Negro », *Yale Review* 10 (mai 1921), p. 392-395. Reproduit sous le titre « The Negro in America » in Franz Boas, *Race and Democratic Society*, New York, J.J. Augustin, 1945, p. 70-81.

—, « The Problem of Race », in *The Making of Man : An Outline of Anthropology*, éd. par V. F. Calverton, New York, Random House, 1931, p. 113-141.

—, « Psychological Problems in Anthropology », *American Journal of Psychology* 21, nº 3 (juillet 1910), p. 371-384.

—, « The Question of Racial Purity », *American Mercury* (octobre 1924), p.163-169.

—, *Race, Language, and Culture*, New York, Macmillan, 1940.

—, « The Race-War Myth », *Everybody's Magazine* 31 (juillet-décembre 1914), p. 671-674.

—, « Remarks on the Theory of Anthropometry », *Publications of the American Statistical Association* 3, nº 24 (décembre 1893), p. 569-575.

—, *The Social Organization and the Secret Societies of the Kwakiutl Indians*, Washington, D.C., Smithsonian Institution, 1897 [1895].

—, « Some Philological Aspects of Anthropological Research », *Science* 23, nº 591 (27 avril 1906), p. 641-645.

—, « Some Recent Criticisms of Physical Anthropology », *American Anthropologist* 1, nº 1 (janvier 1899), p. 98-106.

—, « The Study of Geography », *Science* 9, nº 210 (11 février 1887), p. 137-141.

—, « A Year Among the Eskimo », *Bulletin of the American Geographical Society* 19, nº 4 (1887), p. 383-402.

Boas, Franz, et Ella Deloria, *Dakota Grammar*, Memoirs of the National Academy of Sciences, Washington, D.C., U.S. Government Printing Office, 1941.

—, « Notes on the Dakota, Teton Dialect », *International Journal of American Linguistics* 7, nº 3-4 (janvier 1933), p. 97-121.

Boas, Franz, et Elsie Clews Parsons, « Spanish Tales from Laguna and Zuñi, N. Mex », *Journal of American Folklore* 33, nº 127 (janvier-mars 1920), p. 47-72.
Boyd, Robert, *A Different Kind of Animal*, Princeton, Princeton University Press, 2017.
Boyd, Valerie, *Wrapped in Rainbows : The Life of Zora Neale Hurston*, New York, Scribner, 2003.
Bradford, Phillips Verner, et Harvey Blume, *Ota Benga : The Pygmy in the Zoo*, New York, St. Martin's Press, 1992. [*Ota Benga, un Pygmée au zoo*, trad. B. Ferry, Paris, Belfond, 1993.]
Browman, David L., *Cultural Negotiations : The Role of Women in the Founding of Americanist Anthropology*, Lincoln, University of Nebraska Press, 2013.
—, « The Peabody Museum, Frederic W. Putnam, and the Rise of U.S. Anthropology, 1866-1903 », *American Anthropologist* 104, nº 2 (juin 2002), p. 508-519.
Browman, David L., et Stephen Williams, *Anthropology at Harvard : A Biographical History, 1790-1940*, Cambridge, Mass., Peabody Museum Press, 2013.
Bruinius, Harry, *Better for All the World : The Secret History of Forced Sterilization and America's Quest for Racial Purity*, New York, Alfred A. Knopf, 2006.
Buettner-Janusch, John, « Boas and Mason : Particularism Versus Generalization », *American Anthropologist* 59, nº 2 (avril 1957), p. 318-324.
Caffrey, Margaret M., *Ruth Benedict : Stranger in This Land*, Austin, University of Texas Press, 1989.
Caffrey, Margaret M., et Patricia A. Francis, éd., *To Cherish the Life of the World : Selected Letters of Margaret Mead*, New York, Basic Books, 2006.
Clark, Christopher, *Iron Kingdom : The Rise and Downfall of Prussia, 1600-1947*, Cambridge, Mass., Belknap Press of Harvard University Press, 2006. [*Histoire de la Prusse : 1600-1947*, trad. E. Chédaille, P. Hersant et S. Kleiman-Lafon, Paris, Perrin, 2008.]
—, *The Politics of Conversion : Missionary Protestantism and the Jews in Prussia, 1728-1941*, Oxford, Clarendon Press, 1995.
Cohen, Adam, *Imbeciles : The Supreme Court, American Eugenics, and the Sterilization of Carrie Buck*, New York, Penguin, 2016.
Cole, Douglas. *Franz Boas : The Early Years, 1858-1906*, Seattle, University of Washington Press, 1999.

Cole, Douglas, et Ludger Müller-Wille, « Franz Boas' Expedition to Baffin Island, 1883-1884 », *Études/Inuit/Studies* 8, nº 1 (1984), p. 37-63.

Cole, Sally, *Ruth Landes : A Life in Anthropology*, Lincoln, University of Nebraska Press, 2003.

Congrès international de la population, 8 vols, Paris, Hermann et Cie, 1938.

Conklin, Alice L., *In the Museum of Man : Race, Anthropology, and Empire in France, 1850-1950*, Ithaca, N.Y., Cornell University Press, 2013. [*Exposer l'humanité : race, ethnologie et empire en France, 1850-1950*, trad. A. Larcher-Goscha, Paris, Muséum national d'histoire naturelle, 2015.]

Côté, James E., « Was *Coming of Age in Samoa* Based on a "Fateful Hoaxing" ? A Close Look at Freeman's Claim Based on the Mead-Boas Correspondence », *Current Anthropology* 41, nº 4 (2000), p. 617-620.

Cotera, María Eugenia, *Native Speakers : Ella Deloria, Zora Neale Hurston, Jovita González, and the Poetics of Culture*, Austin, University of Texas Press, 2008.

Cressman, Luther S., *A Golden Journey : Memoirs of an Archaeologist*, Salt Lake City, University of Utah Press, 1988.

Cushing, Frank Hamilton, *My Adventures in Zuñi*, Palo Alto, American West Publishing Company, 1970.

Dain, Bruce, *A Hideous Monster of the Mind : American Race Theory in the Early Republic*, Cambridge, Mass., Harvard University Press, 2002.

Daniels, Roger, *Guarding the Golden Door : American Immigration Policy and Immigrants Since 1882*, New York, Hill and Wang, 2004.

—, *Prisoners Without Trial : Japanese Americans in World War II*, New York, Hill and Wang, 1993.

Darnell, Regna, *And Along Came Boas : Continuity and Revolution in Americanist Anthropology*, Amsterdam, John Benjamins Publishing Co., 1998.

—, *Edward Sapir : Linguist, Anthropologist, Humanist*, Lincoln, University of Nebraska Press, 1990.

—, *Invisible Genealogies : A History of Americanist Anthropology*, Lincoln, University of Nebraska Press, 2001.

Darnell, Regna, et Frederic W. Gleach, *Anthropologists and Their Traditions Across National Borders*, Lincoln, University of Nebraska Press, 2014.

Darnell, Regna, Michelle Hamilton, Robert L. A. Hancock, et Joshua Smith, éd., *Franz Boas as Public Intellectual : Theory, Ethnography, Activism*, Franz Boas Papers, vol. 1, Lincoln, University of Nebraska Press, 2015.

Darwin, Charles. *The Descent of Man*, nouv. éd., Lovell, Coryell and Co., 1874 [1871]. [*La Descendance de l'homme*, trad. E. Barbier, Paris, Reinwald, 1891.]
Davenport, Charles B., *State Laws Limiting Marriage Selection Examined in the Light of Eugenics*, Cold Spring Harbor, N.Y., Eugenics Record Office, 1913.
Davis, W. M., *Biographical Memoir of John Wesley Powell, 1834-1902*, Washington, D.C., National Academy of Sciences, 1915.
Deacon, Desley, *Elsie Clews Parsons : Inventing Modern Life*, Chicago, University of Chicago Press, 1997.
Deloria, Ella Cara. *Dakota Texts*, New York, G. E. Stechert and Co., 1932.
—, *Speaking of Indians*, New York, Friendship Press, 1944.
—, « The Sun Dance of the Oglala Sioux », *Journal of American Folklore* 42 (octobre-décembre 1929), p. 354-413.
—, *Waterlily*, nouv. éd., Lincoln, University of Nebraska Press, 1988. [*Nénuphar*, trad. É. Chatelain, Paris, SCE, 1989 ; rééd. Paris, Cambourakis, 2021.]
Deloria, Philip J., *Indians in Unexpected Places*, Lawrence, University Press of Kansas, 2004.
—, *Playing Indian*, New Haven, Yale University Press, 1998.
—, « Thinking About Self in a Family Way », *Journal of American History* 89, nº 1 (juin 2002), p. 25-29.
Dobrin, Lise M., et Ira Bashkow, « "Arapesh Warfare": Reo Fortune's Veiled Critique of Margaret Mead's *Sex and Temperament* », *American Anthropologist* 112, nº 3 (2010), p. 370-383.
—, « "The Truth in Anthropology Does Not Travel First Class": Reo Fortune's Fateful Encounter with Margaret Mead », *Histories of Anthropology Annual* 6 (2010), p. 66-128.
Doerries, Reinhard R., « German Emigration to the United States : A Review Essay on Recent West German Publications », *Journal of American Ethnic History* 6, nº 1 (automne 1986), p.71-83.
Doob, Leonard W., « The Utilization of Social Scientists in the Overseas Branch of the Office of War Information », *American Political Science Review* 41, nº 4 (1947), p. 649-667.
Dorsey, James Owen, *Omaha Sociology*, Washington, D.C., U.S. Government Printing Office, 1885.

Douglas, Bronwen, *Science, Voyages, and Encounters in Oceania, 1511-1850*, Londres, Palgrave Macmillan, 2014.

Douglas, Bronwen, et Chris Ballard, éd., *Foreign Bodies : Oceania and the Science of Race, 1750-1940*, Canberra, Australian National University Press, 2010.

Dower, John W., *Embracing Defeat : Japan in the Wake of World War II*, New York, W. W. Norton, 1999.

—, *War Without Mercy : Race and Power in the Pacific War*, New York, Pantheon, 1986.

Dubois, Laurent, *Haiti : The Aftershocks of History*, New York, Metropolitan Books, 2012.

Embree, John F., *Suye Mura : A Japanese Village*, Chicago, University of Chicago Press, 1939.

Engels, Friedrich, *The Origin of the Family, Private Property, and the State*, New York, Pathfinder Press, 1972 [1884]. [*L'Origine de la famille, de la propriété et de l'État*, Paris, A. Costes, 1931.]

Federal Writers' Project, *WPA Guide to Florida*, New York, Pantheon Books, 1984 [1939].

Fortune, Reo, *Omaha Secret Societies*, New York, Columbia University Press, 1932.

—, « The Social Organization of Dobu », thèse, Columbia University, 1931.

—, *Sorcerers of Dobu : The Social Anthropology of the Dobu Islanders of the Western Pacific*, New York, E. P. Dutton, 1932. [*Sorciers de Dobu : anthropologie sociale des insulaires de Dobu dans le Pacifique*, trad. N. Belmont, Paris, F. Maspéro, 1972.]

Frazer, J. G., *The Golden Bough : A Study in Comparative Religion*, 2 vols, London, Macmillan, 1890. [*Le Rameau d'or*, trad. P. Sayn et H. Peyre, Paris, Librairie orientaliste, 1925, 1937 ; Paris, R. Laffont, « Bouquins », 1981.]

Freed, Stanley A., *Anthropology Unmasked : Museums, Science, and Politics in New York City*, 2 vols, Wilmington, Ohio, Orange Frazer Press, 2012.

Freeman, Derek, *The Fateful Hoaxing of Margaret Mead : A Historical Analysis of Her Samoan Research*, Boulder, Colo., Westview Press, 1999.

—, *Margaret Mead and Samoa : The Making and Unmaking of an Anthropological Myth*, Cambridge, Mass., Harvard University Press, 1983.

Friedan, Betty, *The Feminine Mystique*, New York, W. W. Norton, 2013 [1963]. [*La Femme mystifiée*, trad. Y. Roudy, Paris, Belfond, 2019 (1964).]

Gates, Henry Louis, Jr., *Stony the Road : Reconstruction, White Supremacy, and the Rise of Jim Crow*, New York, Penguin, 2019.

Gates, Henry Louis, Jr., et Gene Andrew Jarrett, éd., *The New Negro : Readings on Race, Representation, and African American Culture, 1892-1938*, Princeton, Princeton University Press, 2007.

Gay, Peter, *The Enlightenment : An Interpretation*, Londres, Weidenfeld and Nicolson, 1966.

Geertz, Clifford, *Available Light : Anthropological Reflections on Philosophical Topics*, Princeton, Princeton University Press, 2000.

—, *Works and Lives : The Anthropologist as Author*, Stanford, Calif., Stanford University Press, 1988.

Gershenhorn, Jerry, *Melville J. Herskovits and the Racial Politics of Knowledge*, Lincoln, University of Nebraska Press, 2004.

Gildersleeve, Virginia Crocheron, *Many a Good Crusade*, New York, Macmillan, 1954.

Gilkeson, John S., *Anthropologists and the Rediscovery of America, 1886-1965*, Cambridge, U.K., Cambridge University Press, 2010.

Goddard, Henry Herbert, *The Kallikak Family : A Study in the Heredity of Feeble-Mindedness*, New York, Macmillan, 1912.

Goldfrank, Esther S., *Notes on an Undirected Life : As One Anthropologist Tells It*, Flushing, N.Y., Queens College Press, 1978.

Goldschmidt, Walter, éd., *The Anthropology of Franz Boas : Essays on the Centennial of His Birth*, Washington, D.C., American Anthropological Association, 1959.

Gordon, Linda, *The Second Coming of the KKK : The Ku Klux Klan of the 1920s and the American Political Tradition*, New York, Liveright, 2017.

Gould, Stephen Jay, *The Mismeasure of Man*, éd. rév., New York, W. W. Norton, 1996. [*La Mal-Mesure de l'homme : l'intelligence sous la toise des savants*, trad. J. Chabert, Paris, Le Livre de Poche, 1986.]

Grant, Madison, *The Passing of the Great Race; or, The Racial Basis of European History*, New York, Charles Scribner's Sons, 1916. [*Le Déclin de la grande race*, Paris, Payot, 1926, Éditions L'homme libre, 2002.]

Gravlee, Clarence C., H. Russell Bernard, et William R. Leonard, « Heredity, Environment, and Cranial Form : A Reanalysis of Boas' Immigrant Data », *American Anthropologist* 105, n° 1 (2003), p. 125-138.

—, « Boas' *Changes in Bodily Form* : The Immigrant Study, Cranial Plasticity, and Boas' Physical Anthropology », *American Anthropologist* 105, n° 2 (2003), p. 326-332.

Hall, G. Stanley, *Adolescence : Its Psychology and Its Relations to Physiology, Anthropology, Sociology, Sex, Crime, Religion, and Education*, 2 vols, New York, D. Appleton and Co., 1904.
—, *Life and Confessions of a Psychologist*, New York, Arno Press, 1977 [1923].
Hammond, Joyce D., « Telling a Tale : Margaret Mead's Photographic Portraits of Fa'amotu, a Samoan *Tāupou* », *Visual Anthropology* 16 (2003), p. 341-374.
Harper, Kenn, *Minik : The New York Eskimo*, Hanover, N. H., Steerforth Press, 2017.
Harris, Marvin, *The Rise of Anthropological Theory : A History of Theories of Culture*, éd. mise à jour, Walnut Creek, Calif., AltaMira Press, 2001.
Hayashi, Brian Masaru, *Democratizing the Enemy : The Japanese American Internment*, Princeton, Princeton University Press, 2004.
Hays, Terrence E., éd., *Ethnographic Presents : Pioneering Anthropologists in the Papua New Guinea Highlands*, Berkeley, University of California Press, 1992.
Hemenway, Robert E., *Zora Neale Hurston : A Literary Biography*, Urbana, University of Illinois Press, 1977.
Hempenstall, Peter, *Truth's Fool : Derek Freeman and the War over Cultural Anthropology*, Madison, University of Wisconsin Press, 2017.
Herrnstein, Richard J., et Charles Murray, *The Bell Curve : Intelligence and Class Structure in American Life*, New York, Free Press, 1994.
Herskovits, Melville J., *The Anthropometry of the American Negro*, New York, Columbia University Press, 1930.
—, *Franz Boas : The Science of Man in the Making*, New York, Charles Scribner's Sons, 1953.
—, *Life in a Haitian Valley*, New York, Alfred A. Knopf, 1937.
—, *Man and His Works : The Science of Cultural Anthropology*, New York, Alfred A. Knopf, 1948. [*Les Bases de l'anthropologie culturelle*, trad. F. Vaudou, Paris, Payot, 1952.]
—, *The Myth of the Negro Past*, Boston, Beacon Press, 1958 [1941]. [*L'Héritage du Noir : mythe et réalité*, trad. A. Grémy, Paris, Présence africaine, 1966.]
—, « The Negro in the New World : The Statement of a Problem », *American Anthropologist* 32, nº 1 (1930), p. 145-155.
—, *The New World Negro*, éd. Frances S. Herskovits, Bloomington, Indiana University Press, 1966.

Herskovits, Melville J., et Frances S. Herskovits, *Rebel Destiny : Among the Bush Negroes of Dutch Guiana*, New York, Whittlesey House, 1934.

Hermann, Elfriede, éd., *Changing Context, Shifting Meanings : Transformations of Cultural Traditions in Oceania*, Honolulu, University of Hawai'i Press, 2011.

Higham, John, *Strangers in the Land : Patterns of American Nativism, 1860-1925*, 2e éd., New York, Atheneum, 1975.

Hinsley, Curtis M., *The Smithsonian and the American Indian : Making a Moral Anthropology in Victorian America*, Washington, D.C., Smithsonian Institution Press, 1981.

Hinsley, Curtis M., et Bill Holm, « A Cannibal in the National Museum : The Early Career of Franz Boas in America », *American Anthropologist* 78, no 2 (juin 1976), p. 306-316.

Hinsley, Curtis M., et David R. Wilcox, éd., *Coming of Age in Chicago : The 1893 World's Fair and the Coalescence of American Anthropology*, Lincoln, University of Nebraska Press, 2016.

Hitler, Adolf, *Mein Kampf*, Munich, F. Eher Nachf., 1933. [Trad. J. Gaudefroy-Demombynes et A. Calmettes, Alger, 1943.]

Hobsbawm, E. J., *The Age of Revolution, 1789-1848*, Cleveland, World Publishing Co., 1962. [*L'Ère des révolutions*, trad. F. Braudel et J. C. Pineau, Paris, Pluriel, 2011.]

Holmes, W. H., « The World's Fair Congress of Anthropology », *American Anthropologist* 6, no 4 (octobre 1893), p. 423-434.

Howard, Jane, *Margaret Mead : A Life*, New York, Simon and Schuster, 1984.

Hrdlička, Aleš, « An Eskimo Brain », *American Anthropologist* 3, no 3 (juillet-septembre 1901), p. 454-500.

Hughes, Langston, *The Big Sea*, New York, Hill and Wang, 1993 [1940]. [*Les Grandes Profondeurs*, Paris, Seghers, 1947.]

Huhndorf, Shair M., « Nanook and His Contemporaries : Imagining Eskimos in American Culture, 1897-1922 », *Critical Inquiry* 27, no 1 (2000), p. 122-148.

Hurston, Zora Neale, « Crazy for This Democracy », *Negro Digest* 4 (décembre 1945), p. 45-48.

—, « Dance Songs and Tales from the Bahamas », *Journal of American Folklore* 43 (juillet-septembre 1930), p. 294-312.

—, *Dust Tracks on a Road*, New York, Harper Perennial Modern Classics, 2006 [1942]. [*Des pas dans la poussière*, trad. F. Brodsky, La Tour d'Aigues, L'Aube, 1999, nouv. éd. 2006.]

—, *Every Tongue Got to Confess : Negro Folk-Tales from the Gulf States*, New York, HarperCollins, 2001.

—, *Folklore, Memoirs, and Other Writings*, éd. par Cheryl A. Wall, New York, Library of America, 1995.

—, « Hoodoo in America », *Journal of American Folk-Lore* 44, nº 174 (octobre-décembre 1931), p. 317-417.

—, *Jonah's Gourd Vine*, New York, Harper Perennial Modern Classics, 2008 [1934].

—, *Moses, Man of the Mountain*, New York, Harper Perennial Modern Classics, 2009 [1939].

—, *Mules and Men*, New York, Harper Perennial Modern Classics, 2008 [1935].

—, « My Most Humiliating Jim Crow Experience », *Negro Digest* 2 (juin 1944), p. 25-26.

—, « The "Pet Negro" System », *American Mercury* 56 (mars 1943), p. 593-600.

—, *Seraph on the Sewanee*, New York, Harper Perennial Modern Classics, 2008 [1948].

—, *Tell My Horse : Voodoo and Life in Haiti and Jamaica*, New York, Harper Perennial Modern Classics, 2009 [1938].

—, *Their Eyes Were Watching God*, Harper Perennial Modern Classics, 2013 [1937]. [*Mais leurs yeux dardaient sur Dieu*, trad. S. Fakambi, Paris, Zulma, 2018 ; 1re traduction sous le titre *Une femme noire*, trad. F. Brodsky, La Tour d'Aigues, L'Aube, 2006.]

Jacknis, Ira, « The First Boasian : Alfred Kroeber and Franz Boas, 1896-1905 », *American Anthropologist* 104, nº 2 (juin 2002), p. 520-532.

—, « Margaret Mead and Gregory Bateson in Bali : Their Use of Photography and Film », *Cultural Anthropology* 3, nº 2 (mai 1988), p. 160-177.

Janiewski, Dolores, et Lois W. Banner, éd., *Reading Benedict/Reading Mead : Feminism, Race, and Imperial Visions*, Baltimore, Johns Hopkins University Press, 2004.

Jefferson, Thomas, *Notes on the State of Virginia*, Richmond, J. W. Randolph, 1853 [1785]. [*Observations sur l'État de Virginie*, trad. F. Specq, Paris, Éditions rue d'Ulm, 2015.]

Kaplan, Carla, *Miss Anne in Harlem : The White Women of the Black Renaissance*. New York, HarperCollins, 2013.

—, éd., *Zora Neale Hurston : A Life in Letter*, New York, Doubleday, 2002.

Keller, Phyllis, *States of Belonging : German-American Intellectuals and the First World War*, Cambridge, Mass., Harvard University Press, 1979.

Kendi, Ibram X, *Stamped from the Beginning : The Definitive History of Racist Ideas in America*, New York, Nation Books, 2016.

Kent, Pauline, « An Appendix to *The Chrysanthemum and the Sword* : A Bibliography », *Japan Review* 6 (1995), p. 107-125.

—, « Japanese Perceptions of *The Chrysanthemum and the Sword* », *Dialectical Anthropology* 24, n° 2 (1999), p. 181-192.

—, « Ruth Benedict's Original Wartime Study of the Japanese », *International Journal of Japanese Sociology* 3, n° 1 (1994), p. 81-97.

Kluchin, Rebecca M., *Fit to Be Tied : Sterilization and Reproductive Rights in America, 1950-1980*, New Brunswick, Rutgers University Press, 2009.

Kluckhohn, Clyde, *Ralph Linton, 1893-1953*, Washington, D.C., National Academy of Sciences, 1958.

Kroeber, A. L., *Anthropology*, New York, Harcourt, Brace and Co., 1923.

—, « Review of *Patterns of Culture* », *American Anthropologist* 37 (nouv. série), n° 4, part. 1 (octobre-décembre 1935), p. 689-690.

—, « The Superorganic », *American Anthropologist* 19, n° 2 (avril-juin 1917), p. 163-213

—, « Totem and Taboo : An Ethnologic Psychoanalysis », *American Anthropologist* 22, n° 1 (janvier-mars 1920), p. 48-55.

Kroeber, A. L., Ruth Benedict, Murray B. Emeneau, Melville J. Herskovits, Gladys A. Reichard, et J. Alden Mason, *Franz Boas, 1858-1942*, numéro spécial de l'*American Anthropologist* 45, n° 3, part. 2 (juillet-septembre 1943).

Kroeber, A. L., et Clifton Kroeber, éd., *Ishi in Three Centuries*, Lincoln, University of Nebraska Press, 2003.

Kroeber, Theodora, *Ishi in Two Worlds*, Berkeley, University of California Press, 1961. [*Ishi : Testament du dernier Indien sauvage de l'Amérique du Nord*, trad. J. B. Hess, Paris, Plon, 1991.]

Kuechler, Manfred, « The NSDAP Vote in the Weimar Republic : An Assessment of the State-of-the-Art in View of Modern Electoral Research », *Historical Social Research/Historische Sozialforschung* 17, n° 1 (1992), p. 22-52.

Kühl, Stefan, *The Nazi Connection : Eugenics, American Racism, and German National Socialism*, Oxford, Oxford University Press, 1994.

Kuklick, Henrika, éd., *A New History of Anthropology*, Oxford, Blackwell, 2008.

Laland, Kevin N., *Darwin's Unfinished Symphony*, Princeton, Princeton University Press, 2017.

Lapsley, Hilary, *Margaret Mead and Ruth Benedict. The Kinship of Women*, Amherst, Mass., University of Massachusetts Press, 1999.

Laughlin, Harry H., *The Second International Exhibition of Eugenics*, Baltimore, Williams and Wilkins Co., 1923.

Laurière, Christine, « Anthropology and Politics, the Beginnings : The Relations Between Franz Boas and Paul Rivet (1919-42) », *Histories of Anthropology Annual* 6 (2010), p. 225-252.

Leavitt, John, « The Shapes of Modernity : On the Philosophical Roots of Anthropological Doctrines », *Culture* 11, n° 1-2 (1991), p. 29-42.

Leeds-Hurwitz, Wendy, *Rolling in Ditches with Shamans : Jaime de Angulo and the Professionalization of American Anthropology*, Lincoln, University of Nebraska Press, 2004.

Leighton, Alexander H., *The Governing of Men : General Principles and Recommendations Based on Experience at a Japanese Relocation Camp*, Princeton, Princeton University Press, 1945.

Leonard, Thomas C., *Illiberal Reformers : Race, Eugenics, and American Economics in the Progressive Era*, Princeton, Princeton University Press, 2016.

Lévi-Strauss, Claude, *Tristes tropiques*, Paris, Plon, 1955.

Lewis, Herbert S., « Boas, Darwin, Science, and Anthropology », *Current Anthropology* 42, n° 3 (juin 2001), p. 381-406.

—, « The Misrepresentation of Anthropology and Its Consequences », *American Anthropologist* 100, n° 3 (septembre 1998), p. 716-731.

—, « The Passion of Franz Boas », *American Anthropologist* 103, n° 2 (juin 2001), p. 447-467.

Linton, Ralph, *The Study of Man : An Introduction*, New York, D. Appleton-Century Company, 1936.

Lipset, David, *Gregory Bateson : The Legacy of a Scientist*, Boston, Beacon Press, 1982.

—, « Rereading *Sex and Temperament* : Margaret Mead's Sepik Triptych and Its Ethnographic Critics », *Anthropological Quarterly* 76, n° 4 (2003), p. 693-713.

Lombardo, Paul A., *Three Generations, No Imbeciles : Eugenics, the Supreme Court, and* Buck v. Bell, Baltimore, Johns Hopkins University Press, 2008.

Longerich, Peter, *Holocaust : The Nazi Persecution and Murder of the Jews*, Oxford, Oxford University Press, 2010.
Lovett, Laura L., *Conceiving the Future : Pronatalism, Reproduction, and the Family in the United States, 1890-1938*, Chapel Hill, University of North Carolina Press, 2007.
Lowie, Robert H., « American Contributions to Anthropology », *Science* 100, nº 2598 (13 octobre 1944), p. 321-327.
—, *Franz Boas, 1858-1942*, Washington, D.C., National Academy of Sciences, 1947.
—, « Review of *Coming of Age in Samoa* », *American Anthropologist* 31 (1929), p. 532-534.
Loyer, Emmanuelle, *Lévi-Strauss*, Paris, Flammarion, 2015.
Luebke, Frederick C., *Bonds of Loyalty : German-Americans and World War I*, DeKalb, Northern Illinois University Press, 1974.
Lutkehaus, Nancy C., *Margaret Mead : The Making of an American Icon*, Princeton, Princeton University Press, 2008.
Lynd, Robert S., et Helen Merrell Lynd, *Middletown : A Study in Contemporary American Culture*, New York, Harcourt, Brace & Co., 1929. [*Middletown : ethnographie de l'Américain moyen*, trad. F. Alter, Paris, Éditions du Carrefour, 1931.]
Lyons, Andrew P., et D. Lyons, *Irregular Connections : A History of Anthropology and Sexuality*, Lincoln, University of Nebraska Press, 2004.
Madley, Benjamin, *An American Genocide : The United States and the California Indian Catastrophe, 1846-1873*, New Haven, Yale University Press, 2016. [À paraître en français aux Éditions Albin Michel.]
Malinowski, Bronislaw, *Argonauts of the Western Pacific*, New York, Routledge, 2014 [1922]. [*Les Argonautes du Pacifique occidental*, trad. A. et S. Devyver, Paris, Gallimard, 1993.]
Mandler, Peter, *Return from the Natives : How Margaret Mead Won the Second World War and Lost the Cold War*, New Haven, Yale University Press, 2013.
Martin, Susan F., *A Nation of Immigrants*, Cambridge, Cambridge University Press, 2011.
Mason, Otis T., « The Occurrence of Similar Inventions in Areas Widely Apart », *Science* 9, nº 226 (3 juin 1887), p. 534-535.

McCaughey, Robert A., *Stand, Columbia : A History of Columbia University in the City of New York, 1754-2004*, New York, Columbia University Press, 2003.

Mead, Margaret, *And Keep Your Powder Dry : An Anthropologist Looks at America*, New York, William Morrow, 1942.

—, *An Anthropologist at Work : Writings of Ruth Benedict*, Boston, Houghton Mifflin, 1959.

—, « An Anthropologist Looks at Our Marriage Laws », *Virginia Law Weekly Dicta* 2, n° 3 (6 octobre 1949), 1, p. 4.

—, « Are Children Savages ? », *Mademoiselle* (juillet 1948), 33, p. 110-111.

—, *Blackberry Winter : My Earlier Years*, New York, Simon and Schuster, 1972. [*Du givre sur les ronces, autobiographie*, trad. M. Matignon, Paris, Seuil, 1977.]

—, « Broken Homes », *Nation* (27 février 1929), p. 253-255.

—, *The Changing Culture of an Indian Tribe*, New York, Columbia University Press, 1932.

—, *Coming of Age in Samoa : A Psychological Study of Primitive Youth for Western Civilization*, New York, Perennial Classics, 2001 [1928]. [« Adolescence à Samoa », trad. G. Chevassus, in *Mœurs et sexualité en Océanie*, Paris, Plon, 1963.]

—, « An Ethnologist's Footnote to *Totem and Taboo* », *Psychoanalytic Review* 17, n° 3 (juillet 1930), p. 297-304.

—, *Growing Up in New Guinea : A Comparative Study of Primitive Education*, New York, Perennial Classics, 2001 [1930]. [*Une éducation en Nouvelle-Guinée*, trad. A. Gazio, Paris, Payot, 1973.]

—, « Jealousy : Primitive and Civilised », in *Woman's Coming of Age*, éd. S.D. Schmalhausen et V.F. Calverton, New York, Liveright, 1931, p. 35-48.

—, « A Lapse of Animism Among a Primitive People », *Psyche* 33 (juillet 1928), p. 72-77.

—, *Letters from the Field, 1925-1975*, New York, Perennial, 2001 [1977]. [*Écrits sur le vif : lettres, 1925-1975*, trad. J. Faure-Cousin, Paris, Denoël-Gonthier, 1980.]

—, « Life as a Samoan Girl », in *All True ! The Record of Actual Adventures That Have Happened to Ten Women of Today*, New York, Brewer, Warren, and Putnam, 1931.

—, *Male and Female*, New York, Perennial, 2001 [1949]. [*L'Un et l'Autre Sexe*, trad. C. Lancelot et H. Etienne, Paris, Gontier, 1966.]

—, *The Maoris and Their Arts*, American Museum of Natural History Guide Leaflet Series, nº 71 (mai 1928).

—, « Melanesian Middlemen », *Natural History* 30, nº 3 (mars-avril 1930), p. 115-130.

—, « The Methodology of Racial Testing : Its Significance for Sociology », *American Journal of Sociology* 31, nº 5 (mars 1926), p. 657-667.

—, « More Comprehensive Field Methods », *American Anthropologist* 35, nº 1 (janvier-mars 1933), p. 1-15.

—, *The Mountain Arapesh*, 2 vols, New Brunswick, Transaction, 2002 [1938].

—, « Must Marriage Be for Life ? », *'47 : The Magazine of the Year* 1, nº 9 (novembre 1947), p. 28-31.

—, « Review of *Patterns of Culture* by Ruth Benedict », *Nation*, 12 décembre 1934, p. 686.

—, *Sex and Temperament in Three Primitive Societies*, New York, Harper Perennial, 2001 [1935]. [« Trois sociétés primitives de Nouvelle-Guinée », in *Mœurs et sexualité en Océanie*, trad. G. Chevassus, Paris, Plon, 2004 (1963).]

—, « Social Change and Cultural Surrogates », *Journal of Educational Sociology* 14, nº 2 (octobre 1940), p. 92-109.

—, *Social Organization of Manua*, Honolulu, Bernice P. Bishop Museum, 1930.

—, *et al.*, « Culture and Personality », *American Journal of Sociology* 42, nº 1 (juillet 1936), p. 84-87.

Menand, Louis, *The Metaphysical Club : A Story of Ideas in America*, New York, Farrar, Straus and Giroux, 2001.

Meyer, Annie Nathan, *Barnard Beginnings*, Boston, Houghton Mifflin, 1935.

—, *It's Been Fun : An Autobiography*, New York, Henry Schuman, 1951.

Meyerowitz, Joanne, « "How Common Culture Shapes the Separate Lives": Sexuality, Race, and Mid-Twentieth-Century Social Constructionist Thought », *Journal of American History* 96, nº 4 (mars 2010), p. 1057-1084.

Mikell, Gwendolyn, « When Horses Talk : Reflections on Zora Neale Hurston's Haitian Anthropology », *Phylon* 43, nº 3 (1982), p. 218-230.

Miller, Vivien M. L., *Crime, Sexual Violence, and Clemency : Florida's Pardon Board and Penal System in the Progressive Era*, Gainesville, University Press of Florida, 2000.

Millman, Chad, *The Detonators : The Secret Plot to Destroy America and an Epic Hunt for Justice*, New York, Little, Brown, 2006.

Molloy, Maureen A., *On Creating a Usable Culture : Margaret Mead and the Emergence of American Cosmopolitanism*, Honolulu, University of Hawai'i Press, 2008.

Morgan, Lewis Henry, *Ancient Society; or, Researches in the Lines of Human Progress from Savagery Through Barbarism to Civilization*, Cleveland, World Publishing Co., 1963 [1877]. [*La Société archaïque*, trad. H. Jaouiche, Paris, Anthropos, 1971.]

—, *League of the Ho-de'-no-sau-nee or Iroquois*, 2 vols, nouv. éd., New York, Burt Franklin, 1966 [1851].

Mormino, Gary R., *Land of Sunshine, State of Dreams : A Social History of Modern Florida*, Gainesville, University Press of Florida, 2005.

Morris, Aldon D., *The Scholar Denied : W. E. B. Du Bois and the Birth of Modern Sociology*, Berkeley, University of California Press, 2015.

Mukherjee, Siddhartha, *The Gene : An Intimate History*, New York, Scribner, 2016. [*Il était une fois le gène*, trad. P. Kaldy, Paris, Flammarion, 2020.]

Müller-Wille, Ludger, *The Franz Boas Enigma : Inuit, Arctic, and Sciences*, Montréal, Baraka Books, 2014.

—, éd., *Franz Boas Among the Inuit of Baffin Island, 1883-1884 : Journals and Letters*, trad. William Barr, Toronto, University of Toronto Press, 1998.

Murray, Stephen O., *American Anthropology and Company : Historical Explorations*, Lincoln, University of Nebraska Press, 2013.

Nadel, Stanley, *Little Germany : Ethnicity, Religion, and Class in New York City, 1845-1880*, Urbana, University of Illinois Press, 1990.

Newkirk, Pamela, *Spectacle : The Astonishing Life of Ota Benga*, New York, Amistad, 2015.

Nott, Josiah Clark, et George R. Gliddon, éd., *Types of Mankind : Ethnological Researches Based Upon the Ancient Monuments, Paintings, Sculptures, and Crania of Races, and Upon Their Natural, Geographical, Philological, and Biblical History*, 4e éd., Philadelphie, Lippincott, Grambo, 1854.

Ortiz, Paul, *Emancipation Betrayed : The Hidden History of Black Organizing and White Violence in Florida from Reconstruction to the Bloody Election of 1920*, Berkeley, University of California Press, 2005.

Painter, Nell Irvin, *The History of White People*, New York, W. W. Norton, 2010. [*Histoire des Blancs*, trad. G. Barrère et T. Gillybœuf, Paris, Max Milo, 2019.]

Paris, Leslie, *Children's Nature : The Rise of the American Summer Camp*, New York, New York University Press, 2008.

Parsons, Elsie Clews, *Fear and Conventionality*, New York, G. P. Putnam's Sons, 1914.

—, *Social Freedom : A Study of the Conflicts Between Social Classifications and Personality*, New York, G. P. Putnam's Sons, 1915.

Paxson, Margaret, *Solovyovo : The Story of Memory in a Russian Village*, Bloomington, Indiana University Press, 2005.

Powell, John Wesley, *The Exploration of the Colorado River*, Garden City, New York, Anchor Books, 1961 [1875]. [*Les Canyons du Colorado*, adapté par G. Wagman et M. de Gouvenain, Arles, Actes Sud, 1994.]

—, « From Barbarism to Civilization », *American Anthropologist* 1, nº 2 (avril 1888), p. 97-123.

—, « Museums of Ethnography and Their Classification », *Science* 9, nº 229 (24 juin 1887), p. 612-614.

Prahlad, Sw. Anand, « Africana Folklore : History and Challenges », *Journal of American Folklore* 118, nº 469 (2005), p. 253-270.

Price, David H., *Anthropological Intelligence : The Deployment and Neglect of American Anthropology in the Second World War*, Durham, N.C., Duke University Press, 2008.

—, « Anthropologists as Spies », *Nation* (2 novembre 2000), en ligne.

—, *Cold War Anthropology : The CIA, the Pentagon, and the Growth of Dual Use Anthropology*, Durham, N.C., Duke University Press, 2016.

—, *Threatening Anthropology : McCarthyism and the FBI's Surveillance of Activist Anthropologists*, Durham, N.C., Duke University Press, 2004.

Ramsey, Kate, *The Spirits and the Law : Vodou and Power in Haiti*, Chicago, University of Chicago Press, 2011.

Rapport, Mike, *1848 : Year of Revolution*, New York, Basic Books, 2008.

Redman, Samuel J., *Bone Rooms : From Scientific Racism to Human Prehistory in Museums*, Cambridge, Mass., Harvard University Press, 2016.

Reilly, Philip R., *The Surgical Solution : A History of Involuntary Sterilization in the United States*, Baltimore, Johns Hopkins University Press, 1991.

Renda, Mary A., *Taking Haiti : Military Occupation and the Culture of U.S. Imperialism, 1915-1940*, Chapel Hill, University of North Carolina Press, 2001.

Reports of the Immigration Commission : Abstracts of Reports of the Immigration Commission, 2 vols, Washington, D.C., U.S. Government Printing Office, 1911.

Reports of the Immigration Commission : Changes in Bodily Form of Descendants of Immigrants, Washington, D.C., U.S. Government Printing Office, 1911.

Reports of the Immigration Commission : Dictionary of Races or Peoples, Washington, D.C., U.S. Government Printing Office, 1911.

Ripley, William Z., *The Races of Europe : A Sociological Study*, New York, D. Appleton & Co., 1899.

—, *A Selected Bibliography of the Anthropology and Ethnology of Europe*, New York, D. Appleton & Co., 1899.

Rivet, Paul, « Franz Boas », *Renaissance* 1, n° 2 (1943), p. 313-314.

—, « Tribute to Franz Boas », *International Journal of American Linguistics* 24, n° 4 (1958), p. 251-252.

Rohner, Ronald P., éd., *The Ethnography of Franz Boas : Letters and Diaries of Franz Boas Written on the Northwest Coast from 1886 to 1931*, Chicago, University of Chicago Press, 1969.

Roscoe, Paul, « Margaret Mead, Reo Fortune, and Mountain Arapesh Warfare », *American Anthropologist* 105, n° 3 (septembre 2003), p. 581-591.

Rosenberg, Rosalind, *Changing the Subject : How the Women of Columbia Shaped the Way We Think About Sex and Politics*, New York, Columbia University Press, 2004.

Rosenthal, Michael, *Nicholas Miraculous : The Amazing Career of the Redoubtable Dr. Nicholas Murray Butler*, New York, Columbia University Press, 2015.

Ross, Dorothy, *G. Stanley Hall : The Psychologist as Prophet*, Chicago, University of Chicago Press, 1972.

Ryback, Timothy W., *Hitler's Private Library : The Books That Shaped His Life*, New York, Alfred A. Knopf, 2008. [*Dans la bibliothèque privée d'Hitler : les livres qui ont modelé sa vie*, trad. G. Morris-Dumoulin, Paris, Le Cherche-Midi, 2009.]

Sackman, Douglas Cazaux, *Wild Men : Ishi and Kroeber in the Wilderness of Modern America*, Oxford, Oxford University Press, 2010.

Sanger, Margaret, *The Pivot of Civilization*, New York, Brentano's, 1922.

Sapir, Edward, « Culture, Genuine and Spurious », *American Journal of Sociology* 29, n° 4 (janvier. 1924), p. 401-429.
—, *Culture, Language, and Personality : Selected Essays*, éd. David G. Mandelbaum, Berkeley, University of California Press, 1949.
—, « Do We Need a "Superorganic" ? », *American Anthropologist* 19, n° 3 (juillet-septembre 1917), p. 441-447.
—, « Franz Boas », *New Republic*, 23 janvier 1929, p. 278-279.
—, *Language : An Introduction to the Study of Speech*, New York, Harcourt, Brace & Co., 1921. [*Le Langage : introduction à l'étude de la parole*, trad. S. M. Guillemin, Paris, Payot, 1967.]
—, « Observations on the Sex Problem in America », *American Journal of Psychiatry* 85, n° 3 (1928), p. 519-534.
—, *Time Perspective in Aboriginal American Culture : A Study in Method*, Canada Department of Mines, Geological Survey Memoir n° 9, Ottawa, Government Printing Bureau, 1916.
—, « Why Cultural Anthropology Needs the Psychiatrist », *Psychiatry* 64, n° 1 (2001) [1938], p. 2-10.
Sargeant, Winthrop, « It's All Anthropology », *New Yorker*, 30 décembre 1961.
Sargent, Porter, *A Handbook of Summer Camps*, 12e éd., Boston, Porter Sargent, 1935.
Schmalhausen, Samuel D., et V. F. Calverton, éd., *Woman's Coming of Age : A Symposium*, New York, Horace Liveright, 1931.
Schmerler, Gil, *Henrietta Schmerler and the Murder That Put Anthropology on Trial*, Eugene, Ore., Scrivana Press, 2017.
Seabrook, W. B., *The Magic Island*, New York, Literary Guild of America, 1929. [*L'Île magique, les mystères du vaudou*, trad. F. M. Watkins, Paris, J'ai lu, 1971.]
Sellers, Sean, et Greg Asbed, « The History and Evolution of Forced Labor in Florida Agriculture », *Race/Ethnicity : Multidisciplinary Global Contexts* 5, n° 1 (automne 2011), p. 29-49.
Seltzer, William, et Margo Anderson, « After Pearl Harbor : The Proper Role of Population Data Systems in Time of War », article inédit, 2000, https://margoanderson.org/govstat/newpaa.pdf.
Settle, Dionyse, *Laste Voyage into the West and Northwest Regions*, New York, Da Capo Press, 1969 [1577]. [*Recueil de voyages au nord*, 8 vols, Amsterdam, trad. J. F. Bernard, 1715-1727.]

Shankman, Paul, « The "Fateful Hoaxing" of Margaret Mead », *Current Anthropology* 54, n° 1 (février 2013), p. 51-70.
—, *The Trashing of Margaret Mead : Anatomy of an Anthropological Controversy*, Madison, University of Wisconsin Press, 2009.
Simpson, George Eaton, *Melville J. Herskovits*, New York, Columbia University Press, 1973.
Sinclair, Upton, *The Goose-Step : A Study of American Education*, Pasadena, Calif., publié par l'auteur, 1923.
Singer, Audrey, « Contemporary Immigrant Gateways in Historical Perspective », *Daedalus* (été 2013), p. 76-91.
Smith, J. David, *Minds Made Feeble : The Myth and Legacy of the Kallikaks*, Rockville, Md., Aspen Systems Corp., 1985.
Sparks, Corey S., et Richard L. Jantz, « A Reassessment of Human Cranial Plasticity : Boas Revisited », *Proceedings of the National Academy of Sciences* 99, n° 23 (novembre 2002), p. 14636-14639.
—, « Changing Times, Changing Faces : Franz Boas' Immigrant Study in Modern Perspective », *American Anthropologist* 105, n° 2 (juin 2003), p. 333-337.
Spicer, Edward H., « The Use of Social Scientists by the War Relocation Authority », *Applied Anthropology* 5, n° 2 (printemps 1946), p. 16-36.
Spiller, G., éd., *Papers on Inter-Racial Problems Communicated to the First Universal Races Congress*, Londres, P. S. King & Son, 1911.
Spindel, Carol, *Dancing at Halftime : Sports and the Controversy over American Indian Mascots*, New York, New York University Press, 2000.
Spiro, Jonathan Peter, *Defending the Master Race : Conservation, Eugenics, and the Legacy of Madison Grant*, Burlington, University of Vermont Press, 2009.
Starn, Orin, « Engineering Internment : Anthropologists and the War Relocation Authority », *American Ethnologist* 13, n° 4 (novembre 1986), p. 700-720.
—, *Ishi's Brain : In Search of America's Last « Wild » Indian*, New York, W. W. Norton, 2004.
Stern, Alexandra Minna, *Eugenic Nation : Faults and Frontiers of Better Breeding in America*, Berkeley, University of California Press, 2005.
Stern, Fritz, *Five Germanys I Have Known*, New York, Farrar, Straus and Giroux, 2006.
Steward, Julian H., *Alfred Kroeber*, New York, Columbia University Press, 1973.

Stewart, Jeffrey C., *The New Negro : The Life of Alain Locke*, Oxford, U.K., Oxford University Press, 2018.
Stocking, George W., Jr., éd., *American Anthropology, 1921-1945*, Lincoln, University of Nebraska Press, 1976.
—, éd., *Bones, Bodies, Behavior : Essays on Biological Anthropology*, Madison, University of Wisconsin Press, 1988.
—, *The Ethnographer's Magic and Other Essays in the History of Anthropology*, Madison, University of Wisconsin Press, 1992.
—, éd., *Functionalism Historicized : Essays on British Social Anthropology*, Madison, University of Wisconsin Press, 1984.
—, éd., *Malinowski, Rivers, Benedict, and Others : Essays on Culture and Personality*, Madison, University of Wisconsin Press, 1986.
—, éd., *Observers Observed : Essays on Ethnographic Fieldwork*, Madison, University of Wisconsin Press, 1983.
—, éd., *Romantic Motives : Essays on Anthropological Sensibility*, Madison, University of Wisconsin Press, 1989.
—, éd., *The Shaping of American Anthropology, 1883-1911 : A Franz Boas Reader*, New York, Basic Books, 1974.
—, éd., *Volksgeist as Method and Ethic : Essays on Boasian Ethnography and the German Anthropological Tradition*, Madison, University of Wisconsin Press, 1996.
Sussman, Robert Wald, *The Myth of Race : The Troubling Persistence of an Unscientific Idea*, Cambridge, Mass., Harvard University Press, 2014.
Suzuki, Peter T., « Anthropologists in Wartime Camps for Japanese Americans : A Documentary Study », *Dialectical Anthropology* 6, nº 1 (1981), p. 23-60.
—, « Overlooked Aspects of *The Chrysanthemum and the Sword* », *Dialectical Anthropology* 24, nº 2 (1999), p. 217-232.
—, « Ruth Benedict, Robert Hashima, and *The Chrysanthemum and the Sword* », *Research : Contributions to Interdisciplinary Anthropology* 3 (1985), p. 55-69.
Taylor, C. J., « First International Polar Year, 1882-83 », *Arctic* 34, nº 4 (décembre 1981), p. 370-376.
Taylor, Yuval, *Zora and Langston : A Story of Friendship and Betrayal*, New York, W. W. Norton, 2019.
Tcherkézoff, Serge, « A Long and Unfortunate Voyage Towards the "Invention" of the Melanesia/Polynesia Distinction, 1595-1832 », *Journal of Pacific History* 38, nº 2 (septembre 2003), p. 175-196.

Teslow, Tracy, *Constructing Race : The Science of Bodies and Cultures in American Anthropology*, Cambridge, U.K., Cambridge University Press, 2014.

Thomas, Caroline, « Rediscovering Reo : Reflections on the Life and Anthropological Career of Reo Franklin Fortune », *Pacific Studies* 32, nº 2-3 (juin-septembre 2009), p. 299-324.

Toulmin, Stephen, « The Evolution of Margaret Mead », *New York Review of Books*, 6 décembre 1984.

Tozzer, Alfred M., *Biographical Memoir of Frederic Ward Putnam, 1839-1915*, Washington, D.C., National Academy of Sciences, 1935.

Tylor, Edward Burnett, *Anthropology*, New York, D. Appleton & Co., 1920 [1881].

—, *Primitive Culture : Researches into the Development of Mythology, Philosophy, Religion, Language, Art and Custom*, 3ᵉ éd. américaine, 2 vols, New York, H. Holt, 1883 [1871]. [*La Civilisation primitive*, trad. P. Brunet et E. Barbier, 2 vols, Paris, C. Reinwald, 1876-1878, nouv. éd., A. Cortes, 1920.]

United States Department of War, *Final Report : Japanese Evacuation from the West Coast, 1942*, New York, Arno Press, 1978 [1943].

Valentine, Lisa Philips, et Regna Darnell, éd., *Theorizing the Americanist Tradition*, Toronto, University of Toronto Press, 1999.

Van Slyck, Abigail A., *A Manufactured Wilderness : Summer Camps and the Shaping of American Youth, 1890-1960*, Minneapolis, University of Minnesota Press, 2006.

Vaughan, Alden T., *Transatlantic Encounters : American Indians in Britain, 1500-1776*, Cambridge, U.K., Cambridge University Press, 2006.

Vermeulen, Han F., *Before Boas : The Genesis of Ethnography and Ethnology in the German Enlightenment*, Lincoln, University of Nebraska Press, 2015.

Walker, Alice, « In Search of Zora Neale Hurston », *Ms. Magazine*, mars 1975, p. 74-89.

Walker, James R., *Lakota Belief and Ritual*, éd. par Raymond J. DeMallie et Elaine A. Jahner, Lincoln, University of Nebraska Press, 1980.

—, *Lakota Myth*, éd. par Elaine A. Jahner, nouv. éd., Lincoln, University of Nebraska Press, 1983.

—, *Lakota Society*, éd. par Raymond J. DeMallie, Lincoln, University of Nebraska Press, 1982.

—, *The Sun Dance and Other Ceremonies of the Oglala Division of the Teton Dakota*, New York, American Museum of Natural History, 1917.

Washburn, Wilcomb E., *The Cosmos Club of Washington : A Centennial History, 1878-1978*, Washington, D.C., Cosmos Club, 1978.

Weiss-Wendt, Anton, et Rory Yeomans, éd., *Racial Science in Hitler's New Europe, 1938-1945*, Lincoln, University of Nebraska Press, 2013.

Weitz, Eric D., *Weimar Germany : Promise and Tragedy*, nouv. éd., Princeton, Princeton University Press, 2013.

Westbrook, Laurel, et Aliya Saperstein, « New Categories Are Not Enough : Rethinking the Measurement of Sex and Gender in Social Surveys », *Gender and Society* 29, nº 4 (2015), p. 534-560.

White, Leslie A., « The Ethnography and Ethnology of Franz Boas », *Bulletin of the Texas Memorial Museum* 6 (avril 1963), p. 1-76.

White, Marian Churchill, *A History of Barnard College*, New York, Columbia University Press, 1954.

White, Richard, *The Republic for Which It Stands : The United States During Reconstruction and the Gilded Age, 1865-1896*, Oxford, U.K., Oxford University Press, 2017.

Whitman, James Q., *Hitler's American Model : The United States and the Making of Nazi Race Law*, Princeton, Princeton University Press, 2017. [*Le Modèle américain d'Hitler: comment les lois raciales américaines inspirèrent les nazis*, trad. C. Jacquet, Paris, A. Colin, 2018.]

Winkler, Allan M., *The Politics of Propaganda : The Office of War Information, 1942-1945*, New Haven, Yale University Press, 1978.

Woodbury, Richard B., et Nathalie F. S. Woodbury, « The Rise and Fall of the Bureau of American Ethnology », *Journal of the Southwest* 41, nº 3 (automne 1999), p. 283-296.

Woodson, Carter G., *The African Background Outlined*, Washington, D.C., Association for the Study of Negro Life and History, 1936.

Wulf, Andrea, *The Invention of Nature : Alexander von Humboldt's New World*, New York, Knopf, 2015. [*L'Invention de la nature: les aventures d'Alexander von Humboldt*, trad. F. Herz, Lausanne, Noir sur blanc, 2017.]

Young, Michael W., *Malinowski : Odyssey of an Anthropologist, 1884-1920*, New Haven, Yale University Press, 2004.

Young, Virginia Heyer, *Ruth Benedict : Beyond Relativity, Beyond Pattern*, Lincoln, University of Nebraska Press, 2005.

Yudell, Michael, *et al.*, « Taking Race Out of Human Genetics », *Science* 351, nº 6273 (5 février 2016), p. 564-565.

Zeidel, Robert F., *Immigrants, Progressives, and Exclusion Politics : The Dillingham Commission, 1900-1927*, DeKalb, Northern Illinois University Press, 2004.

Zumwalt, Rosemary Lévy, *Wealth and Rebellion : Elsie Clews Parsons, Anthropologist and Folklorist*, Urbana, University of Illinois Press, 1992.

Zumwalt, Rosemary Lévy, et William Shedrick Willis, *Franz Boas and W. E. B. Du Bois at Atlanta University, 1906*, Philadelphie, American Philosophical Society, 2008.

INDEX

(**en gras** : noms de lieux, *en italique* : noms de peuples ou de tribus)

Afrique, 29, 37, 38, 57, 89, 106, 108, 112, 117, 130, 183, 199, 256, 258, 263, 340, 344, 345, 352
Afrique de l'Ouest, 341, 352
Afrique du Sud, 112
Agassiz, Louis, 86, 110, 111, 113, 116
Alabama, 110, 233-235, 245, 249, 251
Algonquins, 87
Allemagne, 17, 23, 29, 31, 32, 37, 47, 49, 53, 55, 66, 67, 70, 91, 138-141, 143, 144, 147, 173, 254, 361, 371, 379, 380, 382, 389, 390
Ambunti, 310-313
Amérique du Sud, 92, 344
Amirauté (îles de l'), 210, 258, 261
Anarnitung, 47
Apaches, 281, 306
Arabes, 66, 120
Arapeshs, 307
Arcahaie, 342, 346, 348, 349, 353
Arendt, Hannah, 417
Aristote, 57
Arizona, 306, 394, 395
Arméniens, 112
Arnaq, 40
Arthur, Chester A., 50
Aryens, 59, 371, 373, 375
Ash Can Cats, 163, 164, 239, 316, 412
Asiatiques, 121, 391
Asie, 12, 89, 100, 106, 144
Asuegi, 189
Auschwitz-Birkenau, 385
Austen, Jane, 417
Australie, 183, 319
Autriche, 140, 183

Baffin (île de), 37-39, 41, 45, 46, 48, 55, 57, 66, 69-71, 75, 77-79, 81, 91, 101, 128, 135, 270
Bahamas, 251
Baldwin, James, 410

Bali, 360, 361, 364, 381
Barnard, Frederick A. P., 149
Barrymore, John, 164
Bastian, Adolf, 67
Bateson, Mary Catherine, 381, 384, 415, 423
Bateson, William, 213, 310
Bédouins, 92
Beethoven, Ludwig van, 138, 267
Belgique, 138, 407
Bella Coolas (*Nuxalts*), 68, 76
Bell, Alexander Graham, 218
Bellamy, Francis J., 373
Belo, Jane, 364, 365, 409
Benedict, Ruth Fulton, 14, 23, 24, 151-160, 165-167, 170, 172, 177-181, 191, 192, 194, 195, 198, 199, 208, 210, 211, 223, 232, 241, 249, 250, 254, 255, 259-261, 266, 273, 275, 277, 290, 292-295, 298, 301, 302, 305, 308-311, 313-320, 322-330, 334, 335, 338, 344, 348, 353, 359, 360, 363, 366, 369, 370, 372, 377, 380, 381, 383, 386-392, 397-409, 412, 417-419
Benedict, Stanley, 38, 81, 152, 158, 160, 171, 215, 223, 282, 304, 322, 380
Benga, Ota, 271
Bertillon, Alphonse, 90
Betty (Inuite), 43, 270, 415
Binet, Alfred, 216
Bismarck, Otto von, 30, 307
Biwats, 426, *voir aussi Mundugumors*
Blaine, James G., 50
Bloom, Allan, 416-418
Bloomfield, Marie, 165
Blumenbach, Johann, 106, 107, 109, 111, 113, 136
Boas, Ernst, 84, 85, 146, 147
Boas, Franz, 11-13, 19-26, 29-45, 47-51, 53-55, 57, 60, 66-79, 81-87, 90, 91, 93-107, 110, 117, 122-144, 146-148, 150, 151, 153-158, 160, 165-176, 178, 179, 190, 192, 194, 198-201, 207-209, 212, 213, 215, 218, 221-224, 228, 229, 231, 232, 238, 241, 242, 246, 248-252, 254, 257-262, 265-271, 274, 275, 277, 280, 284, 285, 287-299, 301-304, 306, 316, 323, 325, 329-331, 334, 338, 344, 357, 358, 360, 365, 366, 369-372, 374, 376-380, 382-386, 402, 403, 405-408, 411-415, 417-421, 423-426
Boas, Gertrude, 101, 266
Boas, Hedwig, 98, 267
Boas, Heinrich, 266, 374
Boas, Helene, 79, 85
Boas, Henry, 38, 60, 101, 125, 143, 184, 214, 276, 304, 374, 376, 394
Boas, Marie Krackowizer (épouse), 46, 67, 68, 72, 78, 79, 84, 85, 91, 98, 101, 123, 139, 267, 301
Boas, Meier, 31, 38, 39, 49, 70, 371
Boas, Sophie Meyer, 31, 49, 57, 70, 371
Boas, Toni, 33, 144

Bonn, 33
Bontemps, Arna, 238
Brinton, Daniel G., 108
Broca, Paul, 88
Buck, Carrie, 218, 219, 221, 228, 418
Buffalo Bill, 97, 288
Bunzel, Ruth, 157, 294, 323
Butler, Nicholas Murray, 123-125, 141, 147, 148, 150, 287, 370

Californie, 83, 113, 120, 123, 156, 180, 218, 272, 302, 373, 394, 395
Canada, 154, 173
Cardozo, Benjamin, 149
Caroline du Sud, 256, 364-366
Carroll, Lewis, 73
Chamberlain, A. F., 85
Chambris, voir Chambulis, 426
Chambulis (Chambri), 312, 313, 317, 330, 333, 361
Chandler Harris, Joel, 255
Cherokees, 54
Chiricahuas (*Apaches*), 281
Clarke, Joe, 234, 242, 247, 263
Clark, Jonas Gilman, 82-86, 91, 105, 110, 171, 215, 223, 282, 285, 290
Cleveland, Grover, 50, 81
Cochise, 281
Colomb, Christophe, 86
Comox, 71-73
Congo belge, 112
Connecticut, 218
Cook, James, 182
Coolidge, Calvin, 187
Coontz, Robert, 187
Cornell, Ezra, 83
Covarrubias, Miguel, 260
Cox, James M., 243
Cressman, Luther, 163, 166, 177, 179, 181, 195, 198, 209, 211, 229, 314, 316, 317, 320, 427
Cullen, Countee, 238
Curtis, Edward S., 282
Cushing, Frank Hamilton, 157
Custer, George Armstrong, 287

Dakota du Nord, 218
Dakota du Sud, 139, 286, 287, 290, 293, 409
Dakotas Yanktonai, 286
Darrow, Clarence, 208
Darwin, Charles, 62, 65, 88, 110, 111
Davenport, Charles B., 217, 218, 220, 223
Daytona Beach (Floride), 406
Deloria, Ella Cara, 23, 285-288, 290-293, 295-299, 338, 409, 418, 425, 427
Deloria, Philip, 286
Descartes, René, 34
Dewitt, John L., 394
Diderot, Denis, 34
Dietrich, Marlene, 417
Dillingham, William P., 125, 127, 129, 135-137, 144
Dobu, 211, 229, 307, 323, 324
Doob, Leonard W., 389
Dorsey, James Owen, 276-278, 286, 289, 290
Dostoïevski, Fiodor, 25, 305, 322

Douglass, Frederick, 341
Du Bois, W. E. B., 135, 236, 239, 253, 345
Dumont d'Urville, Jules-Sébastien-César, 184
Duncan, Isadora, 164
Durham, Edith, 310

Eatonville (Floride), 233, 234, 240, 242, 247, 250, 260, 261, 303, 356, 364
Einstein, Albert, 23
Ellis Island, 127
Ellison, Ralph, 363, 364, 410
Embree, John, 390, 397
Engels, Friedrich, 62
Espagne, 149

Felix-Mentor, Felicia, 350-352, 354, 362
Fish, Leon J., 385
Fitzgerald, F. Scott, 121
Flaherty, Robert J., 202
Floride, 54, 139, 233, 234, 241-246, 248, 249, 251, 259, 274, 337, 354, 363, 406, 409-411
Fortune, Reo, 196-198, 208-211, 213, 218, 225, 228, 229, 231, 265, 275, 277, 293, 301, 303, 306-323, 328-330, 335, 338, 359, 362, 369, 412, 428
France, 17, 32, 146, 195, 198, 224, 341, 379, 385, 407
Frazer, James G., 58
Freeman, Margery, 408
Freud, Sigmund, 23, 224, 226, 371
Friedan, Betty, 415
Frobisher, Martin, 39
Fromm, Erich, 383

Gallup, George, 156, 383
Galton, Francis, 88, 117, 122
Gauguin, Paul, 182
Geertz, Clifford, 418
George III (roi d'Angleterre), 149
Gildersleeve, Virginia, 150, 238
Gobineau, Arthur de, 112, 116
Goddard, Henry H., 214-218, 220, 222, 223, 228, 376
Goethe, Johann W. von, 30, 138
Goldenweiser, Alexander, 124, 154
Gorer, Geoffrey, 390
Grant, Madison, 113-122, 125, 127, 142, 144-146, 149, 150, 173, 220, 252, 281, 374
Grant, Ulysses S., 100
Grèce, 62, 87, 282, 418
Grimm, Jacob et Wilhelm, 254, 255, 295
Groenland, 37, 41, 268, 269
Guam, 390
Guillaume (empereur d'Allemagne), 68

Haïti, 257, 341, 342, 344-349, 352-355, 357, 359, 362
Hall, Granville Stanley, 81, 82, 84, 85, 91, 165, 171, 215, 223, 267, 282, 283, 288, 304
Halsey, William, Jr, 391
Harding, Warren G., 243
Hashima, Robert Seido, 395, 397, 398, 403
Hawaï, 177, 181-183, 186, 187, 319

Heflin, James Thomas, 235
Heidelberg, 32, 33, 44
Heligoland, 32, 41
Hemasaka, 270
Herder, Johann G. von, 35, 175
Herskovits, Frances, 187, 343
Herskovits, Melville, 154, 232, 242, 257, 263, 273, 338, 341, 343-345, 352, 354
Higginbotham, Harlow N., 97
Hindenburg, Paul von, 371
Hirohito (empereur du Japon), 401
Hitler, Adolf, 23, 146, 371, 374, 376, 385, 405
Hodges, Nathaniel, 72
Hoffman, Frederick L., 72
Holmes, H. H., 98
Holmes, Oliver Wendell, Jr, 219
Holt (famille), 193
Hongrie, 183
Hoover, J. Edgar, 413
Hughes, Langston, 237, 238, 240, 249, 251, 259, 363, 364, 366, 411
Humboldt, Alexander von, 30, 35, 47
Hume, David, 34, 110
Hunt, George, 71, 270, 271
Hurst, Fannie, 239, 337
Hurston, John, 234, 247
Hurston, Lucy, 234
Hurston, Zora Neale, 9, 23, 233-242, 246-250, 256-263, 265, 266, 268, 274, 285, 289, 290, 293, 299, 301, 302, 337-343, 346, 348-358, 361-367, 378, 405, 406, 409-411, 418, 421

Iatmuls, 361, 362, 382
Idaho, 294, 394
Inde, 38, 406
Indes occidentales, 338
Indiana, 162, 218, 305, 424
Indiens d'Asie, 112
Inuits, 38-40, 42-48, 72, 96, 268, 269, 274
Iowa, 139, 218, 293
Iroquois, 61, 62, 66, 275, 284
Ishi, 272, 279, 298

Jacobi, Abraham, 40, 55, 57, 67, 69, 101
Jamaïque, 338, 339, 341, 357, 362
James, William, 223
Japon, 23, 183, 382, 389-392, 395, 397-404, 407
Japonais, 112, 143, 145, 274, 390, 391, 394, 398, 399, 402, 403
Jefferson, Thomas, 66, 109
Jesup, Morris K., 99, 100, 102, 144
Johnson, Virginia E., 414
Jong, Erica, 417
juifs, 30, 31, 67, 115, 121, 123, 127, 137, 138, 144, 149, 151, 173, 344, 371-373, 375, 376, 378, 385, 387, 418
Jung, Carl, 224

Kaleiopuu (roi d'Hawaï), 182
Kalengamas, 309
Kalicho, 40
Kallikak, Deborah; *voir* Wolverton, Emma, 214, 215, 222
Kansas, 218, 288
Kant, Emmanuel, 34, 35, 111

Kekerten (île), 41-45, 47
Kiel, 33, 35, 36, 44, 371
Kingston (Jamaïque), 338, 339, 357
Kinsey, Alfred, 414
Kipling, Rudyard, 118
Krieger, Heinrich, 374
Kroeber, Alfred, 123, 124, 154, 156, 208, 224, 252, 269, 271, 272, 302, 304, 326, 383
Kwakiutls (Kwakwaka'wakw), 70, 71, 93, 96, 97, 142, 248, 270, 271, 324, 379, 426

La Flesche, Francis, 286
Lakotas, 281, 286, 290
La Nouvelle-Orléans, 251, 260, 301, 341, 348, 353
Lazarus, Emma, 149
Leighton, Alexander, 396-397
Lénine, V. I., 23
Leonard, Thomas C., 389
Linné, Carl von, 106, 110
Linton, Ralph, 150, 369, 370, 386, 407
Livingstone, David, 38
Locke, Alain, 236, 238, 250, 363, 411
Locke, John, 34, 239, 363
Lockwood, Belva Ann, 50
Lodge, Henry Cabot, 125, 136
Lomax, Alan, 337, 363, 411
Loughman (Floride), 247, 261
Louis-Philippe (roi de France), 30
Lowie, Robert, 123, 154, 304, 383, 406
Low, Seth, 101
Lugosi, Bela, 349
Lynd, Helen, 305
Lynd, Robert, 305

MacArthur, Douglas, 402, 404
Maitland (Floride), 234, 250
Malaisie, 184, 199
Malais, 106, 184
Malinowski, Bronislaw, 183-186, 189, 193, 208, 209, 302
Manus, 211, 212, 225-228, 231, 261, 265, 277, 415
Marx, Karl, 62, 371
Mason, Charlotte Osgood, 250
Mason, Otis Tufton, 74, 75, 87, 231, 280
Masters, William H., 414
Mead, Edward, 12-14, 23, 29, 161-167, 169-172, 174, 176-181, 183, 185-193, 195, 197, 198, 200-205, 207-213, 218, 223-229, 231, 232, 237, 239, 247, 250, 259-261, 265, 266, 268, 273, 275, 277, 280, 282, 284, 287, 289, 293, 296, 299, 301, 302, 304-323, 326-331, 333-335, 337, 338, 355, 358-366, 371, 376, 380, 381, 383, 388-390, 398, 404, 406-419, 423, 424, 427, 428
Mead, Margaret, 12-14, 23, 29, 161-167, 169-172, 174, 176-181, 183, 185-193, 195, 197, 198, 200-205, 207-213, 218, 223-229, 231, 232, 237, 239, 247, 250, 259-261, 265, 266, 268, 273, 275, 277, 280, 282, 284, 287, 289, 293, 296, 299,

301, 302, 304-323, 326-331, 333-335, 337, 338, 355, 358-366, 371, 376, 380, 381, 383, 388-390, 398, 404, 406-419, 423, 424, 427, 428
Mélanésie, 183, 184, 209, 213, 307, 322
Mendel, Gregor Johann, 214, 310
Mexicains, 112, 272
Mexique, 52, 92, 156, 209, 265
Meyer, Alfred, 149
Meyer, Annie Nathan, 148, 149, 237, 244
Meyer, Jacob, 31, 48
Michigan, 85, 218, 268
Micronésie, 184
Millay, Edna St. Vincent, 163, 355
Minik, 268, 269, 271, 298
Mirebalais (Haïti), 346
Mississippi, 52, 125, 245, 388
Mohawks, 61
Montesquieu, 34
Morgan, Lewis Henry, 60-63, 65, 66, 74, 78, 88, 184, 276, 281, 283, 304, 424
Morton, Samuel, 38, 110, 111, 113
Mulberry (Floride), 247
Muncie (Indiana), 305
Mundugumors, 309, 313, 317, 330, 332, 426
Murrow, Edward R., 394
Myrdal, Gunnar, 414

Napekin, 45
Navajos, 54, 154
Nebraska, 276, 277, 288
Nevada, 156, 218
New York, 11, 16, 23, 31, 38, 48-51, 55, 57, 60, 61, 67-69, 72, 75, 83, 98-102, 114, 115, 121, 123, 126, 139, 140, 148, 152, 154, 158, 160, 164, 165, 167, 172, 173, 177, 191, 194, 198, 199, 208, 209, 211, 216-218, 225, 226, 228, 237, 240, 241, 244, 249-251, 258-260, 265, 267, 268, 287-290, 293, 294, 320, 326, 334, 352, 354, 355, 358, 359, 362, 363, 373, 381, 384, 387, 398, 407, 413-416
Nietzsche, Friedrich, 151, 324
Norman, Mose, 243
Nott, Josiah, 110, 112, 116
Nouvelle-Guinée, 183, 209, 210, 218, 267, 302, 306, 307, 311, 320-322, 329, 330, 334, 335, 337, 358, 359, 361, 382, 390, 411, 426
Nouvelle-Zélande, 182, 197, 208, 211
Nutaaq, 40

Ocoee (Floride), 243-245, 247
Olmsted, Frederick Law, 92
Omahas, 275-277, 290, 292, 293, 296, 301
Oneidas, 60, 61
Onondagas, 61
Ono, Yoko, 417
Oregon, 218, 229, 294
Orlando, 233, 244
Osborn, Frederick, 143, 374, 377
Osborn, Henry Fairfield, 143, 374
Ottawa, 123

Pago Pago, 12, 13, 186-189, 195, 412
Palatka (Floride), 247
Palmer, A. Mitchell, 143
Pâques (île de), 178, 182
Paris, 16, 58, 88, 95, 123, 198, 376, 385
Parker, Ely, 62
Parsons, Elsie Clews, 153, 154, 156-158, 241, 254, 289, 340, 370, 427
Pearl Harbor, 402
Peary, Robert, 268, 269, 271
Percy, LeRoy, 125, 136
Pere (village de l'île de Manus), 211, 225, 226, 323
Perry, July, 243
Philippines, 17, 141
Piaget, Jean, 224
Pine Ridge (réserve de), 290
Pologne, 173, 379, 385
Polynésie, 170, 172, 180-182, 184, 200, *voir aussi Samoa américaines, et autres lieux*
Poméranie, 173
Poncas, 276
Powell, John Wesley, 51-55, 58-60, 62-66, 73-75, 78, 79, 86, 88, 95, 97, 102, 107, 221, 231, 233, 254, 276, 277, 280, 304
Punter, Percival McGuire, 355, 356
Putnam, Frederic Ward, 86, 87, 90, 91, 93, 97, 99, 100, 110, 231
Pygmées, 274
Pyle, Ernie, 390

Qisuk, 268-272

Radcliffe-Brown, A. R., 209, 303
Radin, Paul, 124
Reichard, Gladys, 154, 232, 241, 294
Retzius, Anders, 89
Ripley, William Z., 116, 117, 119, 122, 220
Rivet, Paul, 385
Robeson, Paul, 238
Rockefeller, John D., 83
Roosevelt, Theodore, 12, 100, 114, 118, 400
Rosewood (Floride), 244

Sacco et Vanzetti, 164
Salish (mer des), 69, 73, 76
Salomon (îles), 183
Samoa américaines, 11, 12, 171, 177, 186
Samoa, 13, 29, 178, 181, 186, 188, 189, 195, 200-203, 205, 207-209, 212, 225, 226, 228, 241, 247, 250, 260, 267, 273, 274, 282, 289, 299, 302, 304, 317, 320, 349, 380, 384, 412, 415
Sanford (Floride), 247
Santa Anita, 393-395
Sapir, Edward, 123, 161, 162, 170, 172, 179, 181, 197, 267, 271, 272, 277, 294, 325, 411, 427
Sapir, Florence, 172, 178, 198
Sargent, Porter, 284
Schiller, Friedrich, 30, 138
Schmerler, Henrietta, 306
Seabrook, William, 348, 349, 351
Seixas, Gershom, 149
Sepik (fleuve), 307, 309, 310, 312, 315, 320, 322, 327-329, 334, 359-361, 366, 382, 407, 412

Settle, Dionyse, 40
Sheen, Herbert, 249, 355
Shetland (îles), 41
Shiloh (bataille de), 52, 63
Signa, 42, 47, 55, 71, 77, 270
Sioux, 66, 286, 288, 291
Sioux Lakotas, 287
Sitting Bull, 287
Smith, Joseph, 60, 220
Smithson, James, 50, 51
Sophocle, 94
Spencer, Herbert, 65
Spock, Benjamin, 381
Stanley, Henry Morton, 38, 81, 152, 158, 160, 171, 215, 223, 282, 304, 322, 380
Stevenson, Robert Louis, 182
Stimson, Henry L., 394
Stoddard, Lothrop, 120, 150
Stopes, Marie, 220
Suède, 173
Suina, Ignacita, 273
Syriens, 112, 125

Taft, William Howard, 115
Tagore, Rabindranath, 162
Tchécoslovaquie, 361, 407
Thoms, William, 253
Tlingits, 70
Tonga, 183
Treblinka, 385
Trump, Donald J., 121
Tulsa, 244
Turner, Lorenzo Dow, 236, 256
Tuscaroras, 61
Tutuila, 11, 12, 186-188, 190, 193, 194, 209
Two Crows (chef omaha), 278, 279, 292, 298, 343
Tylor, Edward Burnett, 57, 58

Vaitogi (Samoa), 189, 193
Vancouver (île de), 69, 70, 72, 75, 88
Vanderbilt, Cornelius, 83
Van Vechten, Carl, 238
Veblen, Thorstein, 162
Vinci, Léonard de, 316
Virchow, Rudolf, 67
Virginie, 50, 109, 218, 219
Voltaire, 110

Wagner, Richard, 138
Walcott, Charles D., 143
Walker, Alice, 410
Walker, James R., 289
Warren, Earl, 394
Washington, Booker T., 125, 252
Washington, D.C., 16, 49, 53, 55, 59, 63, 65, 66, 69, 73, 74, 86, 87, 102, 115, 217, 233, 235, 253, 273, 285, 363, 383, 384, 388, 391, 394, 397, 399
Washington, George, 50, 149, 223, 286, 301, 373
Waterman, Thomas, 273
Weike, Wilhelm, 38, 41, 42, 44, 45, 47, 48, 55, 147
Welles, Orson, 23
Weltfish, Gene, 387
West, Dorothy, 52, 97, 100, 139, 161, 163, 238, 248, 259, 282, 288, 425
Westphalie, 29

Wilson, Woodrow, 138, 141, 143, 235
Wissler, Clark, 290
Wollstonecraft, Mary, 151
Wolverton, Emma, 214, 215, 222
Woodson, Carter G., 256, 340, 345
Woolf, Virginia, 322
Worcester, 83-85, 91, 269
Wounded Knee, 287, 299
Wright, Richard, 363, 364, 366

Yahis, 272
Yucatán, 92

Zunis, 54, 156, 157, 159, 294

CRÉDITS ICONOGRAPHIQUES

Margaret Mead dans les vagues (page de titre) : Margaret Mead Papers, Library of Congress.

Franz Boas à bord du *Germania* : Franz Boas Papers, American Philosophical Society.

Boas avec sa femme, Marie Krackowizer : Franz Boas Papers, American Philosophical Society.

John Wesley Powell, vers 1890 : Library of Congress Prints and Photographs Division.

Pavillon de l'Anthropologie lors de l'Exposition universelle de Chicago : don de Frederic Ward Putnam, 1893. Avec l'aimable autorisation du Peabody Museum of Archaeology and Ethnology, Harvard University, PM93-1- 10/100266.1.17.

Danseurs kwakiutls lors de l'Exposition universelle de Chicago : don de Frederic Ward Putnam, 1893. Avec l'aimable autorisation du Peabody Museum of Archaeology and Ethnology, Harvard University, PM93-1-10/100266.1.37.

Boas faisant une démonstration de la hamatsa, ou « Danse du Cannibale » kwakiutl : National Anthropological Archives, Smithsonian Institution.

Formulaire de relevé anthropométrique de Boas : National Anthropological Archives, Smithsonian Institution.

Ruh Benedict en 1924 : Margaret Mead Papers, Library of Congress.

Page extraite du rapport de Boas pour la commission Dillingham : U.S. Government Printing Office.

Panneau de l'American Eugenics Society : American Eugenics Society Records, American Philosophical Society.

Madison Grant : Library of Congress Rare Book and Special Collections Division.

Exemplaire du *Déclin de la grande race* ayant appartenu à Adolf Hitler : Library of Congress Rare Book and Special Collections Division.

Dédicace de l'éditeur à l'attention d'Adolf Hitler : Library of Congress Rare Book and Special Collections Division.

Margaret Mead petite fille : Margaret Mead Papers, Library of Congress.

Mead étudiante : Margaret Mead Papers, Library of Congress.

Edward Sapir : Margaret Mead Papers, Library of Congress.

Maison de la famille Holt : Margaret Mead Papers, Library of Congress.

Mead avec Fa'amotu : Margaret Mead Papers, Library of Congress.

Reo Fortune avec les garçons du village de Pere : Margaret Mead Papers, Library of Congress.

Mead avec des enfants dans le lagon du village de Pere : Margaret Mead Papers, Library of Congress.

Zora Neale Hurston posant devant une voiture : Zora Neale Hurston Papers, Special & Area Studies Collections, George A. Smathers Libraries, University of Florida, Gainesville, Floride.

Gregory Bateson : Margaret Mead Papers, Library of Congress.

Ella Deloria : *The Indian Leader*, 25 septembre 1925. Avec l'aimable autorisation de la Haskell Indian Nations University Library.

Bateson, Mead et Fortune apparaissant en photo dans un journal australien : Margaret Mead Papers, Library of Congress.

Felicia Felix-Mentor dans le magazine *Life* : *Life*, 13 décembre 1937.

Zora Neale Hurston par Carl Van Vechten : Margaret Mead Papers, Library of Congress.

Bateson et Mead partageant un repas en Nouvelle-Guinée, 1938 : Margaret Mead Papers, Library of Congress.

Hurston avec des musiciens, 1935 : Margaret Mead Papers, Library of Congress.

Boas en couverture de *Time* : *Time*, 11 mai 1936.

Benedict, vers 1931 : Ruth Benedict Papers, Archives & Special Collections, Vassar College Library.

Nippo-Américains internés au champ de courses de Santa Anita, 1942 : Library of Congress Prints and Photographs Division.

Diagramme de Mead représentant ses relations au sein du cercle de Boas : Margaret Mead Papers, Library of Congress.

Mead dans son bureau de l'American Museum of Natural History : image #338667, American Museum of Natural History Library.

TABLE

1. Partir 11
2. L'île de Baffin 29
3. « Tout est individualité » 57
4. Science et cirques 81
5. Chasseurs de têtes 105
6. L'empire américain 135
7. « Une fille aussi fragile que Margaret » 161
8. Adolescence 197
9. Masses et sommets 231
10. Le pays indien 265
11. Théorie vivante 301
12. Royaumes spirituels 337
13. Guerre et non-sens 369
14. Home 405

Remerciements 423
Notes 427
Bibliographie 467
Index 497
Crédits iconographiques 507

DU MÊME AUTEUR

Odessa : Splendeur et tragédie d'une cité des rêves, Éditions Payot, 2017

Minuit au Pera Palace : La naissance d'Istanbul, Éditions Payot, 2016

Composition : IGS-CP
Impression : Black Print (Barcelone) en décembre 2021
Éditions Albin Michel
22, rue Huyghens, 75014 Paris
www.albin-michel.fr
ISBN : 978-2-226-45206-1
N° d'édition : 24063/01
Dépôt légal : janvier 2022
Imprimé en Espagne